序にかえて
  調査法の本を読んでもよくわからなかった人、
  これから調査をはじめようという人、
  大学で講義をさぼった人、
  調査が嫌いになってしまった人へ

1 身近な話・安心できる話

　世論調査を中心に社会調査とよばれる調査の方法がアメリカから導入されて早くも60年、その間にずいぶんと広まり浸透して、社会調査にまつわるさまざまな話が身近に聞けるようになってきた。まずは、それらの話のなかから、調査法の講義をさぼった人や本を読んでもよく理解できなかった人が、「自分だけではないんだ」と安心できる話を選んでみようと思う。

みんなが知ってる国勢調査？
　社会調査を解説した本のなかでは、大規模な社会調査の代表として、国勢調査がよくとりあげられる。国勢調査は、「統計法」という法によって規定され、5年ごとに全世帯に対して実施される全国規模の悉皆調査であり、その結果は人口や家族に関するさまざまな統計のもとになっている。多くの本で「みなさんがいちばんよく知っている調査といえば国勢調査ですよね」という書き方に出会うが、当然知っているでしょ、という暗黙のトーンに接す

ると、知らなかった人は、眼を伏せてしまいたくなって読みつづけるのがイヤになってしまうような気持ちになる。しかし、本当にたくさんの人がきちんと知っているのだろうか。

　某大学の大学院修士課程（社会学）の入試問題で、国勢調査について説明させたところ、国連が行なう調査という本当らしくみえる誤答がとびだすなど、正確に答えられた受験生が少なかった、という話がある。相当数の他大学の学生も受験する、それなりの大学院の、しかも社会学の修士の入試での出来事なので、これはちょっとした驚きであったらしい。専門家を志す人でも、案外基礎的なことを正確にとらえていない者が多いという現実を目の当たりにしての衝撃もあったことと思われる。もちろん最近の大学院志願者の関心が、外＝社会的事象に向いているよりも、内＝社会学（パラダイム）と自己も含めたミクロな世界に向いていて、社会事象の把握にもっともよく使われるデータの存在自体を知らなかったという側面もあるだろう。また、学部での社会学教育にも相当問題があると推測される。現状では社会調査法の講義で国勢調査の説明をするのは、たぶんめったにないことだろうし、教養科目としての社会学の講義でも、たとえば「核家族化」あるいは「頭打ちとなった核家族化」などという言葉は気楽に語られるが、これらの現象を証拠立てる世帯構成の推移にはあまり触れないし、このような言葉が国勢調査結果にもとづいて使われているということさえ講義で語る先生は少ないと思われる。

　このこと以上に問題なのは、無知をあざ笑うかのごとき書き方をしている解説書の多くが、国勢調査の説明において誤解を招く記述をしているということである。わかりにくい解説の横行こそ、基礎的な事柄についての正確な知識の伝達をいっそう困難にする最大の要因になる。国勢調査の説明のなかに「全国民に対する調査」とか「すべての住民ひとりひとりに対する調査」という記述をよくみかける。しかし、国勢調査の対象は日本国籍を有する者（国民）だけではない。また、住民ひとりひとり、つまり個人を調査の単位とするものでもない。正確には、世帯を調査の単位とし、日本に在住する者すべてを対象とする調査と表現されるべきものであろう。「世帯」という言葉も、第1回国勢調査（大正9（1920）年）が実施される2年ほど前に調査

の単位を何にするかが議論され、そのときに所帯という言葉を参考にして国勢調査用に新しくつくられた行政用語なのである。後に説明するが、調査の単位と調査の対象が何であるかはとても重要なことなので、この点の記述が不正確であるのは大きな問題だといえよう。

学生たちですら怪しい社会調査の知識

　安心できる話、第二話。社会調査法の講義も統計学の講義もきちんと受けたという大学4年生、卒論を書く時期になって、何か調査をしたいといいだした。仮説もそれなりに構成し、調査票の質問文も先行調査の質問文を修正しながら質問の順番など整理している、いまどきの大学生のなかでは真面目な部類に入る学生である。この学生が渋谷駅前忠犬ハチ公銅像の周囲で、道行く人、駅へ出入りする人たちに、片はしから声をかけ、調査に応じてもらう、というのである。「声をかけるときに女性に偏るとか、同世代の若い人に偏るとか、ぜったいにしない、手あたりしだいに聴くのだから、しかもきちんとつくった調査票で聴くのだから、これはランダム・サンプリング（無作為抽出）で行なった調査ということになりますよね」。

　正直いって呆然、言葉もでなかった。この真面目な学生でさえ、社会調査の基礎であるサンプリングのこと、しかもその基礎がわかっていなかったのである。この学生は、手あたりしだいに対象者にぶちあたり、サンプルにすることをランダム・サンプリングだと思いこんでいたわけだが、サンプリングの基本的な考え方さえ理解していれば、このような誤解や思いこみをそもそもするはずがない。その意味では、現状の社会調査法や統計学の講義や本の多くが、方法論・技術論に比重をおきすぎていて、方法の前提になっている考え方をていねいに説明していないことの反映ともいえるだろう。

エックス二乗って何？

　安心できる話、第三話。学部の3・4年生中心の演習で論文を読んでいたところ、3年生が χ^2 検定をエックス二乗検定と読んだため、「あれっ」と思った先生が、ためしに何と読むか演習出席者全員に確認したところ、エックス二乗と読む者が2割、わからない者が7割、わずかに1割強の学生が正

しくカイ二乗と読むと答えたそうである。これも社会学専攻をもつ立派な大学での社会学演習のときの本当にあった話である。サンプリングをし、調査票を用いた調査（統計的標本調査）を実施した場合、回収されたサンプル数が一定数以上あれば結果を統計的検定にかけるのが常識といえようが、χ^2検定はt検定やF検定とならんで、通常、分析のはじめころに行なう初歩の検定の一つなのである。社会学専攻の学生であれば、なぜ検定が必要か、なぜ検定のしかたがいろいろとあるのかを理解するとともに、せめて読み方ぐらいは全員知っていてもらいたい用語ということになる。

　これまでの話では、けっきょく、大学教育がいかにおそまつか、入試のために勉強してきた学生は入試という必要性がなくなっただけでいかに何も勉強しなくなるかをみごとなまでに示してしまっている。逆にいうと、こんな現状であるから、社会調査法の基礎的な用語を知らなくても、少しも恥ではない。多くの人が実は正確には知っていないのである。いまここから基礎を本当に理解してゆけば十分に間に合うということになる。

2　困ったこと・こわい話

　では、かりにこれから先も基礎を知らないでいるとどういうことになるのだろうか。困ったことになり、ときにはこわいことになっていくのである。これは、けっして脅しでも誇張でもない。例はたくさんあるが、ここでは行政関連の仕事で社会調査に多少ともかかわらざるをえない方々が身に覚えのある例をとりあげてみよう。最初の例は、困った事態が頻発しているのに放置されている、本当に困った例である。

困った話をはじめる前に：自治体が実施する調査のタイプ

　全国約3000の自治体で、毎年かなりの数のさまざまな調査が行なわれている。そのなかで社会調査とよびうる調査だけをとりあげても、毎年2000に達するのではないかと推測されている。これらの調査の大半は、住民の意識、要望（ニーズ）、行動の実態に関するデータの収集を目的とする調査といわれている。つまり基礎的資料をとりあえず収集しておこう、いつかどこかで

施策の役に立つだろうという基礎データ蓄積志向の調査である。たとえば市民意識調査と総称されるもの、青少年を対象とする意識と行動の基礎調査、20歳以上70歳未満の女性を対象とするニーズ調査など、実にたくさんの調査がここには含まれている。これらは調査対象者と調査のタイトルを異にするものの、基本的には似通った性格の調査である。

　残りの、おそらく全体の3割程度を占めるのは、具体的なイシュー（問題になっていること）について住民の意見ないし要望の分布をみようという調査である。たとえばゴミ処理場建設、跡地再開発、学校の統廃合、町村合併など意見の対立があったり、施策の実施について意見が分かれたりしている自治体の諸問題をとりあげ、問題解決の手段・方法を決める手がかりを得ようとする調査である。施策立案志向の調査といえよう。このほか、市政モニターや有識者に対する聴き取り調査なども行なわれているが、このような事例調査に近い調査は、行政が行なう調査のなかでは微々たる割合だと考えられる。

むだな調査の横行

　困った事態は、大半を占める基礎データ蓄積志向の調査に発生し、頻発しているのである。困ったことの第一は、このたくさんの調査のうち、たぶん半分くらいはそもそもしなくてもよい調査だということである。第二は、残りの調査の多くも実はたいへん似通った質問の調査票を用いた調査だということ、つまり同じような調査があちこちで実施され予算が消化されているということである。しなくてもよい調査だといったのは、調査目的とされている事柄の多くが、既存の官公庁統計をつなぎ合わせたり、あるいはそれらを加工することによって十分に達成されるものだからである。また、大量調査でない別の方法の調査、たとえばケーススタディによるほうが、調査目的を達成するのにふさわしいと思われるのに、それでは予算を消化できないためか、たんなる無知ゆえか、わざわざ質問紙を用いた大量調査を実施しているからである。

　一方、全国どこでも同じような調査になるのは、調査票に採用される質問文の多くが、すでにどこかで使われ定着した質問文だからである。この結

果、似通った質問がどの調査票にもならぶことになる。ただ、質問文として安定したものを使用すること自体、また比較を意図して似通った質問を採用すること自体は、非難されるべきことではない。調査目的によってはむしろ推奨されるべきことになる。問題なのは、ほかの自治体での調査結果と比較することなど考えてもいないだけでなく、自治体ごとに、さらには自治体内部で部局ごとにばらばらに勝手に同じような調査を行なっている点である。

社会調査への偏見

　必要もない調査が、このように毎年大量に繰り返して実施され、結果として社会調査の大部分をこのような調査が占めてしまうと、いろいろな弊害が発生するようになる。

　つまり、困った事態を放置しつづけた挙げ句、行政内部だけでなく世間一般にも、そして研究者の一部にも、社会調査に対する誤った思いこみがまかりとおり広まってしまうのである。社会調査は役に立たないと思われ、社会調査はつまらないと思われ、社会調査といえば、調査票を大量のサンプルにばらまくことだと思われ、社会調査の結果は量としてあるいは比率として表わすものだと思われるようになる。このようにして社会調査は大量サンプル調査、調査票調査、統計調査しかないという狭い思いこみ、社会調査結果は数で表示するものという数値への思いこみ、さらに進んで数で表示されているから信用できるという数値信仰を生みだすことになる。

あってはならない調査の数々

　さて、こわい話は、このような困った事態の深部に根付く事柄として語ることができる。自治体が行なっている調査の大半は、しなくてもよい調査だろうと述べたが、実はそれでも控え目ないい方だったのである。行政の担当者が社会調査についての正確な知識とノウハウをきちんと持っていないために、担当者が見えないことをいいことに、しなくてもよい調査どころか、実は、してはいけない調査が、一部とはいえ、チェックの眼をかすめて実施されている。誤ったサンプリングが行なわれ、偏った対象者に対するでたらめな聴き取りがまかりとおり、調査票の回答が捏造され、そして、これらが見

逃されているために、一部ではあるものの誤ったデータにもとづく集計結果が施策づくりの参考や裏付け資料になっていること、これがここでいう、とてもこわいことなのである。

　自治体が行なう調査の多くは、実際には調査会社（専門調査機関をここでは調査会社とよんでおく）によって実施されている。このこと自体を批判する意図は毛頭ない。自治体職員が調査の設計から調査員の調達と管理、実査と集計まで何もかも取り扱うのは、現状では無理なこと、調査会社への委託はしかたのないことだろう。しかし、自治体の調査担当職員が、社会調査のポイントをほとんど知らず、チェック体制の不備な調査会社を運悪く選んでしまうと、ここでいうこわい話が、ときとして現実のものとなる。

　たとえば、サンプリングが本当に行なわれたのか、これさえあやしいときがある。また実施されたにしても、妥当な手順を踏んでサンプリングを行なったのかどうか、疑わしいときもある。母集団が広域にまたがり、かつ大量のときには、そこからのサンプリング作業は、かなりきついものになる。そこで調査会社に雇われたアルバイターは、簡便で楽ではあるけれどもでたらめといってよいサンプリングをしてしまうことになりかねない。

　自治体がよく調査会社に採用させる調査法は、社会調査の解説書がもっともよいとする調査方法、つまり調査票を用いる個別面接調査法である。対象者の自宅に行き、直接対象者に会って調査票にもとづき話を聴くのであるから、調査員はたいへんだが、もっとも確かなデータ収集法と考えられてきた。しかし、自治体がこの方法を好むのは、データの質にこだわることのほかに、予算として計上し消化しやすい調査法であるためと思われる。それはともかく、最大の問題は、本当に対象者に面接したかどうか、疑わしい調査票が実はけっこうあるということだ。筆者は、まったく偶然にも、調査会社にアルバイトとして雇われているらしい人たちが、ファミリーレストランで堂々と調査票の回答を捏造している現場を見てしまった経験を持っている。

　また、社会学の研究によってきわめて重要な、全国的規模で実施された調査においても、回収票のなかに、後にメーキング（捏造）が確認された票が、かなりの数で混じっていたこともある。調査票の内容は、けっしてメーキングしやすいものではなく、選択肢に○をつければすむような質問文ばか

りではなかった。にもかかわらず、このような事態が発生したことは私たちにとって驚きであったが、同時にやはりという感もぬぐえなかったのである。

　この「事件」のあと、調査会社はメーキングには相当に神経を使うようになったといわれている。調査員への指示の徹底や謝金の増額などの改善が実施されたようである。ただし、そのかわりに調査会社へ委託する側の払いも高くなったと聴いている（大手の調査会社では、調査票の内容や質問の量にもよるが、2005年時点で回収票1票あたりほぼ1万円を請求されるようである）。

だから社会調査の知識が必要

　ここで挙げたいいかげんなサンプリングや調査票のメーキングなどの例は、すべてあってはならないことである。にもかかわらず発生し見逃されている。しかも、これらの犯罪的行為の多くは、自治体の調査担当職員がもう少し主体的にかかわれるよう社会調査の要所についての正確な知識を持ち、そのうえで防止するためのチェックシステムを整備しておきさえすれば、容易に防げるものでもある。チェックシステムの整備は、信頼しうるデータを収集するうえでのポイントであり、各自治体において予算面も含めた検討が必要となろう。念のためにつけ加えておくが、この点は、研究者が学生を調査員として動員し、みずから実査にたずさわるときなど、きわめて重要である。面接調査終了ごとに、すぐに調査票がチェックできること、疑問箇所のある調査票を再調査すること、ときには、研究者が直接対象者宅を訪問することなど、調査データの質を高める工夫と努力が不可欠である。

　自治体職員が社会調査についての正確な知識を持ち、質問文作製の段階から注文をだせるだけの問題意識を持ち、そしてこのようなチェック態勢を整えるだけで、「こわい話」はほとんどなくなると思われる。ここでいう社会調査についての知識とは、調査票づくりや実査に関する知識だけでなく、調査データの集計・分析と知見の整理に関する知識を含むものである。したがって社会調査を学ぶことは、たとえば基礎データ蓄積志向の調査であっても、単純集計結果をだすだけでは、ほとんど何の役にも立たないことがわか

ってくることを意味する。政策立案志向の調査であれば、いっそうはっきりとそのことがわかってくるだろう。そのときに、これまで行なわれた調査の集計結果もまた、その多くが使いものにならないことに気付かれるはずである。収集する調査データの質を高め、事実の「発見」ができるような集計・分析を行なうためには、社会調査の知識を確実に身につけることがどうしても必要なのである。

重要な調査倫理

　近年、社会調査をめぐる環境にも大きな変化がみられる。たとえば個人情報保護法の施行を一つのきっかけとして、市民のプライバシー意識にも変化が生じ、ときには行き過ぎと思われるほどのプライバシーへの配慮を求められるようになっている。

　社会調査は、実査、分析、結果の公表のすべての過程において、対象者のプライバシーにかかわるデータを取り扱わざるをえない。また調査者と対象者の関係のなかで、対象者は調査者から何の情報も得られず、逆にともすれば調査者によって一方的に情報を収奪される存在になりやすい。調査者と対象者の関係は、この意味での権力関係が成立しやすいといえよう。社会調査には、これらの問題がつねにつきまとっている。調査者は、このことを自覚し、具体的な対処を講ずる責務が課せられているのである。このために、社会調査を実施するうえですべての調査者が遵守するべきルールを厳格に定め、またこのルールが調査に関する高い倫理性に由来して設定されていることを明示する綱領および指針の設定が必要となっている。

　2003年11月に発足した社会調査士資格認定機構は、2005年4月の個人情報保護法施行以前に、早くも、発足と同時に社会調査倫理綱領を施行し、あわせて社会調査士倫理委員会を設置している。この綱領の策定と施行をうけて、また個人情報保護法施行に伴う総務省での、住民基本台帳法の改正・選挙人名簿抄本の閲覧制限の検討の開始を直接のきっかけとして、日本社会学会は、2005年10月に日本社会学会倫理綱領を施行し、あわせて倫理委員会を発足させている。またこの綱領の施行後に、より具体的なルールづくりのために、2006年10月には指針を策定した。とくにこの指針では、社会調査にお

いて遵守すべきルールや望ましい行動について具体的に明確に述べられているので、社会調査を実施しようとする者は、本書の巻末に掲載したこれらの綱領と指針をぜひとも精読していただきたい。

　社会調査の種類や方法によって、細部のルールや倫理的に問題化しやすい箇所は異なる。しかし、どのような調査であれ、遵守すべきルールというものは厳然として存在する。その一つがデータの捏造・改ざんの禁止である。また社会正義と人権の尊重である。社会調査に入る前に、調査の全過程の一部にでも社会正義に反するものが含まれているかどうか、個人の人権を侵害するおそれのあるものを含んでいるかどうか、名誉の毀損や個人情報の不必要な開示にあたるものがないかどうか、慎重に検討する必要がある。

　対象者のプライヴァシーの保護についても充分な配慮が求められる。たとえば対象者に対して事前の説明を行ない承諾を得ること、情報のもれがないよう調査者側がデータの管理をきちんと行なうことが必要である。

　さらに、対象者には原則としていつでも調査の協力を拒否する権利があることも伝えておかなければならない。もちろん調査への協力をうながすための誠意ある説明や説得を欠くことはできない。そのためにも社会調査の知識を正確に理解していることが必要になる。

　このように遵守すべきルールないし倫理的事項があることを、調査者はきちんと学習し、それを踏まえて社会調査を実践するよう求められている。そのために序章における記述の多くは、社会調査の知識を確実に身につけることが、いかに重要であるか、この点をわかりやすく説明することに向けられた。社会調査の知識の正確な習得が、倫理的ルールの習得とわかちがたく結びついているからである。

　私たちの責務は、絶対やってはいけないというルールや、守るべきだというルールを遵守するだけでなく、望ましいと期待されている水準の調査が実施できるように、高い倫理規準を内面化し、つねに学習をおこたらず、精進を続けてゆくことにある。そのための一助となるべく本書は書かれている。

ガイドブック社会調査 第2版 | 目次

序にかえて ………………………………………………………………… i
1 身近な話・安心できる話　i
2 困ったこと・こわい話　iv

第1章　どのような社会調査をしたいのか ………………………………1
1 社会調査ってなんだろう　1
2 どのような社会調査を選ぶか：全体か部分か、統計的か記述的か　6
3 マルチの装備を身につける　13
4 調査で何を明らかにするのか：目的と方法の結びつきについて　19
5 まずは標本調査から学んでみよう　25

第2章　社会調査をはじめる前に：先行研究と関連資料 ………………35
1 社会調査の前提条件　35
2 文献・資料の探し方　41
3 知的生産の技術を学ぶ　46

第3章　社会調査で何がわかるか …………………………………………51
1 社会について知りたいこと：社会学における理論　51
2 知りたいことと知りうること：社会学における検証　60
3 社会調査に何ができるか　63

第4章　調査の企画を具体化しよう　……………………………67

1　まず、何を明らかにしたいのか：調査方法の選択　67
2　つぎに、何ができるのか：予算、日程、人手などの制約条件　70
3　根回しとご挨拶：事前にやるべきこと　74
4　分析と報告：立つ鳥あとを濁さず　76
5　社会調査における倫理　80

第5章　社会調査はどのように進めるか　………………………85

1　社会調査の手順を知ろう　85
2　事前に準備しておくこと　86
3　現地調査に向けて　95
4　いよいよ現地調査　102
5　後始末をしっかりとしよう　109

第6章　サンプリングの考え方と方法　…………………………111

1　サンプリングとは何か、なぜ大事なのか　111
2　サンプル（標本）と母集団との関係　117
3　サンプリング方法のいろいろ　120
4　サンプリング台帳のいろいろ　122
5　サンプリングの実例　130

第7章　調査票をどうつくるか　…………………………………135

1　調査票づくりの基本姿勢　135
2　調査票作成の仕事の流れ　137
3　調査設計と調査票　139
4　質問項目の列挙　142
5　質問のしかた　143
6　いろいろな回答形式　147
7　属性項目についての具体例　152

8　質問票の流れとレイアウト　159

第8章　データの整理とチェック：分析の前にすべきこと　……………167
1　データの整備と入力：千里の道も一歩から　167
2　データをクリーニングしてきれいにしよう：清き一票を求めて　175
3　変数を同定する：使えなかったら使えるようにするのだ　180
4　合成尺度の構成：信頼性と妥当性がなければ尺度はおいしくない　189

第9章　データ分析の基礎知識　……………………………………199
1　分析にあたっての注意　200
2　データ分析の基本的心構え　201
3　データの種類と整理：単純集計を行なう　204
4　データの関連をみる：クロス集計と相関係数　214
5　第3変数の導入、そして理論へ　222

第10章　データを分析してみよう　………………………………233
1　はじめに　233
2　使用データの説明　234
3　標本を記述する　234
4　夫婦別姓に対する意識の分析　239
5　個人の学歴と職業に関する分析　245
6　おわりに　266

第11章　統計の基礎：統計で調査をあきらめないために　…………269
1　確率論に泣かされてきた人へ　269
2　推定統計の考え方　279
3　統計的検定の考え方　285

第12章　公表の方法と報告書作成の要領　………………………293
1　作品としての公表：「オープンにする」という行為　293
2　報告書の構成のしかた：「ゴミの山」になるか、「宝の山」になるか　297

3 報告書の原稿執筆:「自分だけにわかる」のではなく　307

4 さまざまな公表に向けて:媒体の多様化する時代　315

補論　日本における社会調査の歴史 ……………………………………323

1 社会学と社会調査の成立　323

2 日本における社会調査の先駆　325

3 戦前における村落調査の確立　329

4 戦後における統計調査の導入　330

5 日本における社会調査の現状と課題　334

あとがき　341

倫理網領等　343

参考文献　361

索引　369

執筆者一覧　xv

執筆者一覧（執筆順）

森岡　清志（もりおか・きよし）　序、第 1 章、あとがき
1950年　東京生まれ
1979年　東京都立大学大学院社会科学研究科博士課程
現　在　東京都立大学名誉教授、放送大学名誉教授
主　著　『都市社会のパーソナルネットワーク』（編著）東京大学出版会、2000年
　　　　『都市化とコミュニティの社会学』（共編著）ミネルヴァ書房、2001年
　　　　『社会学入門（改訂版）』（編著）放送大学教育振興会、2016年

竹中　英紀（たけなか・ひでき）　第 2 章
1959年　石川県生まれ
1987年　東京都立大学大学院社会科学研究科博士課程
現　在　桃山学院大学社会学部准教授
主　著　「ニュータウンの住宅階層問題・再考」（『都市問題』第93巻 5 号）、2002年
　　　　「東京市長・後藤新平と町内会」（『都市問題』第98巻 9 号）、2007年

松本　康（まつもと・やすし）　第 3 章
1955年　大阪府生まれ
1984年　東京大学大学院社会学研究科博士課程
現　在　大妻女子大学社会情報学部教授
主　著　『都市社会学・入門』（編著）有斐閣、2014年
　　　　『「シカゴ学派」の社会学——都市研究と社会理論』有斐閣、2021年

玉野　和志（たまの・かずし）　第 4 章（1 ～ 4 節）、補論
1960年　石川県生まれ
1987年　東京大学大学院社会学研究科博士課程
現　在　東京都立大学大学院人文科学研究科教授
主　著　『近代日本の都市化と町内会の成立』行人社、1993年
　　　　『東京のローカル・コミュニティ——ある町の物語1900-80』東京大学出版会、2005年

江上　渉（えがみ・わたる）　第4章（5節）、第5章
1958年　東京都生まれ
1989年　東京都立大学大学院社会科学研究科博士課程
　　　　元・立教大学社会学部教授
主　著　『高齢社会と在宅福祉』（共著）日本評論社、1994年
　　　　「地域調査と調査結果の表現法」（『現代のエスプリ』356号、至文堂）、1997年

安河内　恵子（やすこうち・けいこ）　第6章
1959年　福岡県生まれ
1987年　九州大学大学院文学研究科博士課程
現　在　九州工業大学教養教育院教授
主　著　『既婚女性の就業とネットワーク』（編著）ミネルヴァ書房、2008年
　　　　『社会学入門（改訂版）』（共著）放送大学教育振興会、2016年

直井　道子（なおい・みちこ）　第7章
1944年　東京都生まれ
1972年　東京大学大学院社会学研究科博士課程
現　在　東京学芸大学名誉教授
主　著　『家事の社会学』（編著）サイエンス社、1989年
　　　　『高齢者と家族』サイエンス社、1993年
　　　　「子どもからのサポートと遺産相続」（共著、『老年社会科学』28号(1)）、2006年
　　　　『幸福に老いるために』勁草書房、2001年

稲葉　昭英（いなば・あきひで）　第8章
1962年　千葉県生まれ
1989年　東京都立大学大学院社会科学研究科博士課程
現　在　慶應義塾大学文学部教授
主　著　『SASプログラミングの基礎』第2版（共著）ハーベスト社、2004年
　　　　『現代家族の構造と変容』（共著）東京大学出版会、2004年

野呂　芳明（のろ・よしあき）　第9章
1958年　東京生まれ
1988年　東京大学大学院社会学研究科博士課程
現　在　立教大学社会学部教授
主　著　『都市政策と市民社会』（共著）東京大学出版会、1993年
　　　　『高齢化とボランティア社会』（共著）弘文堂、1996年

中尾　啓子（なかお・けいこ）　第10章
1956年　東京生まれ
1983年　University of California, Irvine　Ph. D. 取得
現　在　東京都立大学名誉教授
主　著　"Updating Occupational Prestige and Socioeconomic Scores: How the New Measures Measure Up"（共著）Sociological Methodology 24、1994年
　　　　「階層帰属意識と生活意識」（『理論と方法』vol. 17, No. 2、数理社会学会）、2002年

浅川　達人（あさかわ・たつと）　第11章
1965年　長野県生まれ
1996年　東京都立大学大学院社会科学研究科博士課程
現　在　早稲田大学人間科学学術院教授
主　著　『ひとりで学べる社会統計学』ミネルヴァ書房、2011年
　　　　『都市を観る——社会地図で可視化した都市社会の構造』春風社、2022年

藤村　正之（ふじむら・まさゆき）　第12章
1957年　岩手県生まれ
1986年　筑波大学大学院社会科学研究科博士課程
現　在　上智大学総合人間科学部教授
主　著　『社会学の宇宙』（共著）恒星社厚生閣、1992年
　　　　『福祉国家の再編成』東京大学出版会、1999年

第1章

どのような社会調査をしたいのか

1　社会調査ってなんだろう

入学試験は社会調査だろうか

　大きなターミナルの周辺や繁華街に設置された電光掲示板に、よく大気汚染の状況を伝える数値が表示されている。あの数値はもちろん何らかの調査によって得られた結果だろうが、では、大気汚染の状況に関する調査は社会調査といえるのだろうか。答えは「いいえ」である。社会調査は、さまざまな社会やさまざまな集団における社会事象を対象とする調査なので、このような自然現象を対象とする調査は含まれない。では、刑事が犯人を追跡し、証拠を固めるために足を棒にして聴きまわる、これは社会調査といえるだろうか。社会調査の対象は社会事象だと前述した。つまり社会調査の目的は、一定の社会や社会集団の特性を明らかにすることであり、特定の一個人の行動——その人が犯罪を犯したかどうか——を明らかにすることではないのである。したがって答えは「いいえ」となる。

　同様に、興信所の調査員が行なう特定個人の素行調査も社会調査とはいえ

ない。期末試験や入学試験などの学力試験も、同様である。学力試験はクラスや学年の、また受験生全体の平均値や偏差値が発表されたりして、一見、社会集団における学力という特性を明らかにするための調査であるようにみえる。しかし、それは実は付随的なもので、あくまでも生徒一人一人、受験生一人一人の学力の測定が最優先の目的となっている。学力試験は、つねに生徒一人一人の成績をつけること、受験生のなかから合格者を選ぶことが主たる目的で行なわれている。成績をつけず、合格者を決めないで、平均値や偏差値を求めるためだけに学力試験を行なうなど、ふつうは考えられない。したがって学力試験は学力を調べる調査ではあるけれども、社会調査とはいえないということになる。

統計資料を調べることも社会調査？

　学生のA君は、自分で調査をしなくても、公表され、刊行されている官公庁などの調査結果を用いて、関心を持つ社会事象の輪郭や特質の一部がとらえられると判断した。A君は、労働力調査と就業構造基本調査の結果、国勢調査と事業所調査の結果などをもとに、必要な統計を引き出し、また一部は加工し、さらに社会学者が共同で行なった調査の素データを使用する許可を得て、自分なりに集計、分析をやり直してみた。何はともあれ、すぐ調査というのではなく、このように、既存の調査結果や統計（これを第二次資料とよぶ）を駆使して社会事象の把握につとめることはとても大切なことなのだが、それはそれとして、このA君の作業は社会調査といえるのだろうか。

　A君は、確かに社会事象を対象にしている。けれども答えは「いいえ」なのである。社会調査は、社会事象に関する情報（データ）を、おもに現地調査（フィールドワーク）によって、つまり野に出て直接対象と接触しながら、収集する調査だからだ。いい換えるならば、社会調査が収集するデータは、現地ないし現場で直接集めることによってのみ収集可能なデータ、すなわちフィールドデータであり第一次資料でなければならないということになる。

社会調査の定義

　社会調査は、第一次資料としてのデータを収集するだけでなく、もともとこのようなデータを処理し、分析ないし記述する作業を行なうためにデータを収集しているのであるから、この過程を当然のことながら含むことになる。したがって社会調査は、①社会事象を対象とし、②現地調査でデータを直接収集し、③そのデータを処理、分析、記述する、①～③の全作業過程と定義することができる[1]。

　研究者が社会調査を行なう場合には、②の実査過程とともに、③の方法についても慎重な検討が要請される。つまり、データの質の問題と、分析・記述された結果の妥当性・説得性の問題がつねに問われるために、それらを保証する前提条件として、方法の客観性を保持することが必要になる。社会調査における方法の客観性を保つには、採用された方法が調査方法として妥当であり、かつ条件次第でほかの研究者による追調査が可能であり、さらにデータ収集と処理および分析の方法が明示されていることが必要である。

知っておきたい大きな調査

　社会調査にはどんな種類があるのだろう、最初はだれもがこんな疑問を持つ。ところが社会調査の種類と一口にいっても、実際には種類分けを行なう基準の設定しだいで、いろいろな分け方ができてしまう。社会調査の解説書では、調査方法の差異を基準とする分類がよく示される[2]。本書でも、この分類にもとづく説明を行なうが、その前に社会調査の種類の豊富さを理解してもらうため、もう少し実態に近い分類を試みてみよう。

　まず社会調査を、調査主体（調査の全過程に責任を持つ個人・組織・機関）によって分類し、ついで調査テーマの違いによって分類してみよう。

　調査主体別分類は、すべての社会調査をカバーしうる分類になりにくく、

---

　1) この定義は、安田三郎の定義を踏襲した原純輔と海野道郎の定義に準拠している（安田・原、1960、2頁；原・海野、1984、3頁）。現在に至るまで、もっとも周到にして過不足のない定義と思われる。

　2) 社会調査の分類は、飽戸弘（1987、4～10頁）、盛山・近藤・岩永（1992、14～16頁）などでも言及されている。

ふつうはあまり試みられない。そこでここでは、代表的なものだけをとりあげてみることにする。国が行なう調査、新聞社やNHK・民放などマスコミの行なう調査、企業が行なう調査、自治体が行なう調査、専門調査機関（いわゆる調査会社）が行なう調査、研究機関や研究者が行なう調査を代表的なものとしてあげておこう。いわゆる調査会社が行なっている調査は、数は多いが、その多くは国や自治体、マスコミなどの調査主体が行なう調査の委託である。

これらのなかで重要な調査と考えられるものとして、まず、国が行なう調査の一部をあげることができる。すでに挙げた国勢調査をはじめとして、事業所調査、労働力調査などがある。全国規模で数年おきに行なわれる調査で、精度が高いうえに公表されているので、どんな調査があり、どんなときに使えそうか、知っておいてほしい調査である。そうはいっても、これらの統計法で定められ「指定統計」になっている調査だけでも100を超えるから、そのすべてに眼を通すことは困難である。したがって自分の関心に沿う調査だけでも知っておくようにしよう。

マスコミの行なう調査も数多い。ほとんどは、この後に述べる世論調査のなかに含まれるものである。選挙予測調査など選挙に関する世論調査、内閣支持率など政治に関する世論調査は、新聞・テレビでその結果の一部がよく報道され、ときとして、大きな影響を与えるという点で重要な調査といえよう。そのほかにNHKが行なう生活時間調査を挙げることができる。これは生活時間配分に関する精度の高い調査として、きわめて重要なものである。ここに挙げた調査は、それ自体としては社会調査といえるが、ふつうはこの結果を利用するにすぎず、その場合は、既存の統計資料の利用ということになり、前述したように、社会調査には定義上含まれないことになる。

いろいろな社会調査

つぎに、社会調査を調査のテーマにしたがって分類してみよう。この分類もまた、調査テーマのすべてを網羅することは不可能に近い。そこでよく実施される調査に限定して、また前述の国が行なう調査を除いて、選別することにしよう。

まず、世論調査を挙げることができる。先ほど述べた選挙や政治に関する世論調査のほかに、社会意識や生活意識を調べる意識調査がこのなかに含まれる。自治体が実施する数々の住民意識調査、社会学者の行なう階層帰属に関する意識調査、総理府・国民生活センターの生活意識に関する調査、統計数理研究所の国民性調査など、意識に関する調査は、世論調査のなかではもっとも幅広く頻繁に行なわれている調査といえる。なお、毎年、内閣総理大臣官房広報室では、意識に関する調査を世論調査として、全国の関係機関が実施した調査を照会・収録し、『世論調査年鑑』にまとめているので、参考にするとよい。

つぎに、マーケティング・リサーチ（市場調査）を挙げることができる。これは商品・サービスの消費状況を調べ、それらに対する評価・要望などを明らかにする調査である。

さらに、情報メディア関連調査がある。テレビ・ラジオ・新聞などのマスコミ情報、雑誌・ミニコミ誌、ちらしなどの紙メディア情報、パソコン通信などの電子情報を対象として、これらの情報への接触頻度、情報に対する人々の評価、情報が人々に与える影響などを調査するものである。

社会問題に関する調査を挙げることもできる。公害、資源、原子力などの環境問題、家族問題、差別にかかわる問題、非行・犯罪・薬物中毒などの社会病理、都市問題、あるいは地域問題、教育問題など、社会的に問題となっている現象を対象とする調査である。

最後の分類は、社会問題に関する調査の一部を含んでしまっているが、ひとくくりにして、集団（組織）・関係・行動に関する調査と名付けておこう。家族や学校という集団の内部構造に関する調査、人と人との関係の様態や紐帯の性質に関する調査、社会活動や地域間移動に関する調査、生活時間行動や余暇活動など日常的行動に関する調査、そして地域に関するさまざまな調査などなど、本当にたくさんの調査がこのなかには含まれている。

2 どのような社会調査を選ぶか：全体か部分か、統計的か記述的か

四つの調査

　社会調査の方法もまた多様である。それらの方法が、目的によって、対象によって、また自分に合うかどうかによっても、さまざまに選びとれる方法であることを理解することは、とても重要である。一つの方法だけしか知らず、それにこだわっているよりも、複数の方法を知って、それらをうまく使い分けられるほうが、社会現象をとらえ、何かを発見し、説明するためには、はるかにベターであるからだ。柔軟な頭で、身につけたマルチな方法を使いこなせるようになりたいものだ。

　社会調査の方法を基準とする分類は、調査対象者の選び方とデータの処理方法という二つの軸をもとに考えることができる。調査対象者の選び方という軸は、関心を持つ一定の社会、ないし社会集団全体を対象とするのか、それとも成員の一部分を抽出して対象とするのか、を分ける軸である。データの処理方法という軸は、調査結果を平均、比率などの統計量によって主としてとらえ表現するのか、それとも統計量にはこだわらず、調査結果を質として把握し、主として記述によって表現するのか、を分ける軸である。要するに調査対象の軸は、全体─部分の区分を、データの処理方法の軸は、統計（量）─記述（質）の区分をつくる。

　この二つの軸を組み合わせることによって、社会調査の四つのタイプが設定できる。①全体を対象とする統計的（量的）調査＝全数調査、②部分を対象とする統計的（量的）調査＝標本調査、③部分を対象とする記述的（質的）調査＝事例調査、④全体を対象とする記述的（質的）調査＝集落調査、である[3]。

　3）この社会調査の4タイプは、原・海野（1984、7頁）を援用しつつ、「(4)全体を対象とする記述的調査」に「集落調査」という名称を新しく付与している。

データ処理／対象	全体	部分
統計的	①全数調査	②標本調査
記述的	④集落調査	③事例調査

もっともよく行なわれる標本調査

①の全数調査は、悉皆調査ともよばれるもので、代表例として序章で述べた国勢調査が挙げられる。②の標本調査は、問題としたい社会や社会集団（これを母集団という）を統計的にとらえたいのだけれども、母集団の規模が大きく、予算の面で、また訓練を受けた調査員を数多く確保するという面で、全数調査を実施することに無理がある場合に用いられる調査である。社会調査では、母集団が大きく全数調査が困難であるケースがたいへん多く、この調査が実施される頻度も高くなるので、標本調査はもっともよく行なわれる社会調査になっている。そこで、本書では、第3章以降、この調査方法を中心に解説を進めてゆくことになる。

ところで、標本調査で忘れてならないことは、この調査がサンプリングと統計的検定を必要とする調査だという点である。母集団の一部分を標本＝サンプルとして抽出し、このサンプルに対する調査の結果をもとに、問題とするもともとの社会や集団（母集団）の状態を推測するわけであるから、まず、標本の抽出＝サンプリングが、母集団の状態をできるだけ忠実に反映するように実施されなければならない。標本＝サンプルが、母集団を代表するように抽出される手続きをきちんと守ることが必要になる。

しかし、手続きどおりにきちんとサンプリングを行なっても、標本はあくまで標本にすぎず、母集団からのさまざまなずれ（標本誤差）をわずかなものでもつねに含んでしまっている。かりに調査で得られた結果が、何か特徴のある傾向を示したとしても、それはこのずれを含んでしまったことによって表われた特徴的傾向であるかもしれない。そこで、調査結果を分析してゆくさいには、とりわけ標本調査の場合には、結果が示す特徴が偶然にずれを反映してしまって生じたものか、母集団自体の性質や社会的特質を反映するものであるのか、この点を判断する必要が生じる。統計的検定とは、まさしくこの判断のための手続き、手段をいうのである。

事例調査と集落調査

③の事例調査は、問題関心を持つ社会事象について、その事象が起きている一定の社会や集団のなかから少数の典型と考えられる対象を選び出し、多

くは詳細な聴き取り調査によって、また書かれた記録・資料の収集、その読みこみを併用しながら、特定の社会事象を記述的にとらえようとする調査である。

　これまでは、非行、離婚などの古くから逸脱行動と考えられてきた社会事象をとらえるためのケーススタディが、この事例調査を代表するものといわれてきた。近年は、祭りや町内会、地域社会とのかかわりの変化を、特定個人の生活史をとおして読みとく調査方法としても注目を集めている。また、社会的出来事と家族と個人との連動する変化のプロセスを追求する、家族と個人のライフコース研究においても、よく用いられる方法となっている。このほか、全数の把握やサンプリングがそもそも困難であるような社会事象に対しても、この調査方法は有効である。暴走族、ヤンキーなどの新しいタイプの非行、いわゆる日雇い労働者を典型とする都市下層、アジア系外国人、日系ブラジル人などエスニシティにかかわる事象、不登校、引きこもり、摂食障害などの事象、等々を対象とする興味深い事例調査が、近年活発に行なわれるようになっている。

　④の集落調査は、特定の社会現象に注目するだけではなく、町や村、あるいは都市といった集落全体、ないし都市のなかで一定のまとまりをもつ地域全体を対象として、その社会構造、共同生活のありよう、歴史的変容過程をトータルにとらえようとする調査である。かつて農村社会学や日本民俗学が一つの村を全体的に把握しようとしたときによく援用した方法であったが、集落社会全体を対象として、研究者が行なう調査では、いまでもよく用いられる調査方法といえる。また、この調査では、後述するように、さまざまなデータ収集方法が同時に用いられる点も特色となっている。

記述的（質的）調査のうまみ
　③や④の調査は、統計的ないし量的把握になじまない社会的事象を対象とするためという消極的理由から行なわれるものではない。記述的調査は、つぎのような利点を積極的に生かすために実施されるものである。
　この調査の第一の利点は、問題を発見しやすいこと、問題の特質を浮き彫りにさせやすいことにある。第二の利点は、対象のもつ多数の側面を全体関

連的にとらえること、つまり対象の多次元的な把握に向いているため全体像を描きやすいという点である。第三の利点として、問題となる事象についての対象者の経験をその内面に即してほりさげて理解し、対象者の行為を意味付け、問題の深層にアプローチしうるという点が挙げられる。第四の利点は、時間をさかのぼって調べうるので、対象の変化の過程をとらえることができるという点である。

　これらの利点のうち事例調査は、とくに第一と第三の利点、つまり問題の明確な把握とその内面洞察的・深層的把握という点で優れた方法といえる。また集落調査は、第二と第四の利点、つまり対象の全体関連的把握と歴史的把握という点で、優れた調査方法だといえよう。これらの利点を生かすために、標本調査で用いる調査票のように画一的、指示的な質問と応答を行なうのではなく、対象者との自由な応答をよりどころとし、またさまざまな第一次資料、史的資料の活用がはかられるのである。

事例調査は高い力量が求められる

　事例調査で注意しなければならないこととしてよくいわれるのは、事例の数が少なく代表性に問題がある、反復検証がむずかしい、という点である。しかし、それよりもここで重視したいのは、事例調査も集落調査も、調査員に対し高い力量を求めること、記録された第一次資料が存在するときには聴き取りで得られる情報だけに頼ってはならないこと、の2点である。調査員の力量が試されるのは、対象者とのラポール（つながり、関係）をどのようにつけるか、相手からの信頼をどのようにして得ていくか、という局面だけではない。また、繰り返し、対象者から話を聴いてゆけるだけの熱意をいかにして保ちつづけるか、という問題だけでもない。聴くべき事柄の多くがあらかじめ決められてはいないということは、対象者の話がどのような全体的文脈のなかで語られているのか、どのような意味を持つのか、その話に関連してもっと聴いておくべきことは何かなど、これらを理解しながら調査をすすめる必要があり、しかもそのためには、対象者から学んでいくという側面とともに、とらえようとする社会事象に関して幅広く深い知識を持っていることが、実は要求されているということでもある。また、対象者が善意でつ

く嘘や、対象者の置かれていた状況ゆえに生じるバイアス、不正確な言及などを見分けてゆく力を持つことも要求される。

　一方、かなりの力量を持つ専門家でも聴き取り調査だけに頼ることは危険なことである。とくに10年以上も前のことを聴き取りで得たデータだけで構成してしまうと、過去に関する誤ったデータにもとづいて現在を再構成し、意味付けてしまうことになりかねない。人の記憶は不正確なものであり、また時がたつと過去の記憶は無意識のうちに美化されたり、消去されたりするものである。したがって、個人の記憶を補い、修正してゆくためにも、書かれた記録が存在する場合にはできるだけそれを利用しなければならない。個人の場合は日記や手紙、世帯の場合は香典帳などのドキュメント資料を収集し、読みこなしてゆくことが必要となる。歴史的にかなりさかのぼる必要のあるときは、集落調査ではしばしばそれが必要になるけれども、江戸末から明治期の第一次的な史的資料を読解する技術も持ちあわせていることが求められる。それ以上に、そもそもどういう資料を用いればよいのか、どこを探せば資料にぶちあたるか、といったことに関する知識や判断力がなくてはならない。さらには資料を読み、使えるデータとして加工してゆく力も要求されるのである。

　このように、記述的調査は、社会現象と社会をまさしく質的に、また全体的にとらえるという点でも、対象者との人間的な接触やふれあいをとおしてデータを得るという点でも、たいへん魅力的な調査であるが、このように、調査する側の力量を試される調査でもある。対象者から学ぶとよくいわれるが、それは対象者に接する前に調査者自身がよく学んでいることを前提としての話である。近年は、統計調査のことをほとんど何も知らないで、最初から事例調査に踏み込む人もふえている。聴き取りだけのデータで報告書がつくられることも多く、力量不足の人が収集するこのようなデータ自体、どこまで信頼がおけるのか、少々不安に思うこともある。また、基本的には事例調査であるにもかかわらず、調査法への無知を反映して、事例の数が多いためかパーセントなどの数値で表示することにこだわった報告書も近年よくみかけるようになっている。事例調査は統計的（量的）調査ではなく、統計量によって対象をとらえる必要のない調査だということを強調しておこう。正

確な、しっかりとした、深みのある記述によって現象を全体的にとらえるべき調査なのである。

　もちろん記述のなかに数値でしか表現ができないものが含まれてしまうのは当然であるが、平均値を細かく求めたり、パーセントを小数点以下まで細かく表示したりする必要はまったくなく、そのような報告書に接すると、統計的（量的）調査からたんに逃げているだけで、実はみずからの内なる数値信仰を告白してしまっているのだと思わざるをえない。

標本調査と事例調査の異同および調査倫理
　このように、標本調査と事例調査では、関心の所在、データのタイプ、データの収集方法、結果の表し方等、大きく異なっている。どちらの調査を選択するか、このこと自体、基本的には調査者の自由であるとはいえ、重要な問題である。とりわけ調査の初心者には悩ましい問題となる。

　研究の内在的要請から調査方法を決定するのがもっとも妥当な選択のしかたといえようが、初心者にとってわかりのよい説明とはいい難い。そこで、対象者を含む集団のタイプの違いを基準にして選択する方法を紹介しておこう。サンプリングができる対象（集団）であるか、サンプリングのできない対象（集団）であるか、という規準にもとづく選択である。サンプリングができるのであれば標本調査を実施しうるが、サンプリングができないのであれば、事例調査を実施するほうが無難である。

　ランダムサンプリングをおこなうには、母集団の成員全員（に相当するもの）が記載され、ひとりひとりの識別が可能な、つまり名簿のようなものが必要となる。住民基本台帳や選挙人名簿や学籍簿や電話帳などである。しかし、対象によってはこのような名簿にあたるものが存在しない場合、あるいはそもそも名簿などつくりようもない場合もある。つまり母集団の成員全員を確定することが困難な対象がある。非行少年、暴走族、離婚経験者、オーバースティの外国人労働者、ホームレス等々である。また名簿をつくること自体、人権の侵害にあたる場合や、つくられていても秘匿すべき場合もある。犯罪を犯した人びと、重い病いをかかえている人びと、差別を受けている人びと等々である。

これらの人びとにたくさん会って話を聴くことはできる。量を集めることはできる。しかし、それは標本調査とはいえない。事例の量の多い調査である。いずれにせよ、サンプリング可能な対象（集団）であるのか、サンプリング困難ないし不可能な対象（集団）であるのか、この点を一つの基準として、調査の方法を選択するやり方が、初心者には、わかりやすい選択方法と思われる。

　ところで、母集団からのサンプリングによって抽出される対象者は、調査者にとってまったくの他人である。サンプリング時には氏名・住所等を記載するにしても、IDナンバーを付した後には、対象者の氏名など忘れさられてしまう。実査のときにも分析のときにも、対象者は番号をつけられているだけで「名無しの権兵衛」である。つまり、標本調査では、対象者の匿名性の程度はきわめて高い。

　一方、事例調査では、そもそも対象者の氏名や住所ぐらいわかっていなければ対象者と出会い調査をはじめることさえむずかしい。対象者の協力を得られた後は、対象者との深い交流のゆえにはじめて収集しうるような質の高い情報を得ることが重要になる。そのことが事例調査の価値を左右するようになる。このため、当然のことながら対象者の匿名性の程度は極端に低くなる。

　対象者の匿名性の程度の違いが、二つの調査における倫理問題の細部における差異を生みだす大きな要因である。標本調査では対象者の匿名性が高いために、調査者と対象者のコミュニケーション過程で問題が発生するよりも、調査者側の態度や知識、あるいは調査体制に由来して問題が発生する。つまり標本調査では、調査者の社会調査に関する知識と倫理が問われるのである。これに対し、事例調査では、匿名性が低いために、調査者と対象者のコミュニケーション過程で、あるいは公表後の対象者を含む集団との間で、倫理的問題が発生しやすいといえる。したがって事例調査では、まず何よりも対象者との間に信頼関係を構築すること、対象者との共同作業として調査を位置づけてゆくことが求められる。

　標本調査と事例調査のいま一つの違いは、収集データの物語性にある。標本調査において対象者から得られたデータは、大半が数値の羅列であり、一

つ一つバラバラな、意味連関を持たない行列として表記される。そこにはデータ自体の物語性はまったくといってよいほどない。一方、事例調査によって得られたデータは、対象者の語り自体が一つの物語を構成することが多いように、きわめて物語性の高いものである。したがって事例調査がまとめられ公表されるさいにも、対象者の語りが調査者によって再構成されたものであるにせよ、高い物語性を保持しうる。読んでおもしろい報告書となる。

ところが標本調査のデータは物語性を持たない。そのために、データに即した物語を、調査票作成時の仮説を検討しながら、分析の途上でつくってゆかなければならない。知見のなかで何が有意義な知見なのか、まずこの弁別のためのミクロの理論、小さな物語が必要となる。ついで有意義な知見を接合するより大きな物語が必要となる。標本調査の結果の報告に退屈なものが多いのは、集計結果の意味づけのない紹介や物語をつくる努力を放棄したようなまとめ方が多いためである。

標本調査であれ、事例調査であれ、調査者は調査結果をまとめ、一つの成果物として公表する責任を負う。読んで興味のわく成果物であるよう努める義務も負っている。知的におもしろいといえる成果物をつくるよう努力する点では、標本調査も事例調査もかわりはない。ただ標本調査のデータに物語性がないだけに、分析において物語をつくる努力がより一層求められるのである。おもしろくもない成果物を大量に生産し続けることが、標本調査の社会的評価を下げ、ひいては標本調査をはじめとする社会調査全体の衰退につながりかねないことを、肝に命じておくべきである。

3　マルチの装備を身につける

調査票を用いる調査と聴き取り調査

事例調査および集落調査と、統計的調査としての全数調査および標本調査では、すでに述べたようにデータ収集の方法も異なっている。

全数調査および標本調査は、データの統計的処理と統計量による結果の表現を意図するので、質問のしかたや回答のしかた、さらに回答の記録のしかたに差異がなく、統一された形式でデータを収集する必要がある。いい換え

るならば、回答者の回答が記録されるときに、回答の順序と回答全部の長さがどの回答者の記録も同一であるように、つまりあらかじめ標準化された様式にのっとって、データを収集しておく必要がある。このために全数調査と標本調査では、調査票を用いたデータ収集の方法を採用することになる。社会調査といえば、調査票を用いる調査だと思っている人もいるが、それは、実施される社会調査の大部分が標本調査であり、かつ標本調査ではかならずといえるほど調査票を用いるためで、このことから生じた誤解だといえよう。

なお、調査票を用い、統計量で表現することを意図した調査を、データ収集の様式に注目して標準化調査とよぶこともある。この場合、自由な聴き取りと標準化された調査票を併用する調査を半標準化調査、調査票をまったく用いない調査を非標準化調査とよぶことになる[4]。

事例調査では、調査票はまったく使われないか、使われたとしても調査票の質問のごく一部分に限られる場合が多くなってくる。たとえば、これに似た身近な例として医者と患者との応答を思い浮かべてみよう。医者は保険証などのデータをもとに、どの患者のカルテにも性と年齢（生年月日）を書き込む。これは、どのような対象者にも調査票の質問の一つとして、性と年齢を尋ねることと同じである。しかし、患者に対し「どうしました？」という問いかけをして以降の応答は、調査票のようにはいかない。患者によって尋ねることは大きく異なってくる。このように事例調査でも対象者に共通して問う項目はある。しかし中心は、医者と患者の「どうしました？」以降のやりとり、相手次第で変化する応答によって占められることになる。社会調査ではこのような応答のしかたを自由面接といったり、面接調査のなかの非指示的面接調査に区分したり、あるいは聴き取り調査といったりするのである。

事例調査が一人でもできるのに対し、集落調査は、小規模な集落は別として、ふつうは複数の調査者で実施されるので、このような自由面接ないし聴

---

[4] 統計的調査を、調査内容と方法が標準化されていることに着目して、はじめて標準化調査とよんだのは倉沢進である（綿貫・松原、1968、384頁）。このよび方と分類は、専門家には理解しやすい面を持つが、まずは、統計的調査と記述的調査を明確に分けて理解しておくほうが、初心者にはわかりがよいと思われる。

き取り調査だけでなく、調査票を用いた調査を実施することもある。しかし、その場合も、調査票の多くは、しばしば質問だけがあらかじめ設定され、対象者の自由な発話にまかせる自由回答方式を採用することが多く、結果も一部は統計量としてとらえるものの、多くは社会構造の全体関連的把握のための記述に用いられる。

一度は読んでみたい参与観察の報告

　記述的（質的）調査のなかでも、とくに事例調査は、このような自由面接法ないし聴き取り調査を用いて行なわれることが多い。ただこの方法のほかにも、参与観察による調査があり、またドキュメント法が併用されることもある。参与観察は、観察者自身が調査対象集団の活動に何らかの形で参加しつつ、その活動を観察し記録する調査方法である[5]。この調査は、調査者が調査対象とする集団のメンバーとして認められるか、メンバーに近いポジションを与えられるか、いずれにせよ、よそ者や異端者の地位から脱却してはじめて見えてくる事実を観察しうる点に、ほかの調査方法では得られない利点がある。

　しかし、そのためには長期にわたる対象との接触が必要であり、またメンバーのような地位にありながら、同時に観察者として集団の活動や成員の行動にできるだけ影響を与えないように配慮しなければならず、さらに、調査者と対象者の長期にわたるコミュニケーションの過程で生じる変化、つまり調査者が知らず知らずのうちに与えている対象者に対する効果についても敏感でなければならないという、調査遂行過程でのむずかしさを抱えている。

　この参与観察の代表例として、W.ホワイトの『ストリート・コーナー・ソサエティ』（ホワイト、1979）やオスカー・ルイスの『サンチェスの子供たち』（ルイス、1969）を挙げることができる。とくにホワイトの作品は、彼自身の失敗談や参与観察法の留意点も盛りこんだテキストとして、参与観

　5）参与観察についての日本語で書かれた数少ないテキストとして、佐藤郁哉（1992）を紹介しておこう。ただしこの本は、いわゆるフィールドワークという言葉をもっぱら記述的調査の実践という意味に用いている。統計的調査は度外視されていることを承知で読まれるとよい。

察の実践を学ぼうとする者の必読書となっている。たとえば、ホワイトが街にたむろう不良たちの仲間に、ようやく迎え入れられた頃の出来事として、不良たちと同じように卑猥な冗談をいってみせたところ、当の仲間から、お前はそんなことをいってはいけないとたしなめられたことが紹介されている。この話は初期の段階での対象者たちとの微妙な距離のとり方——仲間だけれど仲間ではない——を、対象者から教えられた話として、対象者への過同調を対象者からたしなめられたのだと気付いてゆく話として、参与観察の格好の学習材料を含んでいるのである。また参与観察がすすむと、何でもない日常の活動から意味をつかむことができるようになる例も挙げられている。ボーリングは、不良たちが集団としてまとまって興ずる活動の一つであったが、この遊びのなかにホワイトは顕在化していなかった集団の序列を発見する。つまり、これまで見えなかった序列が、ボーリングの個人得点の差という眼に見える姿をとってみごとに表われてくることに、はじめて気付いてゆくのである。

ドキュメント法

　ドキュメント法とは、手紙、日記、香典帳、自伝など、記録された第一次資料を活用し、それを内容的に分析する方法である。対象者の心理に踏み込める場合もあり、またとくに対象者の記憶がうすれた過去について書かれた記録である場合には、現象の変化を把握する時系列的な分析の格好の材料になるなど、聴き取りのみに頼るデータ収集の不正確さを補う、重要な方法となる。このドキュメント法によって、ポーランドからアメリカに移民した人びとと、母国ポーランドの農民との往復書簡を分析した、トーマスとズナニエツキの『生活史の社会学——ヨーロッパとアメリカのポーランド農民』(トーマス＝ズナニエツキ、1983) はあまりにも有名である。

　集落調査では、この方法はいっそう重要で、頻繁に用いられる。現状の集落全体の状況をとらえるための資料はもとより、町内会、部落会など各種団体に残されている記録、村議会の記事録などを用いる場合もあり、過去にさかのぼる必要があれば、検地帳や町割りに関する史的資料が活用されることもある。どのような視角で、またとくに何を対象とするかによって収集する

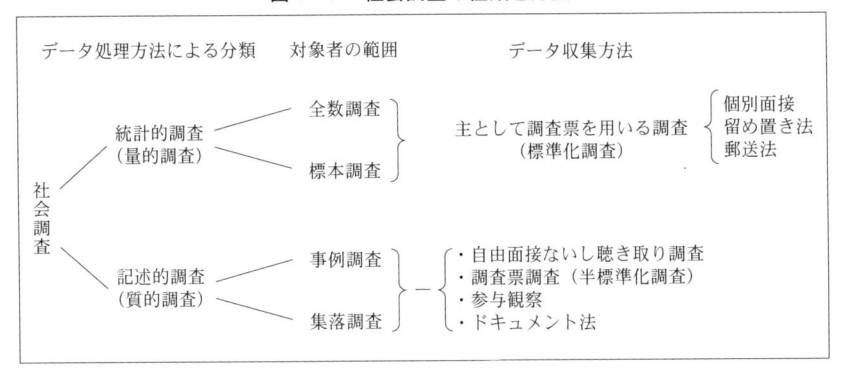

図1-1 社会調査の種類と方法

```
                データ処理方法による分類    対象者の範囲        データ収集方法
                                                                              ┌ 個別面接
                   統計的調査        ┌ 全数調査 ┐     主として調査票を用いる調査 ┤ 留め置き法
                   （量的調査）      ┤          ├     （標準化調査）            └ 郵送法
        社会       　              └ 標本調査 ┘
        調査
                                                            ・自由面接ないし聴き取り調査
                   記述的調査       ┌ 事例調査 ┐            ・調査票調査（半標準化調査）
                   （質的調査）     ┤          ├   ─       ・参与観察
                                    └ 集落調査 ┘            ・ドキュメント法
```

第一次資料は異なるが、どの集落調査でもこの方法はよく用いられるものである。

以上の説明を図1-1のようにまとめてみよう。

調査票を用いる調査の三つの方法：個別面接調査はもっともよい調査法か？

図1-1に示したように、統計的なデータ処理を目的として調査票を用いる調査を実施する場合、よく採用されるデータ収集方法としては、個別面接調査法、留め置き法、郵送法の3方法が挙げられる。

個別面接調査法は、調査者ないし調査員が原則として対象者の自宅（対象者の都合によっては職場など）を訪問し、対象者本人と一対一の対面関係を取りながら調査票の記載どおりに質問文を読み上げ、原則として対象者には調査票を見せず、リストなどを用いて選択肢のなかから回答してもらうなど、指示された形式にしたがって回答を得る調査法である。この調査法は、確実に対象者本人に対する調査を実施できること、調査員が直接訪問し、また場合によっては何度も訪問することによって調査の協力を得ること、こみいった質問ができることなどの点で、ほかの二つの方法にくらべ優れている。そこで、社会調査の解説本は、調査票を用いる個別面接調査の実施を実際には念頭において標本調査の説明をしてきた。しかし、近年、個別面接調査法は、かならずしも、もっとも優れた調査票によるデータ収集法とはいえなくなっている。

標本となる調査対象者の量が多く、また広範囲に居住していれば、調査員の数をふやさなくてはならない。個別面接調査法は、調査員の確保の面で、また予算の面で負担の重い調査法である。とくに大都市においては、訪問されることを嫌う対象者もふえ、平日は朝早くから夜遅くまで不在の対象者も多く、結果として、費用がかかる割には回収率が上がらないという結果に終わることも少なくない。熱意を持ち回収率を上げる努力をすることは、とても大切なことであり、何よりも、一人一人の調査員が調査目的を明確に理解し、調査の必要性を切実なものとして受けとめていることが求められる。そのうえで、一度拒否された対象者に対しても、何度か訪問し説得して協力してもらうような、ねばり強さも求められる。これを、私たちは「拒否がえし」とよんでいるが、「拒否がえし」もそれほど多く成功するわけではない。これまでの調査経験では対象者数によるが、回収率を2〜3％上昇させる程度の効果であろうと思われる。今後は、個別面接調査法を絶対視するのではなく、個別面接用の調査票でなければ収集できないタイプのデータを必要とするときには、たとえば質問がこみいったものであったり、調査員の手で回答を書くほかないようなデータを必要とする場合には、この方法を確信をもって採用するなど、この調査法自体を相対化することが必要であろう。

留め置き法と郵送法の長所と短所

留め置き法は、調査員が対象者宅を訪問する点は個別面接調査と同じであるが、対象者自身に調査票を記入してもらうよう依頼すること、つまり対象者が調査票をみて、みずから記入する（自記式）点で大きく異なっている。調査員は約束した日時に再度訪れ、記入内容をチェックした後、調査票を回収する。この調査方法で用いる調査票は、対象者自身が記入するために、個別面接調査で用いる調査票とは、質問のしかたや回答のしかたが異なる場合が多い。何よりも、対象者が記入しやすく、かつ誤りがないような調査票を作製することが必要になる。そのため、個別面接調査では収集可能なデータでも、この調査法では、対象者が回答するさいに複雑になりすぎ、わかりづらくなるような回答方法しかないデータであれば、収集を断念せざるをえなくなる。また、身代わり回答やいつわり記入などが混入する危険も残されて

いる。一方、調査員の負担は、個別面接調査にくらべて軽くなり、調査の費用もそれだけ少なくすることができる。

郵送法は、調査票を郵送によって対象者に届け、対象者自身が記入し、返送する調査方法である。大量の対象者が広範囲に居住していても、留め置き法よりもいっそう少ない予算で調査ができることが大きな利点である。しかし、留め置き法と同様の弱点を持ち、また、返送されない調査票が多く回収率が低下するという欠点もあわせ持っている。日常生活で書くことに慣れていない人びとの返送率が極度に落ちるともいわれている。このため、社会調査の解説書では、この方法をあまり勧めてこなかったのである。これまで、郵送法では回収率が30％台にとどまるといわれてきた。しかし、近年の郵送調査の回収率は、45％を超えるようになり、この点でも、この方法が見直されるようになっている。

データ収集の方法としては、これら三つの調査法のほかに、電話を使って行なう調査の方法や、複数の調査対象者を1ヵ所に集め調査票を配る集合調査の方法などがあるが、ここではよく用いられる上記三つの調査法の説明にとどめることにしよう。

4　調査で何を明らかにするのか：目的と方法の結びつきについて

熱い思いを持て、幻想は持つな

社会調査にもたくさんの種類と方法があることを、とりあえず知り、要は、自分が問題にしたいこと、それに対応して自分がとらえたい社会現象とは何か、このことを明確にし、どの調査方法がもっとも適しているかを選択してゆくことなのだ、ということもわかった。そのさい、最適な方法は一つとはかぎらないことも、複数の方法を併用して現象に迫ることがありうることもわかってきたはずだ。しかし、もう少し具体的に説明してほしいと読者のみなさんは思っていることだろう。とらえたい社会現象や調査目的と調査方法のつながりについて。

(1)荒削りでも、素朴でもよい。問題意識を持て。

男女差別は許せない、いまの受験制度はなってない、こんな怒りでもよ

い。むきだしの正義感にもとづく大雑把な問題意識でも、生々しく、切実で、君をひっぱっていくエネルギーに満ちた問題意識であれば、出発点としてはそれでよい。「こんな社会、おかしい」だけでは、調査にとりかかれないことぐらい、だれにでもわかっている。それよりも何よりも、恥じらうことなく、まっすぐな問題意識を持っていること、持ちつづけることのほうが、よほど大切だ。

調査はこの荒々しく素朴な問題意識を原基とし母胎として押し進められてゆくものである。なぜなら、調査は、どうしても知りたいという願い、確かなことをとらえたいという熱烈な思いをどこかで持っていないと、やってはいられないほどに、きつく、つらい作業過程を含んでいるからだ。

(2) 社会調査に幻想を持つな。

本人は切実で熱い思いを持っていると信じていても、問題意識自体はどうみても漠然たるものだと判断せざるをえないことがよくある。このような場合に、しばしば社会調査への過度の期待が生まれてくる。問題意識が曖昧だと、まずどのような本を読んで問題意識を具体化したらよいのかということさえ、よくはわからず、まして既存の統計資料の何をどのように読んだらよいのかなど見当もつかないということになりがちだ。そうすると、このような手順を吹っ飛ばしても、とにかく調査をすれば何かがわかるはず、しかも自分のこの切実な思いに応えてくれるはず、と勝手に思いこむようになる。

ここまでいかなくとも、とにかく調査をすれば何かがわかると思っている人はたくさんいる。こういう人たちにかぎって、少し社会調査のことを知ったり、1回でも実際にやってみたりすると、たちまち雲行きが変わって、社会調査ではほとんど何もわからない、と悲観しはじめることになる。

社会調査のデータは、君の主観的思い入れに応えてくれるものではない。その結果は、受け身で待っている君のところへ君の欲する果実を選んで運んできてくれるようなものでもなく、また、さまざまな要因が複雑にからむ問題に対する解をすぐに与えてくれるものでもない。

社会調査は、社会現象について具体的に知りたいことがあり、かつそのことが、これまで紹介したさまざまな調査法のいずれかを用いて、ある程度知ることができそうだと予測されたときに行なうべきものである。もちろん知

りたいことがすでに調査されている場合には、その結果を調べ利用すべきだろうし、そのうえでなお知りたいことがあれば、調査に踏み出す意味が十分にあるというものだ。

具体的な話（その1）

　大学4年生になって卒論のことを考えねばならない時期になると、テーマのことや研究方法のことで学生が相談にくるようになる。学生によって問題意識はさまざまだが、たとえばつぎのような相談を受けることがある。
　一人の女子学生の場合、自分自身の内なるジェンダー意識がどのように形成されたのかに関心がある、とくに自分が育った家族（定位家族という）のなかでの両親のしつけのしかた（家族における第一次的社会化過程）が、自分の現在のジェンダー意識の形成に重要であったと思うので、他の人たちはどうなのか調べてみたい、このような相談である。
　ジェンダー意識と一口にいっても、社会的文化的に意味つけられた性に関する意識は、じつにさまざまな意識を内包している。そこでまず、この点を特定化するようにアドバイスする。家事の性別役割分担に関する意識なのか、男女の会話のなかに潜む意識なのか、職業生活にかかわる意識なのか、この女子学生にとってもっとも気になるジェンダー意識を具体的に明確化するよう求めるのである。そのうえで、しつけのなかでそれが形成されてゆく過程を調べようとするのであれば、つまりあなたがいま本当に知りたいと思っていることをとらえるには、あなたが育った家庭と似通った条件の家族、つまり階層的・地理的・家族構成的条件がほぼ等しい家族のなかに入って、子どもの成長過程を長期に観察するのがいちばんだと思うよ、長期の参与観察による調査でないと十分にはとらえられないだろうねということにしている。なぜなら、この女子学生の関心は、親も自覚し、子もそれを察知して達成されるしつけと異なり、親がはっきりとは自覚しないままに子に対して示す言語的・身体的なメッセージを、子もまた幼児のときから無意識のうちに吸収して形成されてゆくような、ジェンダーに関する意識の形成であるので、知りたい事柄はその過程を身近に直接観察することによってのみ得られると考えられるからである。この女子学生が本当に知りたいと思っている事

柄は、調査票で質問し回答しうる事柄ではもちろんなく、子育て中の親への自由面接によっても十分に得られることではなく、成人した女性に過去を語ってもらって得られることでもないのである。

　しかし、卒業まで1年未満というタイムリミットを考慮するならば、この調査法を採用することはできない。そこで、たとえば性別役割分担意識の定位家族における形成過程を調べることはむずかしいとしても、学校教育の効果をみたいのであれば、小学生、中学生、高校生を対象とする役割分担意識調査はけっこうあるので、その結果を利用することはできる、つまり社会調査はしないで既存の調査結果の利用という手段を使ってみてはどうか、あるいは、学歴や職業に対するアスピレーションにジェンダーがかかわってくる側面をみるのもおもしろいと思うけど、たとえば女子高校生の1年生の進路希望と3年生の進路選択を比較して差異が認められるときに何が影響しているのか、女子高校生同士の影響とか、親の意見の影響とか、いろいろ考えられるが、そんなことを調べることもできるね、この場合は女子高校生を対象とする調査票を用いて標本調査を実施することになるがどうだろうか、こんなアドバイスをするようにしている。

具体的な話（その2）
　男子学生の質問、「自殺は個人的な事柄だが、社会調査の対象になるのだろうか」。たいへんよい質問だと思われる。第3章でも紹介されるが、自殺もまた、一定の社会のなかで、一定量発生する社会事象であると、最初に明確に位置づけたのは、社会学者E.デュルケームである。したがって、自殺を対象とする調査は、社会調査になりうるのだが、じっさいには個人で実施するのは困難な調査である。自殺した当人には、もちろん話を聞くことができない。また、自殺した人の近親の方にお話をうかがうのは、その方々にとってたいへん迷惑なことであり、ひどく図々しいことにもなり、このような聴き取りを中心とする事例調査はふつうは避けるべきだろう。また自殺についての原データともいうべき警察の調書なども、個人のプライバシーにかかわることとして、そう簡単にみせてもらえるはずはなく、第一次資料の収集と読み込みを中心とする事例調査も実施することは困難だと思われる。つま

り自殺は、社会調査の、とくに事例調査の対象にはなりえても、実際には調査の実施が困難な社会現象だといえる。そこで、この社会現象は、社会調査には含まれないが、すでに紹介した重要な作業、つまり自殺に関する統計的データの収集や加工をとおして、つまり第二次的資料の分析をとおしてアプローチすることがベターな方法だということになる。

E.デュルケームは『自殺論』（デュルケーム、1985）のなかで、まさしくこのような分析を行なっている。『自殺論』を書くにあたって、統計データの収集・加工という重要な作業を、甥のモースが担ってくれたことに、デュルケームは感謝の意を表わしているが、このモースこそ、後にエスキモーの調査研究で優れたモノグラフを書き、また『贈与論』を著したマルセル・モースその人なのである。『自殺論』は、既存の統計データを使っても、加工のしかたと分析のしかたしだいで相当のことがわかるものだということを示してくれた最初にして、いまのところは残念なことに最後の作品である。大学の講義では、アノミー的自殺というタイプを導き出し、アノミーという言葉を社会学の概念にした本ということだけが紹介されるけれども、デュルケームの分析から学ぶべき点は、実はもっとほかにある（第3章参照）。

具体的な話（その3）

都市社会のなかの人間関係に関心を持つ大学院の学生もたくさんいる。特定の個人と、その個人が知り合っている人びととの関係をパーソナルネットワークといい、都市度が、このパーソナルネットワークのなかでもとくに親しい人びととの関係の変容にどのような効果を持っているのか、この点は重要な研究テーマとなっている。これについて調べてみたいという学生に対しては、郵送法による標本調査を実施するよう勧めることにしている。

都市度は具体的には都市の人口量と都心からの距離という二つの変数によって表現することができる。人口量が大きな都市の都心に近い地域ほど都市度は高く、人口量の小さな都市の都心から離れた地域ほど都市度は低い。都市度の効果をみるには、都市度が異なる複数の地域を対象地とする必要がある。複数の都市の、都心からの距離の異なる複数の地点を選び、その地点の住民を対象とする調査を設計することが求められる。ただし複数都市の複数

地点での調査を、大学院の学生の場合には、できるだけ費用のかからない方法で実施しなければならない。そうなると郵送法が、これらの条件をいちばんよく満たす方法だということになる。サンプリングにさいして実際に現地に行くための費用が必要になるが、実査はほとんど郵送費だけですますことができるからである。もちろん、調査票に盛り込む質問は、個別面接調査のように複雑な事柄を問えるものではない。しかし、都市度と親しい人に限定されたパーソナルネットワークの関連を問題とする調査であるならば、先行研究の成果を参照しても、親族や同僚、友人たちとのくわしい交際内容まで問う必要はないように思われる。親しい人びとの人数を、関係別、居住地別に聴き、もっとも親しい人との接触頻度などを中心的に問うのであれば、郵送法の調査票でも十分盛り込むことができるだろう。

　一方、同じくパーソナルネットワークに関心があるのだが、パーソナルネットワークも、親しい人、それほど親しくない人、まったくの知人など、親しさの程度によってカテゴリー化されているのではなかろうか、カテゴリー化はどのように行なわれるのだろうか、また、それほど親しくない人や知人の量こそ、都市度と関連があるのではないか、こんなことを調べてみたいという大学院の学生もいる。この学生に対しては、標本調査は勧めない。調査票による調査も勧めない。なぜなら、「それほど親しくない人はどなたですか」という問いかけをしても、対象者は答えることができないからである。この場合に勧める方法の一つは、ドキュメント法を中心とし、聴き取りを併用する事例調査である。

　あまり親しくない人や知人を、対象者の記憶を頼りにならべてもらうだけでは、きわめて不正確な情報になる。そこで、対象者が持っているアドレス帳などを手がかりとすることも考えられるが、アドレス帳に記録しておく知人の範囲もふつうはそれほど広くはなく、記載されていない知人を多数見落としてしまう危険が伴う。また香典帳に記載されている名前から一つ一つ関係を問うてゆく方法もある。確かに香典帳から知りうる関係はもっとも広い範囲におよぶが、一方、亡くなられた方を中心とする関係であったり、亡くなられた時期によっては相当に古い関係を拾うことになったり、さらに大都市では、そもそも香典帳を持たない方も相当いるという事情もある。

そこで現時点において一定年齢以上の、たとえば30歳以上の対象者個人のパーソナルネットワークの構成を知るのであれば、最良の資料は、おそらく年賀状であろうと思われる。年賀状を親しさの程度によって、また関係別に分類してもらいながら、年賀状の一枚ずつについて、属性や交際内容、知り合った時期やきっかけを尋ねるなど、学生にはさまざまな聴き取り方があることを合わせてアドバイスするようにしている。

要は、知りたいことと対象の特性に応じてどの調査法がふさわしいか柔軟に考え、調査法を選び取ってゆくようにすればよい。また1回かぎりの調査で終わらせずに、複数の調査法を重ね合わせる方法も採用してみてほしい。たとえば、標本調査で得た結果を説明するために、事例調査のデータが必要になるときなどがある。A地区とB地区の住民の一部をサンプルに、地域でのつきあいをテーマとして調査票を用いた標本調査を実施したが、結果は、A地区の住民は地域といっても比較的広い範囲に居住する友人とのつきあいが目立つのに対し、B地区の住民はきわめて狭い範囲のつきあい、いわゆる近所の方々とのつきあいが活発であった、そこで、町内会・自治会組織や活動の実態に差異があり、そのことが、地域でのつきあいに影響を与えているのではないかと考え、町内会長と役員への聴き取りを中心とする事例調査を実施することにした、こんな例も実は学生の卒論や大学院生の修士論文ではよくあることなのだ。

5 まずは標本調査から学んでみよう

対象と目的に応じてどの調査法を採用してもよいと述べたが、現状では、記述的（質的）調査の実施数は少ないと考えられる。しかも、この調査は大部分、卒業論文や修士論文を作製するための調査も含めて、いわゆる学術研究の調査として実施されている。社会調査の圧倒的多数は、標本調査であり、研究者が行なう調査でも、やはり標本調査の実施数のほうが、記述的調査——その多くは事例調査であるが——のそれを大きく上回っている。社会事象を統計量としてとらえたい、ないしとらえてほしいというニーズや、統計量としての把握の必要性が、現代社会においてとくに高いからかもしれな

い。しかし、標本調査が社会調査の代名詞であるかのように、大手をふっているのは、世の中で必要とされているからという理由だけでは、実はないのである。

標本調査が幅をきかす理由

(1) 広く深く浸透した数値信仰。

社会現象を統計量という数値で表現しとらえているほうが確からしいと思う素朴な数値崇拝から、数値で表現していないと気が済まない数値強迫症まで、この数値信仰はさまざまな形態を含んでいる。いずれも標本調査を選択するさいの強い動機づけになっている。

(2) 社会状態を偏りなくとらえるという目的に合致。

このことは、国や自治体が行なう調査の第一の目的になっている。社会調査といえば最優先されるべき目的とさえ考えられている。事例調査は、問題発見には適した方法なのだが、少数の事例を対象とするため、とりあげる事例の偏りがつねに問題とされる。標本調査が無難と思われるらしい。

(3) 予算編成と調査の委託に好都合。

標本調査は自治体が行なう調査、また自治体が調査会社に委託する調査でも、よく実施される。自治体が住民を対象とする全数調査を実施しようとすれば、莫大な費用を要する。標本調査であれば、全数調査にかわって母集団の状態を推測してくれるし、費用もそれほどにはかからない。ここに標本調査が好まれる大きな理由がある。また事例調査と異なり、標本調査は必要となるであろう費用を正確に計算することができる。サンプル数、調査日程、調査員数など、標本調査は企画がたてやすいために、事前に費用を算出することができるのである。一方、事例調査は、対象者の都合しだいで、また対象者の持っている情報しだいで、どのくらいの時間がかかる面接になるのか、また何回くらい面接が行なわれるのか、そしていつまでつづくのか、企画の段階では明確にすることができない。したがって、必要とする費用を事前に正確に計算することができず、予算を計上するさいにやっかいなことになる。調査会社に委託するさいにも、当然のことながら委託費用の算出根拠が求められるので、標本調査が好都合ということになる。

(4)データの質が一見均質で信頼できそうに思える。

標本調査は主として調査票を用いる調査である。アンケート調査という、いやらしいひびきを伴う言葉が流布しているのも、「調査票＝アンケート用紙」を用いる標本調査が社会調査の顔役になったからだろう。

ところで、調査票を用いるということは、調査員に対し高い力量を求めないということだけではない。調査票が指示したとおりに質問し回答してもらうことを前提とした調査法なので、調査員によって回答の確からしさに差が生じることはないと判断されている。つまり調査票を用いた調査では、データの質（確からしさ）はどのサンプルをとっても同じレベルになるように設計されていると考えられているのである。一方、事例調査は、調査員に高い力量を求める。このことは、調査員によって収集するデータの質に違いが生ずる可能性もまた大きいということを意味するといえよう。

(5)調査方法を伝達しやすい。

社会調査の解説本の大部分、大学での社会調査法の講義の中心は、標本調査の過程と集計・分析方法の説明になっている。それは、標本調査が、サンプリング、仮説構成、調査票の設計、結果の統計的検定、分析の方法のいずれをとっても、明示され確立された手続きや規則にのっとって行なわれるので、それらの知識を多数の人に伝達しやすいからである[6]。また同時にそのことは、標本調査では、つねに手続きや方法が明示されている必要があるということであり、別の調査者による検証や追試が容易であるということも意味している。標本調査に関する知識ないしノウハウを伝達しやすいという点は、この調査が多くの調査者によって採用される基礎的条件となっているといえよう。

これに比べ、記述的調査は、対象によって方法が多様であり伝達しにくいという理由のほかに、職人芸的調査技術の伝達に熱心でなかったこともあ

---

6) 標本調査の入門書としてすぐれているものに、原・海野（1984）、盛山ほか（1992）が挙げられる。ただし両書とも、本書のように基礎の基礎に相当することをていねいに説明しているわけではない。統計的検定などを自習したい人は、上記2冊のほかに、ボーンシュテット＝ノーキ（1990）を読むとよい。日本の研究者にはなかなか書けない、独習にも向いた統計学のテキストになっている。

り、多数の人への方法の伝達という点では、はるかに遅れをとっていたのである。

標本調査はつまらない？：調査を取りまく問題状況(1)

しかし、このように標本調査がむやみと行なわれるようになると、本来の目的にふさわしくない調査法であるのに採用されてしまったり、既存の統計や先行調査の結果を調べることで十分に目的を達成できるのにあえて実施されたりといったことが起こるようになってきた。このような問題状況に加えて、標本調査はつまらないと思う人びとが相当数存在するようになってしまった。

標本調査は、本当につまらないのだろうか。答えの半分は YES、半分は NO である。半分 YES と答えるのは、実際につまらない調査が横行しているからである。半分 NO と答えるのは、おもしろい標本調査が実際に相当数実施されているだけでなく、これからもさらにおもしろくしてゆけるからである。

つまらない調査というのは、平板な仮説をたて、結果もやはりそうでしたという調査をいう。調査する前からわかっていることを確認するような調査である。このような調査にかぎって、仮説に沿わない結果をせっかく出しながら、それらはすべて無視しているようにみえるが、ともかくこのような調査が数多いために、標本調査はつまらないと思う人びとがつくられてしまっている。

では、どのような調査がおもしろい調査なのだろうか。第一は、常識的な仮説を否定する結果を生みだした調査、あるいは常識とは異なる仮説を検証してしまった調査である。要するに結果が常識とは異なるので、びっくり仰天、ついで、何でそうなるのと興味をかき立てられるのである。眠け覚ましの効果を持つ結果が出るかどうか、この点に勝負をかけておもしろさをねらう調査というわけで、第一水準のおもしろい調査とよんでおこう。

第二は、眠け覚ましの効果はそれほどないものの、従来の説明のしかた（理論）を部分的にせよ変更させるような意味を持つ結果を含んでいる調査が挙げられる。新しい説明へ向かう芽を発見することのできる調査として、

第二水準のおもしろい調査とよぼう。

　第三は、第一水準の、眠け覚ましの効果を、瞬間的な効果に終わらせるのではなく、そのびっくりするような結果を説明するような新しい理論を用意し、そのもとで新たにつくられた仮説を検証してゆくような調査である。あるいはまた、第二水準の新理論萌芽的調査の積み重ねをへて、同様に新しい理論を準備し、そのもとで、これらの萌芽的意味を内包する諸結果を再度検証しつつ説明する調査を挙げることもできる。これらをまとめて第三水準の調査とよんでおこう。

　標本調査をおもしろくするには、第三水準の調査を目的としながら、第一水準、第二水準の調査が実施できるような企画をもっとふやしてゆくことが必要である。

深刻な回収率の低下：調査を取りまく問題状況(2)

　標本調査をめぐる最大の問題状況の一つとして、回収率の低下が挙げられる。

　25年ほど前までは、東京の区部でも、学生を調査員とする個別面接調査で、80％を超える回収率をあげることは、それほどむずかしいことではなかった。もちろん、そのときでも何件かは「拒否がえし」を行なっていたが。

　しかし、いまでは、同様の方法でも、東京区部では60％を割ることさえめずらしくなくなっている。相当がんばっても70％を超える回収率を得ることは困難になってきている。

　年々、個別面接調査はやりづらくなっている。自宅に訪問されることを嫌う人がふえてきた。研究機関以外の調査もふえ、競合するようになってきた。朝早くから夜遅くまで不在の人がふえてきた。人びとの生活が何かしら忙しくなって、訪問しても調査に割く時間はあまり取れないという人がふえてきた。インターホンが普及し、玄関の扉を開けずに断れるようになったことや、マンションでは防犯対策がきびしくなり、なかに入ることさえむずかしくなるなど、調査を拒否しやすい住環境も整ってきた。このようななかで、事前の手紙による挨拶、電話での訪問の予約、調査員に対するはげましも含めたチェック態勢の整備等々、さまざまな対策をとっているが、回収率

は上がるどころか、下がりつづけている。

　ここでの回収率の低下は、端的に回答者数の減少を意味している。つまり、対象者数からさらに回答者数が減ってしまうということであり、もとの母集団の状態からの開きがさらに大きくなること、標本誤差がいっそう生じやすくなることを意味する。回答者が母集団を代表していない可能性が大きくなるのである。これに伴いデータの信頼性も低下する。したがって、回収率の低下という事態は、社会調査にとって、きわめて深刻な問題状況だと考えねばならない。

　しかし、いまのところ、オールマイティの改善策はない。ただ、費用ばかりがかかって回収率が上がらないのであれば、個別面接調査法にこだわらないことも一つの選択肢になるだろう。大都市の居住者は、直接家を訪問されること、面談のために一定時間をとられることをいやがる。一方で、高学歴化の進展もあり、ほとんどの人が読むこと、書くことを苦にしなくなっている。このような社会状況の変化を考えると、これまでは軽視されていた郵送法を積極的に位置づけ活用することも、一つの対抗策として考えられる。もちろん、郵送法を用いても、必要に応じて返送を促す手紙を送付することや電話での依頼によって回収率を上げる工夫は欠かせない。

　一方、個別面接によってのみ対象者の回答が得られるようなデータを、ぜひとも収集・分析したいときには、個別面接調査法を自覚的に自信を持って採用すべきである。そのさい、この調査の必要性を熱意を持って調査員に伝えるだけでなく、調査員もまた熱意を持って対象者を説得できるような、調査員に対する教育が欠かせないものとなる。

　これからの標本調査は、個別面接、留め置き、郵送の各方法のどれを選択するのかについて、従来のように予算がらみで安易に実施方法を決めるわけにはいかなくなっている。収集したいデータの内容と対象者の特性を考慮したうえでの自覚的な選択が求められている。

まずは標本調査から学んでみよう

　「社会調査の方法のなかで、最初にどれから学んでゆくのがよいでしょうか」。このように尋ねられたら、迷わずに答えるだろう。まずは標本調査の

方法を一通り、しっかり身に付けなさいと。標本調査をめぐる状況がこのようにきびしいものであっても、最初にこの方法を学習するほうがよいと判断するのは、さまざまな理由によっている。

　社会調査のなかでもっともよく用いられている調査法であるということも理由の一つになる。社会調査を学んだ、あるいは社会調査の経験があるといわれた場合、ふつう、聞き手は標本調査を知っているということだなと思う。また、接する機会が多く、参考にしなければいけない調査結果の多くも、たいてい標本調査の結果である。したがって、調査結果の集計のしかたを知っているだけでも、そのような結果をどのようにみたらよいか、おおよその見当がつくようになる。標本調査を勧める第一の理由は、頻度高く実施されている調査なので、学んだことが役に立つ機会もまた多いからである。

　第二の理由は、伝達しやすく学習しやすい方法だからである。前述のように、記述的（質的）調査は、問題とする社会現象によって、対象者によって、また対象地の状況によってとらえるべき内容が大きく異なる。そこで、その方法を学ぶのであれば、社会調査法として学ぶよりも、現状では特定のテーマについて書かれたすぐれた事例調査報告や、集落全体を対象としたすぐれたモノグラフから調査方法を吸収するほうがベターであると思われる。日本の社会学の最良の成果は、このような事例分析の集積やモノグラフとして表現されているものが多い。しかし一方、その方法については、明示的に書かれた作品、方法論としてまとめられ整理された作品はほとんどなく、まして伝達されやすいフォーマットとしてまとめられたものは皆無という状況にある。長期に記述的調査にたずさわり、またすぐれた作品を著してきた研究者に直接指導され、ともに調査に従事するなかで、それらの研究者が個別に編み出してきた方法・秘術と、職人芸を盗み取ること、これが日本における記述的調査法の伝達の伝統的様式であった。

　一方アメリカでは、早くもトーマスとズナニエツキが『生活史の社会学』（トーマス＝ズナニエツキ、1983）序文（序文といっても長大な論文であるが）のなかで彼らの研究方法を生活史法として整理して記述しているように、またその後も記述的調査法の方法を整理して語る研究者がつづいているように、この調査法を広くつぎの代に伝えようとする伝統が確立しているよ

うである。また、事例調査や参与観察についてのテキストも出版されている。日本では、いま、記述的調査法伝達の伝統的様式の流れが途絶えようとしている。そこで、新たに事例調査に取り組む若い研究者たちは試行錯誤を繰り返しながら、一から調査研究をはじめるほかないという状況に置かれている。それはともかく、この日本で社会調査法を系統だって学びたいといっても、現状ではほとんど標本調査の方法を学ぶ機会しかないということになっている。

　第三の理由として、標本調査の方法が伝達されやすく、学習しやすいということに関連して、この方法を学習することをとおして、記述的（質的）調査にも共通するような調査に対する基本的な構えも学習できるということが挙げられる。対象者との距離の取り方、関係のつくり方という面だけではない。たとえばサンプルの代表性、データの信頼性という視点などは、方法は異なっていても記述的調査を実施するさいにも生かされるべき視点だといえよう。

　第四の理由は、標本調査を学び、それを経験してから、記述的（質的）調査を経験するという学習順序のほうが、逆の順序をたどるよりも、学びやすいのではないかと思われるからである。ただし、この理由は、たぶんに筆者自身の経験に由来している。

　筆者は、学部学生から大学院修士１年生の間、山村の親族関係を記述的調査によって明らかにする共同研究に参加する機会を与えられた。先輩諸氏の指導がよかったこともあり、多くのことを学ぶことができたが、その後、修士２年生になってはじめて標本調査に参加することとなり、この調査法を学習するときになって、たいへん苦労するはめに陥った。標本調査の方法を頭がすんなりと受け入れないのである。事柄を質としてとらえ、全体関連的に位置づけることを重視する調査のやり方を身に付けたばかりの頃であったから、標本調査の方法で仮説の構成や調査票の選択肢を考えようとしても、社会現象を断片的に浅く切り取っているだけのやり方にみえ、どうしようもなく反感を持ってしまうこと、また、回答をあらかじめ定められた選択肢のなかに限定してしまう調査票づくりに対する違和感などが、方法の習得にさいしブレーキとなって働いたようである。

もっぱら記述的調査に従事してきた研究者の発言のなかに、標本調査に対する感情的反発を感じとることがある。筆者の個人的経験に照らして、この気持ちはわからないわけではない。いまでは喰わず嫌いはよしたほうがいいといえるくらいの余裕は持てるようになったけれども、そのときは、頭ではわかっているつもりでも、心のなかでは、こんなやり方で何がわかるんだというどうしようもない反発を感じていたものである。このような気持ちが消えるのは、2回の標本調査を経験し、結果の集計・分析を自分自身でやり遂げてからであった。標本調査は、最初にこれを学んでおかないと、自分で集計分析までの全過程を経験し、さらに報告書も執筆してみて、はじめて、なぜこのような方法を使うのかということが遅ればせながら、ようやく本当にわかってくるものなのである。記述的調査は、実査それ自体がおもしろいという側面をもっている。一方、標本調査は、結果を分析しているときにようやくおもしろさがわかってくることが多く、そのときになってたとえばもっとおもしろい分析ができるような調査票をつくっておくべきだったと思い、調査の最初のステップから自分で見直しはじめ、一つ一つの小さなことでも、手続きの細部にわたることでもおろそかにできないことを自覚しはじめ、この方法の意味をつかみはじめる。

　最初に記述的調査にどっぷりとつかってしまい、標本調査の方法を学習しないでいると、標本調査との実査段階でのおもしろみの格差にもっぱら眼が向いてしまい、ともすると、標本調査を最後までやってようやくつかめるおもしろさを経験せずに、途中で脱落してしまうことになりかねない。また実際、そういう人は少なからずいるように思われる。

　このような、さまざまな理由から、筆者は、まず標本調査から学びはじめることを勧める。この本を最後まで読み通してみることも勧める。そして、ぜひ、実際に標本調査を最後まで、分析し結果をまとめるまで経験してみることを勧める。その経験をとおしてこの章で筆者がうったえていること、すなわち「細部にこだわれ、しかし大きな問題意識を忘れるな」という主張を、各人各様に吟味し自分自身の主張として育てていっていただきたいと思う。

第2章

社会調査をはじめる前に：
先行研究と関連資料

1 社会調査の前提条件

事前の準備が結果を左右する

　社会調査をはじめる前には、細心かつ入念な準備が必要である。とりわけ、本書が主題とするような計量的な社会調査においては、あらかじめ調査票にどのような質問項目と回答選択肢を盛りこんでおくかが、データの質および、最終成果物としての研究論文の質を決定的に左右する。調査を実施してしまってから、ああ、あの変数を入れておけばよかったと後悔してももう遅い。調査票にないものは測定できるわけがないのである。後悔しないためには、事前によほど時間をとって、先行研究や関連資料を検討し、探索的な観察やインタビュー調査もすませて、問題の明確化と仮説の定式化をはかり、それらを調査票のうえに反映させておかなければならない[1]。

　1）量的調査にとりかかる前の一般的な準備の手続きについては、仮説の定式化に関するブードン（1970、第2章）の解説や、説明図式の構築についてのザイゼル（2005、第11・12章）の解説がわかりやすい。

これが質的調査の場合であれば、調査そのもののプロセスのなかで、観察やインタビューをくり返しながら、新たな問題を発見したり、仮説を柔軟に修正していったり、質問項目をあとからつけ加えていくようなことも可能だろう。
　しかし量的調査の場合には、そういうわけにはいかない。調査票を作成するまでの準備の段階で問いや仮説が不十分にしか練り上げられていなければ、できあがった調査票もまた不十分なものにとどまる。不十分な調査票からは、不十分なデータしか得られない。そして調査者は、その制約をあとあとまで引きずることになってしまう。
　たとえば、社会調査の実習や演習のある大学では、調査が終わったあとでも、往生際の悪い学生や大学院生がコンピュータに一日中かじりついて、ああでもないこうでもないの堂々めぐり（「無限ループ」ともいう）におちいっている光景をよく見かける。かれらは、準備不足をあとからとりもどせるとでも思っているのだろうか。事後的な分析にどれだけ時間をかけたところで、もともとデータに含まれていない情報を引き出すことが不可能であることぐらい、ちょっと考えればわかるはずだ。
　適当に思いついたような質問文を調査票に載せて、たいした回収率でもないのに、いかにも厳密そうにみえる統計的検定や多変量解析をコンピュータでほどこして、そうして出てくる結論はといえば、べつにそんなたいそうな調査をしなくったって常識でわかりそうな、つまらないものでしかない——という、典型的にダメな量的社会調査のレポート・論文は、このようにしてできあがる。たまに興味深い知見が得られたとしても、苦しまぎれの後付けの解釈でお茶をにごして、かんじんのその検証はといえば、「今後の課題」ということですまされてしまう。こんなことのくり返しは、どこかで断ち切らなければいけない。

"社会調査の達人"の忠告

　このように準備不足で十分な成果をあげられない量的調査は、質的調査の専門家からも、しばしばやり玉にあげられている。
　たとえば福岡安則は、「学生のなかには、アンケート調査票を配りさえす

れば意識調査ができるかのように、安易に考えている人が多い」が、質問紙調査というものは、「先行研究をチェックし、資料を収集し、参与観察や聴き取り調査によって、すでにひとつの論文が書きあげられるだけのところまで、問題への接近ができあがっていなければ……適切な質問群を考えだすことは不可能だ」(福岡、2000、165頁)とたしなめる。だから、卒論の段階では数量的アプローチは認めないことにしている、とまでいう。

また佐藤郁哉は、「文献研究」と「周到な予備調査」をとおしての「問題構造化の面倒な手続き」をきちんと踏んでいるかいないかが、「良質のサーベイ調査」と「質の低いワンショット・サーベイ」のわかれ道だという(佐藤、2002、132頁)。川喜多喬も、「まず質的な調査を十分にやって、そこで得られた結論を確かめるために、大量調査を行ってみるということを私はお勧めします」(川喜多、2006、173-174頁)とやんわりさとす。

実際、かれらのいうとおりなのである。調査をはじめる前の準備の段階にあまり時間と労力をかけていないデータは、けっきょく使いものにならない。極論かもしれないが、実験系の自然科学者は、先行研究の枠組みを借りて、あらかじめ論文を書けるところまで書いておいて、「自分がやった実験で得られた数字を最後に埋めて、完成させる」(鎌田、2006、26頁)ことさえあるという。実は社会調査の場合も、仮説の検証[2]が目的ならば、条件はこれと同じである。まず、問題の明確化と仮説の定式化のための小論文を書いてみよう。達成目標は、「先行研究をチェックし、資料を収集し、参与観察や聴き取り調査によって、すでにひとつの論文が書きあげられるだけのところまで」(福岡、前掲)だ。それがすむまでは、けっして調査票の作成にとりかかってはならない。

社会学的なテーマの選択

以上に加えて、もう一つ指摘しておきたいことがある。社会調査というと、新聞社やテレビ局がよくやる世論調査や、企業の市場調査などのイメー

---

[2] 仮説のつくり方や、それに対応した質問文のつくり方については、第3章および第7章を参照すること。

ジがあるせいか、社会学を専攻する学生であっても、たんなる世論や大衆行動の実態調査と狭くとらえて、なかなか社会学的なテーマに結びつけられないことが多いようだ。

　大学の社会調査実習の授業でも、調査のテーマを学生の自由にまかせると、みんなそれぞれに関心のあることをいろいろと考えてはくるのだが、どうも先行研究を深く学習した形跡もなければ、社会の成り立ちに対する鋭い切りこみもみられない。若者のファッション、ケータイやゲーム機の利用、テレビ視聴時間……といったものについて、自分はこう思うけど、みんなはどう考えているのかなあ、といった程度の浅薄な問題意識にとどまる。

　これは、とりあげる対象のことだけをいっているのではない。対象は若者のファッションならファッションでもいいのだが、そこへ切りこんでいく角度に、なるほど社会学を勉強した人はやっぱりちょっと違うと評価されるようなものを、少しでもいいから入れてほしいのである。

　たとえばファッション調査なら、たんに流行のトレンドは何なのかということだけでは社会学にならない。ファッション・センスの違いをもたらす社会的な要因はいったい何なのか、それは家庭環境なのか社会階層なのか、出身高校や地域社会の文化なのか、といったところにまで迫ってほしい。そして、こういった条件が結果に結びつく理屈（「メカニズム」ともいう）を、社会学の準拠集団論でも、社会階級と文化資本の理論でも、アーバニズムと下位文化の理論でもなんでも使って[3]、みごとに解き明かしてもらいたい。

　たんなる世論調査・市場調査と、社会学的に意味のある社会調査の分かれ目は、そういう点にある。社会学にとって重要な問題は、多様な世論（あるいは大衆行動）そのものではなく、それらの多様性をもたらす社会構造がいったいどうなっているのか、どう作用しているのかという点にあるのだ。問題意識のこのような社会学的な絞りこみと、それに対応した社会学的な仮説の構築が、社会調査をはじめる前には必要である。

---

　[3] 学部レベルでは、新しく理論を開発することはなかなか困難である。仮説の構築やデータの解釈は既存の理論枠組みに沿って行ない、解釈しきれない部分に独自の考察を加えていくのが現実的な分析戦略であるように思う。

出発点にたどりつくために

とはいえ、いきなり「調査をする前に論文を書け」といわれても、初心者は困ってしまうだろう。そこで、あなたが社会調査を学びはじめたばかりの大学生なら、まずは出発点にたどりつくための基礎的な勉強に力を入れてほしい。

基礎的な勉強というのは、たとえば、幅広い読書や実体験をとおして、社会に対する自分の感受性なり思考能力なりを鍛えておくことである。これは社会調査を学ぶもののみならず、大学生として当然の前提でもあるだろう。それがなければ社会問題や社会現象や社会の構造について疑問の抱きようがなく、社会調査の問いすら立てられない。

自分なりの問題関心を育てていくためには、読書ノートや研究日誌をつけて、毎日何かしら考えること、そしてその思考の軌跡を紙の上に残すことを心がけよう。なんならブログでもよい。素材は、新聞のニュースでも世論調査でも、社会学関連の新書など比較的とっつきやすそうな本でも、あるいは映画や小説でもなんでもいい。映画や小説がなにを描いているかといえば、社会学の対象である人間と社会そのものであるのだから、これほど適した教材はない。街を歩いていて気がついたこと、ふと思いついたことでもよい。断片的な感想やアイディア、観察や体験も、ノートや日誌に記録され蓄積されることによって、やがて相互に結びつき、大きなテーマを構成していく素材になる[4]。

またもちろん、それだけではなく、社会学と統計学の基本的な知識はしっかりと身につけておかなければならない。社会という、それ自体は手にとって観察することの困難な対象をとらえるためには、社会学の理論的な枠組みと、統計学による仮説検証の手続きとが、両方ともに不可欠である。社会学

---

[4] 作詞家で作家の阿久悠がイタリア NAVA design 社の日記帳に20年来つけているという、「自画像ではない日記」、「その日、僕のアンテナに引っかかってきた出来事だけをつづった」日記、「世界情勢から、その日の気象、スポーツの結果まで、一日の中の出来事が同列にニュース価値を持つという独特な日記」(阿久、2003、14頁) は、この参考になるだろう。これは「アンテナが錆びつかないように、磨くための手段」(同、15頁) でもあるという。

と統計学、これら二つの道具をしっかりとわがものにして使いこなしてこそ、問いに対する答えを仮説というかたちで導き出すことができるのだし、その仮説に沿ったデータの収集も、データの適切な解釈も可能となる[5]。

そのためには、授業や教科書で学ぶ以外にも、社会学の学術論文で、社会調査のデータをうまく用いており、これからのあなたの研究のお手本になるようなものを何点か選んで精読しておくとよい。読むさいには、内容はもちろんのこと、社会学的な問題の立て方、調査対象の選び方、変数や仮説の構成のしかた、論証の手続きといった面にも注目しよう。

何ごとも、手本となる人物やその技に惚れるということが出発点になる。たとえば音楽なら、あのバンドのギタリストのように演奏してみたいとか、スポーツなら、あのサッカーチームの選手のようにシュートをうまく決めてみたいとか。社会学もこれと同じだ。ああおもしろい、自分もいつかこういう論文を書いてみたいと思えるような論文に、研究の初期段階で出会うことが重要である。

さらに可能ならば、社会調査の公開データ[6]か、所属する大学で保存している過去のデータファイルを利用させてもらい、コンピュータで一つ一つ変数を指定して集計する手順をひととおり体験しておくとよい。自分でいくつもクロス表をつくってみて、その解釈に頭をひねれば、世の中のできごとを変数と変数の組み合わせでとらえるということが、いったいどういうことかがわかってくるはずである。

---

5) この点についてマートンはいう、「一連の仮説をテストするすべを知っているということと、テストさるべき仮説を引きだすもとになった理論を知っているということ、この両者ははっきり別の事柄なのである」（マートン、1961、79頁）。バーガーもいう、「統計的データそれ自体が社会学を構成しているわけではない。それが社会学的に解釈されたときにのみ、つまり社会学的な理論的準拠枠の中に組み入れられたときにのみ社会学となるのである」（バーガー、2017、27頁）。

6) 佐藤ほか編（2000）には、東京大学社会科学研究所・日本社会研究情報センターのSSJデータアーカイブのほか、国内外の主要な公開データの利用手順が記載されている。SSJデータアーカイブ https://csrda.iss.u-tokyo.ac.jp/infrastructure/ も参照。

2　文献・資料の探し方

フィールドワークとデスクワーク

　さて、「フィールドワークは、図書館の書庫から始まる」（佐藤、1992、123頁、同、2006b、149頁）ともいわれるように、社会調査全体のプロセスは、フィールドワーク（野外調査）と、図書館や研究室でのデスクワークのくり返しである。ここでいうデスクワークのなかには、インターネットや図書館での文献・資料の収集や、メモやカードやノートの作成、コンピュータによる調査データの分析、レポート・論文執筆などのすべてが含まれている。

　そのように考えると、社会調査はデスクワーク（資料集め）にはじまり、デスクワーク（レポート・論文執筆＝資料作成）に終わるといってもいい。フィールドワーク抜きの社会調査はありえないが、フィールドワークだけでは社会調査ははじまりもしないし、終わりもしないのである。

　とくに社会調査をはじめる前の段階では、
　(1)問題意識を触発し、調査の主題や対象を確定するために、
　(2)データとして使える資料を集めるために、
　(3)データを理論的に説明するヒントを得るために、
　(4)調査法や発想法・思考法・執筆法を学ぶために、
先行する調査研究の報告書や書物・論文、あるいは統計書・資料類などを探しあて、読みこなすという作業が絶対に必要になってくる。四つの基準はそれぞれ、「主題」「データ」「仮説」「方法」というふうにまとめることができるだろう（覚えておいてほしい）。

　この点について、ウェッブ夫妻は『社会調査の方法』のなかで、つぎのようにいう。「研究者は研究の最初で調査の主題にかんする入手可能なあらゆる統計を集めるべきである」（ウェッブ＝ウェッブ、1982、56頁）。そして、「研究の最初の段階では、その時点でとりあつかう特定種の社会制度に妥当すると思われるあらゆる仮説を意図的に『収集する』ことが役立つ」（同、59頁）。そのためには、「主題についてできるだけ幅広く読書すること」（同、60頁）が必要である。またその過程で、研究者は、「ノート──フランス語

でいうフィッシュ——のとりかたのきわめて特異なシステム」（同、81頁）に習熟もしなければならない。

　ノートのとりかたについては、あとでまた触れることにして、この、原著が1932年に書かれた入門書には、社会調査をはじめる前におさえておくべき重要なポイントがすべて含まれているということを、ここでは指摘しておこう。社会調査は、幅広い読書をとおして、主題を絞りこみ、その主題に関するデータや仮説を集め、ノートに記録して、考えることからはじまる。

インターネットと図書館の活用

　文献・資料の収集については、かつては図書館に何日もこもって、カード目録や分厚い冊子体の雑誌記事索引を繰っては時間を費やしていたものだが、最近では、インターネットの普及と図書館OPAC（Online Public Access Catalogue）の整備により、自宅のパソコンからでも、場合によっては携帯電話からでさえも、さまざまなデータベースや、図書館の目録情報にアクセスすることが可能になった。

　いまや、調べるべきテーマやキーワードがはっきりしていさえすれば、国立国会図書館サーチ[7]や、国立情報学研究所のCiNii[8]などを使って、たちどころに過去の研究論文や書籍などをリストアップすることができる。統計についても、独立行政法人統計センターのe-Stat[9]をはじめ、各省庁・地方自治体などが、主要データを公開している。また、これら以外にも、インターネットや大学図書館をとおして利用できるサービスが多数あるので、詳細については、大串（2006）や、とくに社会学者が書いたものとして、宮内（2004）などを参照するとよい。

　すでに自然科学系の一部では、ネット上の文献データベースからダウンロードしたデータを、文献管理ソフトウエアに読みこんで活用したり、論文そのものも、はじめから電子ジャーナルのPDF（Portable Document Format）で公開されるということがあたりまえになっている（讃岐、2003、

---

[7] https://iss.ndl.go.jp/
[8] https://cir.nii.ac.jp/
[9] https://e-stat.go.jp/

2005など参照)。ただし社会科学系、とくに日本の社会学では、さすがにそこまでデジタル化は進んでいない(2006年末現在)。インターネットで検索できるのは多くの場合、目録情報までで、論文や書籍の本体を読むには従来どおり図書館まで足を運ぶか、図書館間の相互貸借や、論文複写サービスなどを利用する必要がある。それでもここ数年で、相当な進歩をとげている。

　ところが、このような技術革新に対して、それらを使いこなすノウハウがどれだけ一般の大学生に身についているかというと、少々心もとない面がある。たとえば千野信浩がいうように、「調べてみたけどネットにありませんでした」(千野、2005、3頁)といったセリフを、しばらく前からほんとうによく耳にする。逆に膨大な情報の海におぼれて、おぼれる者はワラをもつかむのたとえどおりに、ニュースについてだれかが書いたブログの記事のコピーのコピーを平気で引用してしまう人もいる。

　こうした輩(やから)には、千野とともに、怒りをこめて「図書館を使い倒せ!」と説教してやりたい。もっともインターネットというのは、文献の内容・コンテンツではなく、目録情報や所在館情報を得ることにかけては便利なメディアであるから、これを利用しない手はない。千野は、まずインターネットで、図書館や文書館、地方自治体の行政情報ルームなどの情報を調べてから、現地に出向いて文献の実物を手にすることをすすめている(同、39-41頁)。ネットと図書館、双方の利点を生かしてこそ、求める情報は手に入れることができるのである。

情報の海でおぼれないためには

　しかし、インターネットの検索エンジンも図書館OPACも、そもそも適切なキーワードを思いつくことができなければ、当然、十分な情報は得られない。では、キーワードのボキャブラリーを、どうやって増やせばいいのだろうか。また、仮に検索の結果、大量の情報がリストアップされたとしても、そのなかで真に重要なものに当たりをつけるにはどうすればいいのだろうか。

　検索フォームにキーワードを打ちこみさえすれば文献や情報がずらずらと出てくる現在の方式は、教科書や入門書を読んで参考文献にさかのぼり、い

もづる式にリンクをたどって体系的な知識を得ていた伝統的な方法の対極にあるといえよう。学問には入門書から研究論文・専門書にいたる階梯と広がりがあり、どんなテーマにも論争の歴史があり、しかも日々、情報は更新されているという知の世界の構造が、キーワード検索だけではなかなか見えてこない。

　まずは勉強である。勉強をしないで、基礎知識も基礎体力もない人が、かんたんに調査研究で成果をあげられるほど、この世の中は甘くできていない。なるべく新しい教科書か入門書、あるいは特定のテーマについてのコンパクトな新書判の本でもいい、何冊かにざっと目をとおして、これから研究する分野や領域の大枠を知るよう努力しよう。基礎体力をつけるうえでは、スポーツ選手が高地訓練をするように、デュルケームやウェーバーなどの古典に挑戦してみてもいい。柔軟な発想のできる人は、若いときにじっくりと古典にとりくんだ人だ。

　最新の研究成果については、学会誌の研究動向欄も参考になる。たとえば日本社会学会の『社会学評論』では、2005年の第55巻第4号以降、主要な研究領域についての「分野別研究動向」が断続的に掲載されている。英語ができるなら、American Sociological Review や American Journal of Sociology といった海外の代表的な学術誌も、ぜひ手にとってもらいたい。たとえ英語が難しくても、調査データの図表はこうやって描くとスマートだな、などといった面だけでもけっこう刺激になる。

　また、はじめに述べた四つの基準（主題・データ・仮説・方法）を意識しながら、大学図書館や大きな書店へいって、いつもは立ち寄らない棚と棚のあいだを、ぶらりと歩いてみることも、おりにふれて行なってみるのもよい。当面のテーマと関係がないようにみえても、参考になる文献はどこかにあるものだ。たとえばデータが古くても、理論的な説明が使える文献や、調査の方法論が参考になる文献などである。だがそのような文献は、コンピュータのキーワード検索には、まず引っかかってこない。図書館や書店をぶらぶら歩いて、そこにある本や雑誌をふと手にしてみる効用は、ここにある。

　それにいうまでもないことだが、社会学のコーナーには社会学の本しかない。だが社会学の研究対象は、人間がかかわる社会と文化のすべての領域に

またがっているわけだから、実は図書館や巨大書店の広大なスペース全体が、社会学にとっての参考文献の宝庫である。社会学の本だけ読んでいても、社会のことはわからない。学問の垣根にとらわれることなく、いろいろな本に手を出してみよう。

文献リストを作成する

　なお、文献探索の段階で目についた本や雑誌論文は、なんらかのかたちでメモしておくべきである。すくなくとも、(1)著者（編者・訳者）名、(2)書名（論文名）、(3)出版社名（論文の場合は雑誌名も）、(4)刊行年（雑誌の場合は巻・号も）といった書誌事項はかならず記録すること。これらは、あとで自分の論文に引用するときに必要になってくる情報である。また、その本や雑誌を所蔵している(5)図書館名や、(6)請求記号といった情報も、念のために記録しておきたい。

　文献情報の管理には、EndNote や RefWorks といった専用のソフトウエア（讃岐、2005）もあるが、高価であったり、利用できる大学・機関がかぎられていたりする。たいていのパソコンに購入時から入っている Microsoft Excel や、なんなら、たんなるテキストファイルでも取捨選択や並べ替えには不自由しない。もちろん、5×3インチの文献カードに1枚1件で記入していくような、昔ながらのアナログな方式でもぜんぜんかまわない。

　リストアップした文献を、最初から最後まで律儀に全部読む必要はない。重要なのは「まえがき」や目次、あるいは注や参考文献などである。これらに目をとおせば、その本がじっくり読むに値するかどうかを判断できるし、その本がとりあげているテーマに関して、何と何が重要なキーワードであるかを知ることができる。また、文献の著者・筆者は、いうまでもなくこの問題に関するキーパーソンであるから、その人が書いたほかの本や論文もチェックしておきたい。

　またこの段階で、キーワードとキーワードの関連図や研究史の年表を、自分なりに作成しておくと、なおいっそう理解が深まるだろう。

　文献リストというものは、研究が終了するまで（たとえば一つの論文を書きあげるまで）どんどん新たな文献を加えていったり、そこからさらに取捨

選択したりして、量的にも質的にも拡充していくべきである。そのためには日にちをおいて、何度か新たなキーワードで検索しなおしたり、図書館にかよいつめることも必要になるだろう。研究が進行すれば、当然、別の視点からテーマをながめなおす必要が出てくるし、新たなキーワードも浮かんでくるからである。

こうして作成した文献リストは、そのテーマに関して、これまでに成しとげられた研究のリストになっているはずだ。これから行なう社会調査は、それらの成果をふまえて、それらに、新たな知見や解釈をつけ加えていくことになるのである。

3 知的生産の技術を学ぶ

社会学者の文房具

本を読むことは、それ自体では情報や知識の「消費」でしかないが、社会調査を実施して、その結果をレポートや論文にまとめることは、まぎれもなく新しい情報や知識の「生産」である。この意味で、社会調査を学ぶ人にぜひ身につけておいてもらいたいのが、調査研究の全プロセスをつらぬく、知的生産の技術あるいは技法・作法である。

そのなかには、高根（1979）や苅谷（2002）のような社会学的発想法・思考法や、今田編（2000）、岩田ほか編（2006）のような社会学研究法、あるいは野村（1999）のような大学生のための社会学勉強法、安藤編（1999）のような論文・レポート執筆法なども含まれてくるだろう[10]。ここでは、とくに社会調査の準備段階に直結するノートのとりかたについて考えてみたい。社会調査をはじめる前に、あなたは図書館に足を運ばなければならないのだが、いうまでもなく、そのとき手ぶらでいくわけにはいかないのである。まずノートと筆記用具が必要だ。

---

10) 学習法・研究法・調査法・執筆法のたぐいの本は枚挙にいとまがない。ここでは、本文に示した社会学分野の本のほか、文科系の学生の必読書として木下（1994）、隣接領域の経営学から藤本ほか（2005）、自然科学系から酒井（2006）を、目をとおしておくに値する文献として挙げておきたい。

前節で触れたウェッブ夫妻の『社会調査の方法』には、「ノートのとりかた」の「きわめて特異なシステム」が、「社会学的研究技術に欠かせない用具」、社会学における「発見の用具」であると書かれている（ウェッブ＝ウェッブ、1982、81頁）。

そのノートのとり方とは、要するにいまでいうカード法のことだ。事実の情報を1件につき1枚のカードに記すことによって、あとで取捨選択したり並べ替えたり、「事実と比べてみなければならない多様な仮説に見合うように、次々とノートに記録された事実の分類を変え」（同、82-83頁）ていくことができる。

ウェッブ夫妻は、「仕事机に向かってカードをさまざまのカテゴリーないし順序にしたがって組み変え、整理しなおす過程」こそが、「調査における多くの段階のなかでもっとも生産的な段階である」（同、88頁）とまでいいきる。かれらが、膨大なデータからイギリスの労働組合・協同組合や地方統治機構に関する多数の著作を生みだすことができた秘密は、このようなカード活用法にある。

もうひとり、著名な社会学者に登場してもらおう。ミルズは『社会学的想像力』の付録「知的職人論」のなかで、若い読者に「個人的経験と専門的活動の合わさったものや、進行中の研究、研究計画」を書きこんだファイルを作成することをすすめている（ミルズ、2017、327頁）。もちろん書物を読んでノートをとるという作業もそこに含まれる。ミルズによれば、「このようなファイルを維持管理することこそが知的生産なのである」（同、333頁）。どういうことか。かれもまた、ウェッブ夫妻と同様に、ファイルの中身を「混ぜ合わせ、その後、並べ直す」ことが「想像力を誘う」（同、354頁）と考えているのである。

また、ラベリング理論のベッカーは、『論文の技法』のなかで――この本は黄色いリーガル・パッドに緑色のフェルトペンで原稿を書く女子学生の印象が焼きついてなかなか離れない本だが――、「自分で書いたことについてノートをとり、一つのファイル用カードにそれぞれのアイディアを書き留めておくことから始めることにしましょう」（ベッカー、1996、123頁）とレッスンをしてくれている。「カードの束をいくつかの山に分けてみましょう。

一緒になりそうなのを一つの山のうえに積み重ねます」（同）といったぐあいである。

さらに社会システム理論家のルーマンが構築していた「ツェッテルカステン」（Zettelkasten）と呼ばれる情報カードのデータベースも、近年、体系的なメモとアウトプットの方法として注目を集めている（アーレンス、2021など）。

情報の「くみかえ操作」

もともと事務用に用いられていたカードやファイリングのシステムを知的生産に応用していくテクニックは、以上の例からもわかるように、欧米では古くから確立していた方法である。日本では、「KJ法」で有名な川喜田二郎の『発想法』（1967）や、「京大型カード」の梅棹忠夫による『知的生産の技術』（1969）などを経て、一般の研究者や学生のあいだにも定着していった。いまでは、どんな論文の書きかたの本を読んでも、たいていカードの活用法について書いてある[11]。

しかし、くれぐれも注意をしてほしいのは、梅棹もいうように、カードというものは「知識を分類して死蔵するのが目的なのではない」（梅棹、1969、57頁）という点である。「カードの操作のなかで、いちばん重要なことは、くみかえ操作である。知識と知識とを、いろいろにくみかえてみる。あるいはならべかえてみる。そうすると、一見なんの関係もないようにみえるカードとカードのあいだに、おもいもかけぬ関連が存在することに気がつくのである」（同、58頁）。かれが、ウェッブ夫妻やミルズと同じことをいっているのがわかるだろうか。

この点を見失うと、カードをつくってカードボックスに保存することが自己目的化してしまい、せっかくの大量のカードも読みかえされることなく死蔵され、やがてカードなんて役に立たないという（あたりまえの！）感想を抱いてしまいがちである。

---

[11] たとえば花井・若松（1997）は、文献からカードをとって論文のアウトラインにまで仕上げていく手順を、かなりのページを割いて解説している。

たとえば関満博は、若いころに書きためた数万枚のカードを捨てて、現地調査にさかんに出るようになった30代後半以降は、「手帳と、B5ノート、B6ノート」にいきついたという経験を書いている（関、2002、117頁）。しかしそれなら梅棹の本にも、「いまでも、条件しだいでは、たとえば旅行のときなどは、カードより手帳の方が便利だとおもっている」（梅棹、1969、32頁）と、はじめからちゃんと書いてあるのである。

あるいは、『知的生産の技術』が、京大型カードという物理的な形式とともに広まってしまったことがよくなかったのではないか。カードという形式にこだわったり、とらわれたりするのではなく、要は情報の「くみかえ操作」の発想法ととらえて、自分なりに使いやすい文具をみつけて活用していけばよいだろう。

「発見の手帳」を求めて

またいまなら、紙のカード・システムは、パソコン上のテキスト型データベースやアウトラインプロセッサにおきかえることも可能である。佐藤郁哉によるフィールドワークの技法に関する著作を追いかけていくと、使用するソフトウエアが DOS 上で動作する「PEMO」（佐藤、1992、204頁）から、Windows 用の「アイディアツリー」（同、2002、328頁）、アメリカで定性データ分析に用いられている QDA ソフトウエア（同、2006a）と、どんどん進歩していくのでおもしろい。

しかし、これらは情報のまとめの段階で使用するものであって、ノートパソコンや携帯端末がどれだけ軽く持ち運びのしやすいものになったとしても、とっさの場合のメモには、紙の手帳やノートやカードのほうが明らかに優れている。

そこで、梅棹（1969）にある「発見の手帳」というコンセプトを思い出すのである。梅棹忠夫は旧制高校の学生のころ、メレジュコーフスキイの『神々の復活』という小説を読んで、そのなかに出てくるレオナルド・ダ・ヴィンチの手帳に影響を受けた。梅棹は、友人である川喜田二郎らとともに、手帳に「まいにちの経験のなかで、なにかの意味で、これはおもしろいとおもった現象」「あるいは、自分の着想」（梅棹、1969、24頁）を記録し

た。それが、「日常生活における知的活動の記録というようなものになっていった」（同、25頁）。

　この手帳が、「京大型カード」の原点であり、また上で触れた「旅行のときなどは、カードより手帳の方が便利だとおもっている」という当の手帳である。さて、通勤・通学のラッシュにもまれる現代の私たちは、毎日が旅行のようなものだ。実はいまこそ、手帳というものの価値がみなおされるべき時代なのではないだろうか[12]。

　電車に乗りこむやいなや、携帯電話をとりだして、せわしなく親指を動かしている人をよく見かける。だれにメールを打つのか、あるいはゲームか、そこには自分との対話や、深い思考といったものが欠けているように思う。だいいち携帯電話を持たない人間にとって、あれはカチャカチャととてもうるさくて耐えられない。それよりも、ゆったりと手帳を開いて、万年筆でさらさらと日常のさまざまな発見を記してみてはどうだろう。「出発点にたどりつくために」の項でも述べたように、どんな断片的なアイディアでも、まず紙の上に書きつけてみることが重要である。そのためには、できるだけ手軽で、どこへでも持ち歩ける手帳の活用を考えてみてほしい。

---

[12] 片岡（2003、2-9頁）や和田（2004、47-50頁）などが火付け役となって、最近ではイタリアのモレスキン社の手帳が人気をよんでいる。日本の能率手帳ほどのサイズに、硬い表紙とゴムバンドを装備したその体裁は、「発見の手帳」が要求するスペック（梅棹、1969、30頁）にもぴったりである。

第3章

社会調査で何がわかるか

1 社会について知りたいこと：社会学における理論

　社会調査をするのは、社会について何か知りたいことがある場合だ。しかし、調査をやれば何でもわかるというわけではない。そう信じて調査を企画しても、データの山に埋もれてしまって、「調査なんかやっても何もわからない」などといい出すのがオチだ。

　社会調査にはできることと、できないことがある。調査でわかることと、わからないことがある。それをあらかじめよく心得ておくことが大切である。調査と予算は使いようなのである。

　この章では、「調査をやれば何でもわかる」とか「調査なんかやってもむだだ」とか考えるのではなく、冷静に「調査で何がわかるのか」を考えてみたい。

知りたいことの二つのタイプ：法則定立と個性記述

　社会調査は、社会について何かを知りたい場合にやる。何が知りたいか

は、人によって違うだろうし、時によっても違うだろう。しかし、何かを知りたいというときに、「知りたい」ことには、二つのタイプがある。「法則定立」と「個性記述」だ。

　法則定立志向の人は、原因と結果との関係を知りたいと考えている。たとえば、「近所づきあい」について調べる場合に、法則定立志向の人ならこう考える。「小さい子どもを持つ母親は、きっと近所づきあいが多いだろう」。「長年同じ場所に住んでいる人は、近所づきあいが多いだろう」。この場合、性別や家族構成、居住年数が、近所づきあいの原因である、という「法則」を求めようとしている。

　もうひとつのタイプが「個性記述」志向だ。「個性記述」志向の人は、もっと生き生きとした実例を探し出そうとする。たとえば、「近くの薬屋の孝子さんは、婦人会の役員もやっているし、世話好きで、町内の人のことならだいたいのことは知っている。いつも店で、処方箋を持ってくるお年寄りの話し相手になっている。この間、たまたま転んでケガをして、病院に通うようになった。病院に行く途中、会う人ごとにみんな心配して、声をかけてくれるので、普通なら10分もあれば行ける距離なのに、1時間もかかってしまった……」。こんな具合に事細かに知りたい。この場合には、ある時、ある所で、実際に起こっている、一回かぎりの出来事をくわしく知りたいと思っている。歴史家や文学者はこのタイプだ。

　社会学や経済学は、どちらかというと「法則定立」志向が強い——それも人によってまちまちだが。だが、社会現象について、時代と文化にかかわりなく、つねにあてはまる「法則」は考えにくい。自然法則のようなものが、社会現象についても発見できるのだろうか。もちろん、まったくないというわけではない。たとえば、「集団の規模が大きいほど、メンバーの関与の程度は低くなる」という法則がある。受講者が300人の大教室の授業と、受講者がたった4人の授業とでは、どちらがさぼりやすいだろうか。人口3000人の村と人口300万人の都市とでは、どちらの住民が地域政治にかかわっているだろうか。

　しかし、このような法則を求めていくことが、社会生活の理解にとってどのくらい重要なのか、意見は一致していない。人によって知りたいと思うこ

とは違うのだ。現在のだいたいの傾向がわかればよい、と考える中間的な人も多い。

　社会調査は、もちろんそのどちらにも関係している。しかし、知りたいことがどちらのタイプかによって、調査のやり方は違ってくる。「個性記述」志向の人が、アンケート調査票をばらまいても意味がないし、「法則定立」志向の人がICレコーダをもって、長時間インタビューを試みても、徒労に終わるかもしれない（それは時と場合による）。

「何が」と「なぜ」：記述と説明

　調査について考える場合に、「記述」と「説明」の区別を心得ておくことが重要である。「記述」とは、ある事象についての言明である。つまり対象が「何であるか」、「どうであるか」という問いについての解答である。さしあたり、「なぜそうであるか」については問わない。たとえば「由貴子さんは怒っている」とか「尚子さんと純子さんは、仲の良い友だちである」というのは記述である。また、「名古屋市に住みつづけたいと思っている人が、回答者の8割いる」というのも記述である。どれも「なぜ」という問いには答えてくれない。

　由貴子さんは、なぜ怒っているのだろうか。「説明」とは、ある事象Yを別の事象Xと関係づけた言明である。たとえば、「由貴子さんは、足を踏まれたので、怒っている」という言明には、二つの事象が関係づけられている。「由貴子さんは足を踏まれた」（事象X）、「由貴子さんは怒っている」（事象Y）。由貴子さんは「足を踏まれた」から「怒っている」（X→Y）。これが説明である。

　事象Xが原因である場合、Xを「独立変数（説明変数）」という。事象Yが結果である場合、Yを「従属変数（被説明変数）」という。変数というと数字が入らなければならないようだが、そうではない。どんな内容が「代入」されてもよい。「尚子さんと純子さんは、同じサークルで知り合い、仲良くなった」なら、「サークルが同じ」が「独立変数（説明変数）」、「仲が良い」が「従属変数（被説明変数）」に代入される（第9章第4節参照）。

　アンケート調査の場合には、もっと複雑にみえるが、コトの本質は同じで

ある。「名古屋市出身者の9割は、名古屋に住みつづけたいと回答している。しかし、東海3県出身者ではその率は8割であり、東海3県以外の出身者では6割である」。この場合、「出身地」（名古屋／東海3県／その他）が「独立変数（説明変数）」で、「市内永住意思」（住みつづけたい／住みつづけたくない）が「従属変数（被説明変数）」である。

　由貴子さんや尚子さんの例からもわかるように、個性記述的な言明でも、ほとんどの場合、「説明」が含まれている。先ほどの薬屋さんの例などは、たいへんややこしい「説明」が張りめぐらされている。したがって、純粋な「記述」などほとんどありえない、といってもよい。だが、その抽象度はさまざまである。「出身地」によって「市内永住意思」を「説明」するアンケート調査の例は、単純だがずっと抽象的なのである。

　また、当然のことながら、「記述」なくして「説明」はありえない。どんな場合にも「記述」は不可欠なのである。

理論的説明と経験的説明

　さて、ここからが問題である。これまで話をわかりやすくするために、非常に単純な例を挙げて考えてきた。けれども、実際に、社会学や調査データの分析で使われている「説明」は、もっと複雑な構造を持っている。

　原因と結果を結びつけているのは「理論」である。「理論」というのが大げさなら、「頭のなかで考えたこと」といい換えておいてもよい。たとえば、「由貴子さんは、足を踏まれたので、怒っている」という説明が説明になっているのは、その背後に「人はだれでも、足を踏まれれば怒るものだ」という「理論」、つまり法則的な知識があるからである。もし「由貴子さんは、激辛スパゲッティを食べて笑っている」という言明なら、たちまち「なぜ？」という疑問が沸いてしまう。それはどこかヘンであり、説明になっていない。それがヘンなのは、「人はだれでも、激辛スパゲッティを食べると笑うものである」とは、とても考えられないからだ。何か別の理由があるはずだ、ということになる。

　しかし、いまの例では、「理論」に当たるものは「常識」である。常識をもとに経験的な出来事を解釈している。こういう調査レポートは多い。しか

し、調査の結果が、常識の枠内で解釈されてしまうのであれば、何のために調査をやっているのか、わからない。新しいことは何もわからない、ということになる。

調査の妙は、これを逆手に取ることである。つまり、経験的な出来事を調べることで、新しい「理論」を裏づけるのである。古典的な例として、19世紀のフランスの社会学者、エミール・デュルケームの『自殺論』がある。自殺というテーマも魅力的だが、論証のやり方も模範的だ。

デュルケームは、つぎのような理論的命題を、頭のなかで考えた（デュルケーム、1985、の第2章と第3章を参照）。「集団の統合度が低いと、自殺率が高くなる」。なぜだろうか。集団の統合度が低いと、個人の不安や緊張が、集団のなかで解消されない。個人の不安や緊張は、自殺の原因となる。よって、集団の統合度が低いと、その集団の自殺率は高くなる。逆に、集団の統合度が高いと、個人が不安や緊張にさらされても、周りの人が心配してくれたり、悩みを聞いてくれたりする。つまり、個人がその集団によって支えられるので、自殺にいたることは少ない。一応、筋の通った話である。

しかし、この考えは、それまでだれも思いつかなかったものだった。それまでは、自殺は精神異常によるものだとか、季節によるものだとか、だれか自殺する人が出るとそれをまねて自殺する人が相次ぐのだとかいった説明が、ほとんどであった。「集団の統合度」に注目した説明はなかったのである。果たして、この理論的説明は、正しいのであろうか。

デュルケームは、この理論を裏づけるために、実際にデータを集めてくる。デュルケームはいろいろな種類のデータを挙げているが、ここでは例としてひとつだけ紹介しておこう。彼が注目したのは宗教集団である。「プロテスタントはカトリックよりも自殺率が高い」。これは自殺統計によって確かめられた。これは何を意味するのだろうか。

カトリック教は、ローマ教会を頂点とする教会制度がしっかりしており、教会を中心に集団ががっちり固まっている。つまり、集団の統合度が高い。これに対してプロテスタントは、個人が聖書を自由に解釈してよいという立場をとっている。個人が神と直接向き合う個人主義的な宗派である。つまり、集団の統合度は低い。よって、この事実は、彼の理論を裏づけるもので

ある（ほかにも家族などの例を彼は挙げている）。
　この場合、話はつぎのような二重構造になっている。

　　　理論的説明　　集団の統合度　　→　　自殺率
　　　経験的説明　　宗教　　　　　　→　　自殺率

　デュルケームは、集団の統合度と自殺率との理論的な関連を、宗教と自殺率との経験的な関連をみることで、検証しているわけだ。
　もし、このような理論をもたずに宗派別自殺統計をみていたら、どうだろう。たしかに自殺率は、宗派によって説明されてはいる。ちょうど先ほどの「出身地」と「市内永住意思」との関連のように。しかし、たちどころに「なぜ？」という疑問が沸いてきてしまうだろう。あの激辛スパゲッティを食べて笑っている由貴子さんの場合と同じように。
　社会調査は、理論的な説明を教えてはくれない。それは頭を使って考えることなのだ。

理論概念と操作概念
　デュルケームの『自殺論』の例を使って、これまでの話を整理しておこう。自殺の理論的説明に含まれていた独立変数X「集団の統合度」は、直接観察できない。しかし、プロテスタントとカトリックとの区別は調べられる。自殺率も調べられる。
　「集団の統合度」のように、頭のなかで抽象的に考えてはいるが、直接観察できない概念を、「理論概念」とよぶことにしよう。それに対して、「宗派」や「自殺率」のように、直接観察できる、つまり調査によって調べることのできる概念を、「操作概念」とよぶ。
　そうすると、理論的説明と経験的説明との関係は、一般につぎのようになる。

	独立変数	従属変数
理論的説明	理論概念X →	理論概念Y
経験的説明	操作概念x →	操作概念y

　『自殺論』の場合には、たまたま従属変数Yが「自殺率」で、理論概念と操作概念が一致していた。しかし、つねにそうであるとはかぎらない。だいたい、頭で考えることは抽象的で、そのまま観察できないのが普通である。したがって、調査をする場合、頭で考えたこと、つまり理論概念を、調査できること、つまり操作概念に翻訳することが必要になる。

　操作概念xとyの関連が明らかになったとき、それはふたたび理論概念XとYに翻訳される。こうしてはじめて、データの意味がはっきりしてくるのだ。

経験的説明が「わかる」ということ
　先に述べたように、操作概念のレベルで原因と結果との関係が明らかになったとしても、ただちにそれが納得のいくものとなるわけではない。簡単に納得してはいけないのだ。

　たとえば、ある調査で、名古屋市名東区に住む人は、千種区に住んでいる人よりも、居住年数が短い人が多い、という結果が示されたとしよう（図3-1）。名古屋にくわしい人ならば、ただちに「うん、うん、わかる、わかる」と納得してしまうかもしれない。逆に名古屋など「新幹線で通過したことはあるけれども、降りたこともない」という人は、「？」で終わってしまう。

　名古屋にくわしい人は、その理由を説明してやらなければならない。名古屋にくわしい浩子さんは「名東区は千種区よりも後からできた新しい町なんで、居住年数が短い人が多いんだわ」と地図を指しながら説明してみせる。すると、脇から、これまた名古屋人の圭司さんが「なにぃ、あそこは転勤族の街だがや。いくら町が新しくても、居住年数5年未満3割ってことはありゃせんて」。それを聞いて、横浜出身の稔さんがぽつんとつぶやいた。「なぜ転勤族の街になったんだろう」。なぜ、名東区が転勤族の街になったのか。

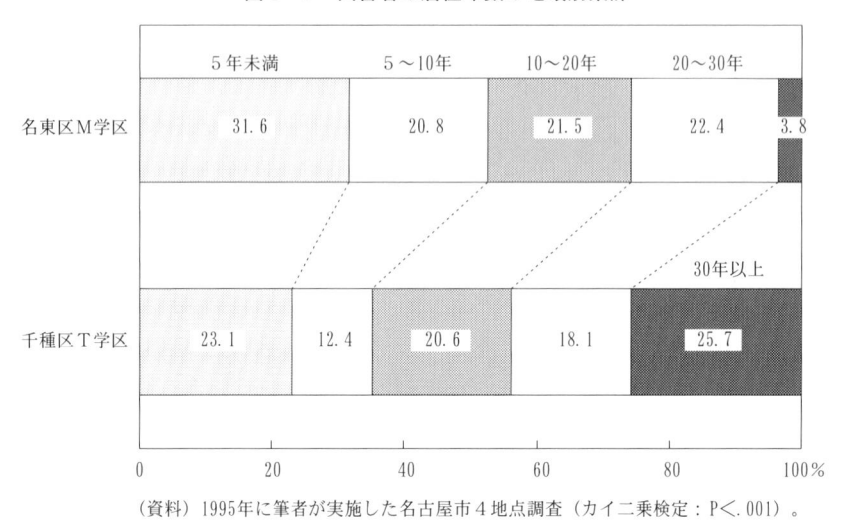

図3-1　回答者の居住年数の地域別集計

	5年未満	5～10年	10～20年	20～30年	30年以上
名東区M学区	31.6	20.8	21.5	22.4	3.8
千種区T学区	23.1	12.4	20.6	18.1	25.7

（資料）1995年に筆者が実施した名古屋市4地点調査（カイ二乗検定：P＜.001）。

これは、さらなる調査と理論的考察が必要な問題である。

　社会調査のデータによって示される経験的説明が、「わかる」というのは、どういうことなのだろうか。二つのケースが考えられる。

　第一に、日常的な経験にデータが合致している場合である。分析者が調査対象にくわしい場合には、データを見たとたんに「うん、わかる、わかる」となる。もし、だれもが「わかる」話だとすると、調査はつまらないものになってしまう。

　第二に、理論的な予測にデータが合致している場合である。そのためには、あらかじめ理論が用意されていなければならない。実際には、調査をしながら、あるいは調査結果を分析しながら、理論を考えることもある。その場合でも、論理的には、理論があってはじめてデータは「わかる」ものとなる。

理論的説明が「わかる」ということ

　ところで、どんなにデータと一致していても、理論そのものが納得されない場合、その解釈は無効になってしまうかもしれない。データとの関係はと

もかくとして、とにかく理論的説明それ自体が「わかる」というのは、どういうことなのだろうか。

　理論そのものが納得のいくものであるかどうかは、実は人それぞれである。一方の極に、論理的に筋が通っていれば、実感をともなわない結論でも、受け入れるタイプの人がいる。こういう人は、逆にどんなにありそうな話でも、理屈が通っていない話であれば、納得できない。

　他方の極に、実感がともなえば、論理的に筋が通っていなくても、受け入れるタイプの人がいる。こういう人は、逆に、どんなに理屈が通っていても、現実味のない話にはついていけない。

　社会調査も理論も、人を納得させるためにある。だから、両方のタイプの人がいることを、念頭においておくべきである。調査をしている本人も、たいていどちらかのタイプである。「敵を知り、己を知れば、百戦危うからず」。理論は、現実味があって、なおかつ論理的にも筋の通ったものが、もっとも説得力がある。

　しかし、つぎのような人は論外である。第一に、自分の信念やイデオロギーに合致しない結論を受け入れない人。その信念はたんなる「神話」にすぎないのかもしれない。それを明らかにするための、理論であり調査であるはずだ。理論や調査結果のなかには、自分に都合の悪いこともあるだろう。プロテスタントに自殺が多いなどという統計を突きつけられたら、プロテスタントはこの事実を受け入れたくないと思うかもしれない。デュルケムの自殺論を否定したくなるかもしれない。しかし、これは自殺行為である。科学に携わる者は、自分にとって都合の悪い結論でも、それが事実に裏づけられ筋が通っていれば、受け入れる勇気を持つべきだ。どうしてもおかしいと思うなら、事実と論理と情熱をもって反論すべきである。

　第二に、「常識」にかなう結論でないと受け入れない人。これも困る。「常識のうそ」ということもあるのだ。たとえば、都会人は田舎の人と同じくらい温かい心の持ち主である、という結論が導かれる場合に、これは「都会人は冷たい」という常識に反する。しかし、これが真実である可能性もあるのだ（フィッシャー、1996、の第8章を参照）。また、名古屋市よりも東京23区のほうが高齢化が進んでいるというのは、事実だが「常識」に反するかも

しれない。大都会ほど若い人が多いというのが常識だし、名古屋はきんさん、ぎんさんの街である。しかし、都市圏のドーナッツ化現象と高齢化との関係を考えれば、ありうる話なのである。

だが、どんなに説得力のある、もっともらしい理論も、それ自体は仮説にすぎない。それは、事実によって裏づけられなければならないのである。

2　知りたいことと知りうること：社会学における検証

理論仮説－作業仮説－検証

さて、仮説を事実で裏づけるのが検証である。先ほどの図式にしたがっていえば、まず、理論概念で語られた理論仮説がある。「集団の統合度が自殺率に影響する」といった仮説である。つぎにこれを観察可能な操作概念に置き換えていく。「集団の統合度」を宗派の比較によって明らかにしようとする場合、「プロテスタントのほうがカトリックよりも自殺率が高い」といった作業仮説を考えることになる。調査票の質問文を考えるのも、操作概念づくりの一環である。

こうしてつくられた作業仮説を実際のデータに照らしてみるのが検証である。いろんな人の話を聞いていくうちに、最初の考えがまちがっていた、ということがわかってくるかもしれない。データが、作業仮説どおりの結果になっていないかもしれない。その場合には、理論仮説に誤りがあると考えて、練り直しが必要になってくる。

このように理論仮説→作業仮説→検証という順序を踏むのが、基本的な考え方である（これを論理実証主義という）。そして、検証の結果にもとづいて、理論仮説が正しかったかどうかを判断する。

しかし、実際には、こううまく話が進むわけではない。データが仮説を支持していなくても、理論仮説が誤っていたのではなく、理論概念を操作概念に直しそこなっていたのかもしれない。「質問のしかたが悪かった」のだ。こうして、データが仮説を支持していなくても、作業仮説のつくり方に問題があったといって、いい逃れることがいくらでもできる。

操作主義の敗北

そこで、こうしたいい逃れを封じるために、もっと厳密な科学方法論を提案する人びともいた。こうしたいい逃れが起こるのは、そもそも理論概念などという観察できない概念を使うからだ。そこで、理論概念の使用を禁止すればよい。最初から操作概念のレベルでものを考えていれば、こうしたいい逃れはできなくなるはずだ、というのである。こうした考え方を操作主義という。

たしかに、この考え方は筋が通っている。しかし、実際には問題がある。この考え方にしたがうと、観察できないことは考えてはいけない、ということになる。それは、人間の想像力を測定技術によって縛ってしまう。新しいアイデアは、しばしば、抽象的な考察から生まれてくるのだ。

実際、自然科学の分野でさえも、操作主義の方針にしたがってはいない。「原子核」を最初に考えた人は、理論的に原子核の存在を仮定したのであって、直接それを観察したのではなかった。やがて、測定技術が発達してくると、原子核も目にみえるようになる。しかし、「原子核」というアイデアなしには、測定技術も開発されなかったはずである。

自然科学でさえ、理論概念なしには発展しない。まして社会科学では、理論概念なしには何も考えられない。したがって、操作主義の提案を受け入れるわけにはいかないのだ（間々田、1991、91頁を参照）。

「真」の理論は存在するか

そこで、考え方をゆるめる必要がある。そもそもの問題は、理論概念Xと操作概念xとの対応関係があやしいというところにあった。それはしかたがない。そこで、理論概念Xと操作概念xとを結びつけているものを「補助仮説」と考えよう。たとえば、『自殺論』には「プロテスタントとカトリックでは、集団の統合度に違いがある」という補助仮説が含まれている、と考えるのである。もちろん、理論概念は観察できない。だから、補助仮説そのものを検証することはできない。たとえ、集団の統合度を測定するために、集団成員間の会う頻度とか、親密感とかを調査したところで、この点では同じである。それが本当に「集団の統合度」を示しているのかどうかは、わから

ない。そこにもやはり、「メンバーの間で会う頻度が高ければ高いほど、その集団の統合度は高い」という補助仮説が潜んでいるのである。

　さて、補助仮説に導かれて、理論仮説は作業仮説に翻訳される。データが作業仮説の予想と一致していれば、一連の仮説群は正しいといってよさそうである。しかし、一致しなかった場合には、少なくともどこかに誤りを含んでいるということになる。補助仮説に問題があったのか、それとも理論仮説に問題があったのか。それは永遠にわからない。しかし、とにかくどこかに問題のあることだけは確かである。だが、そうだとすると、結果が予測に一致していた場合でも、本当は信用できないということになる。誤った理論仮説から誤った補助仮説によって、たまたまデータに一致する作業仮説が導かれていた、ということもありうる。つまり、操作概念の間の関連について、誤った理論的解釈を丸ごと受け入れてしまうことも、ありうるのである。理論概念を認める以上、こうしたことは避けられない。

　作業仮説がデータによって支持されていたからといって、ただちに理論が正しいということにはならない。調査結果が予想どおりだからといって、絶対正しいと思いこんではいけない。「真」の理論など存在しないということだ。しかし、だからといって調査をやってもむだだということにはならない。つぎのことは確かである。結果が予想どおりになっていない場合、少なくともどこかに誤りがある。

　理論は反証可能性を持つ。つまり、データによってチェックされる可能性がある。チェックを免れたからといって、絶対に正しいとはいえない。チェックにひっかかった場合には、どこかに問題がある。データは、理論に対してチェック機能を果たしているのだ。したがって、複数の対立する理論が、チェックを免れて併存することもありうる。調査は万能ではない。しかしチェックは必要である。

　ここから、つぎのようなこともいえる。そもそも反証可能性のない理論は、経験科学の理論とはいえない、ということだ。たとえば、「いつかかならず革命が起こる」という予言は、反証可能性がない。革命が起これば、この予言は正しかったことになる。しかし、革命が起こらなくても、この予言は反証されない。まだ革命は起こっていない、というだけのことであるから

だ。こういう予測は、科学的な予測とはいえない（ポパー、1961）。

パラダイム革新：発想の大転換が必要なとき

　実際に科学の世界では、少しくらい反証が出たからといって、すぐにその理論を放棄するようなことはしない。私たちは、既存の理論にしたがって、多くの問題を解決してきた。したがって、少々の微修正や、例外規定ですむ場合には、それですませてしまう。相対性理論を持ち出さなくても、ニュートン力学で解ける問題はいくらでもある。

　しかし、既存の理論にほころびが目立ってきたり、手直しすべき箇所が多すぎて、ごたごたしてきた場合には、根本から発想を切り替える必要がある。そのとき、天才的な人が現われて、まったく違った発想で全体を見直すことに成功する場合がある。その考え方が受け入れられるようになるにつれて、その考え方が、発想の基本に据えられるようになる。これが「パラダイム革新」である。パラダイムとは、多くの問題を首尾よく解いてきた、お手本となる発想法という意味である（クーン、1971）。

　わたしたちは、デュルケームの自殺論をお手本に考えてきた。しかし、いろいろと考えていくうちに、この発想法には、補助仮説をめぐる厄介な問題があることもわかってきた。もしかすると、そろそろパラダイム革新が必要なときなのかもしれない。

3　社会調査に何ができるか

社会調査の目的

　社会調査とは、社会現象についてのデータを集めてくる過程である。社会調査の前に、調査の目的があり、調査のあとにデータの分析がある。目的と調査と分析がうまく嚙み合って、はじめて意味のある成果が生まれる。

　では、調査の目的は何であろうか。具体的な内容は、その都度、違うはずだ。しかし、前節で述べてきたことと関連させて考えれば、方法的には、つぎの二つのうちのどちらかだ。仮説構成のための発見的研究か、仮説検証のための研究か、である。実際には、両方を含んでいる場合もあるが、かなら

ずどちらかにウェイトがあるはずだ。

　理論仮説は、頭で考えるものと、先に述べた。それはまちがいではない。しかし、無から有が生じるわけでもない。とくに、関心のあるテーマが、これまであまり研究されてこなかったものであるとか、自分とはなじみのない世界に関するものであるとかいう場合、先立つ知識が必要である。仮説そのものは、先行研究からヒントを得てもよいし、極端な話、夢や小説からヒントを得てもよい。しかし、現実そのものからヒントを得ても、もちろんよいはずである。個性記述志向の事例調査が威力を発揮するのは、たいていこういう場合である。調査研究者は、試行錯誤しながら、現場感覚を身につけることになるだろう。それは、新しい仮説を呈示し、あとにつづく者たちに刺激を与えるにちがいない。

　こうした研究の例として、W.F.ホワイトの『ストリート・コーナー・ソサエティ』がある（ホワイト、1979）。この研究は、ホワイトがハーバード大学の研究生であったとき、ボストンのノース・エンドというイタリア人街に住み込んで、参与観察をした成果をまとめたものである。それまで、スラムは無秩序な地域であると考えられていた。しかし、ホワイトは、イタリア人街の少年ギャングたちと付き合うなかで、スラムにはスラムなりの秩序があることを発見した。ホワイトの研究は、スラム＝社会解体説を突き崩すきっかけとなったのである。

　先行研究が蓄積されていて、仮説があらかじめ絞られている場合には、その仮説がデータによって支持されるかどうかが焦点となる。対立する複数の仮説がある場合には、どの仮説が誤っているかが争点となろう。いずれにしても調査の目的は、仮説が経験的なデータによって反証されるかどうかを調べることになる。仮説検証型の調査である。この場合には、与えられた制約条件のなかで、仮説をもっともよくチェックできるような調査を設計しなければならない。先行研究を乗り越えるためには、周到な準備が必要となる。従来の調査研究では得られていなかった、より一般的なサンプルを対象にするとか、すでに提起されている仮説を検証するために、測定方法を厳密にするとか、これまでとは違った条件（大都市と地方都市、男性と女性、若者と高齢者、アメリカと日本など）のもとで、測定を試みるとかいったことであ

る。法則定立志向の調査が威力を発揮するのは、たいていこのような場合である。

どういうデータを集めるのか

　データという言葉でイメージするのは、統計的なデータ、つまり数字であろう。しかし、社会調査で「データ」という場合にはそうでないものも含んでいる。分析の素材となるものは、どんなものでもデータであるといってよい。

　データには、大まかにいって、ソフトデータとハードデータがある。ソフトデータとは、統計的な処理の対象にならないデータである。ホワイトが、ボストンのノース・エンドで体験したことは、まるごとソフトデータである。われわれが、事情通に話を聞きにいったり、議事録や郷土史の類に目を通すとき、われわれはソフトデータをあつかっている。このように、発見的な研究や、個性記述的な研究では、おのずとソフトデータに重きをおいた調査となることが多い。

　これに対して、ハードデータとは、統計的な処理の対象になるデータである。国勢調査や事業所統計などの既存の資料を整理するような場合、われわれはすでに、ハードデータをあつかっている。しかし、この場合には、調査そのものはすでに行なわれているわけだから、われわれは分析だけをやっていることになる。もちろん、ほしいデータがすでにあるのなら、それを使わないという手はない。しかし、既存の統計資料を使う場合、データの信憑性の問題や、データを目的に応じて加工することができるかどうかといった問題がある。たとえば、銀行が発表する「お年玉の額」の調査などは、窓口に訪れたお客さんからのアンケートであることが多いから、あまり信用できない。国勢調査や事業所統計などは、かなり信頼できるが、原票を手に入れることができないから、自分のほしい統計表が得られない場合もある。

　分析用にケース別データが公開されている場合もある。札幌学院大学のSORD（http：//su10. sgu. ac. jp/sord/）、大阪大学 SRDQ（http：//srdq. hus. osaka-u. ac. jp/）、東京大学社会科学研究所 SSJ（http：//ssjda. iss. u-tokyo. ac. jp/）などのデータ・アーカイブはチェックしてみる価値があ

る。

　既存の統計資料が使えないとなると、いよいよ自前で調査をして、データを集めなければならない。ハードデータがほしいのであれば、たいていは質問紙を使ったアンケート調査ということになる。質問紙を使ったアンケート調査は、さまざまな調査手法のうちのひとつにすぎない。けれども、質問紙調査をすれば、自分の知りたいデータを直接集めることができる。それは、ハードデータを生み出す、すぐれた調査法のひとつである。

有意義な調査をするために
　これまで述べてきたことを、ここでまとめておこう。社会調査とは、社会現象について知るためにデータを集めることである。だから、まず、目的をしっかり見据えることが大切である。個性記述的な認識を求めているのか、法則的な知識を求めているのか。従属変数（被説明変数）は何か、独立変数（説明変数）としてはどのようなものが考えられるのか。仮説をつくるための調査なのか、仮説を検証するための調査なのか。そのためには、どのようなデータがあればよいのか。それはどのようにしたら得られるのか。
　これら一連の問いに答えていくとき、どのような社会調査が必要なのかが具体的にわかってくる。その調査は、あなたがほんとうに知りたいことを、とくにあなたの認識のどこがまちがっていたのかを、教えてくれる調査になるだろう。

第4章

調査の企画を具体化しよう

　この章では、社会調査を具体的に企画・立案する段階での留意点や実際に起こってくる問題点、調査の事前や事後にやっておかなければならない、あまり知られていないノウハウについて、解説してみたい。

1　まず、何を明らかにしたいのか：調査方法の選択

社会調査をとりまく現実

　これまで再三再四強調されてきたのが、その社会調査をやっていったい何を明らかにしたいのかという、調査の目的ないし課題を明らかにするという大原則であった。それなくしては調査は一歩も進まない、と教えられてきたはずである。

　ところが、具体的に調査を企画する段になると、実はそうはいかないことが多い。社会調査にはお金がかかる。このお金の出所によっては、調査の目的は実際に調査を企画する人の手の届かないところで決められている場合も少なくない。たとえば、何かのいきさつで調査研究費の予算が通ってしまった役所の一部局では、すでに前任者や上司が目的を（場合によっては方法ま

でも）決めてしまっているということはよくあることだし、企業の市場調査などは目的を決める人と具体的な調査企画を担当する人が違うのが一般的だろう。「お金はいくらでもあるから好きにやりなさい」なんて、気前のいいスポンサーはまず存在しない。理想的な手順で調査をやるためには、純粋な学術目的で、しかも自腹を切ってやるしかない。そんなことは安月給の研究者や一般の学生には到底かなわないことである。調査研究費を調達するために、あるいは調達してくれるボスの顔色をうかがいながら、調査の目的や方法を選択しなければならないということは意外と多いのである。

それでも、予算と目的は決まっているから、あとは具体的な企画を立ててくれという場面は少なくないだろう。そこで強調しておきたいのは、目的や課題に応じた適切な調査方法を選択することである。

調査方法選択の原則：統計調査をやるのなら

社会調査と一口にいってもいろいろある。本書が主に扱っている統計調査はあくまで一つの方法にすぎないことに注意していただきたい。第2章では、既存の統計資料の整理・分析によって、どこまでできるかについての検討がなされた。すでに信頼できる既存の資料が存在することがらを、改めて統計調査でやる必要はない。統計調査には、それがもっともふさわしい状況と問題が存在しているのである。ここではそのような問題を網羅的・体系的に扱うことはできないが、いくつかの点について述べておきたい。

まず、対象について何の予備知識もないときには、あまり統計調査は用いないほうがよい。なぜなら、適切な質問文と回答選択肢が用意できないからである。たとえば、ある地域社会で人びとがどのような余暇活動を行なっているかを調べようとするとき、その地域で具体的にどのような施設やサークルが存在しているかを知っていないと、決定的に重要な種類の活動を落としてしまうことになりかねない。理想的には、調査対象に関する既存の統計資料やこれまでの調査結果をすべて熟知し、いくつかの事例調査も行なったうえで、かなり明確な作業仮説が設定できるようになった段階で、それらがどのくらい一般的に妥当しうるかを実証するという目的で統計調査を用いるのがもっとも望ましい。

しかし、これもまたそうはいかない場合が多いだろう。そこで最低限、質問文の作成に入る前に概説的な資料に目を通したり、事情通の話を聞くなどして予備知識を得るよう努力してほしい。地域調査の場合は、役所の人にその町の概要を話してもらったり、地元の町内会や自治会の役員に話を聞くのもよいだろう。さらに、できればプリテストを行なって、自分で実際に1票でも2票でもとってみることをおすすめしたい。よく実査の段階は調査会社に任せきりで、調査員として実際に票をとったことがないという人がいるが、そんな人は統計調査のデータ分析などに手を出すべきではない。とんでもない勘違いをして恥をかくのが関の山である。実際に調査員をやってみて、統計調査のいかがわしさと限界を知り、それでもできることは何かを体得しておくことが重要である。

統計調査の探索的利用

　もうひとつ、まったく逆のことをいうことになるが、皆目見当がつかない対象に対して、なんとか全体像をつかみたいというときにも、統計調査がある程度、有効な場合がある。統計調査の探索的な利用である。しかしながら、これは教科書的な意味ではあくまで邪道である。本来は仮説や争点がしっかりしてきた段階で用いるのがよろしい。

　しかし、これまた実際にはそうはいかない場合が多いので、邪道は邪道なりに正しい道をいくために、あえて解説しておく。あくまで付け焼き刃でも上記のような善処をしたうえで、それでも重要な争点や変数間の関連について十分な仮説をもてない場合には、とりあえず枠組みを少し広めに設定して、重要そうな変数をすべて測定しておくことをおすすめする。ただし、この場合に質問票が膨大なものにならないよう注意してほしい。どうせやるんだからといってあれもこれもぶち込んでしまう人がいるが、これは対象者に対する暴力である。とかく自分で調査票をとったことのない人に、こういうことを平気でやる人が多い。こういう人がやる心ない調査のために、社会調査一般に対して嫌悪感をもつ人が増えている。これはゆゆしき問題である。本書を読んだ人だけでも、この点での正しい理解をもっていただきたい。

　そして、統計調査を探索的に用いた場合には、かならず後始末をすること

である。後始末とは、探索された仮説や争点を今度は現地での聞き取り調査や各種資料の分析によって確証していく作業をかならず行なう、ということである。よく何の準備もなく統計調査をやって、それなりの結論は出ても、それはあくまで仮説にすぎず、「こうであるらしいが、はっきりしたことは今後の課題である」と報告書に書いて、それでおしまいにしてしまうことが多い。これは（もちろん自己批判も含めて）厳につつしむべきである。

　すなわち、統計調査はできるだけ争点や仮説を明らかにしたうえで行なうこと。やむをえず探索的に用いる場合には、かならず後始末のための追調査を行なうこと。この条件がクリアできないかぎり、統計調査はむだになると考えたほうがよい。いや、むしろそれだけの覚悟が持てないならば、統計調査をやるべきではない。

2　つぎに、何ができるのか：予算、日程、人手などの制約条件

調査実施上の制約

　さて、調査の企画を立案するうえで、つぎに留意しなければならないのは、調査をとりまく諸々の制約条件である。調査の目的や課題が積極的な意味での方向づけであるのに対して、ここであつかう制約条件は文字どおり消極的な意味での制約である。統計調査の場合、重要なのは予算・日程・人手の三つである。調査全体でどれだけのお金を使うことができるのか（予算）、期限はいつまででどれだけ時間をかけることができるのか（日程）、どのくらいの人員が動員可能なのか（人手）、ということである。

　実は統計調査の具体的な方法は、ほとんどの場合、この制約条件によって決まってしまう。もし何の制約もないならば、比較可能な4カ所ほどの調査地を選定し、それぞれ1週間ぐらいの調査期間を設け、調査員には十分な研修を行なったうえで、一人当たり20票前後を割り当て、個別面接法で回収率8割以上を目標に、謝礼も十分にはずみ、1地点最低500サンプル以上確保できるだけの対象者を無作為抽出し、分析にもたっぷり2〜3年の時間をかけて行なうというのが理想的である。予算・日程・人手の制約条件を加味しながら、この理想的な状態から徐々に涙をのんで撤退していくのが、調査の

具体的な企画作業だといっても過言ではない。
　そこで、問題はこの撤退の手順である。

サンプル数の確保

　まず、統計調査をやるのなら、何をおいても死守しなければならないのは十分なサンプル数である。分析の方法や、男性だけとか、30歳代と40歳代だけとかに対象をあらかじめ限定する場合は別として、とくに条件をつけない場合には、最低でも、総数500はゆずれない線であろう。一般的なクロス表分析で用いる変数のカテゴリーは多くて五つぐらいだし、比較のためのサブグループが四つあるとしても、全体で500あれば、とりあえず1カテゴリー100サンプルを確保できる計算になる。欲をいえば、全体で1000、サブグループ各300が一応の目安である。もちろん、セルの数が多いクロス表をあつかう移動表の分析や多重分類分析などの多変量解析がやりたい場合には、もう少し多くのサンプルがあったほうがよいだろう。

　ただし気をつけてほしいのは、サンプル数が多くなると有意差が出やすくなるという事実である。したがって、ある程度のサンプル数がないと確かなことはいえないわけだが、逆からいえば、過大なサンプル数があるときには微細な差を強調してしまう結果になりかねない[1]。重要なのは、得られたサンプル数に適した分析方法を採用することである。

調査対象の選定

　つぎに重視すべきは、調査地と調査対象の選定である。これも諸々の条件に制約されるが、調査の目的に適した対象を選ぶということが、その調査の成功の過半を決めてしまうといってもいい過ぎではない。予算の都合で十分なサンプル数が確保できないときでも、対象設定の妙によってそれをカバーできることもありうる。一般的な原則を述べることはむずかしいが、ねらっている変数の関連が比較的はっきりと出やすいと考えられる対象を選ぶのが

---

[1] したがって、サンプル数が1000を越えるような場合には、有意差があるか否かよりも、どれくらい関連が強いか（クロス集計ならクラマー係数、相関係数ならばその絶対値）に注目すべきである。

コツである。それと、焦点となる変数だけが印象的に違っていて、そのほかの条件が似通っているとか、少しずつタイプが異なるような対象地を比較のためのサブグループとして複数設定することである。

統計調査はサンプルをなんらかの変数で区分して、その間に有意差が出てはじめてものがいえるという性質をもっている。比較という視点がもっとも重要なのである。たとえば、情報化と現代文化の問題を課題にするならば、大都市の若年層を対象にすべきであろうし、かぎられたサンプル数である都市の全体像を浮かびあがらせようとするならば、商店街・住宅地・工業地といった特色のある対象地を選定する必要がある。

調査方法の選択

そこで、つぎに問題になるのが調査方法である。従来、個別面接法がもっとも信頼のおける方法であるといわれてきた。そのこと自体はいまでも変わらない。したがって予算と人手に見通しがもてるかぎり、やはり個別面接法がいちばんである。

しかし最近、調査をめぐる情勢に若干の変化がみられる。それは個別面接法が徐々に困難になってきたのに対して、郵送法の信頼性と回収率があがってきたという動向である。かつては行政などの公的機関がやって50％、一般の研究機関で30％といわれていた郵送法の回収率が、近年一般の研究機関でも対象によっては40％以上の回収率を確保できるようになっている。

これに対して個別面接法の回収率は、十分な態勢を組んだとしてもせいぜい70％がよいところで、下手をすると50％を割り込むこともめずらしくなくなってきた。仕事で忙しい人が増えて、30分近く時間を拘束される個別面接法よりも、空いた時間に自由に記入できる郵送法のほうが協力しやすいということがあるのかもしれない。また高学歴化の進行と質問紙調査それ自体の普及によって、自記式の郵送法でもかなりの信頼性が期待できるようになった。さらに個別面接法のさいの調査員の訓練体制が十分に整っていない日本においては、思ったほどの信頼性も回収率も期待しがたいという事情がある。したがって、とりわけ人手の点で十分な態勢が組めないかぎりは、個別面接法の長所を生かすことができないという状況になってきている。予算も

人手もあまり十分でない場合には、郵送法もそれなりに有効な方法である。

　個別面接法に挑戦するほどの態勢は組めないが、少しは予算と人手に余裕があるという場合には、留め置き法というのも考慮すべき方法の一つであろう（第1章、第5章参照）。郵送法と同程度の信頼性で、より高い回収率が期待できる。対象者の都合によっては回収も郵送にしてもらい、そのかわり後で疑問な点を確認するために電話番号を教えてもらうといった配慮も可能だろう。ただし郵送法や留め置き回収は、いずれも本当に本人が記入してくれたかを確認できないという致命的な欠陥がある。この点にはよく注意する必要がある。

分析・報告の期限

　最後に、分析や報告の期限について一言しておきたい。これも予算をどこから得たかということと関連するが、日本の場合、単年度決算という場合が多い。つまり、調査の企画・立案・実施・分析・報告まで、1年ぐらいでやってしまわなければならないことが少なくない。たとえ何年か継続であったとしても、各年度ごとでなんらかの報告が必要なのが一般的である。

　スポンサーとの関連で期限があること自体はいたしかたないとして、スポンサーと調査実施者の両方に知っておいてもらいたいことは、単純集計と基本的なクロス集計の結果をまとめた、とりあえずの報告書ができたその後こそが、本当の意味での分析のスタート地点であるということである。そこから1年くらいかけて、さまざまな角度から分析を試みることができるだけの情報量を、1回の統計調査は含んでいる。したがって、スポンサーはもし報告書以上のものを得たいと考えるならば、新たに分析のための調査期間の継続を認めるべきであるし、基礎的な報告書で十分ならば、データの自由な利用を調査実施者に対して許すべきである。調査実施者のほうでは、報告書ができて最低限の義務を果たしてからが本当の仕事だと心得るべきである。

　データの分析自体にはそれほど費用がかからないはずであるから、ここからは手弁当でがんばるのである。分析結果を生かして、さらに追調査を行なうなり、簡単なヒアリングや資料収集を行なうならば、さらに多くの成果が期待できよう。実は1回の統計調査をこうして2〜3年かけてじっくり分析

することが、たんにスポンサーだけではなく、調査に協力してくれた人びとを含んだ本当の意味での社会に対する責任というものなのである。だから、本格的な統計調査は5年に1度くらいやれば十分である。それ以上頻繁にやったところで、成果はないと考えたほうがよい。

　とりわけ専門的な研究者は、やたらと委託調査を引き受けては、基礎的な報告書だけを乱発し、それ以上の分析はしないというやり方を厳に慎むべきである。このような社会調査の現状こそが、後でくわしく述べるような「社会調査のイデオロギー的な活用」を助長し、社会調査にもとづく実証研究への軽蔑を生み、学術的な専門調査研究者の道から若手を遠ざけ、何よりも社会調査に対する世間の信頼と理解を損ねつつあることを知るべきである。

3　根回しとご挨拶：事前にやるべきこと

調査への協力依頼

　調査の企画もかたまって、あとは調査実施の期日を待つばかり、調査員の手配や調査会社との打ち合わせも終わって、めでたしめでたし、と安心してはいけない。調査実施直前に、調査責任者みずからが是非ともやっておくべきことがある。関係諸機関に対するご挨拶と協力の依頼、ついでにやってしまう簡単な事前調査がそれである。

　これもケース・バイ・ケースであるが、特定の地域を対象とする場合は、当該の市区町村の役所には1度ぐらい顔を出すべきだろう。団地ならば、公団・公社の管理事務所やデベロッパーの担当部局ぐらいは訪ねておく必要がある。要するにいきなり調査協力の知らせが届いたときに、問い合わせがいきそうなところには一言挨拶しておく必要がある。さらに調査地区がかなり限定されている場合には、地元の町内会・自治会・管理組合などに了解を得ておくことが重要である。事前に掲示板や回覧板で案内などしてもらえれば、回収率はぐっと違ってくる。

簡単な事前調査

　また、このような調査に対して事前に了解をとるべき人びとは、同時に調

査対象についての事情通でもある。挨拶ついでに雑談がてら、調査対象地の概要や最近問題になっていることなど、聞いておくことも重要な仕事である。思わぬ情報が手に入ったり、あとで分析のさいに注意すべき点やさまざまなヒントが得られることも少なくない。地域調査のさいに地元の自治会や町内会の会長さんを訪ねるのは、もはやれっきとした調査の一部である。支障がないかぎり、自治会・町内会の活動についても、いろいろ聞いておくとよい。

　そして重要なのは、いずれ改めて再訪するという意思を伝えておくことである。最低限、調査の結果報告書を持参する必要があることはいうまでもないが、調査データの分析の結果、確認しておくべき事柄が出てくるはずである。統計調査をやりっぱなしにするのではなく、追調査を含めてやっていくんだというみずからへの「足かせ」をする意味でも、はっきりと言明しておくことをおすすめしたい。

　さらに、関係者への挨拶を終えたあとに、少し近辺をふらふらしてみることをおすすめする。スーパーやデパートの品揃えや値段を確認してみたり、公園などの緑地や、神社やお寺を実際に歩いてみるのもいいだろう。郷土資料館といった公共施設を訪ねてみるのもよいし、図書館で地元関係の出版物を一瞥するのも一興である。少し大きめの本屋やとりわけうらびれた古本屋などには、思わぬ発見があるかもしれない。そんなことをしながら、実際に人びとの暮らしの匂いをかぎわけておくことが重要である。

　さらに余裕があるのなら、調査対象に関する官庁統計や先行調査の報告書などながめておけば、完璧である。遠隔地に出かける調査などでは、日程的な制約がきつくなる。少しの時間もむだにはできないだろう。現地にいる間は、見るもの聞くものすべてが参考になると思ってまちがいない。そうやって地元の人が何年もかかって体得してきたことを、社会調査という簡便な方法で理解しようとしているわけである。くれぐれもこのような基礎的な社会調査の過程を委託会社に任せきりで、できあがったマトリックス・データさえコンピュータで分析すれば、それが統計調査だという誤解をいだくことのないようにしていただきたい。

　社会調査は足でするもの、こまめに動くことが基本なのである。

4　分析と報告：立つ鳥あとを濁さず

対象者への感謝と責任

　最後に、調査実施後の分析と報告に関して、基本的な心得について確認しておきたい。

　まず当然のことではあるが、社会調査という対象者にとっては迷惑このうえない行為が許されるのは、いずれなんらかの形で世間に役立つ知識を提供するという前提があってのことだという厳然たる事実の存在である。したがって、調査だけやってそこから何の成果も引き出さずにすますことは、犯罪行為に等しい。世間がその価値を認めてくれるかどうかは別にして、少なくとも報告書なり何らかの形で成果を公にする義務があることを忘れてはいけない。

　さらにできることならば、調査に協力してくれた対象者に直接何らかのサービスをすることも考える必要がある。そのようなサービスとしてもっとも安易に行なわれているのが、謝礼として粗品を配布するというやり方である。しかしながら、ここで少し考えておきたい。民間企業が行なう市場調査の場合なら、企業は結局それで利潤をあげることになるのであるから、それなりの謝礼を用意することも理にかなったことである。しかしここで問題にしている純粋な学術調査の場合はどうであろうか。学術調査では結果として利潤が戻ってくることはありえない。したがって謝礼はすべて貴重な研究費の一部をそれにふりむけることを意味する。そんな費用があったら少しでもサンプル数を増やしたり、調査の精度をあげることに努力したほうが理屈に合うことではなかろうか。もちろんアメリカなどではかなり以前から調査資料として使用する個人的な書簡を新聞で募集して買い取ったり、特定の調査協力者にお金を払って自伝を書いてもらうといったことも行なわれてきたし[2]、将来的には調査に協力していただく間の時間を現金で弁済するという考え方も必要であろう。しかし少なくとも現状のようなタオルやボールペン

　2）トーマス＝ズナニエツキ（1983）が採用した方法として有名である。

を配るといったことは再考を要する。

　むしろ、その程度の費用を使うつもりがあるならば、おすすめしたいのは調査後に対象者に改めて礼状を送ったり、少しでも明らかになった成果を紹介した報告を行なうことである。つまり対象者向けの報告書を別途作成するということである。もちろん、状況と題材によっては現地で結果報告会を催すというのも一つの効果的な還元の方法であろう。

　いずれにせよ、学術的な調査研究が全体としての知識の向上に結びつき、やがて社会全体に貢献していくのだという悠長なことをいっていたのでは、なかなか世間が納得してくれなくなってきている。学問が学問であるだけで尊重された時代は、残念ながら過去のことになりつつある。これからの社会調査には、すぐその場で何らかの学術的貢献をはたす機会を見出し、それを生かしていく姿勢が不可欠である。

「二度と協力するもんか」と思わせないために
　つまり、調査に協力してくれた対象者ひとりひとりにも、何らかの貢献を考えるべきなのである。貢献とまではいかなくても、少なくとも二度とやりたくないとは思わせないだけの何かが必要である。それは一生懸命やってくれているという印象でもいいし、自分の意見がそれなりに反映されていくんだという期待でもいい。いいたいことがはっきりいえたというすがすがしさでも、他人に真剣に話しを聞いてもらえたという満足感でもいい。実際に調査に対して好意をもって接してくれる人の多くは、何がしかのものを感じているのである。

　別に道義的な問題としてだけ、こんなことをくだくだ述べているわけではない。むしろ、ここに社会調査にとって原点ともいえる問題が潜んでいるからこそ、強調するのである。社会調査に従事する者が、調査対象者に対して対等な人間として接することを忘れたならば、その調査の提供する知識にはおのずと偏りが出てくる。つまり調査者が、対象者が協力してくれるのは当たり前だと考えたり、必要なデータさえ採れればそれでよいと考えた瞬間に、その調査は少なくとも対象者にとっての知識を提供するものではなくなっていく。それはよくて研究者にとっての知識になるだけで、悪くするとめ

ぐりめぐってその知識が活用されるときには、むしろ協力をしてくれた対象者を支配したり、丸め込むための道具になってしまう[3]。このことに多くの人が本能的に気づきはじめたからこそ、じりじりと調査の回収率が下がってきたのである。だれのための社会調査であるのか、この原点をもう一度確認しておきたい。

研究者の礼儀と覚悟：礼を失してはいけないが、節を曲げてもいけない

かつてF.エンゲルスは労働者たちと酒場で語り合うことを通じて『イギリスにおける労働者階級の状態』を書き、労働者階級の悲惨な状況を告発した[4]。同じくC.ブースのロンドン調査やB.S.ラウントリーの貧困研究はイギリスにおける福祉国家への歩みを一気に早めさせた[5]。エスニック・コミュニティとしての都心のスラム地区に入り込んだシカゴ学派の都市社会学者たちは、移民たちのアメリカ社会への統合のために、彼らの内的な世界を理解しようと努めた[6]。さらに『パワー・エリート』によって軍産複合体の存在を告発したC.W.ミルズは、インフォーマントの多くに反感をかい、非常に苦しい立場へと追い込まれたという（それが彼の早世の遠因になった）[7]。これらの古典的な例は、だれのための社会調査であるかという問いへのさまざまな解答を提示している。

3）社会調査にかぎったことではないが、「学術的な研究にもとづいている」とか、「専門家の見解によっている」と言明することによって、それ以上の説明を放棄してしまうやり方がそれである。これが科学ないしテクノクラートのもつイデオロギー作用であり、後述する「社会調査のイデオロギー的な活用」もそのひとつである。

4）いわずとしれたマルクス主義の古典的業績であるが、社会調査のテキストとしては冒頭の「初版（1845年）への序文」および「イギリスの労働者階級に寄せる」の部分を注意深く読んでほしい。意外なことではあるが、そこからはシカゴ学派と共通する社会調査者としての基本的な姿勢が読み取れるはずである。

5）このあたりの事情については、長島（1989）を参照のこと。

6）この系譜に属する古典的な業績として、ホワイト（1979）がある。また、代表的なシカゴ・モノグラフの邦訳作業が進められている。たとえば、アンダーソン（1999、2000）、ゾーボー（1997）、ショウ（1998）、ハイナー（1997）などがある。

7）くわしくは、鈴木（1972）を参照のこと。

ことはそれほど単純ではないが、少なくとも本書が主として念頭においている大量観察の標準化調査において、対象になるのは一般大衆とよばれる人びとである。この調査法には底辺と頂点が欠如し、中流的なサンプルへと偏るという傾向は否めないが8)、いずれにせよ大多数を占める名もなき人びとが対象であることに違いはない。だとしたら、多くの場合、対象者のための調査であることが求められるだろう。ここでしつこく論及したことは、この事実を忘れてはいけないということである。

　これらの人びとにたとえ調査の途中であっても、機をみて何らかの貢献をしようという姿勢が調査研究者の側にないかぎり、その善意のいかんにかかわらず、データはもう少し立場の強い人のものになると考えたほうがよい。できあがった学術的な報告書に目を通すことができるのは、そのような人びとだけである9)。「いずれ社会全体のためになる」という発想は、正確には「いずれ社会の支配的な立場にある人びとのためになる」ということを意味してしまう。これが現代における「社会調査のイデオロギー的な活用」なのである。

　そうすると逆に、同じく調査の有力な協力者ではあるが、あえて不義理をしなければならない人びとも出てくるわけである。労働者の調査を経営者の協力なくして行なうことはできないかもしれない。地域住民を対象にした調査の多くは、お役所の協力を得て行なわれる。調査の結果はかならずしもスポンサーの立場を良くするものばかりではないだろう。そんなとき、われわれはミルズのような決断を迫られるかもしれない。社会調査はそれが「学術的」であるかぎり、真理に奉仕することが求められる。何年かして歴史的な審判が下されるときに、真理の側に立つために、現在の地位を危険に晒さなければならないかもしれない。あえて不義理をしなければならない人びとに礼を尽くし、しかし節を曲げない頑固さをもつ必要がある。書物や資料では

---

　8) したがって、かつて論議された「1億総中流化」といった議論は、そもそも中流に偏りやすい調査データにもとづいて行なわれていたといってよい。また、郵送法の場合はさらに中の上層に偏る傾向があるので（自記式で返送してくれるのは、そのような人が多いのである）、注意が必要である。

　9) この意味でも、対象者ひとりひとりに何らかの報告を行なうことが求められる。

なく、生きた人間を対象にする社会調査のきびしさである。

　もちろん文献学者だって真理のために命をかけるだろう。一般の人びとでも、日々仕事や家庭でそんな修羅場を生きている。たかが社会調査ごときに大袈裟な、と考えてはいけない。調査研究者も一般の人びと同様、その職務に対してそれだけの覚悟をもたなければ、やがて社会調査自体が社会的に成立しなくなってしまうのである。プロの調査研究者はもちろんのこと、何らかのいきさつで調査に従事せざるをえなくなってしまって本書を読んでいる学生や社会人も、このことだけは肝に銘じておいていただきたい。調査は対象者の協力なくしては成立しないものなのである。

5　社会調査における倫理

　1950年代の話[10]であるから、いまから半世紀も前のことである。東北は岩手県のある山村に大学の研究者たちが「農村の家屋調査団」と称してやってきて、村の住民たちの寝部屋まで調べていったという。寝部屋を調べられた老人は「なんぼ俺が百姓だからと言っても、寝部屋まで見てもれぇてぇとは思わなかった」と嘆いていた。これを取り上げて著者はいう。「キタナイ寝部屋など誰だって見せたくないことはわかり切っている筈なのに、それをあえて『見せてくれ』というところに、農民を見下げてかかっている心理を感じるのです」[11]と。もちろん、この「農村の家屋調査団」の人たちは、悪意やたんなる好奇心から「寝部屋を見せてくれ」といったわけではないだろう。たぶん農村の住環境の改善に資するためといった調査の目的があったに違いない。しかし、そのことをこの老人にきちんと説明し、彼の同意を得たうえでの調査だったのだろうか。この調査の結果が、いかに農村の住環境の改善に役に立つのかを説明したのだろうか。万が一にでも、"農村の老人たちに私たちの調査目的を話してみたところで理解できるはずはあるまい"という思い上がりはなかっただろうか。

---

　10) 以下は大牟羅良『ものいわぬ農民』(1958年、岩波新書) に紹介されているエピソードである。
　11) 同、198ページ。

こんな半世紀も前の書物に述べられていることを今さら持ちだすなんて……といってはいけない。たとえ社会調査の専門家でなくても、何らかの調査を実施しようとする者なら、社会調査を行なう場面で"いまどきこんなことはない"と自信をもっていえるかどうか、いま一度考えてみたほうがよいからである。本章でもすでに強調されているように、社会調査にとってきわめて重要なのは、社会調査に従事する者が、調査対象者に対して対等な人間として接することなのである。政府が国民のために実施する調査だからとか、統計法で国民の協力が義務づけられているからとか、大学の研究者が学術目的で行なう調査だからとか、学生が社会調査を学ぶために実習として行なっている調査だからとか、そんな理由を挙げて、"対象者が調査に協力するのは当然である"と、政府関係者や研究者や社会調査法を講じている教員などが頭のかたすみにでもこうした考え方をもっているとしたら、それは大きな誤りである。

近年になって、調査対象者となる人々のあいだで、ことさら社会調査に対する不信感が高まっている。それは国勢調査をはじめとする政府の実施する調査でさえ、回収率が低下傾向にあることに現れているといえる。しかし、大切なのは、ことをたんに回収率の問題だけに矮小化して考えてはいけないということだ。もちろん、調査票調査にとって一定の回収率を確保することは重要な課題であることに違いはない。しかし、それは結果としてついてくるものと考えることである。まずは、社会調査にたずさわる者として、調査対象者と対等の関係をどのようにしたらつくることができるのかを考えなければならない。まさに、そのために社会調査における倫理が問われるのである。では、社会調査にたずさわる者が、社会調査における倫理として具体的にどのようなことに留意し、何を遵守すればよいのだろうか。社会調査の実施過程についてあつかう第5章以下でも必要に応じてふれることになるが、まずはここでまとめて説明しておこう。

しかし、その前に一歩踏みとどまって考えてみたい。"社会調査における倫理"というのは、社会調査における具体的な倫理条項を遵守すれば、それでこと足りるということではないからだ。社会調査にたずさわる者が倫理条項を遵守しなければならないのは、調査対象者との対等な関係をつくるため

であり、社会調査という行為が調査者と対象者との相互行為であり、社会調査がつねに自省的（reflexive）でなければならないという、きわめて社会学的な実践だからである。社会調査という行為じたいの意味を考えつつ、具体的な倫理条項を読んでほしい[12]。

さて、ここでは主として調査票を用いた標本調査（調査票調査）の実施にさいして具体的に私たちが留意し遵守すべき点を挙げておくことにしよう。

まず、サンプリングにさいしてである。サンプリング台帳として住民基本台帳などを閲覧するさいには、関連する法規を遵守すること。国外におけるサンプリング作業のさいも同様である。作成された調査対象者名簿は住所、氏名等が記載されているわけで、厳重に管理しなければならない。また、対象者名簿を当該調査の目的以外に使用しないことはもちろんである。

実際に調査を行なうにあたって、事前の依頼は重要である。調査対象者に調査実施の連絡、協力の依頼などを「調査協力依頼状」といった形で確実に行なう。これに盛り込む内容は、調査の目的のわかりやすい説明、調査の実施主体・責任の所在・連絡先（当該調査に関する問い合わせ先）[13]、収集したデータの使用目的、統計的処理等によって調査対象者（回答者）が特定されることがないことの説明などである。また、サンプリングの方法をわかりやすく説明することで、"なぜ私が対象者になったのか"という調査対象者の疑問を解く工夫も必要だろう。

社会調査に従事する者、とくに個別面接調査や留め置き調査にたずさわる調査員には、当該調査の内容はもちろんのこと、倫理条項もしっかり確実に理解してもらう必要がある。そのために、丁寧なガイダンス（調査員向けのインストラクション）を実施する。そのテキストとして「調査員の手引き」を用意し、必要に応じて調査員がいつでも参照できるようにしておく。また、調査員の身分を証明する書類を作成して、調査員はつねに携行する。学

[12) 具体的な倫理条項の代表的なものとして、社会調査士資格認定機構が策定した「社会調査倫理綱領」を参照してほしい（巻末に添付、http://wwwsoc.nii.ac.jp/jcbsr/kikou/rinri.pdf）。

13) 問い合わせ先として住所、電話番号、電子メールのアドレスなどが最低限必要である。また、電話の受付など問い合わせに対応する体制を整えておかなければならない。

生調査員の場合には、あわせて学生証（身分証明書）を携行することはいうまでもない。

調査票の配布・回収、面接など、実際に調査を進める場面では、調査への協力は調査対象者の自発的意志にもとづくものであるという姿勢を貫かなければならない。調査への協力・回答を強要してはならないし、対象者が不快感を抱いたり、不利益を被ることがないようにする。調査者、調査員ともに、調査票の回答内容はもちろんのこと、調査の過程で知り得た対象者に関する情報すべてを守秘しなければならない。したがって、回収された調査票の管理には万全を期すとともに、対象者を話題にした会話などをしてはならない。

実査が終わると、集計・分析のプロセスへと進むわけであるが、調査票の回答内容（個票データ）を電子データ化（コンピュータへの入力）するさいにも、個人が特定できないかたちで行なうことが肝要である。保存される電子データの管理も厳重に行なわなければならない。データ分析の過程で、データや結果の捏造は厳に戒められるべき行為である。

調査結果の公表は、調査対象者への調査結果のフィードバックという観点も大切にしたい。些末な金品を調査への協力の"お礼"として配るよりも、自分たちの協力の結果がどのようにまとまり、それがどのように役立つのかを知らせてもらうことに調査対象者の期待があるのではあるまいか。

調査の企画から、実施、集計分析、結果の公表など、社会調査の過程すべてで、私たちは調査に関係するすべての人たちの人権とプライバシーを最大限に尊重することを求められる。まずは、このことを肝に銘じて社会調査を行なわなければならない。

第5章

社会調査はどのように進めるか

1　社会調査の手順を知ろう

　調査の企画、調査内容の検討をすすめる一方で、調査の実施に向けて準備をはじめる段階にきた。現地調査までにどのような手順で準備を進めていけばよいか、その過程でどのようなことに注意しなければならないか。この章では、おおまかに社会調査全体の流れを示して作業のイメージをつかんでもらうことにしよう。それと同時に、社会調査を実際に進めていくうえで注意すること、勘どころ、成功の秘訣などを具体的に紹介していくことにしたい。
　社会調査の手順は、いつでもどんな場合でもまったく同じというわけにはいかない。調査方法が異なれば手順もいささか異なる。例外はたくさんありうるのだ。その例外に逐一言及していると説明が複雑になってしまう。社会調査に挑戦してみようと「やる気」になっている読者をいたずらに混乱させてしまうことにもなりかねない。だから、ここで紹介する手順は、できるだけ単純化した「標準タイプ」である。調査方法、調査現地の条件、調査内容など、さまざまな条件が異なれば、例外もたくさんありうることをあらかじ

め含んでおいてほしい。

　さて、図5－1は社会調査の手順をおおまかに示したものである。ここまで本書を読み進めてきた読者は、社会調査によって明らかにしたいことは何か、検討を重ねてきているはずである。これから質問文を作成したり、それをプリテストにかけたりという調査票作成の作業が待っている[1]。その前に、社会調査の流れと具体的な留意点を知っておいてもらおうというのが本章のめざすところである。

　サンプリング（標本抽出）が終われば、だれを訪ねていけばよいのかが決まったことになる。しかし、突然訪ねていっても失礼であるし、相手も驚くだろう。だから、事前に協力依頼をしなければならない。調査員がいなければ、だれが対象者を訪ねていくのだろう。調査員のためには何を準備しておけばいいのだろうか……。調査の実施までには、さまざまな準備作業が必要だ。手順を踏みつつも、いくつもの作業を同時並行してこなさなければならない。能率よく、しかもまちがいなく作業を進めていくことが調査を成功させる早道である。

　調査現地に赴くことが必須である個別面接調査や留め置き調査[2]（郵送留め置き調査を含む）と、原則として調査現地を訪ねる必要のない郵送調査では手順が異なる。調査方法が異なれば、調査実施上の留意点も異なってくる。やや煩雑になるが、調査方法ごとの違いを述べ、その後は個別面接調査を中心に調査実施上のポイントを説明していくことにしよう。

2　事前に準備しておくこと

サンプリング、その前に

　サンプリングの詳細については第6章にまかせるとして、一点だけ注意を述べておこう。一般に、サンプリングは住民基本台帳（住民票）や選挙人名簿から行なう場合が多い。ということは、それを管理している市区町村役場

---

　1) 調査票の作成については、本書第7章でくわしく述べられている。
　2) 留め置き調査は「配票調査」ともいう。

第5章 社会調査はどのように進めるか 87

図5-1 調査の手順

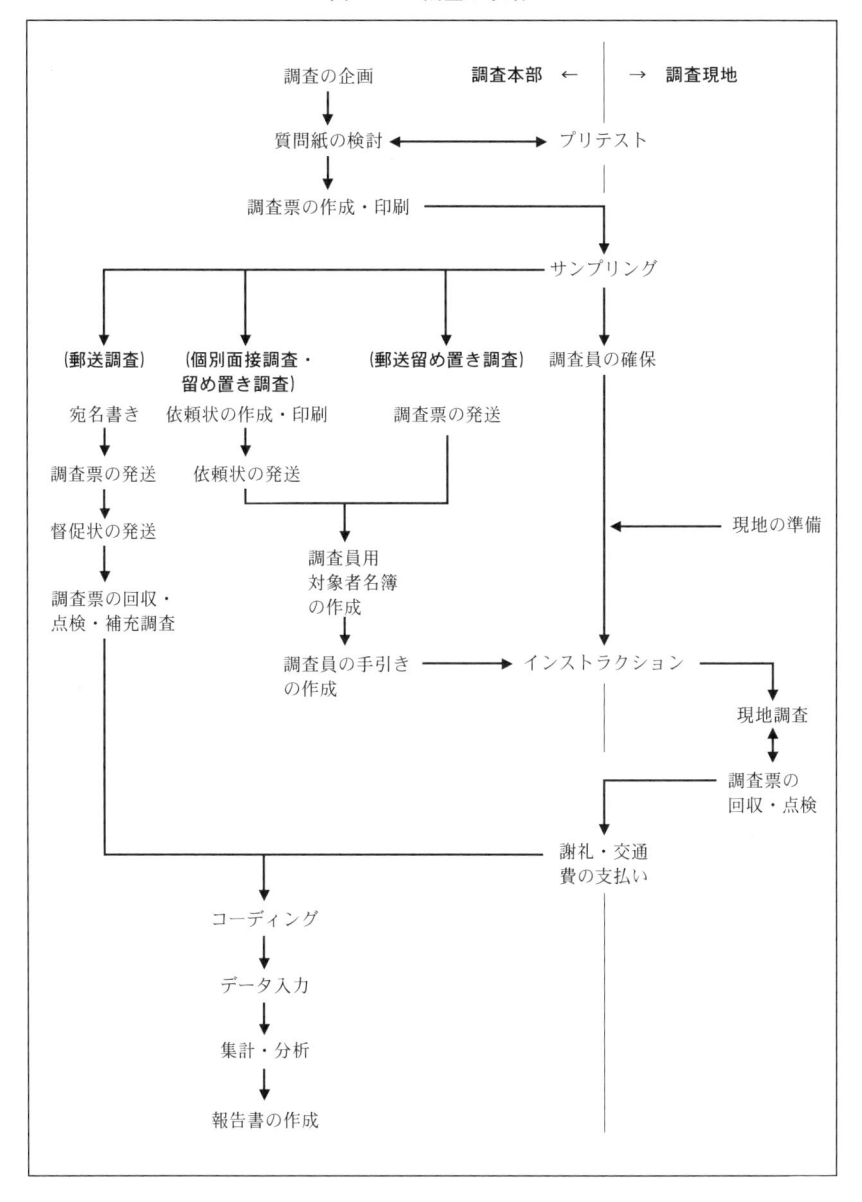

```
                    調査の企画        調査本部  ←  →  調査現地
                         ↓
                    質問紙の検討  ←――――→  プリテスト
                         ↓
                    調査票の作成・印刷 ―――――――┐
                         ↓                      ↓
          ┌──────┬──────┬──────┐  サンプリング
          ↓      ↓      ↓      ↓        ↓
       〔郵送調査〕〔個別面接調査・ 〔郵送留め置き調査〕 調査員の確保
              留め置き調査〕
       宛名書き  依頼状の作成・印刷  調査票の発送
          ↓      ↓              ↓
       調査票の発送 依頼状の発送
          ↓      ↓
       督促状の発送                           ←――  現地の準備
          ↓      ↓
       調査票の回収・ 調査員用
       点検・補充調査 対象者名簿
                  の作成
                   ↓
                  調査員の手引き ―――→ インストラクション ―┐
                  の作成                                    ↓
                                                       現地調査
                                                          ↓
                                                      調査票の
                                                      回収・点検
                         ↓                               ↓
                         謝礼・交通
                         費の支払い
          ↓
       コーディング
          ↓
       データ入力
          ↓
       集計・分析
          ↓
       報告書の作成
```

や選挙管理委員会にでかけていくことになる。

　しかし、ある日突然でかけていっても、その場で住民基本台帳や選挙人名簿を閲覧できることはまれである。閲覧を申請（予約）し、順番を待たなければならないからだ[3]。場合によっては閲覧できるまでに1カ月以上待たされることもある。住民基本台帳の整理の時期には閲覧できないこともあるし、選挙の前後には選挙人名簿の閲覧ができない。また、閲覧のためのスペースが狭くて大人数での作業ができないことも多いし、閲覧は無料とはかぎらない。調査の実施が決まったら、まず住民基本台帳などの閲覧について市区町村の担当係に問い合わせておくほうが賢明である[4]。

　近年、個人情報保護の観点から住民基本台帳の大量閲覧が問題視されている。そのため住民基本台帳や選挙人名簿の閲覧に制限が加わるようになった。2006年には住民基本台帳法が改正になり、住民基本台帳の閲覧は「統計調査、世論調査、学術研究その他の調査研究のうち、総務大臣が定める基準に照らして公益性が高いと認められるものの実施」（同法第11条の2）などにかぎられ、さらに閲覧を申し出るためには、申出者の住所・氏名、閲覧によって得た事項の利用目的、閲覧事項の管理の方法、調査研究の成果の取り扱いなどを明らかにしなければならない。さらに、選挙人名簿の閲覧については「統計調査、世論調査、学術研究その他の調査研究で公益性が高いものと認められるもののうち政治・選挙に関するものを実施するため」という制限が加わった。

　サンプリングの作業には「記入用フォーム」を作成してもっていこう。通常、サンプリングで得る情報は住所、氏名、性別、年齢である。ただたんに手元にあるノートやレポート用紙などを用いるのではなく、B4版でヨコ1行に1人分の情報を書き込めるような記入用フォームを用意していく。1枚に20人分を書き込めるようにしておくとよいだろう。これをコピーして切り

　3）個人情報の保護を目的とした条例を制定している自治体では、閲覧の目的や閲覧者などを記入する申請書や目的外に使用しないという誓約書の提出を求められることが多い。

　4）問い合わせる内容は、①閲覧の可否、②閲覧の申請方法（提出書類）、③予約状況、④一度に閲覧できる人数、⑤閲覧にかかる費用などである。

張りすれば調査員用の「対象者名簿」も簡単に作成できる。
　こうして作成された「対象者名簿」は、いわば個人情報の固まりであるから、個人情報保護の観点から、その取り扱いには十二分に注意し、紛失などがあってはならない。

調査票を印刷する
　プリテストが終われば、調査票を印刷する段階だ。調査票は研究者と対象者とを結ぶ大切なメディアである。印刷も慎重に行なおう。
　調査票の印刷も最近では手軽にできるようになった。もちろん、従来どおり、印刷屋さんに原稿を渡して、何回かの校正を経て……というやり方もある。が、印刷屋さんに頼むにしても、ワープロで完全版下を作成すれば印刷経費も印刷期間もだいぶ節約できる[5]。また、軽印刷機（リソグラフなど）やコピー機を使えば、印刷屋さんの手をへずに調査票を作成することも可能だ。ただし、文字の大きさに配慮し、印刷のかすれなどがないように心がけたい。対象者や調査員の立場を考えて、読みやすくめくりやすい綴じ方（製本）にしたいものだ。
　できあがった調査票は、そのままではただの紙の山である。いうまでもなく、調査票にはそのひとつひとつに対象者の回答が記入されることになる。どのようにすれば調査票に正確な回答が記入されるか、それを効率よく進めるにはどうすればよいか。社会調査の成否を決めるポイントはこのあたりにある。

調査方法の特徴、そして事前の準備
　どんなに立派な調査票ができあがっても、現地調査がいい加減では正確なデータを収集することができず、調査は失敗に終わるだろう。現地調査を成功に導く事前の準備について、代表的な調査方法ごとに触れておくことにしよう。

　5）この場合、校正はできないので文字どおり「完全版下」にしておかなければいけない。

(1) 郵送調査

はじめに郵送調査。調査票の配布・回収ともに郵便屋さんの手を煩わそうという方法で、調査員を必要としない。対象者あてに調査票を郵送し、対象者が記入・投函することによって回収する。したがって、調査票送付（往信）用の封筒と調査票回収（返信）用の封筒の準備、宛名書きなどの作業が必要である。返信については対象者に郵送料の負担をかけないのは当然であるが、回収できたもののみ郵送料を支払うためには郵送料を「料金受取人払」にするとよい[6]。また、往信についても対象者が同一の市内居住者のみの調査であれば、市内特別郵便の扱いにすると郵便料金が安上がりになる。

調査の実施主体と目的、回収の期日、連絡先などは調査票の表紙に書いておくか、依頼状を同封する。また、質問の量や内容にもよるが、回収の期日は配布から1週間ないし10日ぐらいをめどに指定するのが適当だろう。回収までの期間があまりに短すぎても慌ただしいし、長すぎると対象者が調査のことを忘れてしまう。回収までの期間に週末をはさむようにすると、週末に時間をつくって記入してもらえるだろう。

調査票に対象者ごとの固有の番号（サンプル番号）を付すことがよく行なわれる。回収後に対象者を特定できるようにするためである。郵送調査においても回収後に対象者が特定できれば補充調査によって記入漏れや記入ミスの補充が可能である。とりわけ、電話番号がわかっている場合には回収後に補充調査のできる可能性が高い。

しかし、調査票にサンプル番号を記入するかどうか、一考を要する。サンプル番号によって「対象者を特定できる」ことが回収率の低下につながりかねないからである。近年では対象者が特定できないことを条件に協力（回答）してくれる対象者が多くなっているようである。サンプル番号を付した調査票で郵送調査を実施した場合、返送されてきた調査票のサンプル番号部分が切り取られていたり、黒く塗りつぶされているといったケースもまれではない（これは留め置き調査でもみられる現象だ）。

6）郵便局での手続き・承認が必要であり、承認番号を封筒に印刷しなければならないから早めの準備が肝要である。

図5-2 郵送調査の回収状況

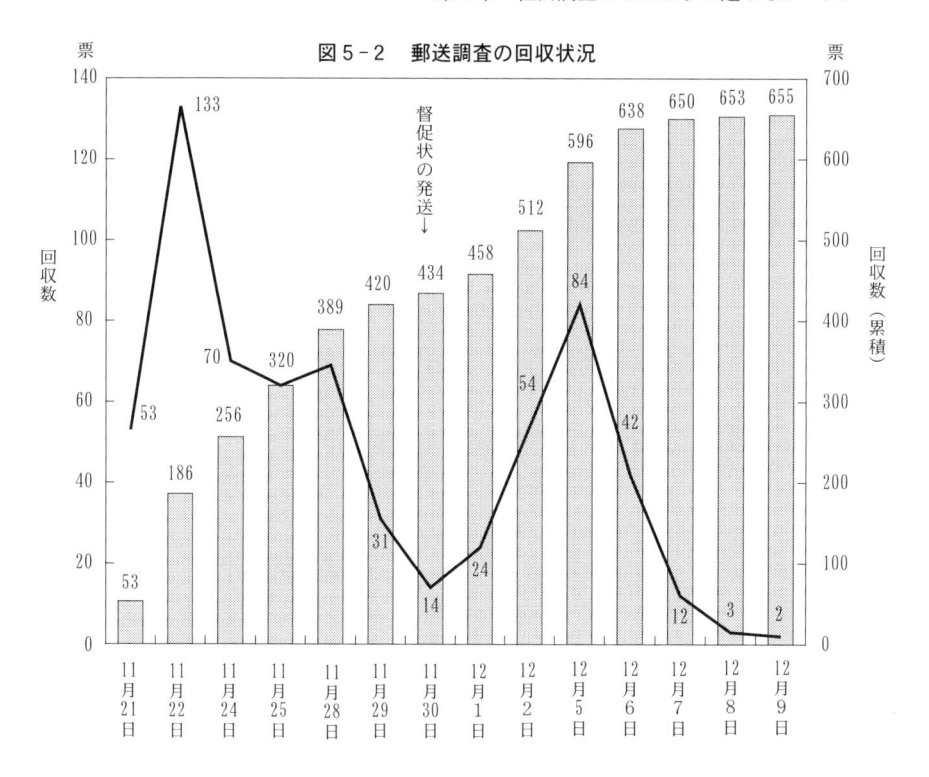

 調査協力への謝礼の品（謝品）を対象者に配ることがあるが、サンプル番号を記入していないと、回答を寄せてくれた対象者にのみ折り返し謝品を送ることができない[7]。郵送調査では謝品も郵送することになるので、プリペイドカード類や図書カードなどが謝品として使われることが多い。
 郵送調査の最大の欠点は回収率が低いことであるといわれてきた[8]。しかし、個別面接調査に勝るとも劣らない高回収率を上げることができる場合もある。図5-2は、阪神間のある自治体が地域情報化をテーマに1994年に実施した郵送調査の回収状況をグラフ化したものである（対象者数1000人で、11月18日に発送）。この調査ではサンプル番号を記入していない（もちろん

---

 7) 謝品を送ってほしいか否か自己申告制とし、送ってほしい対象者には住所、氏名を調査票に記入してもらうという手はある。

無記名である)。最終的に回収率は65％を超えた。もちろん、調査の内容や実施主体などによって対象者の協力の姿勢も異なるだろう。しかし、従来いわれてきたように「回収率が低い」ことのみを理由として郵送調査を採用しないというのであるなら、それは現実的でなくなってきているといってよい。

　また、図5－2からは督促状の効果を読みとることができる。この調査の場合には、回収率が4割を超えた時点で督促状を発送した。調査票にサンプル番号が記入されていないので、回収できた対象者とそうでない対象者が区別できない。したがって、回収の有無にかかわらず全対象者あてに督促状を送ったのであるが[9]、それ以降200票以上が回収できたことになる。調査票の発送につづいて督促状にも宛名書きするのは二度手間ではある。少しでも労力を省略するなら、調査票を発送するさいに、宛名を「宛名シール」に記入しそのコピーをとっておくと便利である。

　回収後には記入状況の点検を行ない、有効票と無効票に分けておくことが必要である。白紙のまま送り返されてくる調査票、記入漏れが多い調査票などが含まれているので、回収された調査票を点検せずにコーディングなど、つぎのステップに移すことは危険である。

　(2)郵送留め置き調査

　これは調査票の配布のみ郵便屋さんの手を借りて、回収は調査員が戸別に訪問する方法である。したがって、配票については郵送調査法の留意点を参考にしてほしい。また、回収については、これから述べていく個別面接調査や留め置き調査の留意点があてはまる。

　(3)個別面接調査・留め置き調査

---

　8) たとえば「回収率は調査の内容、量、調査対象などによって異なるが、30～50％と一般にいわれている」(福武・松原編、1967、51頁)とか、「何も工夫しなければ、回収率が一般的に低い。ひどい場合には10％を割るケースもある」(井上・井上・小野、1991、40頁)というように、郵送調査法の回収率の低さが強調されている。しかし、井上・井上・小野(1991)では、郵送調査法の回収率を上げる方法についてくわしく解説されているので、是非参照してほしい(52～56頁)。

　9) すでに返送してくれた対象者に失礼のないよう、督促状には一言つけ加えることを忘れてはいけない。

個別面接調査は、調査員が対象者に直接、面会する。調査員が調査票に記載された質問文を読み上げて対象者から回答を得、それを調査票に記入するという方法である。もっとも手間と経費がかかる調査方法ではあるが、確実な回答が得やすい調査方法であり、回収率も高いといわれている。

　留め置き調査は、調査員が対象者を訪問して調査票を配布し、対象者自身が回答を記入し、後日、調査員が記入済みの調査票を回収する方法である[10]。

　これら方法を採用する場合には、現地調査の前に調査への協力依頼（依頼状）を対象者あてに送っておくのがよい。どのような目的の調査をだれが実施するのか、いつ訪問する予定であるか、実施主体の連絡先はどこかといった内容の書状（はがき）を現地調査開始の10日から1週間前ぐらいに出しておこう[11]。

　個別面接調査で必要な調査用具のひとつに「調査リスト」がある。選択肢の多い質問や選択肢の文章が複雑な場合など、調査員が選択肢を順に読み上げただけでは対象者は回答しずらい。最後まで読み上げたときには最初の選択肢が何であったか忘れてしまったりするからだ。そこで、選択肢を一覧にした「調査リスト」を対象者に提示するのである。

　調査リストはA5版かB6版程度のハンディなサイズの用紙で作成するのが普通である。また、対象者が手に持つので、ヘナヘナしないような厚紙を使おう。字も適度に大きく見やすくする。一つの質問の選択肢を1枚の紙におさめるのが原則である。質問の進行とともにめくりやすいように綴じておく。近頃では、ワープロとコピー機を駆使すれば、調査リストは手軽に作成できるようになった。

(4) その他の調査方法

　ここまでにとりあげた調査方法以外にもいくつかの調査方法がある。場合

---

[10] 個別面接調査、留め置き調査では調査員の果たす役割が非常に大きいので、調査員の能力が調査の成否を左右する可能性が高い。

[11] 実施主体の連絡先（電話番号）が明記されていると、依頼状が対象者に届くと同時に、さまざまな反応がある。だれかが電話に出られるような態勢をつくっておきたい。反応の内容は、調査拒否ばかりではなく、訪問日時を指定してくれることもある。

によっては採用を検討してもよいものを挙げておこう。

　まず、マスコミが実施する世論調査などで多く使われるようになってきた電話調査がある。いうまでもなく、調査対象者に電話をかけてインタビューする方法（他計式）である。電話調査では対象者を選ぶ方法が工夫されているが、RDD（Random Digit Dialing）法がよく使われているようだ。コンピューターを使ってランダムに電話番号を発生させ、その番号に電話をかけるという方法である。電話調査は、発信用に複数の電話機を用意できる、オペレーター（調査員）をそろえるといった条件が整えば、遠距離にいる対象者や地域的に散らばりのある対象者にも調査可能な方法であるし、即時的な回答を必要とする調査には適している。

　しかし、電話調査は問題点も多くあるといわざるを得ない。まだ電話の普及率が低かった時代[12]には、電話調査の問題点として階層的な偏りがあるとされた。つまり、電話を所有するのは裕福な世帯であり、そうではない世帯が調査対象から漏れてしまうという危険があったわけだ。電話の普及率があがってからはこの問題はなくなったのだが、新たな問題がある。対象者を選ぶ方法として電話帳が使えなくなったのである。電話帳に電話番号を記載しない所有者が増えてきたからである。それもあってRDD法が用いられることになる。

　ところが、さらに新しい問題がある。携帯電話やIP電話などの普及である。固定電話は市外局番から調査地を限定することができるが、携帯電話やIP電話には市外局番がないのでそれができない。また、固定電話そのものをもたない世帯も増えている。このように、電話調査は社会調査の一般的な方法としては多くの制約をともなっているといわざるをえない。

　最先端の調査方法としてwebを使った、つまりインターネットを介した調査方法もある。マーケティング調査などでは一部で採用されている。しかし、これもwebページにアクセス可能な者しか対象者になり得ない、そもそも母集団の設定がむずかしいなど、まだ多くの制約がある。

---

[12] ここでの電話とは「固定電話」であって携帯電話ではない。

3　現地調査に向けて

調査員を集める

　個別面接調査、留め置き調査（郵送留め置き調査を含む）では、調査員がきわめて重要な役割を負っている。

　個別面接調査では、対象者宅をたずね、調査の趣旨を説明して対象者に面接、質問文を読み上げて調査票に記入し、点検をすませるまでが調査員の仕事の中心である。留め置き調査では、対象者宅をたずねて調査の依頼とともに調査票を手渡して回収の日時を約束し、その日時に回収して記入状況を点検する。調査方法によって調査員の役割に違いはあるものの、いずれにせよ質の高い優秀な調査員を確保する[13]ことに越したことはない。

　調査員の確保は、調査本部で行なう場合と調査現地で行なう場合と大きく分けて二通りがある。調査本部と調査現地の距離が近い場合には、調査本部で調査員を確保することになる。大学が調査本部で、その周辺地域が調査現地となる場合などが典型である。その大学の学生を調査員として募ればよいだろう。調査本部と調査現地が遠距離の場合、調査本部で調査員を募ると調査員を調査現地までつれていかなければならない。交通費、宿泊費など経費の負担は軽くない。

　そこで、よく調査現地で調査員を確保するということが行なわれる。調査現地に所在する大学の厚生課を通じて学生調査員を募集するといった手段を使う。ただし、この場合は現地調査の時点ではじめて調査員と接触することになるから、調査員の質を確保するという点で難点がないわけではない。どのような調査員が確保できるのか、事前によく調べておくほうが無難である[14]。

---

[13] 優秀な調査員の条件とは何だろうか。第一に、調査の意図、調査票の内容を的確に理解できること。第二には、指示どおりに行動できること。そのうえで、臨機応変な対応ができること。第三に、対象者に信頼され、対象者の気分を害するような行動をしないことなどだろう。少なくとも、ただたんに早く調査票の回収ができることだけが優れた調査員の条件ではない。

また、調査員をアルバイターとして雇う場合には、業務の内容（調査員の役割）、謝金の額などの条件をよく知らせておかなければならない。これが質の高い調査員を確保するためにも重要である。俗にいう「アンケート調査」の調査員を経験した学生などは、「調査員は楽なバイト」と勘違いしていることもある。われわれが求めているのは、そういう調査員ではない。対象者が不在であれば何度も同じ対象者宅を訪問しなければならないこと、回答の状況によっては再調査もありうることなど、一般にはあまり知られていない。また、謝金は完成票（有効票）1票についていくらという支払い方をするのか[15]、日当いくらという計算なのか、交通費や食事代は別途支給するのかしないのか、条件は明確に示しておかなければならない。「楽なバイト」のつもりで安易に応募してきて、実際にはけっこう「つらいバイト」であると、調査員のモラールが極端に低下したりトラブルの原因となったりして、雇った側にも雇われた側にも不満が残ることになる。

　謝金の額は一概に決めることができない。質問の量、調査員の負担等々の条件を加味して決めることになるだろう。また、謝金の総額（予算）から割り出すこともできる。［謝金総額］÷［対象者（サンプル）数］×［想定される回収率］で1票あたりの謝金額が計算できる。あるいは、［予算総額］÷［調査員数］÷［調査期間（日数）］で日当を割り出すことができる。

　さて、調査員はどれくらいの人数を集めればよいのだろうか。計算上は、［対象者（サンプル）数］÷［調査員が1日にこなせる対象者数］÷［調査期間（日数）］で必要人数を求めることができる。かなめとなるのは［調査員が1日にこなせる対象者数］である。面接に要する時間、質問の量、対象者の地域的散らばり方、調査員の経験や能力といった条件によって左右されるからである。もちろん謝金など経費の問題も勘案しなければならない。

　一つの例を挙げてみよう。ここに、面接に要する時間が対象者一人あたり30〜40分程度の調査票（個別面接）がある[16]。対象者（サンプル）の総数

---

[14] たとえば、先方の大学では社会調査法や社会調査実習の授業が開講されているか、それを履修していることを応募の条件にできるかなど。

[15] この場合、調査不能であったり拒否された場合に謝金を支払うのか否かも大切な条件である。

は500人だとする。まず、調査員は1日に何人に面接ができるだろうかと考えてみる。対象者の住所が比較的散らばっていなくても、移動の時間などを含めれば1時間で一人の対象者に面接できればよいほうであろう。とすると、順調に対象者に会えない場合もあるから、1日に面接できる対象者は平均して4〜5人程度ではないだろうか。調査期間が5日なら、調査員一人あたりが担当できる対象者は20〜25人ということになる。対象者が500人だから、調査員は20〜25人確保すればよいことになる。

　調査期間は週末をはさんだ数日間を設定するほうがよい。ウィークデイには不在の対象者も週末に会える可能性が高いからである。調査期間を5日間とするなら金曜日から開始して火曜日までといった具合である。また、年末年始など、世間一般に多忙な時期、外出の多い時期などを調査期間に設定しないのは当然のことである。

　最後に、注意しておきたいことをつけ加えておこう。それは対象者数が2000人とか3000人という大規模な調査の場合である。当然のことながら、このような調査では調査員も多人数を必要とする。調査員の数が増えれば増えるほど、それを管理することがむずかしくなるし、優秀で均質な調査員を集めることもむずかしくなる。これは、非標本誤差が大きくなるということであり、調査の成否にかかわる問題である。したがって、対象者数の多い調査、多人数の調査員を要する調査では、調査員の調達に細心の注意を払いたい。

調査員のためにしておくこと

　調査員のためにしておくことといっても、それは結局、調査そのものの成功のためにやっておくことだ。

　サンプリングが終わって、調査票の準備ができ、調査員も確保できた。しかし、まだ現地調査までにはさまざまな準備が必要である。すでに述べているように、社会調査において調査員の果たす役割はたいへん重要である。調査員が順調に調査を進めることができるように十分な準備をしておかなけれ

16）面接（個別面接調査）や記入（留め置き調査）に要する時間はプリテストで確かめておくことが望ましい。ただし、実際にかかる時間は、対象者によってかなりばらつきが出るものである。

ばならない。

　まずは、調査員への対象者の割り当てをすませる。どの調査員がどの対象者を担当するのか調査員にわかるように、対象者（サンプル）番号、住所、氏名などの一覧表（対象者名簿[17]）を調査員ごとに用意する。調査員はこれを見ながら対象者宅を探し、対象者を特定し、面接（回収）を行なうのである。同時に調査員を管理する立場にある者（「調査管理者」とよぶことにしよう）にも、回収状況のチェックなどのためにこれが必要になる。

　調査員用に準備するものとして、身分証明書がある。学生調査員ならば学生証を携行させることでこと足りるが、あわせて調査主体や調査の責任者名が明記された「調査員証」を作成して携行させるほうが、対象者から身分証明を求められたときに有効である。また、調査主体の名称（大学名など）の入った腕章を用意するといった手もある。いずれにせよ、訪問販売員や勧誘員などと誤解されないようにしたい。

　回答してくれた対象者に協力への謝礼（謝品）を渡す場合がある。調査員が持ち歩きやすいように軽くかさばらないものがよい。予算にもよるが、ボールペン、鉛筆など日用品を謝品とすることが多いようである。もちろん、謝品は必要不可欠というわけでない。謝品の有無にかかわらず、調査への協力に対して心から感謝の意を表わすことが肝心である。

　いわゆる「調査用具」一式をまちがいなく準備しておこう。調査票、調査リスト、対象者名簿、調査現地の地図[18]、筆記用具、画板[19]、謝礼（謝品）など、調査員が携帯するものを調査員ごとに手提げ袋や事務封筒などに入れて整理しておく。

　また、現地本部で必要となる事務用品、予備の調査票や調査リスト、封筒、事務用箋、付箋紙[20]などはダンボール箱にでも入れて調査現地にもっていく。なお、封筒は何かと重宝するので余分に用意しておこう。定形郵便サイ

---

17) 対象者名簿は対象者指定票、あるいは対象者リストともいう。
18) 調査地全体の地番入りの地図と、あわせて住宅地図（調査現地の書店で入手できる）も用意しておくほうがよい。
19) 調査員は、調査票をこの上において記入する。立ったまま面接する場合には必要である。

ズの封筒は謝金の支払いや事務的な連絡などに、調査票がすっぽりと入る大きな封筒（マチのあるもの）は回収した調査票の整理などに役立つ。

このような調査用具は、調査本部から調査現地まで運ばなければならない。とくに調査地が遠隔地の場合には工夫が必要だ。宅配便や小包などを利用する場合には、時間的に余裕をもって発送しておくほうが安全である。現地へ行ってみたら、調査員は集合しているのに調査用具が到着していないなどということのないように。

インストラクションが重要

調査員が確実にその役割を果たすためには、調査員に対するインストラクションが大切である。現地調査の直前に説明会を開催して、調査の主体と目的、調査の方法、注意事項、社会調査の倫理などを徹底的に理解しておいてもらう必要がある。

このために役立つのが「調査員の手引き」である。これは、たんに説明会の資料程度のものではない。調査員が現地調査遂行中に何かわからないことがあったときに、これを参照すれば問題が解決するぐらいのものでなければならない。とくに、質問の意図、質問するうえでの注意などは、口頭で説明しただけでは不十分で「手引き」に明記されているほうが望ましい。表5－1は「調査員の手引き」の目次例である。おおよそ、このような内容で「調査員の手引き」は構成される[21]。

インストラクションは「手引き」を参照しつつ進めていくことになる。調査員への諸注意が正確に伝わるようにしよう。対象者宅の探し方、対象者に対する「あいさつ」のしかた[22]、面接調査のしかた（とくに個別面接調査

---

20) 回収後のチェックで再調査の必要な箇所が発見された場合などに、のり付きの付箋紙（ポスト・イットなど）をはさんでおく。

21) なお、「調査員の手引き」の具体的内容については、原純輔・海野道郎（1984、177〜186頁）も参照してほしい。

22) 「あいさつ」とは「お辞儀のしかた」という意味ではない。調査の趣旨の説明、対象者は無作為抽出によって選定したこと、プライバシー保護には万全を期していることなどについて対象者に伝え、いかに調査への信頼を得るかということである。

表5-1　「調査員の手引き」目次（例）

はじめに
　（インストラクションの開催日時・会場の場所・交通案内）

I．社会調査の倫理

II．調査の目的と概要
　1．調査の名称
　2．調査の主体
　　　（実施機関名）
　3．調査研究の経過と調査の目的
　　　（本調査の研究上の位置づけ、調査の目的・内容）
　4．調査対象地
　　　（調査対象地の範囲）
　5．調査対象
　　　（サンプリングの方法、対象者の年齢・性別、対象者数）
　6．調査の方法
　7．調査期間

III．調査手順
　1．調査用具と持ち物
　　　（インストラクション時に配布物リスト、調査員の持ち物）
　2．事前の調査協力依頼
　　　（依頼状の見本、協力依頼の内容）
　3．調査手順の概要
　　　（対象者へのあいさつ、対象者不在の場合の対応など）
　4．調査実施上の注意
　　　（面接調査実施上の注意など）
　5．その他の一般注意
　　　（秘密の厳守、資料の保管、トラブル発生時の対応など）
　6．連絡先
　　　（調査現地、大学、緊急時の連絡先など）

IV．調査票についての注意
　1．調査票の構成と記入にあたっての一般的注意
　　　（調査票の構成、調査票記入上の注意など）
　2．調査票の内容
　　　（質問の意図、まちがいやすい回答など、各質問項目に関する説明）

V．その他

の場合、これが重要)、調査不能や調査拒否の場合のあつかい方、調査終了後にその場で行なう調査票の自己チェックのポイント、回収後の調査票のあつかい方[23]といった内容がおもな注意点であろう。こうしたことがらが「手引き」にも記載されていることはもちろんである。

調査現地でしておくこと

インストラクションに先立つ、調査現地での準備にはつぎのようなことがある。

まずは調査現地でインストラクションを実施する場合、その会場を確保しなければならない。大学の教室、地域の集会所、コミュニティ・センターや公民館といった公共施設や小中学校の教室などを借用することになる。遠隔地ならばホテルや旅館などの宿泊施設を利用することもあるだろう。事前の申し込み・手配を忘れないようにしよう。とくに公共施設は役所が直接管理しているもの、町内会・自治会などの住民団体が管理しているものなどさまざまで、利用申し込みの方法もさまざまである。

こうした施設は現地調査期間中の現地本部にもなる。現地本部は、現地調査の前線本部とでもいった位置づけになる。現地調査期間中は現地本部を設置して、調査管理者が常駐することが望ましい。回収された調査票を点検したり、予期せぬトラブルに対処するためである。調査現地に関する調査員からの情報を集約する場にもなる。また、現地本部は調査員の休憩場所として、調査員が調査の合間に息抜きのできる雰囲気づくりをしておこう。

調査現地での「あいさつまわり」も必要であろう。地元の町内会・自治会(分譲マンションでは管理組合)などの地域組織には、調査現地の実状をヒアリング調査することもかねて、調査の目的や方法などについて説明しておくほうがよい。

---

23) 記入済みの調査票は対象者に関するプライベートな情報が記載されている。したがって、調査票の紛失は絶対にあってはならない。また、調査で知りえた内容を他言しないことが最低限のモラルである。

4　いよいよ現地調査

対象者の見つけ方

　いよいよ現地調査である。インストラクションも無事終了し、調査員が対象者を訪ねて現地本部からでかけていく。調査員も、その帰りを待つ調査本部づめの調査管理者も、不安と期待が入り交じった気分でいることだろう。

　調査員は、まず対象者宅を見つけださなければならない。そのさいの手がかりは対象者名簿に記載されている対象者の住所・氏名と地図である。住宅地図が用意されている場合には、いきなり歩きはじめるのではなく、対象者宅を住宅地図上で探しておく要領のよさが必要である。こうしておけばむだに歩き回ることなく、順序よく対象者を訪問することができるだろう[24]。

　問題は、住宅地図で対象者宅が見つからないとか、実際に現地に行ってみたものの対象者宅が発見できないといったときである。地図上で見つからないなら、まずは現地へ行ってみればよい。現地で対象者宅が見つけられないなら、安易にあきらめてしまうのではなく相応の対処が必要となる。

　対象者宅が見つからない原因は多く考えられるが、いくつか例を挙げてみよう。第一には住居表示が住宅の配列どおりになっていないことがある。12番地の隣が13番地であるとはかぎらないのである。第二には未接道家屋がある。家屋が道路に面していないのであるから、道路を歩いて探していても見つかりにくい。古い既成市街地では狭い路地の奥に家があるというのはまれな例ではない。第三に転居がある。サンプリングのさいには住民登録していたのに、その後、対象者が引っ越してしまえば対象者宅は見つからない。住民登録はしているものの実際に居住していない場合も同様である。いずれにせよ、対象者宅が見つからないときには人にたずねてみるのがよい。近所の人、交番、商店など、その界隈のことをよく知っていそうな人にたずねてみよう。たいていはこれで対象者宅を見つけだすことができるはずである。

　最近、つとに増えているオートロック式の玄関ドアをもった集合住宅（マ

---

[24] 住宅地図がない場合でも、地図上でおおよその見当をつけておこう。

ンション）は「調査員泣かせ」である。対象者の住む住戸に行きたくても、玄関のドアを対象者宅から操作してもらわなければ、マンションに入ることができないからである。もちろん、インターホン越しに調査のお願いをすることになるが、ここで断られてしまえば対象者の顔を見ることもできずに退散せざるをえないわけだ。さしあたって、どんな対応策があるだろうか。ひとつは電話を使って調査への協力をお願いすることである。対象者の電話番号がわかる（調べられる）場合には、いきなりインターホンでお願いするのではなく、あらかじめ電話で協力依頼をして訪問日時の約束を取りつけておこう。

対象者との接し方

　さて、対象者宅が見つかったら、対象者に会うことになる。応対に出てきた人が対象者であるかどうかをまず確かめる。対象者が男性であるのに女性が出てきたなら対象者でないことはすぐにわかるが、対象者と同性の人が応対に出てきたからといって、その人が対象者だと早合点してはいけない。対象者の氏名を述べて確認することが肝要である。

　対象者が確認できたら、事前に「依頼状」を送付していることを告げ、調査の目的・趣旨、プライバシー保護の原則などを説明する。必要以上にていねいな言葉づかいをすることはないが、ぶっきらぼうでもいけない。「普通」であることをこころがけ、調査票の表紙や「手引き」に書いてあるとおり正確に「あいさつ」をして調査への協力を真摯にお願いしよう。対象者が調査員に対して抱く第一印象が調査への協力を得られるかどうかの分かれめである。まじめに、真摯な態度でのぞむことがよい印象をもってもらうための最低条件である。また、たとえ協力を断られたとしても「なんだ、この野郎」などとふてくされた態度をとることは禁物である。対象者あっての社会調査であることを忘れてはいけない。

　個別面接調査で実際に面接を進めるとき、調査員が留意すべき点に触れておきたい。調査員は、わかりやすい明瞭な話し方で、調査票に忠実に質問していくことは当然である。プライベートな質問内容（たとえば、学歴や年収など）は少々質問しづらいかもしれないが、臆することなく質問をつづけよ

う。また、対象者の回答の内容に驚いたり、意外な顔をしたりすることも避けなければならない。

さらに一点つけ加えるなら、調査員には対象者のペースにあわせて質問していくことが求められる。対象者が質問の内容をきちんと理解しているかどうか、対象者の受け答えのしかたや表情から読みとるぐらいの余裕がほしい。もしも、質問が理解されていないようなら、質問を読み上げるスピードを遅くする、より大きな声で質問するといった工夫をしなければならない。とりわけ、対象者が高齢の場合には、「対象者のペースにあわせる」ことが必要となる場面が多い。

ついでに触れておくなら、「好印象」をつくるためには服装も大切である。学生調査員の場合には「背広にネクタイ」の必要はないだろうが、華美であったりだらしのない印象の服装は避けるほうが無難である。

対象者宅を訪問したが対象者に会えない場合にはどうすればよいか。対象者本人ではないが家人に会えた場合は、対象者が在宅している曜日や時間帯をたずねて、再度訪問する。ただし、これは個別面接調査の場合であって、留め置き調査であればかならず本人に記入・回答してもらうことを説明したうえで家人に調査票を渡すこともありうる。

対象者宅が留守でだれもいなければ再度訪問するしかない。しかし、その場合でも対象者宅の周囲にいろいろな「情報」が隠されている。洗濯物が干されていたり、鳥かごが軒先につるしてあるなら夕方までにはだれかしらが帰宅するだろうと想像できる。昼間なのに雨戸がぴったりと閉まっているなら、旅行に出ていて何日かは帰ってこないのかもしれない。

留め置き調査では、配票と回収があるから最低２回は同じ対象者宅を訪問することになる。配票のさいに回収の日時を指定してもらって、その日時に訪問すればよい。しかし、万が一にもその約束を破ってはいけない[25]。また、対象者と調査員との間で回収の日時の折り合いがつかない場合には、家人を介して回収したり、対象者宅のポストをつかって受け渡しをするといっ

---

[25] もし、何らかの理由で約束の日時に回収できなくなった場合、調査員は調査管理者にその旨を申し出て、かわりの調査員が回収するように調整してもらうこと。

たこともあろう。しかし、この方法は記入もれや記入ミスを対象者本人に確認できないという弱点がある。まして、ポストを使って受け渡すことは、紛失の危険もともなうのでしてはいけない[26]。

回収票の点検と再調査

　点検の第一歩は、調査員みずからが、面接（回収）の直後にその場で点検することからはじまる。面接調査の終了後、あるいは留め置き票を回収したその場で、記入ミスや記入もれなどのケアレスミスがないことを確認しよう。もしミスがあれば、その場で質問しなおして未記入個所がないようにしておく。

　つぎは、調査管理者による点検である。面接調査であれ留め置き票の回収であれ、調査員は最初の1票を回収したら現地本部に戻って調査管理者の点検を受けるように指示しておく。インストラクションでどんなにていねいな説明をしても、調査員の勘違いは防ぐことができない。調査員にしても、インストラクションでは理解していたつもりのことが、実際に調査に当たってみると意外と理解できていないことに気づいたりする。こんなことが原因で、せっかく回収したのに誤った内容が記入された調査票になっては元も子もない。まちがいや誤解の発見は早いに越したことはないわけで、最初の1票の点検が功を奏することも少なくないのである。

　調査票の点検は非常に重要である。調査票は調査現地において名実ともに「完成票」に仕上げなければならない。そのための手続きが調査票の点検と再調査である。調査管理者は調査員の記入もれなど単純なミスをはじめ、調査の意図からみて不十分、不適切な回答（「職業」が「会社員」と記入してある例やサブクエスチョンの記入もれなど）、論理的にみて矛盾している回答などを発見し、調査員による再調査をうながす。また、点検のプロセスで調査員から調査拒否や調査不能のケースについて、状況をヒアリングし把握しておくことも大切である。

　26）やむをえない場合には、切手を貼った返信用の封筒を対象者に渡し、記入済みの調査票を直接調査本部に郵送してもらえば、少なくとも紛失の危険は避けられる。

しかし、調査員にしてみれば再調査はおっくうなものである。気持ちよく対応してくれた協力的な対象者に対する再調査ならまだしも、いやいやながらに応じてくれた場合など、再度訪問するのは気おくれするものだ。再調査では調査員のモラールを低下させないように細心の注意が必要である。少なくとも、調査管理者は再調査が必要となる理由を丹念に調査員に伝えること、再調査による以外には必要な情報を得る手段がないこと、回答がどのように不十分で、何を再調査してくればよいのか、きちんと説明することを心がけなければならない。

調査不能と調査拒否

　最近の社会調査、とくに都市部の調査では調査不能が増える傾向にあるといわれている。調査不能の理由は、転居、対象者が住所に住んでいない、死亡、長期不在、入院などである。しかし、対象者が確かに住んでいるにもかかわらず、会えないというケースが多くなっている。調査員がたずねていく時間帯と対象者が不在である時間帯が一致すれば当然のことながら、両者が会うことができない。たとえば、朝は早く出かけ、夜は遅くまで帰宅しないサラリーマンなどである。留め置き調査であれば、対象者本人が記入・回答するのでなければ調査として意味をなさないことを家人によく説明したうえで調査票をおいてくることができる。しかし、直接本人に面接することが条件となる個別面接調査では、本人に会うことができなければ調査不能とならざるをえない。

　当然のことながら、調査不能の数が増すことは回収率を下げることになる。したがって、いわゆる「夜討ち朝駆け」のような手段を講じざるをえないことになる。あるいは、対象者の電話番号が電話帳などから明らかになる場合は、電話で面接の申し込みを行ない、対象者が指定する日時に訪問しなければない。

　電話での面接の申し込みは、対象者にとっては調査を断るには都合がよい。面と向かって頼まれれば断りにくいものでも、電話なら気軽に断ることができるからである。だから、とくに個別面接調査の場合には電話による申し込みという手段は極力用いないほうがよいという考え方もある。かといって、

なかなか会うことができない人を「夜討ち朝駆け」で訪問しても、これまた断られる可能性が高いし、そうした時間帯に調査員を対象者宅に向かわせること自体が困難である。だとすれば、調査不能を少しでも減らすために電話による申し込みという手を積極的に使うということがもっと導入されてもよいだろう[27]。

　また、転居や対象者が住所に住んでいない[28]という場合、近所の人などにたずねて、その事実を確認してはじめて「調査不能」が確定する。死亡、入院、長期不在といった場合も同様である。

　一方、もう一つの問題は調査拒否である。時間がない（多忙である）、プライバシーにかかわる内容について答えたくない、協力する義務はない、何の役に立つのかわからない、面倒くさいなど、調査拒否にはさまざまな理由がある。いずれも調査される対象者の側からすればもっともな理由である。それにもかかわらず、社会調査は対象者が「協力」してくれなければ成り立たない。だから、「対象者は協力者」という基本的姿勢で調査に臨むことが何より大切だ。とりわけ学術的な調査など、対象者が調査主体とは何の利害関係もない、まったく一般の住民である場合には、調査を拒否しても何も不思議ではないのに、対象者はその善意で協力してくれているのである。このような基本的姿勢で対象者に対することが結局、調査拒否を少なくすることにつながっていくのだと考えよう。

　調査拒否にあうと調査員がめげてしまうことがよくある。調査員がていねいな態度で調査に臨んでいながらも、罵倒を浴びせるなど、対象者のなかには理不尽なまでの応対する人もいないことはない[29]。調査員にしてみれば、指示どおり礼を尽くして協力をお願いしているのに……ということになる。

---

27) これは実例であるが、電話で連絡をした結果、自宅で面接に応じるのは時間的にできないが、調査員が勤務先まできてくれるなら協力できるといった対応をしてくれた対象者がいる。

28) 住民登録はしていても実際にそこに居住していないということはよくあるケースである。

29) 反対に「どうしてこんなに親切にしてくれるのだろう？」という対象者も少なくない。お茶はおろか、食事までごちそうになることだってあるぐらいだ。

調査管理者は、調査拒否にあった調査員を励ましながら、場合によっては調査管理者が調査員とともに協力のお願いをしてまわるといったアフターケアも必要になる。

回収率を上げるには

　現地調査が終わりに近づくと、回収率が気になるところである。回収率は100％に近いほど好ましいことはいうまでもない。しかし、現実には100％の回収率を上げることは不可能である。では、何パーセントを実現すればよいのだろうか。われわれがよく目にする新聞社などの世論調査では、どれも不思議なほどに回収率が70％前後になっている。70％の回収率をめざせばよいのだろうか。

　回収率は一概に何パーセントなら調査として成功である、何パーセントなら失敗だと決めるわけにいかない。母集団をどのように設定しているのか、誤差をどの程度に見込んでいるかなどによって、計算（理論）上必要とされる最低の標本数が決まっており、さらにどのような集計・分析の方法を想定するかによって、必要な最低の標本数の何倍かを抽出しているはずである。また、実際に必要な標本数を決めるさいに、見込まれる回収率も想定しているはずである。要は、この「想定された回収率」をあげることができたかどうかである。もし、「想定された回収率」を大幅に下回るようであれば、実際に必要な標本数を満たすことができず、集計・分析の過程にも影響することになるし、調査自体の信頼性にもかかわってくる。さらに、極端に低い回収率だと、回収できたデータに何らかのバイアスがかかっている危険がある。

　では、現地調査も終わりに近づいたにもかかわらず「想定された回収率」を充足しそうにないとき、どのようにしたらよいのだろうか。その方策を考えてみよう。

　まず第一に、特定の調査員の回収状況が極端に悪い場合である。たまたまこの調査員の担当している対象者に調査拒否や調査不能が多いのかもしれないが、調査員の資質、能力に問題があることも考えられる。もしそうであれば、この調査員が担当している対象者をほかの調査員に割り当ててみることである。第二には、調査に協力を得られなかった対象者をもう一度説得して

みることである。もちろん、違う調査員を訪問させたほうがよいし、できれば調査管理者などが出向いたほうがよい。十分に調査の趣旨などを説明することで協力が得られることも多い。第三には、調査不能のうち、先に述べた「対象者に会えない」ケースについて、電話作戦を展開することである。電話番号簿などを用いて電話番号を調べ、電話を使って協力のお願いをすると同時に訪問の日時の約束をとりつけるのである。

メイキングの防止と発見

個別面接調査でも留め置き調査でも、調査員の不正が発生することがある。そのなかでも、対象者宅を訪問することなく、調査員自身が調査票に記入し回答を捏造する「メイキング」は始末に悪い。これに気づかずにそのままにしておくとデータの信頼性が失われてしまう。メイキングを防ぐにはどうすればよいだろうか。

メイキングを事前に防止する策はないといってよく、基本的には調査員を信頼するしかない。しかし、調査の進行途上でメイキングを発見し、傷が浅いうちに対策を講ずることはできる。サンプリングの段階で対象者の年齢がわかっていても、調査員用の対象者名簿には年齢を記入しないでおくとよい。調査票に年齢をたずねる項目があれば、それとの照合で調査員が対象者に面接したかどうかがわかる。また、割り当てられた対象者全員の調査ができたという調査員や、調査の進行が異常に早い調査員なども、残念ながら疑わざるをえない。メイキングされた調査票はいくら巧妙に記入されていても論理的な矛盾を含んでいて、慣れた調査管理者の目でみれば疑わしいかどうかよくわかるものである。もし、メイキングの疑いが濃厚であれば、調査管理者自身が対象者宅をたずねて調査員の訪問の有無を確かめてみればよい。

5　後始末をしっかりとしよう

最後まで気を抜かずに

調査員と調査管理者の努力、そして対象者の協力によって現地調査も無事終了の段階となった。きちんとした後始末をして調査現地をあとにしたいも

のだ。

　回収された調査票は貴重なデータであり、まさに宝の山である。大切に取り扱おう。

　調査を終了する前に、やっておきたいことを最後に述べておく。まず、調査員ひとりひとりから、回収した調査票（有効票）、調査拒否、調査不能、それぞれのサンプル番号を報告してもらう。それと、現地本部で保管している回収済みの調査票とを照合して、行方不明になっている調査票がないかどうか、最終的なチェックをする。調査票（有効票）はサンプル番号順に整理して、輪ゴムやひもでくくる、あるいは封筒に保管するなど、1票でも紛失しないように細心の注意を払う。

　ここまでを終えれば、調査員の役目は終わったことになる。約束どおり、謝金やそのほかの経費を支払う。あらかじめ両替をするなど、支払いの準備をしておく。調査管理者は、支払いのさいに多額の現金を持ち歩くことになるので、十分に注意を払うことはいうまでもない。

　さて、現地調査がすべて終了し、現地本部を引き払う段階になったら、調査現地でお世話になった方々にあいさつをしておこう。地元の町内会・自治会の人など、事前にあいさつまわりをした人たちに、こんどはお礼を申し述べるのである。

　ここまで繰り返し述べてきたように、調査は対象者の協力があってこそ成り立つものである。本来なら、対象者全員にお礼を述べるべきだろうが、現実にはそれができない。であるなら、調査の結果を対象者にフィードバックするというかたちでお礼にかえることができないだろうか。調査の内容にもよるが、もし、調査結果を調査地の方々にフィードバックすることが有益だと考えられるなら、その概要を後日、現地に配布したり報告会を開くといったことができる。

第6章

サンプリングの考え方と方法

1 サンプリングとは何か、なぜ大事なのか

　既存の統計や先行調査にもあたってみたが、やはり自分の知りたいことの一部しかわからない、少し違う、もっと直接的に的確にどういうことなのか知りたい、と思うことがある。そのようなときには、やはりみずから調査を実施する必要があると判断することになるだろう。そう決めたら、「さあ、今度はいよいよサンプリングだ」と思うかもしれない。でも、ちょっと待って。サンプリングの実際的な話に移る前に、まず、サンプリングがなぜ必要なのか、サンプリングの考え方はどのような理論にもとづいているのかを理解しておく必要がある。なぜなら、サンプリングを必要としない調査もあるのだし、また、せっかくサンプリングを行なったのに、それがサンプリングの考え方に依っていない誤ったサンプリングならば、その調査自体、何の意味もないものになってしまうからだ。

実際に自分で調査をしようと決めるまで

　自分で実際に調査を行なうケースは、学生の卒論のための調査から、自治体が実施する調査、各種の市場調査、国や新聞社等によって実施される全国意識調査（たとえば定期的に実施される内閣支持率調査）など、毎年たくさんの社会調査が実施され、調査と聞けば辟易するほどである。しかし、これまでの章でも述べられてきたように、実際に自分で調査するよりも、より正確な統計資料を使ったり、信頼できる先行調査の結果を加工したりすれば、得られるはずのことは驚くほど多く、わざわざ自分で調査をするまでもないケースもしばしばみられる。この点は軽視される傾向にあるが、かぎられた予算や日程、調査員の制約のなかで、不正確なあるいは不満足な調査を行なうよりは、はるかに有益な場合が少なくない。ただ、そのさいに必要とされるのは、有益な第二次資料として実際にどのような統計資料や先行調査があり、自分が知りたいことについて、そのなかのどのような統計資料が適しているか、それをどのように加工すればよいか、あるいは、信頼できる先行調査はどれか、といったことについての正確な知識を持つことである。

　ただし、こうした統計資料や先行調査は、使い方によってはきわめて利用価値が高いものではあるが、しかしそうはいっても、統計資料や先行調査も何らかの問題関心にもとづいて行なわれているのであるから、自分の持つ問題関心、本当に知りたいこととは微妙にずれていて、満足できない場合もあるだろう。そのときには、やはり「自分で調査を行なうしかない」と決断するかもしれない。こう決めたときにはたぶん、「この調査をすることによって、どういう人たちの、何を明らかにしたいか」は、各自のなかでほぼ確定されているにちがいない。つまり、明確な問題関心と具体的な調査目的が自分のなかにつくられているということである。場合によっては、調査票の質問文をすぐにでもつくれそうなくらい、仮説群も形成されているかもしれない。このようなところまで調査の全体像が具体的に明確になっているかどうかは、きわめて重要な点である。なぜなら、このことは、調査が成功するか失敗するかを決めるカギであるといっても過言ではないからだ。

標本調査の重要段階：仮説構成・調査票づくりとサンプリング

すでに、「この調査をすることによって、どういう人たちの、何を明らかにしたいのか」を明確にすることが重要であると述べた。これが、「問題関心」（何を明らかにしたいのか）と「知りたい社会集団」（どういう人たちについて）である。

標本調査を行なうための実際の準備段階でもっとも重要なのは、一つは仮説の構成とそれを検証するための調査票（質問文）づくり、もう一つはサンプリングである。そして、このもっとも重要な過程が、「問題関心」と「知りたい社会集団」につながっているのである。調査票の作成に関しては第7章でくわしく述べられるので、ここではサンプリングについて考えてみよう。

サンプリングが必要ではない調査＝全数調査

第1章でくわしく述べられているように、調査票を用いた統計的調査法には、全数調査（悉皆調査ともいう）と標本（サンプル）調査がある。「自分が知りたい、関心を持っている社会集団」の全員の集合を「母集団」とよぶが、全数調査とはその「知りたい社会集団」の全数を調査すること、つまり母集団の全員について調査をすることである。調査の方法としては、標本調査よりも、全員を調査する全数調査のほうが望ましいことはいうまでもない。また、この場合には、全員を調査の対象者とするのであるから、母集団のなかから標本（サンプル）を抜き出すサンプリングという過程も必要ではない。

しかし、全数調査は、たとえば、あるサークル（という母集団）に属しているメンバー全員に意見を聞くとか、ある会社の同じ課の社員全員に対して社員旅行の行き先について調査をするなど、母集団の範囲が狭く小さな集団であれば容易に実施できる。けれども、母集団の範囲が広くなり大きな集団になれば、また、調査の対象地が複数の都市にまたがり調査対象者の数が膨大になれば、予算や調査員による制約が大きく、きわめて困難となる。官庁統計のなかで国勢調査は唯一の全数調査（正確には全世帯調査）であるが、「（調査時点で）日本に居住する者」というほど大きくなった母集団に対する

全数調査の場合では、国を挙げて予算をつけ調査員を動員しても、5年に一度しか行なわれない。しかも正確にいうならばこの国勢調査も、赤ちゃんも含めた「全員」に対して調査をし回答してもらう「全数調査」ではなく、「全世帯」に対して1枚の調査票を配布しその世帯の構成員について回答してもらう、「全世帯」調査なのである。

　この例からもわかるように、調査対象地が広がり調査対象者数が増加して母集団が大きくなれば全数調査はほとんど困難である。そこで、これに代わって採用されるのが標本調査である。現在行なわれている質問紙による調査票を用いた調査は、ほとんどがこの標本調査である。

サンプリングで重要なこと＝サンプルの代表性

　標本調査とは、その名のごとく、母集団の全員ではなく、母集団のなかから一部（標本＝サンプル）を選び出し、その選び出された一部（標本＝サンプル）に対して調査を行なうことである。この選び出された一部の人（または世帯など）を標本＝サンプルとよび、標本＝サンプルを選び出す過程を標本抽出＝サンプリングという。標本調査の場合は、この選び出されたサンプルの回答結果から、母集団全員の回答傾向について推測、推定するのであるから、理論的にはサンプルは母集団の忠実な縮図でなければならず、また母集団を正確に代表するものでなければならない。こうして考えれば、サンプリングが重要な過程であり、母集団のなかからいい加減にサンプルを選ぶことではないことがわかるだろう。そうでなければ、つまり選んだサンプルに偏りがあれば、そのサンプルだけに行なった調査の結果は、もとの母集団に対して行なわれるはずの調査の結果とは大きく異なることとなる。これでは、選び出されたサンプルに対する調査結果から、母集団の結果を推測することはできない。

　このような誤ったサンプリングにもとづく調査は、それにどれほど予算をかけ、どれほど時間をかけようとも、その調査結果はまったく無意味であるといわねばならない。なぜなら、このような調査をいくら行なったところで、サンプルの調査結果からもともと知りたいと思っていた母集団の特性を推測することはできないからである。たとえば、社員旅行の行き先につい

て、管理職の意見ばかりを聞いていると、中高年の人だけをサンプルに選び出して意見を聞いたことになり、圧倒的多数で「ゴルフと温泉旅行」という結果になるかもしれない。しかし、若い幹事が自分の周りにいる同僚ばかりに意見を聞けば、20代の人に偏ったサンプルが選ばれたことになり、「スノーボードとリゾート地」という結果になるかもしれないのである。このいずれの調査も、サンプルが偏っていたためにそのような結果が出てきたのであって、どちらも社員全員（母集団）の意見を忠実に反映した結果でないことは理解できよう。母集団から代表性のあるサンプルを選び出すサンプリングが、もっと科学的理論にもとづいて行なわれなければならないことが、この例からもわかってもらえたことと思う。

サンプリングの基本的な考え方

　サンプリングは、母集団を忠実に代表するようなサンプルを選び出すことであるが、この手法としては、主に、有意抽出法とランダム・サンプリング（無作為抽出法）とがある。

　有意抽出法とは、母集団を代表すると思われるサンプルを、調査者が作為的に、つまり意図的に選ぶやり方である。この方法は、どのサンプルが母集団の代表性を持つかということについて調査者が事前に知識を持っていなければ行なえないこと、さらに、その判断が本当に正しいかどうかについて保証することは困難であること、など問題点は少なくない。そのような理由も手伝って、有意抽出法はふつうはあまり用いられない。ここではもっともよく用いられるランダム・サンプリングについて述べることとしよう。

　ランダム・サンプリングとは、サンプルをランダムに、つまり無作為に選び出すやり方である。しかし、この方法は、序章でも述べられているように、渋谷駅前で手当たり次第に人をつかまえるといった、いい加減な方法ではない（このようなやり方をランダム・サンプリングと思い込んでいる人は多くいるが、これはたんにサンプリングの方法が誤っているだけではなく、何を母集団とするのか、その母集団すら明確ではないという点が最大の問題点である）。ランダム・サンプリングとは、もっと科学的に、もっと周到に、ランダム性を追求するのである。とはいえ、いかに周到にかつ完璧にランダ

ム・サンプリングを行なったところで、偏ったサンプルが選ばれてしまうという確率上の誤差はつねに存在する。先の例でいえば、きちんとランダム・サンプリングを行なったのに、「ゴルフと温泉旅行」を望む人がサンプルのなかにたまたま多く含まれたり、あるいは逆に「スノーボード」の希望者が多く選ばれてしまうということが、偶然に起こりうるのである。このような確率上の誤差をサンプリング・エラー（標本誤差）という。

ランダム・サンプリング：選ばれる確率を等しくすることがもっとも重要

　ランダム・サンプリングの基本は、母集団を構成する個々人が、等しい確率で抽出されるように、つまりまったく同じ確率で「あたり」を引くように、客観的な方法を用いて、サンプリングを行なうことである。そのため、ランダム・サンプリングは、理論上は、母集団のなかからまったく等しい確率でサンプルを選び出せるような方法、たとえば「乱数表を用いる」「番号くじを引く」などの方法で、サンプリングを行なうことが必要と考えられる。

　けれども、この方法では、たとえば母集団の人数が5000人を超えるような場合でも、この母集団のリスト（サンプリング台帳）に、まずは通し番号をつけ、さらにそのなかから毎回、乱数表を用いて「当たりくじ」の番号を選び出し、その番号をサンプルにしてゆくという手順をふまねばならず、たいへんな手間と時間がかかってしまう。この方法は単純ランダム・サンプリングとよばれるが、母集団が大きい場合、また母集団が広範な地域に広がっている場合には、この方法によるサンプリングは行なわれない。後述するように、実際には、より簡素化された方法が用いられる。

サンプリングには台帳が必要

　また、サンプリングを行なうときに通常まず必要となるのが、母集団の全成員のリストないし全成員の名簿である。この全成員のリストないし名簿のことをサンプリング台帳（抽出台帳）とよぶ。大事なことは、通常はこの台帳にもとづいてサンプリングを実施するということである。

　ある企業で従業員の意見を聞きたいときには、母集団はその企業の従業員

図6-1 サンプルと母集団との関係

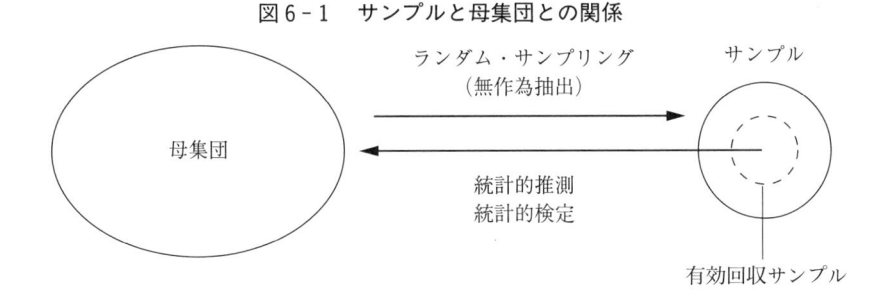

全員であるから、従業員名簿がサンプリング台帳となる。また、ある大学の工学部の学生全員を母集団とする調査を企画するなら、工学部学生名簿が必要である。あるいは、A市の20歳以上の成人について標本調査を行なう場合には、A市の選挙人名簿あるいは住民基本台帳がサンプリング台帳として適切であろう。このように、母集団からサンプルをランダム・サンプリングするためには、まず母集団のリスト(サンプリング台帳)を用意しなければならない。

　以上、母集団とサンプルとの関係、サンプリング方法、サンプリング台帳を中心に、サンプリングの基本的考え方と方法について簡単に述べてきた。次節以下では、これらの点について、よりくわしく説明することとしよう。

2　サンプル(標本)と母集団との関係

母集団からの忠実な縮図となるよう、サンプルを選ぶことが重要

　前節で、選ばれたサンプルが母集団の忠実な縮図でなければならないこと、そのためにはランダム・サンプリングという方法を用いる必要があることを述べてきた。そこで、選ばれたサンプルと母集団との関係を図示すると、図6-1のようになる。まず、この図の右方向の矢印について説明しよう。

　サンプルを選び出すさい、何の作為も加えずにサンプリングを行なうと、サンプルの集合は母集団の忠実な縮図となるはずである。このようなサンプルに対し、調べたい事柄(たとえば性別役割分業に関する意識、実態、ある

いは内閣支持、支持政党など）を尋ねると、サンプルの回答傾向は、（サンプルが母集団の縮図であるはずなので）母集団全体に尋ねた場合とほぼ同一の傾向を示すはずである。こうした考え方にもとづけば、母集団全体を調べなくとも、その忠実な縮図であるサンプルを得て、そのサンプルに対して調査をすれば、母集団全体について調べたときと同様の結果を得られることになると考えられる。しかし、このとき重要なことは、まず母集団から、その忠実な縮図となるようなサンプルを選び出す方法であり、そのさい、母集団に属するすべてのメンバーが同じ確率で選ばれるようにすることが重要となる。こうした考え方にもとづいて行なわれるサンプリングの方法がランダム・サンプリング（無作為抽出法）である。たとえば、新聞社等マスコミが行なう全国調査では、日本に居住する1億人近いの全有権者に意見を尋ねる代わりに、無作為で選んだ2,000人の有権者に対して調査するということが行なわれるが、母集団（この場合には、日本に居住する全有権者）から同じ確率で平等に選ばれたサンプルであれば、このサンプルの回答に見られる特性は、母集団のもつ特性ときわめて近似しているといえるのである。

サンプルの回答結果から母集団の特性を推測する

　次に、図の左方向の矢印について説明しよう。サンプルが母集団の忠実な縮図となっている場合、サンプルが示す回答結果の特性は母集団の特性を示しているはずである。そのことを利用して、回収サンプル（厳密には、回収した有効サンプル）の回答結果から母集団の特性を統計的に推測し、少ないサンプルの結果でもって全体の傾向を知ることができるというのが、標本調査の重要な役割である。すなわち、回収されたサンプルに見られる結果の特性を分析することによって、実際には全員を調査しているわけではない母集団全体の特性を知ることができるのである。もちろん、サンプルに見られる回答結果の特性が母集団の特性とはいえない場合もあるので、その点については統計的検定を行ない、母集団の特性といえるのかどうかを推測することが必要となる。後の章で出てくるカイ二乗検定などは、母集団の特性を推測するための重要な統計的検定の1つである。また、たとえばカイ二乗検定で「95％の信頼性」「5％の危険率」という場合、サンプルを変えて100回調査

を実施しても、そのうちの95回という高い頻度で、今回のサンプルに見られる回答傾向が母集団にも見られるということを意味している。統計的検定は、母集団の特性を特定するうえで欠かすことのできないプロセスであり、標本調査の結果の分析で、これを行なっていなければ、それは信頼に値しない調査結果である。

誤差：標本誤差、非標本誤差

　ランダム・サンプリングでは、サンプルが母集団の縮図となるようサンプルが選ばれなければならないが、しかし、サンプルが母集団から少しずつズレていく（誤差が生じる）危険性は、いくつかの段階で生じてしまう。たとえば、それらの誤差は、サンプリングが行なわれる段階で、また、調査票が回収される（あるいは、回収できない）段階で生じていく。

　最初の、サンプリングが行なわれる段階で生じる誤差は、「標本誤差（サンプリング・エラー）」といわれ、サンプルの大きさに応じて生じることがわかっている。母集団から等確率でサンプルを抽出するさいに生じる誤差である。もう一つの、調査票が回収される（あるいは、回収できない）段階で生じる誤差は「非標本誤差」といわれる。非標本誤差は主として「非回収誤差」によって生じるもので、これは、特定の集団から回収が行なわれないことによって、回収されたサンプルの回答が結果的に歪んでくることを意味する。回収率はさまざまな層ごとに異なった傾向を示しており、たとえば、年齢別でみると、高年齢層の回収率が高く、若年層、とくに20歳代の回収率が低いことは、ほとんどの調査に共通する傾向である。また、同様に、社会階層別では低階層の回答が少ないこと、性別では女性の回答が多いこと等が、特徴として挙げられる。これらの回答上の傾向は、当然、回収されたサンプルの回答傾向に歪みをもたらすものであるが、調査票への回答が義務づけられているわけではないため、回答への協力をよびかける以外に有効な方法はない。サンプルの回答結果を分析するさいには、回収されたサンプルが母集団と比較してどのような歪みを持っているかを検証し、よく理解したうえで、つねにその歪みに留意しながら分析を進めていく必要がある。

3　サンプリング方法のいろいろ

　これまでの記述により、ランダム・サンプリングの重要性は、よくお分かりいただけたと思う。ただし、先にも述べたように、サンプル数が多くなってくると、ランダム・サンプリングのオーソドックスな方法を適用することは非現実的である。そこで、ランダム・サンプリングの簡素化された具体的な方法が考えられている。ここでは、実際に使われることの多い系統抽出法（等間隔抽出法）と層化多段抽出法について説明しよう。

系統抽出法（等間隔抽出法）
　この方法は、サンプリング台帳に載っている個々人に通し番号をつける必要がない、総数さえ知っていれば簡単にできる方法である。最初のサンプルだけ乱数表やくじで選び、2番目以降は等間隔でサンプリング台帳から機械的にサンプリングするやり方である。たとえば、1万人の母集団のなかから1000人のサンプルを選ぶ場合、10000÷1000＝10であるから、10人おきにサンプルを取れば1000サンプルが得られる計算となる。したがって、最初のサンプルを選ぶために01から10の間で乱数表を1回ひき、これ以降は10人ずつの等間隔（これを抽出間隔という）で機械的にサンプリングするのである。たとえば最初のスタート番号に08が選ばれれば8番目の人をサンプルとし、つぎは10人とばして18番目の人を、そのつぎはまた10人とばして28番目の人を……という順番で、1000人のサンプルが選ばれる。この系統抽出法は、単純ランダム・サンプリングと理論的にはまったく同じものであるが、毎回乱数表を用いて「あたり」の番号をつくり出す必要もなく、便利でサンプリング・エラーの少ないやり方として、おすすめできる方法である。

多段抽出法
　従業員名簿や学生名簿のように1冊にまとまっていて、しかも母集団の人数がそれほど多くない場合は、上記のサンプリング方法だけで簡単に抽出することができる。しかし、区や市の選挙人名簿抄本や住民基本台帳の写しの

ように、何冊にもまたがっていて、しかも人数がきわめて多いような場合には、抽出する間隔もかなりあくことになり、間を数えるのがたいへんだということになる。同様に、母集団が北海道全域とか九州地方全域のように広い範囲にまたがる場合には、系統抽出法（等間隔抽出法）だけでは実際にサンプリングを行なうこと自体がきわめて困難である。そこで、このように広い地域に分散する母集団からのサンプリングは、まず全体の範囲のなかから一部の市町村をランダム・サンプリングし、必要によっては、それらのなかから一部の投票区、大字、町丁目などをさらに抽出し、そして最後にそのなかに住む人を系統抽出法（等間隔抽出法）でサンプリングするという手順で行なう。これを多段抽出法という。いまのケースでいえば、

　第１段階のサンプリングの単位＝市町村
　第２段階のサンプリングの単位＝投票区、大字、町丁目
　第３段階のサンプリングの単位＝最終的にサンプリングされるサンプル
　　　　　　　　　　　　　　　　そのもの

ということになる。よって、この場合は３段抽出である。

　全国レベルや広範囲にまたがる調査では、ほとんどこの方法でサンプリングが行なわれている。ただし、この方法はサンプリングの段階が増えるごとにサンプリング・エラーも増えるので、この点に注意し、サンプリングの段階をあまり多くしないようにしなければならない。したがって、ふつうは２段抽出で行なわれる場合が多い。

層化多段抽出法：NHKが行なう世論調査の場合

　国（総務省）やNHKが行なう全国規模の世論調査（調査方法：個別面接法）の場合、もっともよく用いられる方法が、多段抽出法の１つである層化多段抽出法である。これは調査の目的に応じて、最初に大都市・中小都市・郡部といった層化を行ない、第１段階のサンプリングでは、この各層の大きさに応じてウェイト付けを行なってランダムに地点をサンプリングし、第２段階においてその選ばれた地点からふたたびランダムにサンプルを選ぶという方法である。いまの例でいえば、層化したあと、２段階にわたるサンプリングを行なっているので、このようなサンプリングを層化２段抽出とよ

ぶ。この層化2段抽出は、全国調査を行なう場合にはもっともよく採用される方法である。

　たとえばNHKが全国世論調査を行なう場合に採用している層化2段抽出法では、全国の16歳以上の男女を母集団として、そこから3600人の調査対象者を、以下のような手順で抽出していると説明されている。

〈第1段階〉調査地点の抽出
全国を「道北（北海道北部）」から「沖縄」までの18ブロックに分け、18ブロックそれぞれで、市区町村を都市規模と産業別就業人口構成比によって並べ替え（層化）、各ブロックの人口数の大きさに比例して300地点を系統抽出する。

〈第2段階〉調査対象者の抽出
該当する調査地点の市区町村の住民基本台帳から、1地点につき12人の調査対象者を等間隔抽出する。

　このように層化多段抽出法は、まず市区町村を国勢調査データを用いて層化し、この層化した各層から調査地点を抽出し、調査地点決定後には、サンプリング台帳（この場合は住民基本台帳）を使って調査対象者を等間隔抽出するというのが基本的方法である。全国調査を行なう場合には、調査地点を絞らなければ、調査は不可能であるため、この方法が用いられるのである。

4　サンプリング台帳のいろいろ

　次に、実際の社会調査においてよく使われるサンプリング台帳について、および、サンプリング台帳がない場合のサンプリング方法について説明しよう。サンプリング台帳となる各種の公簿については、このところ閲覧がたいへん厳しくなってきている。安易な気持ちで調査を行なわず、調査倫理を修得し、倫理事項を遵守して、謙虚な気持ちで調査にあたることが、ますます必要とされている。

実際の調査でよく利用されるサンプリング台帳：選挙人名簿抄本
　国・自治体・マスコミ・大学等の学術研究機関が実施する実際の社会調査

でもっともよく使われるサンプリング台帳は、これまでは圧倒的に選挙人名簿抄本であった。なぜ選挙人名簿抄本が使われることが多いかというと、社会調査のなかでは住民意識調査がもっともよく行なわれるからである。住民意識調査の場合には、ある地域の20歳以上の住民に対して意見を聞くというケースが多い。そのような母集団（ある地域の20歳以上の住民）のリストとして選挙人名簿抄本が適切であると考えられるからである。

　ここで選挙人名簿抄本とはどのようなものなのか、少し説明しておこう。選挙人名簿抄本とは、20歳以上の選挙権を有する住民についての公簿である選挙人名簿のなかの氏名・住所・性別・生年月日の4項目を記載したものである。住民票により住民登録が行なわれている住民について、届け出を受けている市区町村の選挙管理委員会が、この名簿を作成し保管している。それゆえ、住民票を自分が実際に居住している市区町村に登録していない者はそこの選挙人名簿に載ってはいないし、また日本国籍を持たない者、あるいは、きちんと住民登録をしていても異動してからの期間が選挙権を持つのに十分でない者などは選挙人名簿から除外されたりしている。このように考えれば、この名簿が現実の住民の居住実態を必ずしも完璧に反映しているとはいえないと思うかもしれないが、しかし、おおむね95％以上の正確さを有する名簿であると判断することはできる。

　これまで選挙人名簿抄本（住所、氏名、生年月日、性別）の閲覧は、①選挙人当人に認められているほかに、②政党、政治団体、候補者が選挙運動や政治活動を行なうために、③報道機関や学術研究機関が世論調査や学術調査を行なうためにも認められていた（公職選挙法）。「ダイレクトメール送付のため」などの営利目的では認められておらず、また、閲覧にさいしての手数料も徴収されないことになっていた。閲覧目的の制限が厳しかったこともあって、選挙人名簿抄本の閲覧は、閲覧目的別でみると、報道機関が世論調査を実施するため（2004年度閲覧目的の約4割を占める）、国・地方自治体などの公共団体が意識調査を実施するため（同、約3割）、選挙運動・政治活動のため（同、約2割）などに用いられてきた。大学・研究機関などの学術研究機関が実施する社会調査においても、もっぱら選挙人名簿抄本が使用されてきた（同、約5％）。

次に利用されるサンプリング台帳：住民基本台帳の一部の写し

サンプリング台帳として、選挙人名簿抄本の次に多く使われるのが「住民基本台帳の一部の写し」である。住民基本台帳は住民票からなる公簿であるが、その記載事項のうち氏名、住所、生年月日、性別の4項目を記載した閲覧用リストがあり、閲覧申請して閲覧することができるのは、このリストである。閲覧にさいして、閲覧申請者は閲覧目的を明らかにする必要があり、閲覧の審査が行なわれる。しかし、これまでは選挙人名簿抄本のように、はじめから営利目的を拒否してはおらず原則公開であったため、ダイレクトメール送付のためなどの営利目的の閲覧は、こちらの簿冊に集中していた。ただし、選挙人名簿抄本とは異なり、手数料もかかる。手数料は自治体によってさまざまである。

たいへん厳しくなった閲覧

見知らぬ人からのダイレクトメールの送付やアンケート調査の送付などが多くなるにつれ、また、住民基本台帳の写しの閲覧が犯罪に利用されたことが発覚したこともあって、自分の住所・氏名等、プライヴァシー保護をもっと積極的に行なうべきとの市民意識が高まり、これに応じた形で2005年4月に個人情報保護法が施行された。この法律の施行以降、個人情報保護に関する市民の意識はいっそう高まりを見せ、サンプリング台帳となっている選挙人名簿抄本や住民基本台帳の写しの閲覧についても、厳格なルールの適用を求める動きが加速された。そして、2006年6月に選挙人名簿抄本の閲覧制度の改正を内容とする公職選挙法の一部改正法が制定され、続いて同年11月に住民基本台帳法も改正されて、同年11月、いずれの改正法も施行されるにいたったのである。この改正法の施行は、社会調査を実施する者には看過することのできない問題を提起するものとなっている。

いずれの簿冊についても共通にいえる改正のポイントは、原則非公開となったこと、閲覧にさいしさらに厳しい制限が加えられたこと、また、選挙人名簿抄本閲覧の場合でも、住民基本台帳の閲覧に準じた閲覧手続き、および、不正目的での閲覧や目的外利用等の違反行為に対して制裁措置が設定されたことである。

社会調査を実施する者としては、これらの改正法の施行によって、閲覧制限がどのように変わったかが大きな焦点となる。まず、これまでサンプリング台帳としてもっともよく利用されてきた選挙人名簿抄本の閲覧に関しては、閲覧できる場合が以下の3つの場合に明確化され限定された。①特定の者が選挙人名簿に登録された者であるかどうか確認するために閲覧する場合、②公職の候補者等、政党その他の政治団体が政治活動・選挙運動を行なうために閲覧する場合、③統計調査、世論調査、学術研究その他の調査研究で公益性が高いと認められるもののうち政治・選挙に関するものを実施するために閲覧する場合、の3つである。社会調査を実施する者として該当するケースは上記の③であるが、ここではたんなる「統計調査、世論調査、学術研究その他の調査研究」では閲覧許可を得られない場合が多くなると思われる。選挙人名簿抄本の閲覧については、「公益性が高く」かつ「政治・選挙に関する」調査を実施することが必要条件となるからである。

　いずれにせよ、今後、調査を実施する者の心構えとして、いくら公益性が高い調査であっても、調査を実施すること自体が調査対象者のプライヴァシーを侵すものであるとの認識に立って、謙虚な気持ちで調査を実施していくことが必要であり、また、実施後の結果公表については、学会等での報告、公表はもちろんのこと、さらに政策提言にまで結びつけられるような公益性の高いテーマを設定することがますます求められていることを、肝に銘じておく必要があろう。

　次に、住民基本台帳の一部の写しの閲覧についてであるが、これについての最大の変更点は、誰にでもオープンにされていた閲覧が、選挙人名簿抄本と同様、原則非公開となった点にある。今回の改正によって、これまではOKだった営利目的での閲覧は認められないこととなった。住民基本台帳を閲覧できる場合は、①統計調査、世論調査、学術研究その他の調査研究のうち、総務大臣が定める基準に照らして公益性が高いと認められるものの実施、②公共団体が行う地域住民の福祉の向上に寄与する活動のうち、公益性が高いと認められるものの実施、③営利以外の目的で行なう居住関係の確認のうち、訴訟の提訴その他特別の事情による居住関係の確認として市町村長が定めるものの実施、となっている。大学等学術研究機関が実施する調査研

究の場合は①に該当するため、閲覧は原則的には許可されるものと思われる。

こうした点から考えると、両簿冊の閲覧については、以下に述べるような問題点が考えられる。

閲覧までのプロセスと閲覧にかかわる問題点

ここでは、閲覧までのプロセスと閲覧にかかわる問題点について述べよう。まず、閲覧までのプロセスとしては、選挙人名簿抄本、住民基本台帳の一部の写しの閲覧、ともに、事前に閲覧申請を行ない、許可を得る必要がある。そのさい、調査の内容がわかるもの（調査票）は不可欠の資料である。申請は、選挙人名簿抄本の場合には市区町村の選挙管理委員会、住民基本台帳の場合には市区町村の総務課に対して行なうが、申請様式は個別に決まっているので、事前に電話等で連絡し、書類を取り寄せて記入後提出する必要がある。提出された書類の記載内容にもとづいて審査が行なわれ、閲覧許可・不許可が決定される。

次に、閲覧に関する問題点としては、選挙人名簿抄本の場合、今回の公職選挙法の選挙人名簿抄本閲覧に関する改正により、調査テーマによっては閲覧許可が下りず、選挙人名簿抄本を閲覧できないケースが多発するのではないかという点が、まず挙げられる。そのほかには、選挙が近い場合には閲覧ができなくなるという点も挙げられる。後者については、事前に閲覧申請をするとき、国・地方自治体の選挙の動向につねに注意しながら閲覧予定を立てなければならない。閲覧できない期間は、国政選挙・地方選挙ともに、公示または告示の日から投票日の5日後までとなっている。閲覧許可がおりている場合でも、解散等で急な選挙が実施される場合には閲覧がキャンセルされることもあるので、とくに注意が必要である。

選挙人名簿抄本の閲覧を拒否された場合には住民基本台帳の閲覧を申請することが多いと思われるが、そちらの閲覧に関して生じる問題点としては、大きく3点が考えられる。まず第1点は、手数料が発生することであるが、これが自治体によってかなりまちまちの金額になっていることである。たとえば、1件（1人）につき数百円、あるいは1世帯につき数百円としている

自治体もあれば、1日1簿冊1000〜1500円、あるいは、100世帯ごとに500円で換算し、1簿冊あたり4000円〜13000円の閲覧した簿冊の合計金額とするところ、あるいはまた、閲覧時間30分毎3000円＋転記1人につき200円の合計金額という自治体もある。このように、サンプル数によるものの、サンプリングにさいして、かなりの費用がかかることが予想される。

問題点の第2は、大量閲覧を許可しない自治体が出現してきていることである。たとえば、1区につき200人以上のサンプリングは許可しないという政令指定都市もある。このような規定をされると、実質的に、この都市の社会調査は行なえないことになってしまう。これは社会調査を実施する側としては、料金以上の大問題であるが、そうした自治体も出現してきているので、この点も、かならず事前に確認しておく必要がある。

問題点の第3は、簿冊（閲覧リスト）を、抽出しにくい複雑な編成方式に変えてきているところが増加傾向にあることである。「世帯順」に代えて、「全市50音順」や「地区別生年月日順」などの閲覧用リストを用意しているところもあるので、事前に編成方式を調べ、当日困らないようにサンプリングの方法を事前によく検討しておく必要がある（これらの複雑な編成方式のリストからの抽出方法については、岩井紀子・稲葉太一「住民基本台帳の閲覧制度と社会調査」（大阪商業大学比較地域研究所・東京大学社会科学研究所編『日本版 General Social Surveys　研究論文集［5］　JGSSで見た日本人の意識と行動』、pp.161-177、2006年3月）を参照)。

選挙人名簿抄本、住民基本台帳以外のサンプリング台帳の例：各種の名簿、電話帳など

選挙人名簿抄本、住民基本台帳の写し以外にサンプリング台帳として利用できるものに、各種の名簿がある。ただし、信用のおける名簿は入手がむずかしく、入手が比較的容易なものは台帳としては不備な点が多いのが、最大の難点である。

たとえば、先の例に挙げたような企業の従業員名簿、官公庁・自治体の職員名簿などは、サンプリング台帳としては正確であり有用ではあるが、入手はきわめて困難である。また、個人情報保護法施行以降、名簿を作成しない

事業体も増加してきている。氏名のみならず、自宅の住所、電話番号、職業などが明記されているこうした名簿——企業の従業員名簿、官公庁・自治体の職員名簿、同窓会名簿など——は、かなりの高額で裏取引されていることから考えても、入手がいかに困難であるかわかるであろう。もちろん、これらの名簿がもし入手できれば、有効なサンプリング台帳となることは疑いのないところである。

　学生が卒論などのために、同じ大学の文学部の学生と工学部の学生とに社会調査をし比較を試みたいというときは、文学部学生名簿と工学部学生名簿とが必要となる。しかし、この学生名簿も入手はそう簡単ではなく、現在では、こうした名簿はほぼ閲覧できない。

　市販されている名簿としては、紳士録や電話帳などがある。これらは入手は比較的容易だが、サンプリング台帳として適切であるとはいいがたい。紳士録は、企業や官公庁の管理職が中心で、しかも該当するすべての人が記載されているわけではない。リストとしては偏りが大きい。また、電話帳の難点は、電話は持ってはいるが電話帳には載せてはいない人がかなりいること、あるいは記載されている場合も、ほとんどは男性世帯主の名前であり女性名での記載はほとんどないこと、などが挙げられる。この両者の名簿とも、入手は容易かもしれないが、掲載も本人の自由意志であるし、偏りが大きいことは明らかである。サンプリング台帳として十分な条件を備えているとはいえないのである。

サンプリング台帳にもとづかないサンプリング方法：電話調査、エリア・サンプリング

　これまでサンプリングはサンプリング台帳から行なうことを基本としてきたが、サンプリング台帳が入手しづらい場合等も多くなってきたため（閲覧拒否等）、ここでは、サンプリング台帳にもとづかないサンプリングの方法について述べることとしよう。

　その代表的方法は、電話調査とアメリカで行なわれているエリア・サンプリングである。電話調査のなかのRDD法（ランダム・ディジット・ダイアリング）は、2002年8月より日本経済新聞社の世論調査においても採用され

ている。日経におけるRDDサンプリングは、以下のような手順によって行なわれている。①現存する局番（市外局番と市内局番のすべての組み合わせ）の0000～9999の電話番号から無作為抽出によって電話番号のサンプル（RDDサンプル）を作成し、②このRDDサンプルのなかから非使用番号を機械的に除去し、③残ったRDDサンプルの番号にダイアルして、会社の番号などを対象外として、世帯であると確認されたものを調査対象世帯とする、という方法で行なわれている。さらに、④個人を対象とする調査では、対象者の条件に合う家族のなかから、乱数を使って1人の対象者を選び出す、という方法で行なわれている。この場合の母集団は、固定電話が全世帯に100％普及しているとの前提であるから、理論上は全国民ということになるが、近年は携帯電話のみで固定電話を持たない人も増えてきているので、そのような人は、この母集団には入らないという新たな問題点が生じてきているといえる。

　エリア・サンプリングの方法は、調査対象として、まず、統計資料等をもとに調査対象ブロックを選択する。その後、ブロック地図をもとに、調査員が、無作為に選ばれたスタート地点の世帯から、一定の間隔で次の調査対象とされた世帯を順次回り、調査を進めていく方法である。調査世帯に行き着いたときに、その世帯のなかの誰を調査対象者とするかについては、キッシュ法（それぞれの世帯において、構成人員を尋ねたうえで、その構成員に一定の方法にのっとって番号を振り、事前に決められていた番号の人に答えてもらう方法）、バースディ法（誕生日が調査実施日に一番近い構成員に答えてもらう方法）などがあるが、いずれも調査対象者が無作為に選ばれることに留意しながら開発された方法である。

　そのほかに、近頃よく実施される調査としてインターネット調査があるが、これはインターネットに接続していない者はもともと調査対象者にはなりえず、母集団を確定できないという大前提としての問題があり、現段階では無作為抽出によるサンプル調査とはいえない実態にある。実際の回答も、プロバイダーごとに事前に各種の調査対象者になることをOKしているモニターが登録されており、調査趣旨や対象者の制限に応じてそのモニターのなかから選ばれた対象者が回答するケースが多い。しかし、モニターが年

齢・性別等を正しく申請しているのか、あるいは、1人のモニターが複数のメールアドレスを用いて重複登録をしてはいないか、などについてチェックするのは難しく、モニターの属性についても正しいという保証がないという問題も生じうる。このように、インターネット調査は、本来、母集団が確定できないという大問題もあるうえに、無作為抽出とはいいがたいサンプリング方法でもあり、ここでの社会調査の実施方法としては適切な方法であるとはいいがたい。ただし、もちろん、調査目的により、無作為抽出を必要としない調査にとっては、簡便で廉価な調査方法となりうる。

5　サンプリングの実例

　ランダム・サンプリングの基本およびその方法については十分理解できたが、さて実際のサンプリングを行なおうとすると、どのようにすればよいのかよくわからない、つまり、どのような準備や手続きをして、どのようにサンプリングを行なえばよいのか、そこのところになるとよくわからない、という人も多いのではないかと思う。確かに、これまでの社会調査に関する本では、基本理論のことは教えてくれていても、実際に自分でサンプリングを行なうにはどのようにすればよいのかを教えてくれるものはほとんどなかった。そこで、次に、サンプリングの実際について説明してみよう。

サンプリングの実例

　ここでは、筆者が2004年10月に参加した、ある政令指定都市のある区におけるサンプリングを実例に、実際のサンプリングのプロセスについて説明する。

　この調査では、政令市全体で20〜74歳（2004年11月1日現在）の男女、3000人を抽出し、調査対象者とすることとした（調査方法は郵送法）。対象者は20歳以上であるため、サンプリング台帳としては選挙人名簿抄本を使用することにした。選挙人名簿抄本は、政令指定都市では各区の選挙管理委員会が管理しているため、市の選挙管理委員会と区の選挙管理委員会に、閲覧申請の手続きを行なった。所定の様式が決まっているため、事前に電話にて

表6-1　A区の選挙人名簿抄本における登録者総数および抽出者数

投票区番号	登録者総数	割り当て数	抽出者数	スタート番号	抽出間隔	転記用紙枚数
1	6,001	25.32	25	203	240	3
2	3,707	15.64	16	66	231	2
3	7,734	32.63	33	169	234	3
4	4,406	18.59	19	26	231	2
5	3,116	13.14	13	110	239	2
6	7,149	30.16	30	9	238	3
7	4,626	19.51	20	97	231	2
8	5,472	23.08	23	143	237	2
9	3,266	13.78	14	177	233	2
10	7,119	30.03	30	220	237	3
11	3,869	16.32	16	76	241	2
12	5,341	22.53	23	179	232	2
13	4,146	17.49	17	193	243	2
14	3,086	13.02	13	186	237	2
15	6,237	26.31	26	201	239	3
16	6,415	27.06	27	99	237	3
17	5,077	21.42	21	41	241	2
18	4,234	17.86	18	182	235	2
19	4,322	18.23	18	234	240	2
20	4,713	19.88	20	144	235	2
21	5,140	21.68	22	24	233	2
22	7,670	32.36	32	207	239	3
23	3,911	16.50	17	149	230	2
24	6,188	26.10	26	94	238	3
25	6,010	25.35	25	47	240	3
合計	128,955	543.99	544	—		

(注) この表は、星敦士・甲南大学講師が作成した表を加筆・修正したものである。

連絡し、申請用紙を入手して記入、郵送した。また、市全体で3000人を抽出する場合、政令指定都市は各区にわかれているために、それぞれの区の人口に応じて割当数を決める必要がある。また、事前準備として各投票区ごとの有権者の登録者総数が記載してある資料も必要となる。これらの資料は、実際にサンプリングを行なう前に入手する必要がある。これらの資料を事前に入手し、それにもとづいて対象者を割り出したところ、A区での割当数は、全市の登録者総数からの比例配分で3000人中の544人となった。

さて、A区は25の投票区に分けられているので（表6-1を参照）、この544人を25の投票区ごとに、それぞれの登録者人口にもとづいて比例配分し、各投票区ごとの抽出数を割り当てる必要がある。たとえば、表中の、投票区番号1の投票区の場合、ここの登録者数が6001人であり、区全体の登録者総数が128955人なので、抽出者数は544×6001÷128955人＝25.32人となり、25人となる。さらに、6001人の中から25人のサンプルを選ぶのであるから、等間隔抽出をする場合、抽出間隔は6001÷25＝240.04となり、240人となる。また、誰から抽出をはじめるかというスタート番号は、任意に決定する必要があるが、抽出間隔を超えない番号であることが望ましい。スタート番号の決定にさいしては乱数表を用いたり、あるいは10面体サイコロ（文具店で売っている）を用いて、無作為に決める。ここでは203となった。このような作業を、各投票区、さらにはほかの区についても、事前に行なっておく必要がある。そして、こうした抽出作業の手順を記載した資料を事前に作成し、サンプリング当日、これにもとづいて実際の作業を行なうことが必要である。

ところで、実際のサンプリングでは、たとえば投票区番号1では、まず、名簿の203番目の人が第1サンプルとして選び出され、次に203＋240＝443番目の人が2番目のサンプル、443＋240＝683番目の人が3番目のサンプル、……となるのであるが、この場合、選び出された人の生年月日を確認し、2004年11月1日現在で20～74歳に該当するかどうか、また、施設（病院・特別養護老人ホームなど）入所者でないかどうかを確認する必要がある。もし、対象外であった場合には、その1段上の人を抽出、その人も対象外の場合には1段下の人、その人も該当しない場合には、最初の人の2段上の人、

次は2段下の人、……というように、調査対象者にいき当たるまで、同様のことを繰り返すこととした（再度、非該当者に当たった場合には、今度は、1段下の人から始めることとした）。そして、このようにして対象者が決まった場合でも、次の対象者は、最初の人から数えて240人後の人を、次のサンプル候補者として選び出した。また、最終のサンプル候補者を抽出するさい、名簿の最後尾までいってしまった場合には、名簿の最初に戻って、240人後の人を探しあてた。

　以上のような方針で選び出した調査対象者を、事前に準備しておいた転記用紙に、住所、氏名、年齢、生年月日の順に記載していく。10名ごとに記載できる用紙を準備した場合には、25人抽出の場合には、転記用紙は3枚必要となる。転記した用紙が、ほかの投票区の用紙と紛れないように、それぞれの転記用紙の上部に投票区名を記載しておいたほうがよい。また、抽出や転記のときに数え間違えることもしばしばあるため、用紙は多めに準備しておいたほうがよい。このようにして、1つの区でのサンプリングを終え、同様にほかの区でのサンプリング、あるいは他都市でのサンプリングも終えて、すべてのサンプリングが終了することになる。最後に、対象者名を転記した用紙は個人情報のかたまりであるため、慎重に取り扱い、調査票の発送が済んで必要がなくなり次第、確実に廃棄することが求められている。このことを、再度、確認の意味で記述しておく。

最後に再び、サンプリングの重要性と調査対象者リストの取り扱いについて

　以上、ランダム・サンプリングの考え方、サンプリング台帳にもとづくランダム・サンプリングの基本的方法、注意点、サンプリングの実例等について述べてきた。

　以上のことから、サンプリングをきちんと行なわないと、いかに費用をかけて調査を実施しても、母集団の傾向を知ることができないこと、つまり、標本調査にとってはサンプリングがたいへん重要なプロセスであることが、おわかりいただけたことと思う。

　また、もっとも活用されているサンプリング台帳である選挙人名簿抄本、住民基本台帳の写しについては、閲覧に伴う規制が強くなり、問題が種々発

生していることも、ご理解いただけたことと思う。

　プライバシー保護については、近年、いっそう関心が高まりつつあり、見知らぬ他人に自分の住所・氏名等の個人情報が知られることに対して、人びとの警戒心はますます強くなってきている。社会調査を実施する者としては、調査を実施すること、調査を実施するためにサンプリングを行なうこと自体、他人のプライバシーを侵害する行為なのだという認識をもって、実査にあたらなければならない。いずれにせよ、調査者は調査倫理を内面化し、それを実践することが、これまでになく強く要請されているのである。また、個人情報のかたまりである調査対象者リストについては、厳重に保管し、実査後リストが不要になった時点で、速やかに、また確実に、廃棄することが求められている。

　さらに、調査の内容自体も、公益性の高い有用な調査であることが強く求められていることを、忘れないようにしなければならない。

第7章

調査票をどうつくるか

1　調査票づくりの基本姿勢

　はじめに、調査票を作成する場合に、考慮しなければならない三つの大きな視点について述べておこう。
　第一に、調査票は、調査の「目的」に合致するように作成しなければならない。「目的」は状況の記述や把握であったり、仮説の検証であったりするが、いずれの場合にも何を明らかにしようとするのかを明確にし、その目的に合った調査票をつくる必要がある（くわしくは第3章参照）。
　ただし、多くの場合、調査の目的をそのまま生のかたちで調査票に持ち込んでもうまくいかない。たとえば、「共働きの人は専業主婦よりも家事の手抜きをしているか」ということを知りたいとしよう。その目的のために、「共働きの人は専業主婦より家事の手抜きをしていますか」という質問をすれば目的が達成されるわけではない。最低限、「共働きか専業主婦かを把握するための部分（独立変数あるいは説明変数）」、「家事について把握するための部分（従属変数あるいは被説明変数）」が必要になる。さらに、「手抜

き」をどのように測定するのか、家事時間で測るか、達成度で測るかという「測定法」も問題になるだろう。説明変数と被説明変数の関連を見るためには、共働きかどうか以外にも家事のしかたのちがいに影響を与える「乳幼児の有無」や「家事を手伝ってくれる親との同別居」などの統制変数[1]もおさえておく必要がある。

　このように、調査票をいくつかの部分に分けて各部分の目的を考え、その目的に合致するように調査票を考えなくてはならない。そのためには、調査の枠組み（明らかにしようとしている問題をとらえる構造）を図にして、必要な項目が含まれているかどうか、つねに枠組みにたちもどって考えるようにするとよい。これをしていないと、つい「これも知りたい」「あれも知りたい」と興味本位に質問をふやしてしまい、あとで分析のときに使えない質問が多いといったことになりかねない。

　第二に、調査票は「実査」に適したように作成しなくてはならない。第一に述べた目的が決まると、予算や人手など現実的制約を考慮に入れながら、実査の対象や調査方法が決まってくる（第4章、第5章参照）。その段階で、調査方法に合致した調査票か、調査員が調査を行ないやすいか、対象者がやりやすく、余分な負担をかけず、信頼するに足る回答が得られやすいか、などを考慮しなくてはならない。そのためには、質問のいい回しや順番まで細かく配慮する必要がある。この点については後に節を改めてくわしく述べることにする。

　第三に、調査票は「分析」に適しているように作成しなければならない。

---

1) 独立変数（説明変数ともいう。以下、同じ）が従属変数（被説明変数ともいう。以下、同じ）に影響を与えていると仮定されている調査において、独立変数以外にも従属変数と関連する変数（ここでAとしておく）があると独立変数の影響が見えなくなってしまう恐れがある。そこで、Aを一定にして（統制して）、Aの関連を除去して独立変数と従属変数の関連をみる必要がある。たとえば、「歳をとると政治関心がなくなる」という年齢の影響を把握したいとする。ここで独立変数は年齢、従属変数は政治関心である。もし、学歴の高い人は政治関心が高い、とか女性より男性は政治関心が高いという可能性が考えられるとしたら、学歴や性別を統制してみる必要がある（統制変数は学歴と性）。学歴別、性別にみても独立変数と従属変数の関連がみつかれば、年齢と政治関心は関連があるといえよう。

自由記入や連想法などを多く取り入れて深層心理など質的な分析をするつもりであるのか、量的な分析をするつもりであるのかで、質問票、とくに回答をどの程度構造化しておくかが決まってくる（第9章参照）。また、昨今では、量的な分析にコンピュータを用いることが多く、それに適している、ということも考慮する必要が生じる。また、見かけの相関[2]を除くために多変量解析を行なう意図がある場合には、その方法に合った調査票をつくる必要がある。

このように、調査票は調査の企画（目的を明確にし、その目的に合致した対象や方法を選ぶことも含めて考えている）、実査、分析という調査の重要な局面をすべて念頭におきながら作成する。別ないい方をすると、調査主体、対象者、調査員、分析者という調査にかかわる人びとが調査票を媒介にうまく連携して調査の目的を達成できるような調査票づくりが求められているのである。

2 調査票作成の仕事の流れ

それでは、以上のような基本を念頭において、調査票作成の実際の手順の流れを簡単にみておこう。

①企画……はじめに、調査全体の構想を確定する。とくに、調査の目的、調査対象、調査方法の3点をしっかり決めてかからないと、それ以後の作業はむだになるので注意を要する（くわしくは第3節参照）。

②調査項目……つぎに、調査の枠組み（調査票の構造、説明変数や被説明変数の位置付け）を考え、だいたいの調査項目を決める。この過程なしに、いきなり質問文づくりに入ってしまうと枝葉末節にこだわることになった

2）疑似相関ともいう（第9章参照）。二つの変数の間の相関が、実は両方の変数に影響を及ぼしている第三の変数によってもたらされた見せかけのものであるとき、それを疑似相関とよぶ。ラザスフェールドの挙げた例でいうと、コウノトリの数と出生率には相関があるが、だからといって、コウノトリが赤ちゃんを運んでくるわけではない。都市化の度合という第三変数が、コウノトリの数にも出生率にも影響を与えているのである。

り、調査に携わるもの全員で評定する時間が長くなり、能率が悪い。大枠で調査項目が決まったら、それをさらに細分化して小さな調査項目を決めていくとよい。たとえば、前述の例では「家事の遂行度」が大きい調査項目だとすると、小さな調査項目として、「掃除の回数」「食事づくりにかける時間」などが挙がってくることも考えられる（くわしくは第4節参照）。

　③ワーディング（いい回し）……ワーディングを練り、選択肢をつくる。たとえば、「年齢」を調査項目に入れると決めたとしたら、「あなたは何歳ですか」と聞いて、「○歳」と答えてもらうのか、5歳きざみや10歳きざみのカテゴリーを示して「つぎのうち、どこに入りますか」と聞くのか、といった作業である。前記②の調査項目を確定してあれば、この段階では手分けをしてたたき台になる文案を持ち寄って検討できる。このワーディングや選択肢づくりは、大勢で検討すると自分では思いがけない欠陥が発見され、まさに「三人寄れば文殊の知恵」を実感することになる（くわしくは第5節参照）。

　④質問の流れや長さの調整……ワーディングや選択肢ができても、それをどういう順番で並べるのか、が問題になる。個人のプライバシーに立ち入った質問はあとのほうへ、という原則もあるが、関連した質問に関しては、順番によってワーディングが違ってくることもあり、調整が必要になる。また、全体の長さなどもこの段階で明らかになる。長すぎる調査票は対象者の負担になり、拒否率を上げる恐れもあるし、回答してくれても信頼性に疑問が出てくるような場合もあるから、注意を要する（くわしくは第5節参照）。

　⑤プリテスト（予備調査）……一応できた調査票によってプリテスト（本調査同様の対象者を調査する）を行ない、ワーディングが適切か、質問の流れに支障はないか検討する。

　⑥修正……プリテストの対象者の声に耳を傾け、難解な質問はやさしくする、繁雑な部分は整理するなどの修正を行なう。

　⑦レイアウト……以上で質問の部分はだいたい完成したわけであるから、質問以外の部分（調査のタイトル、調査の実施主体、依頼文、お礼のことば、調査員への指示）なども含めて調査票のレイアウトを行なう。最近では印刷会社がレイアウトを行なった原稿を求めることも多く、そのほうが経費

もかからないのでこの部分がかなり調査者側の作業になってきている。また、たとえば、職歴調査などのように、人によって長さがちがい、最高でどの程度の長さになるか予想がつかないような質問を含む場合には、追加のための別紙を用意するとか、折り込みにするといった工夫も必要になる。

⑧形、色、材質、補助用具などの決定……紙の大きさ、厚さや色、数などを決めて、印刷にかかる。調査票が２種類以上ある場合（たとえば、親子、夫婦をともに調査する場合、あるいは世帯票と個人票をつくる場合など）、紙の色をちがえたりすることはミスを防ぐうえから重要である。紙の厚さは、郵送調査などの場合、送料に関係してくることがある。また、対象者にカードを見せて質問する場合などは、カードなどの補助用具も用意しなくてはならない。補助用具についても、実査に適した大きさや材質、形態（リングで綴じるか、など）を考えて決定しなければならない。

⑨校正……調査ではとくに校正は重要である。ちょっとしたミスプリントのために質問文や選択肢が違った意味になってしまい、分析に使えなくなってしまうことがある（たとえば、選択肢の以上と以下がまちがっていたとか、非該当者の質問の行き先の指示をまちがえていたなどを思いうかべてみよ）。調査票が完成する前の最後のチェックのチャンスと考えて、複数の人間で丹念に校正する必要がある。

⑩実査前の点検……印刷ができあがってきても、調査を行なう前に点検したほうがよい。もし、ミスプリントや原案のまちがいをみつけても、調査が実行される前であれば、まだ修正のチャンスは残されている。調査員のインストラクションのさいに口頭で注意をよびかけて修正してもらうこともできるのだから、最後の点検は入念に行なう。

以下ではこれらの流れのなかからとくに①、③、④について、節を改めてくわしくのべる。

3　調査設計と調査票

調査票作成の流れのなかで、前節の①で述べた調査設計と調査票の関連について、ここでくわしく述べておきたい。

調査対象

　調査対象によって、調査票の内容は大きな影響を受ける。調査対象は個人のことが多いが、事業所（支店、学校など）であったり、世帯全体ということもある（第1章参照）。対象は事業所のつもりでも回答するのは個人であることが多いから、回答者の個人的見解なのか事業所としての意向を聞きたいのか、明確にしてから質問する必要がある。以下では個人の場合を想定して話を進める。

　さらに、「個人と個人との関係」を調査する場合に誰を調査対象とするのか、という問題がある。たとえば親子関係を調査するのが目的でも、子どもを調査するのか、母親に調査するのか、両親に調査するのかで調査票は異なる。また調査対象者をあらかじめ決めにくい場合もある。たとえば高齢者介護について調査する場合は、介護者に聞くことが多いが、介護者とは誰か、（複数いたら誰にするか）は調査実施前にはわからないこともある。配偶者か、子どもか、子どもが複数いたら誰なのか、このような場合には、調査対象を調査現場でどう選ぶのか、をあらかじめ決めておく必要がある。たとえば「もっとも介護に時間を費やしている介護者とする」とか「配偶者が含まれている場合は配偶者を優先して対象者とする」などである。そして色々なケースがありうることを想定して調査票をつくる必要がある。

調査内容：構造化された調査と構造化されない調査

　調査内容を厳格に構成しておく調査か、質問したい項目だけをおおまかに決めておく構造化されていない調査か、という調査方法を決める必要がある。前者は量的な調査に多く用いられ、後者は質的な調査に多く用いられる。一つの調査で両者が交じっていることもありうる。この点については後に、回答選択肢のところでよりくわしく述べる。

調査方法：自記式と他計式

　調査票のつくり方は調査方法によって大きく異なる。とくに重要なのは、調査票に自分で記入してもらう自記式か、調査員が記入する他計式かである。留め置きや郵送調査ではどうしても自記式になる。この場合、対象者が

調査に回答するか、正しく記入してもらえるか、はすべて調査票や依頼文にかかっている。したがって、調査票はあまり複雑でなく、長すぎないことが肝要である。また、記入に関する指示を調査票内にはっきりと示す必要がある。とくに回答が「一つだけ」なのか、「いくつでも」なのかはその都度質問ごとに指示したほうがよい。

また、非該当者が質問を飛ばすときのために、該当か非該当かを明確にする質問をかならずいれ、どこまで飛ばすのかの指示をきちんと調査票内に明示する必要がある。たとえば、「お子さんはいらっしゃいますか」という質問をいれた後に、［子供のいる人に。子供のいない人は問15へ］のように指示するのである。そして、ふたたび全員が回答する質問になる場所には［全員に］という指示を入れたほうがよい。自記式であっても集合調査のような場合にはこれらの点は多少口頭で補えるかもしれない。

面接や電話調査の場合は他計式になる。調査員は調査票を熟知しており、口頭で対象者への指示を補えるから、より流れが複雑な調査票も可能である。しかし、調査員に多くをゆだねると、人によって質問のしかたが違ったり、順番が違ったり、誘導尋問をすることになりかねない。調査員の条件をなるべく均一にするためにも、しっかり調査員への指示を調査票に書き込む必要がある。この場合、調査員への指示は、ゴチック体を使ったりカッコにいれるなどして、質問文と紛らわしくないように工夫する必要がある。

また、対象者はしばしば、耳だけで質問を聞くことになるから、同音異義語などによる誤解がないかどうか、聞いただけでは理解しにくい言葉が入っていないか、注意しなければならない。この点を補うために、選択肢などをカードにしてみせるということも行なわれている。

複雑な調査設計

複雑な設計の調査もいろいろある。たとえば、同じ事柄に関する意識のずれを明らかにするために一つの世帯で複数の人（親子、夫婦など）を対象にするような調査設計がある。このような場合には、ワーディングや選択肢を比較可能なようにそろえることが必要になる。また世帯に関する質問（家族構成、年収、持ち家かどうかなど）はどちらか一方の調査票で行なったほう

がよい。対象者の負担を減らすことができるし、実態に関する回答が両者で異なっていたら、どちらを採用すべきか迷うことになる。信頼のおける回答ができるほう、調査票の負担が少ないほうで聞くのがよい。

対象者が1世帯に複数でなくとも、世帯票と個人票を分けて調査することはよくある。たとえば、子供と同居している高齢者を調査したいのだが、世帯についての情報（たとえば、子供の年収）だけは子供からとる、というような場合である。

さらに、時系列調査（同一の対象者を追うパネル調査と別な対象者に同じような質問をして変化をみる継続調査）を設計することがある。いずれの場合にも、ワーディングや選択肢を同一にすることによって対象者（個人または集団としての）の変化を見ようとする。したがって、あまりに短期的な流行現象などについての質問は時間の経過によって聞きづらくなるので避けたほうがよい。しかし、現実には事態の変化によって選択肢などを同一にすることが困難な場合（最近の政党支持の変化を聞く場合を考えてみよ）もある。

4　質問項目の列挙

さて、調査目的、調査対象、調査方法がしっかり決まったら、この章の最初に述べた「調査の枠組み」にしたがって、調査項目を列挙してみよう。まだ質問文の形にしなくてよいから、「年齢」「家族構成」「共働きか」「家事のしかた」などといった「質問したい項目」を列挙する。これは仮説を操作的概念に翻訳する中間段階だといえよう。大切な質問を落としてはいけないので、最初は少し多目に項目を挙げておいたほうがよい。

調査の枠組みにしたがうと、項目は被説明変数（従属変数）、説明変数（独立変数）、統制変数の3つの大きな部分にわけられる。このなかで被説明変数については調査の目的によって異なるのでここであまりくわしくは述べない。ただ、たった1つの被説明変数だけを想定していると、その被説明変数がうまく把握できないと調査全体が失敗してしまうからいくつかの項目を想定しておいたほうがよい。「うまく把握できない」とは、たとえば多くの

人が「わからない」と答えたり、逆に多くの人が同じ回答をしたりする場合である。この章の冒頭の例にしたがえば、対象者の95％が「家事の手抜きをしていない」と答えて、手抜きをしていると答えた人がすべて病気であったりしたら、「共働きは家事の手抜きをしているかどうか」を知るという調査は失敗で、それも調査実施後にそれが判明するという無駄なことになってしまう。そこで「手抜き」について色々な側面からいくつかの項目を使って把握して、そのうちのいくつかの項目ではかならず「手抜き」が把握できるようにしておくことが必要である。その意味ではこれまでの調査結果などにもよく目をとおして、回答分布なども多少の予測をしてみることが望ましい。

　調査目的によって多少は異なるが、人間の意識や行動はかなりの部分がその人の社会経済的地位や、年齢、性別、家族構成などと関連しているから、多くの調査で説明変数や統制変数として調査対象者の属性に関する項目が必要になる。そのような項目も忘れずに列挙しておこう。このような項目については項を改めて例を挙げてくわしくのべることにする（くわしくは第7節参照）。

5　質問のしかた

　質問項目を文章にしていく作業やその結果のいい回しはワーディングとよばれる（第2節の③参照）。ワーディングにおいては、とくに、①調査者と対象者（のだれも）が同じ意味に理解できること、②信頼のおける回答が得られること、③特定の反応に誘導しないようにすること、などに注意する。だが、現実にはこれらのことはやさしいようでむずかしい。以下では、よく使われる質問を例に挙げながら、「同じ意味に理解してもらうための工夫」と「信頼のおける（自然な）反応をしてもらう工夫」について考えていく。

用語について
　①曖昧な質問や用語は明確にする。
　質問を多くの人に同じ意味に理解してもらうためには、用法が二つ以上ある言葉や、定義がはっきりしない言葉については、質問文のなかで明確化し

ていく必要がある。例を挙げると、年齢を聞く場合、「満か、かぞえか」「何月何日で」などを質問文にいれる。また家族数や兄弟数を聞く場合には「自分を含めて」かどうか、「いま生きている人だけかどうか」を明確にする。子供や結婚について聞くときは「いまの結婚」についてだけ回答するのかどうか、「出身地」などについては「何歳のときに住んでいた地域」であるのかを明確にする必要があるが、主題によって何歳を指定するのかが異なってくるだろう。「収入」も年収か、月収か、月収だとするとどの月のか、税込みか手取りかなどを明確にしなくてはならない。居住年数などは、その地域に出たり入ったりしている人もいるから、「最近転入してから」なのか「通算」なのかを明らかにする。「転職」について聞く場合などは、職種の変更（たとえば、専門職から管理職へ）なのか、事業所の変更（Ａ支店からＢ支店へ）なのか、出向をどう扱うかなど細かく指定して聞く必要がある。実態は予想より複雑であるから、自分が想定している以外のいろいろなケースがありうることによく思いを馳せなければならない。しかし、一方で設問があまりに繁雑にならない注意も必要である。

　②難解な用語は使わないか、理解できる人だけに質問対象をしぼる。

　一般的には対象者の大半が理解できる用語を使うような努力がいる。調査者はえてして、あることについて熟知している人びとであり、仲間内だけで通用する専門用語（法律用語、学術用語、業界用語など）をそれとは知らずに使いがちであるが、対象者はなかなか「その用語は知らない」とはいわないものである。どうしても専門的なことについて調査するために専門用語などを使う場合には、「○○について、ご存じですか」というような濾過質問を行ない、知っていると答えた者にだけ、以下の質問をするといった工夫も必要である。

　③抵抗や反発を引き起こす言葉やステレオタイプ的な言葉をなるべく用いない。

　「狂信的な」「過激派」などの用語は好意的な反応を封じる用語であろう。逆に、「美しい」「優しい」などはだれでもが受け入れたくなるような形容詞である。ステレオタイプ的な意識がどの程度支持されているかを調べるために意識的にこのような言葉を使う質問文もあるが、それ以外に利用するとき

には注意を要する。

文章について

①長すぎる文章にしない。

質問文を正確にしようとすると、いろいろな限定をつけるために質問文が長くなってしまいがちであるが、一読して意味が理解できるように心がけなくてはならない。

②意味がとりにくい文章にしない。

世間の常識と掛け離れると意味がとりにくくなる。たとえば、「男性にとっても、育児は仕事と同じくらい重要だ」という意見への賛否は聞きやすいが、「男性にとって、仕事は育児と同じくらい重要だ」という文章には戸惑いを覚えて反応できない人が多いのではないか。あまり分析的に考えて、機械的に対の質問（この例では男性と女性で）をつくろうとするとこのような質問をつくりやすいから注意を要する。

③否定疑問文にしない。

日本人にとって否定疑問文は反応しにくいようである。「投票なさいませんか」と聞かれると、「はい」と答えると投票することになるのか、しないのかわからない。「○○に反対ですか」も同様である。どうしてもこのような質問をしたかったら、回答のほうで工夫して、「はい」「いいえ」でなく、「投票する」「しない」「反対」「賛成」などとする。

④対象者が一つの質問で、二つの事柄に反応を迫られないようにする。

一つの質問で二つの事柄をいっしょくたに聞いてしまう質問は「ダブルバーレル」とよばれ、昔から調査法の教科書で避けるべきだと指摘されてきた。たとえば「あなたはAやBに賛成ですか」という質問は避け、「Aに賛成か」「Bに賛成か」という二つの質問に分けなければならない。「AだからBに賛成ですか」というような質問も同様である。

⑤過去の細かい記憶をもとにした質問はしない。

結婚した年や子供が生まれた年くらいならある程度正確に記憶している人が多いだろうが、「はじめてカラーテレビを買ったころ、使っていた歯磨きの銘柄」とか、「昭和50年ころの年収」となるとあまり信頼性はない。同様

に、過去の感情を聞くことも、よほど強い印象のある事件以外には現在の感情の影響を受けるので適切とはいえない。

⑥威光暗示効果などによる誘導尋問はしない。

「世間では普通○○だといわれていますが、あなたはどう思いますか」などという質問は、世間という威光を暗示して「はい」という反応を引き出そうと誘導しているから好ましくない。厳密には「○○に賛成ですか」という質問のしかたは「はい」という反応を誘導するから、「賛成ですか、反対ですか」と聞くべきだとされる。これに似たこととして、世間でとおりのよい回答（たとえば、夫婦仲がよい、親子でよく話し合いをするなど）が出てきやすいから、そういう問題については、なるべく一般論で聞かない工夫がいる。

ただし、まれには誘導尋問のような聞き方をして対象者の意見の強さを確かめることも行なわれる。たとえば、「敬語を使うと話が長くなりがちです。これからの忙しくなる世の中では敬語を少なくしていったほうがよいと思いますか」「敬語を使うと上品に聞こえます。敬語はだれもさかんに使ったほうがよいと思いますか」（西平、1957、一部改変）などのようにして、敬語使用への態度の強さをみるのである。

⑦あまりにも突飛な質問はしない。

対象者にとってある程度考えうる想定をして質問をするのはよいが、「もし、火星に住むとしたら……」（西平、1957）といった突飛な想定は対象者が回答に苦しみ、答えにはあまり意味がないといえよう。

質問のしかたのタイプと長短

質問のしかたにはいくつかのタイプがある。一概にどのようなタイプが好ましいとはいえないが、それぞれの長短を知って使い分けるべきだろう。

①個人的質問と一般的質問。

同じようなことを聞くのでも、本人自身の行動について聞くのか、一般論を聞くのかは明確に区別したほうがよい。たとえば、「あなたは、子供さんが結婚した後、同居したいと思いますか」「一般に、親は結婚後の子供と同居したほうがよいと思いますか」は異なったことを聞いている。この場合、

個人的質問は子供のある人にしか聞けないが、一般的質問はだれにでも聞ける。

　②意識を聞くのか、実態を聞くのか。

　同様に意識を聞くのか実態を聞くのかは区別したほうがよい。「あなたが病気になったとき、介護してくれると思われる人」を聞くのと、「病気になったとき、介護してくれた人」を聞くのは異なっている。前者はすべての人に聞けるが、後者は病気になった経験のある人にしか聞けない。

　③平常の行動を聞くのか、特定の日時の行動か。

　通常、何時に帰宅するのか、という質問と「昨日」何時に帰宅したのか、という質問は異なっている。平常の行動を聞くと、行動が日によっていちじるしく異なる人は答えようがなく、信頼性の薄い回答になる。特定の日時の行動を聞くと回答は正確であろうが、その日の特殊事情（たとえば、昨日は病気で寝ていて外出しなかった）が混入することになる。

　④単一の質問で聞くか、質問群でとらえるか。

　単一な質問よりも、複数の質問群から一般的態度を類推するほうが信頼性が高い。たとえば、「あなたは幸福ですか」という一つの質問よりは、幸福感に関連する10くらいの質問から類推するほうが信頼できよう。

6　いろいろな回答形式

自由回答と回答選択肢

　質問に対して自由回答で聞くことは、回答者の心のなかを多面的に把握し、誘導尋問にならないという長所がある。しかし、回答の枠組みが与えられていないためにいろいろな次元の回答が混入してアフター・コードが困難であったり、たいへんな手間がかかる場合がある。たとえば、「あなたにとっていちばん大切なものは何ですか」という質問に対して、「子供」「職業」「家庭」「健康」「財産」「貯金」「妻」「ゆとり」などというようにいろいろな回答が出てくると、回答カテゴリーのまとめかたに迷ってしまう。「子供」「妻」は「家庭」と一つにまとめられるのか。「貯金」は「財産」に含められるか。また、調査員のあいづちのうちかたなどで引き出されてくる回答が異

なり、標準化しにくいという問題もある。したがって、これまでの調査結果などから、回答選択肢をあらかじめ設定できそうな場合はなるべく設定したほうがよい。

しかし、回答がどの範囲にわたるか予想がつかないような質問、選択肢をつくると多すぎる質問（たとえば、購読雑誌の名前）には自由回答のほうがよい。また自由回答には回答者が満足するという効用が期待できる場合もある。たとえば、「あなたは、これまで女だから損をした、という経験がありますか。いくつでも自由に書いてください」などは有効ではないだろうか。

これに対して、回答選択肢を設けるということは、あらかじめ反応を分析者が考えうる範囲に制限し、分析のための変数をつくっていることになる。そのことによって、思いがけない反応を抑制しているというマイナス面もあるが、反応を一つの準拠枠に沿わせていくという効用もある。筆者は原則的には回答選択肢を設けた質問を多くするが、「その他」などを設けて分析者が予想しなかった回答もとりあげうるようにしている。その他のあとには「それは何ですか（　　　）」と自由記入を促し、もし類似した回答が多く出れば分析のためにそのカテゴリーを新しく起こすようにしている。

なお、年齢、収入、教育年数などのように、数値でそのまま回答できる事柄を、自由回答で聞くということは、回答もじかに数値として表現され、しばしば連続数になることを意味する。年齢などに関しては、そのほうが情報量が多くて望ましいといえよう。分析の段階で多様なカテゴリー化も可能だし、たとえば夫の年齢と妻の年齢を引き算して年齢差を出す、といったことも可能になる。ただし、収入などの場合にはあらかじめ選択肢を設けたほうが答えやすいといわれているし、どの程度のくわしさ（300万程度、320万くらい、324万円、324万5900円など）で回答するかも統一できるだろう。ただし、平均などの目安を得ようと考えるならカテゴリーの幅は均等であったほうがよい。

選択肢のつくり方

選択肢のつくり方にもいろいろあるが、選択肢の種類、どのように選択させるか（択一か、複数選択か、順序付けか）などの観点から分類して述べて

みよう。
　①賛否（共感、支持）を問う選択肢
　意識に関する質問の選択肢として、賛否、共感などを問う場合によく用いられる選択肢で、もっとも簡単にはつぎのようなものがある。

> 問　あなたはつぎのような意見に賛成ですか。反対ですか。
>
> 　子供が３歳までは、もっぱら母親の手で育てるべきだ。
> 　　１．賛成　　２．反対

　このような選択肢のつくりかたは２項選択法と呼ばれる。これと類似しているのは、賛否（共感、支持）の度合を問う選択肢で、

> １．非常に賛成　　２．やや賛成　　３．やや反対　　４．非常に反対

などと一次元に並んだ多項選択肢の形をとる。２項であれ、多項であれ、このような選択肢で問題になるのは、「どちらともいえない」という回答選択肢を設けるか否かである。どちらともいえない、という選択肢に多くの回答が集まり過ぎると質問の意味がなくなってしまうことが多いので、筆者は一般には、回答者に明示する形ではこの選択肢は設けないことが多い。しかし、回答者がどうしてもどちらともきめかねて○をつけていない場合は、調査者として「不明」のカテゴリーに落とすことになる。
　多項式の場合には、どちらともいえないを含めて５段階（５件法）がよいか、７段階（７件法）がよいか、といった議論もされる。筆者自身は、７段階のどれにするかを問われることは、回答者が答えるのに苦しいと感じるので、だいたいは５段階までとしている。
　似たような選択肢のつくり方で、頻度を問う（よく思うか、よく行なうかなど）選択肢もある。これらの場合、当然選ぶ選択肢は一つである。
　②多肢択一式選択法
　実態についての質問で、多くの選択肢から「一つだけ」を選ぶことを迫る

質問に用いられる選択肢である。このような場合には、選択肢が「網羅的かつ相互に排他的」にできあがっていることが重要である。たとえば、「あなたは1日に何時間くらい就業しますか」という質問に対する選択肢は「1時間以上～3時間未満」「3時間以上～7時間未満」というふうに連続していなければならず、「1～3時間」「5～7時間」などというようにあいだが抜けていては困る。また、いちばん上のカテゴリーは「8時間以上」のようにどんなに多い人も含められるようにしておいたほうがよいし、日によってちじるしく就労時間が異なる人が答えやすいように「決まっていない」というカテゴリーもあったほうが望ましい。同様に「その他」などを設けておいたほうがよいだろう。

注意する必要があるのは、二つ以上の基準を入れて選択肢をつくる場合である。たとえば現在住んでいる住宅について知りたい場合、持ち家か借りているか、集合住宅かどうか、貸し手はだれか、といった複数の基準を持ち込んで（一次元でない）選択肢をつくっている例が多い。たとえば「持ち家一戸建て」「持ち家集合住宅」「公社、公団住宅」「民間借家」などと並んでいる。この場合、公団分譲住宅の人は「持ち家集合住宅」「公社、公団住宅」の両方にあてはまるわけで、すなわち選択肢が相互に排他的でないから、考え直す必要がある。

選択肢の総数はあまり多くなると選ぶほうの負担が大きい。また、分析のさいに変数になることを考えると、分布があまり偏らないという配慮も多少は必要になる。回答が分散した場合にはいくつか選択肢をまとめればよいが、集中した場合には分析には使いにくくなる。たとえば、主婦の税込み年収のもっとも下のカテゴリーを「400万円以下」にしておいたら、そこに90％が入ってしまったとしよう。これでは主婦の年収の多寡による分析は困難になり、100万未満などというカテゴリーをつくっておいたほうがよかった、ということになるだろう。

③順位の決定と複数選択――一対比較と順序付け

いくつかの項目のなかから順位を決めてもらうために、選択肢から複数を選択させる場合がある。たとえば自分にとって大切なものを「もっとも大切なものから3番目まで選ぶ」「いくつでも選ぶ」などの質問のしかたである。

どちらの設問のほうが望ましいのかは、その質問で「何が知りたいか」によって異なってくる。

「3番目まで」のような聞きかたは、2番目に非常にたくさん選択された場合と1番、3番で少しずつ選択されたものとの比較が困難であるなど、意外に分析の処理に困るものである。しかし、「いくつでも」というとすべてに○がついてしまうような質問（たとえば、何らかの優遇施策が選択肢に並んでいる）の場合には、数を限定する意味があるだろう。

順位をどうしても決めたい場合には、一対比較法という方法もある。一対ずつの選択肢を示して比較させ、結果として順位をつけるという設問のしかたもある。「AとBはどちらが好きですか」「BとCでは」「CとAでは」と聞いて、結局はABCに順位をつけることになるのである。

一方、「いくつでも」という質問のしかたは、分析のうえでは各選択肢ごとに選択させて○をつけてもらうことに等しい。選択されたもののなかでの順位はつかないが、回答者の気持ちに沿って選択したいものはすべて選択できるという良さがある。実態に関する質問、たとえば同居している家族の続き柄、収入源などを問う場合にもよく用いられる。この場合、大切なことは、「あてはまるもの、すべてに○をつける」ことをくれぐれも徹底することである。

④不明、無回答、非該当の扱い

なお、いずれの場合にも共通する注意として、その質問に答えたくない、わからない（他計式ではD.K.、N.A.と略記されることもある）人の回答選択肢と、その質問の非該当者（質問があてはまらない人。たとえば子供に関する質問の場合の子供のいない人）の回答欄を設けておく必要がある。また、これらは、集計の場合に除外することも多いので、なるべく共通の数字を割り振っておくと、分析のときが楽である。筆者はたいていD.K.、N.A.は9や99、非該当は8や88としている。しかし、家族人数など実際の数としてこれらの数値を使うときもあるから、臨機応変に考える必要もある。

7　属性項目についての具体例

以上のことをふまえつつ、多くの調査で質問される性別、年齢、学歴、職業、世帯構成などの調査対象者の属性に関する項目について、一般的な例を挙げて注意点を書いておこう。

性別

性別は対象者名簿がある面接調査では直接聞くことは少ない。むしろ、対象者名簿で指定された本人に面接しているのかどうかを確認するために、見た目で判断する材料として用いられることが多い。自記式の場合にも質問形式にせずにつぎのようにただ、○をつけるように欄を設けている場合が少なくない。

```
問　性別　　1.男性　　2.女性
```

よりよいのは、対象者の属性をひとまとめにして、性別からはじめ、年齢や学歴につなげていくつぎのようなやり方である。

```
あなた自身のことについておうかがいします。

問　あなたの性別は？　　1.男性　　2.女性
問　あなたの年齢は　□□歳
問
```

年齢

年齢については、正確には生年月日で聞くことになり、おおまかでよければ年齢を直接答えてもらう。年齢で直接聞く場合にはいつの時点での年齢か（調査時点か、その年の1月1日かなど）、高齢者が対象であれば満か数えか

もはっきりさせなければならないため、生年月日（生年と月という例もある）で聞くことが多い。その場合にも西暦か、元号（明治、大正、昭和、平成）かをはっきりさせておかなくてはならない。対象者名簿がある面接調査などでは、一応くわしく質問して本人確認に用いられることも多い。

問　あなたの生年月日をうかがいます。おいくつですか。

1．明治
2．大正　　□□年　　□□月　　□□日生まれ　　□□□歳
3．昭和

学歴

　学歴を聞く場合、教育年数で聞く場合と最終学校で聞く場合がある。日本では年数といわれてもすぐにはわからない場合も多く、入学者のほとんどが卒業するとして最終学校で聞くほうが普通である。ただし、最終学校といっても卒業、中退、在学中があり、中退かどうかをとくに知りたいのなら、卒業・中退・在学中の別をさらに別問で聞く必要がある。また、最終学校の名称には旧制と新制でちがいがあり、しかも旧制の学校制度は複雑である（図7-1）。次の例は自記式で旧制と新制の対象者がいることを想定しているが、幸い、最近の対象者では旧制は減ってきている。高齢者が対象でなければ旧制は省略してもよいし、面接であれば旧制の回答者が出てきた時点で調査員が処理してもよいだろう。

問　あなたが最後に行った学校は次のどれに当りますか。中退、在学中も卒業と同じ扱いでお答ください。

新制↓	旧制↓
1、中学校	11、旧制尋常小学校
2、高等学校	12、旧制高等小学校

3、短大・高専・ 　　各種専門学校＜新制高等学校卒業後＞ 4、大学・大学院 5、その他	13、旧制中学校・実業学校・師範学校 14、旧制高校・高専 15、旧制大学・大学院

世帯構成

　世帯構成の質問のしかたはいろいろある。最終的には世帯類型をつくって分析に用いるので、直接世帯類型を聞いてしまえば簡単だと思うかもしれないが、現実は意外に複雑で、類型とぴったり合わないケースが少数とはいえ出てきて困ることになる。さらに、個人を対象とした調査だと、たとえば［親と未婚の子］という類型に当てはまるといっても、対象者が親のほうなのか子のほうなのかわからないこともある。したがって類型を直接質問するのは、一般にはさけたほうがよい。もっともくわしい聞き方は下のように世帯表をつくってすべての世帯員について答えてもらう方式である。

問　一緒に住んでいる方について、あなたから順に、あなたとの続き柄（具体的にカッコ内に記入）、性別、年齢をご記入ください。		
あなたとの続き柄	性別	生年（当てはまる元号に○のうえ、数字を記入ください。
1　あなた（本人　　　） 2　あなたの（　　　　　） 3　あなたの（　　　　　） 4	1、男　2、女 1、男　2、女 1、男　2、女	明治・大正・昭和・平成　□□年 明治・大正・昭和・平成　□□年 明治・大正・昭和・平成　□□年

　このやり方のメリットは回答者には比較的答えやすく、分析者は多くの情報をいかようにも使うことができる点である。この例では世帯員の性別と生年しか聞いていないが、同じような表で、未既婚や職の有無などまで聞いてしまうこともできる。そのような場合は比較的小さなスペースで多くの情報を入手できるのである。デメリットとしては、回答者の世帯人数が多い場

第7章 調査票をどうつくるか 155

図7-1 旧制の教育制度

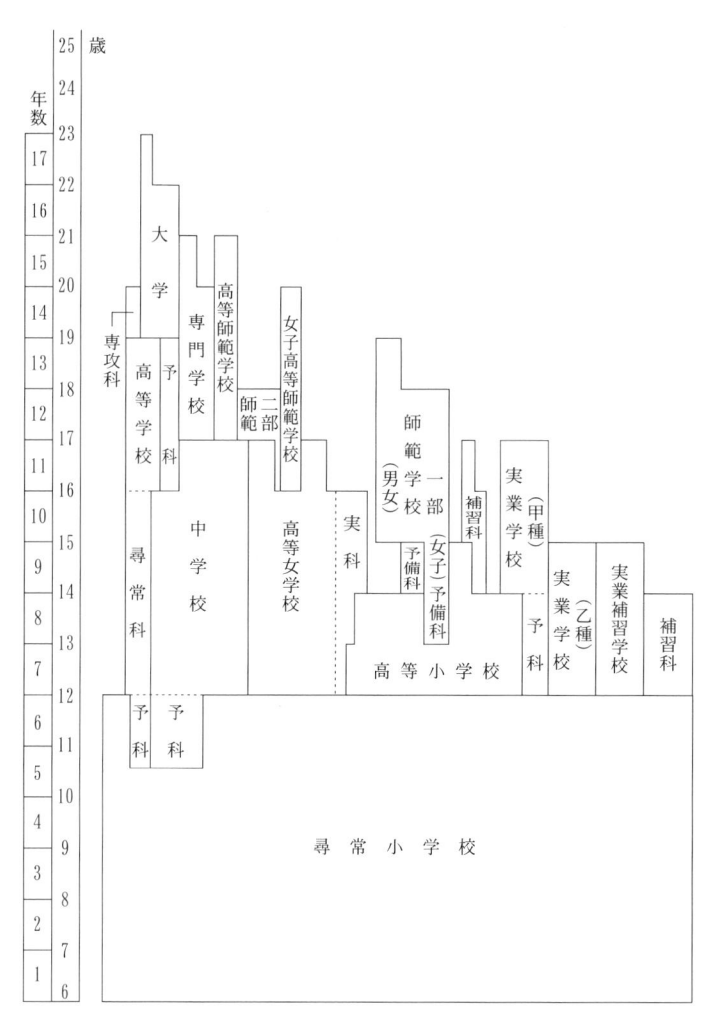

原・海野、1984, 184頁。

合、たとえば世帯員が10人いれば10行記入しなくてはならないことである。しかも分析者がそれだけの情報を全部生かして使うことは多くはないだろう。調査目的にもよるがだいたいは配偶関係、親との同別居、子どもの人数、一番上か一番下の子どもの年齢などくらいしか使わないことが多い。し

かも分析者にとってやっかいなのは、対象者の選定のしかたにもよるが、調査対象者である「本人」が世帯のなかでどの位置を占める人であるかがわかりにくいという点にある。先に「親との同別居」と書いたが、実は対象者は「親」に当たる人かもしれず、その場合にはこの世帯票には子ども、子どもの配偶者、孫が記入され、「親」は記入されなくなる。しかもどの位置に誰が記入されているかもさだかでない。このような場合、コンピュータに類型化させることは大変な手間がかかる。

　別な聞き方としては、構成する世帯員すべてに○をつけさせる方法がある。これは回答者にとって比較的簡単で、分析者がここから世帯類型をつくるのはややめんどうではあるが世帯表の場合ほど大変ではない。しかし、世帯表の場合に比べると、息子、娘、孫の数はわからないし、親と同居しているといっても父親か母親か、配偶者の母親か父親かわからない。それを知りたければ選択肢を増やして自分の父、自分の母、配偶者の父、配偶者の母などとしたり、孫〈何人か記入〉などとしなければならない。

　問　あなたが一緒に住んでいるのはつぎのうちのどなたですか。あてはまるすべてに○をつけてください。

　1.配偶者　2.親　3.配偶者の親　4.息子　5.娘　6.子どもの配偶者　7.孫　8.孫の配偶者　9.その他（　　　　　　）

　以上のうちどのような質問のしかたがよいのかは、1）どこまでくわしく世帯構成をとらえたいか　2）対象者から簡単に正しい答えが得られるかどうかに重点をおくか（とくに自記式の場合）、分析者の分析がやりやすいことに重点をおくか、などによって決まってくる。

職業
　職業は収入の多寡や安定性、社会的評価と深くかかわり、階層を規定する重要な要素である。そのため、多くの調査票に含まれるが、それを的確にとらえる設問はなかなか難しく、通常はいくつかの角度から複数の質問をし

て、それを組み合わせて類型化する。「ひとに雇われているのか、自分で経営しているのか」に注目したのが、「従業上の地位」で、一般には経営者、正規従業員、パート・アルバイト、自営業主、家族従業者、内職、無職などを区別する。実際にどのような仕事をしているのか、という点に着目しながら、それに必要な知識・技能・熟練・責任の度合いを考慮して類型化したのが「職種」である。職種の分類は大きくは専門職、管理職、事務職、販売職、生産工程従事者、保安・サービス従事者などにわけられるが、具体的にどの職業をどこに分類するかは社会学者でさえもなかなか困難である。したがって、厳密さが必要な場合には具体的に仕事の内容を聞いてきてあとで専門家がアフター・コードすることになる。それがむずかしい場合には以下のように例を挙げて聞くが、対象者にとってわかりやすい例を挙げるように、たとえば対象者が女性なら女性の多い職業を挙げたり、高齢者なら高齢者が多い職業を例に挙げたりする配慮が必要である。さらに日本では、企業規模によって労働条件にかなりの格差があるところから、従業先の規模をとらえることも一般には重要である。これらのうち、調査の目的に照らしてどの角度からどこまでくわしく、厳密に尋ねるのかが決まってくるが、簡単に聞くとすれば、従業上の地位、職種、従業先の規模の3つでつぎのようになるだろう。

> 問　あなたのお仕事は大きく分けてつぎのどれにあてはまりますか。
>
> 　1. 自営業主〈自由業を含む〉
> 　2. 家族従業者
> 　3. 内職
> 　4. 経営者・役員
> 　5. 管理職
> 　6. 常時雇用されている一般従業者
> 　7. パート・アルバイト・臨時雇い・契約社員
> 　8. 派遣社員

9. 学生
10. 無職

問　あなたのお仕事の内容は次のどれにあたりますか。

1. 専門知識や技能を生かした仕事〈教員、看護士、保育士、技術者など〉
2. 管理的な仕事〈課長以上の管理職〉
3. 事務的な仕事〈管理・企画・販売・経理にかかわる事務、秘書など〉
4. 営業・販売の仕事〈セールス、店員、生命保険外交員など〉
5. サービスの仕事〈美容師、調理師、接客など〉
6. 農林業の仕事
7. 保安の仕事〈警備員など〉
8. 運輸・通信の仕事〈運転者・郵便配達員など〉
9. 製造・技能・労務の仕事〈工員など〉
10. その他

[**自営業の方へ**] 雇い人は何人くらいいますか。
[**勤め人の方へ**] 勤め先の従業員は会社全体〈支店や営業所を含めて〉何人くらいですか。

1. 自分ひとり
2. 家族従業員のみ
3. 従業員5人未満
4. 5－100人未満
5. 100－300人未満
6. 300－1000人未満
7. 1000人以上
8. 官公庁

現実には零細企業の経営者と自営業主の区別はむずかしいし、派遣社員、

出向などの人がこれにどう回答するかもむずかしい。自記式で判断させる場合には「企業規模5人以上は自営業ではなく、経営者に分類してください」とか［派遣社員は企業規模は答えなくてかまいません］などとくわしい注意書きが必要だが、それがまた多いと読みこなすのも大変になるから、その兼ね合いを考えたほうがよい。

　これまでよく調査で用いられる対象者の基本的属性について例を挙げてきたが、以上はあくまで一般的な例で、たとえば調査対象が女性だけなら性別を聞く必要はないし、高齢者の場合には学歴を旧制の学校制度でも聞くなど対象ごとの心配りが必要なことはいうまでもない。また、基本的属性についてはたとえばSRDQのような社会調査データベースから質問項目を検索して参考にするのもよい（http://srdq.hus.osaka-u.ac.jp/）。

8　質問票の流れとレイアウト

　ここでは、質問文や回答選択肢をすっかり固めた後の質問票の作成について述べる。
　①質問の順番
　原則的には、(1)答えやすい質問は前のほうに、私事にわたる質問は後ろのほうへ、(2)関連する事柄や、回答形式の似ているものは近くに集める、(3)対象者を限定する枝分かれ質問（サブクエスチョン。例：結婚している人のみに聞く）のところでまちがいにくいような順番を考える、などが挙げられる。枝分かれ質問がはじまるところでは、かならず該当、非該当を確認する質問（例：結婚していらっしゃいますか）を最初に挿入すべきだろう。
　ただし、質問の流れはこの原則だけではうまくいかない。関連する質問の並べ方では、いわゆる「キャリーオーバー効果」（前の質問の内容が後の質問の影響を与えること）に注意しなければならない。枝分かれがいくつも繰り返し出てくる（例：仕事を持っている人に。雇用者の方だけに。パートの方だけに。）ことが避けられない場合もあるが、そのときには、その限定が解除されるときに［全員に］などを確実に入れる必要がある。そうでないと、回答する者はどの質問に飛んでよいかわからない。

②タイトル

　調査には問い合わせの場合の便宜などを考えて、普通、タイトルをつける。簡潔に内容を表わすタイトルであれば何でもよいが、反発を引き起こすようなものは避ける。たとえば、50代以上を対象とする調査のタイトルを「老人の生活に関する調査」とすると、50代の者は「私はまだ老人ではない」と反発する場合がある。

③調査主体や連絡先の明記

　対象者は、自分の回答が何かに利用されないか不安を持つことがある。収入を正直に答えると、税務署に連絡されるのではないか、セールスマンが頻繁に訪問するのではないか、などである。調査主体を明記し、連絡先（電話番号も）を記して問い合わせに答えられるようにする。

④挨拶

　調査主体の明記で十分な場合には省略することもあるし、他計式の調査（例1参照）であれば、口頭で済ませるが、自記式の場合にはかならず必要であろう（例2参照）。内容は調査主体の自己紹介、調査の目的、回答は統計数字にしてしか利用しないから、プライバシーは守られること、などを含ませる。対象者がどうして選ばれているかの説明（例：くじびきで選ばれた）を入れることもある。対象者はなぜ自分が選ばれたかを不審に思っている場合が多いので、この説明は有効である。ただし、郵送調査などの場合、③④をいっしょにして、調査票とは別紙の依頼状を同封することもある。

⑤記入上の注意

　自記式の場合には最初に必要である。あてはまる番号に○をつける、とか、［　］に番号を記入するなどと記し、例を示すとよい。この部分はかならず読んでもらえるよう、見出しに大きな文字やゴチックを使ったり、全体を囲ったりする（例3参照）。

⑥調査票についての処理の記録欄

　調査票に、実査、点検、コーディングなどの処理の記録欄を設ける場合もある。他計式の場合には、調査員が何回訪問したか、未完理由などを記録したり、点検済み、コーディング済みのマークや、その責任者名を記録する欄を設けたりする。あらかじめ欄を設けず、事後的に適宜対応する場合も多

第7章 調査票をどうつくるか　161

例1　他計式の調査表

調査票（女性調査）

女性

調　　査　　票
（ＳＳＭ）

対象者氏名					様	地　点	個　番	種　別
都道府県	市郡区	町村	丁字	番	方荘	① ②	③ ④ ⑤	1 2 3 A B （男） 女 ⑥

調査員氏名			訪問記録		1回目	2回目	3回目	4回目	5回目
回収	コーダー	点検		( )月	( )日	( )日	( )日	( )日	( )日
				時間	AM ( )時 PM	AM ( )時 PM	AM ( )時 PM	AM ( )時 PM	AM ( )時 PM

調査不能の理由〔最終的に調査不能であったときに該当箇所に〇をつける。〕

1 該当者なし　2 尋ね当たらず　3 長期不在　4 ・病気　5 拒否　6 その他（記入　　　　　　　）

（あ　い　さ　つ）

　私は×××からきた調査員です。私たちは全国の大学や研究所と協力して，昭和30年以来10年毎に，日本の人々の生活と意見を調査してきました。今回は第4回目になりますが，同じように全国で調査を行なっています。この調査の対象となる方々は，無作為抽出というクジビキに似た統計的な方法で選びました。若干具体的なこまかい質問もありますが，お尋ねした回答は，完全に極秘として管理し，結果は統計表としてのみ処理します。お忙しいところを申し訳ありませんが，是非御協力をお願い致します。

問1　あなたのお生まれは何年何月ですか。〔対象者指定票と照合し，対象者を確認する〕

　　　　大正・昭和　　　年　　月　　日　　　　　　　　　　　満　□ □ 歳
　　　　　　　　　　　　　　　　　　　　　　　　　　　　　　　　⑦ ⑧

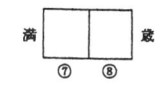

問2　あなたが15才の頃，あなたの兄弟姉妹はあなたを含めて何人でしたか。そのなかであなたは上から何番目でしたか。すでになくなっていた方は除いて下さい。

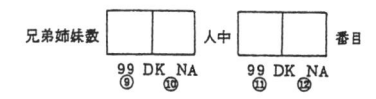

　　　　　　　　　　　　　　　　兄弟姉妹数 □ □ 人中　　□ □ 番目
　　　　　　　　　　　　　　　　　　　　　99 DK NA　　　99 DK NA
　　　　　　　　　　　　　　　　　　　　　⑨ ⑩　　　　　⑪ ⑫

例2　自記式の例

教員養成大学における教育活動に関する調査

調査協力のお願い

　新しい年をご健勝で迎えられたことと存じます。
　さて、今、国立大学、とくに教員養成系大学は、変革に向けての正念場を迎えています。私ども東京学芸大学の研究グループは、この時期にこそ教員養成課程の教育活動の実態をきちんと把握し、今後の改善に資することが必要と考え、教官と学生の関係に焦点をあてながら研究にとりくんでおります。

　本調査は、その一環として実施するもので、全国の教員養成系大学8校（新構想大学を除く）の全教官にお願いしています。新年早々恐縮ですが、一人でも多くの方にご回答いただきたく、ぜひとも、ご協力くださいますようお願い申し上げます。
　回答は、同封の返信用封筒（切手不要）で、<u>1月20日</u>までにご投函ください。なお、多少遅れても、ご返送くださることを歓迎いたします。

記入にあたってのお願い

　回答は、該当する番号に○をつけていただく質問と、（　）のなかに数字を記入していただく質問とがあります。○をつけていただく質問はとくに指定がない限り、○はひとつです。

〒184-8501　東京都小金井市貫井北町4-1-1
東京学芸大学　教員養成研究会
　　　○○○○○・○○○○○・○○○○○
　　　○○○○○・○○○○○・○○○○○
（問い合わせ先）直井道子（E-mail：○○○○@u-gakugei.ac.jp）

例3　記入上の注意

高齢者夫婦に関する調査（奥様用）

調査票番号　　町　　丁目
□□□　　□　　□　　□

東京学芸大学生活福祉選修
直井研究室
0423-○○-○○○○内線(○○○○)

ご記入にあたってのお願い

◇ 質問にはあてなの奥様がお答えください。他の方とご相談なさらず、ご自分のお考えをお聞かせください。
◇ 以下の質問をお読みになって、あてはまる回答番号に○をつけてください。
　　例　　1 はい　　2 いいえ
◇ 年齢などの場合は□の中に数字を書き込んでください。
　　例　[6][7] 歳
◇ 書き終わったら、担当の者にざっと回答欄が埋まっているか点検させ、お渡しください。ささやかですが、粗品をお受け取りください。

い。

⑦小見出しや説明

対象者に調査の流れを伝え、その注意を集中させるために、いくつかの質問ごとに小見出しやちょとした説明や挨拶を加えることが多い。「はじめに、○○についてうかがいます」「ご家族についてうかがいます」など。

⑧質問番号

問1、問1-2（枝分かれ質問）のように順番にふる。この数字と選択肢に付せられた数字が混同されないような注意が必要である。

⑨回答上の指示

自記式ならば対象者への、他計式ならば調査員への指示を、[ ]にいれるとか、ゴチックにするなど、質問文と紛らわしくないように付け加える。[結婚している人へ。結婚していない人は問17へ]など。なお、非該当者を判別する選択肢（例：結婚していない。子供はいないなど）はかならず設けておくこと（例4参照）。

⑩お礼の挨拶

これで終わりということを伝達する必要があり、最低限「以上」のような

例4　枝分かれ質問

> 「離別」の場合は5ページQ23へ

Q12. これまでに、配偶者の方（ご主人、奥様）と「別れたい」と思ったことはありましたか。

```
    1          2          3              4
 よくあった  時々あった  たまにあった  まったくなかった
                ↓                       └→（Q13へ）
```

付問．それはいつ頃のことですか。（M.A.）

1　20歳以前　　　4　40歳代ごろ
2　20歳代ごろ　　5　50歳代以降
3　30歳代ごろ

> 「死別」の場合は5ページQ23へ

Q13.〔回答票3〕配偶者の方（ご主人、奥様）との日常の関係についておたずねします。あなたはここにあげるようなことをしておられますか。それぞれについてお答えください。

	(ア)よくする	(イ)時々する	(ウ)たまにする	(エ)まったくない
(1) ご主人（奥様）のごきげんをとる	1	2	3	4
(2) ご主人（奥様）をなぐさめる	1	2	3	4
(3) ご主人（奥様）の話を黙って聞いてあげる	1	2	3	4
(4) ご主人（奥様）に怒ったり、あたったりする	1	2	3	4
(5) ご主人（奥様）に対して黙ってしまう	1	2	3	4
(6) ご主人（奥様）に対して愚痴をこぼす	1	2	3	4

例5　終わりのあいさつと調査員記入欄

F15.〔回答票26〕あなたの現在の暮らし向きは、どのような感じですか。この中から選んでください。

1　（ア）ゆとりがある
2　（イ）まあゆとりがある
3　（ウ）ぎりぎりである
4　（エ）苦しい

おうかがいすることは、これで終わりです。長時間誠にありがとうございました。

☆調査員記入☆

〔面接日〕　　月　　日　　〔面接所要時間〕　　　　分

ことばが必要である。なるべくなら、「長い間、ありがとうございました」などといれておきたい（例5参照）。

⑪調査員判定

他計式の場合には、最後に、調査員に対する質問を加えることがある。たとえば、調査時間を記入させたり、調査のときそばにだれかいたか、調査への協力度合、対象者の理解力などを記入させたければ、その欄を設けておく。このような調査の記録だけではなくて、たとえば、家が一戸建てか、などを判定させることもある。

⑫最終レイアウトとページ数

それぞれの質問がページの終わりで中断されないように、また、最後のページにだいたいいっぱいに収まるようなレイアウトにする。最後にページ数をふる。

最後のページを裏表紙と感ちがいして未記入のままの人が何人か出ることがある。そのような危険がありそうなときは、その前のページに「裏へ」とか「裏にも質問があります」などと加えるとよい。

以上で調査票は完成である。先に述べたように、材質や補助用具の決定、念入りな校正や点検をへて、いよいよ実査に入る。実査のインストラクションまでに余裕をもって大量の調査票を納入してもらえるようスケジュールの確認も重要である。

第8章

データの整理とチェック：
分析の前にすべきこと

　データを収集したら、データの入力が済み次第、即分析開始といいたいところだが、そうはいかない。実は、データの入力からデータの分析までの間にはしなければならないことがいくつかある。クリーニング、変数の同定、尺度構成といった「分析するためのデータを整える」作業である。これらの作業は概して地味で、またけっこう面倒であるため、研究者でさえもいい加減にすませてしまうことが多い。しかし、これらの作業なしにデータの分析は成立しない。これらを飛ばして分析を開始してしまうことは、確実に自滅するという意味で酸素ボンベなしに火星を旅行するくらいの暴挙に等しい。ここではこうした作業について解説しよう。

1　データの整備と入力：千里の道も一歩から

エディティングからの出発
　調査票が回収されたら、ただちに調査票を1票ずつ点検し、記入漏れや不完全・不明な回答項目のチェック、誤記の訂正などを行なう。こうした作業をエディティングとよぶ。エディティングは調査を実際に実施している（＝

実査とよぶ）時点で調査票の回収と並行して行なうが、実査が終了した後にも行なうのが望ましい。エディティングの結果、記入漏れや不完全な項目が見つかった場合には必要に応じて再調査を行ない、判読不可能な記載や誤記があれば調査員に確認して訂正・明確化するなどの処置を行なう。また、論理的に関連する項目や論理的に成立がむずかしい回答についてはとくにこの段階でチェックしておいたほうがよい。世帯年収が個人年収より少ないとか、初職が「公務員の管理職」であるとかいったことは、よほどのことがないかぎり成立しない。こうしたチェックは論理エラーチェックとよばれるが（後述）、一般にこうしたエラーの検出と訂正は骨の折れる作業であり、エディティングの段階でチェック・修正しておいたほうが後々はるかに楽である。

　以上のような回収票の確認・訂正の処置は実査の終了から時間が経過するほど困難になるので、エディティングは実査終了から短期間のうちに行なう必要がある。また、エディテイングによって有効票・無効票が確定できるから、この時点で調査の回収率を計算することができる[1]。

　エディティングの最大の目的は入力すべきデータを整備することであるが、この結果として調査全体の概要を直観的に把握できるという副次的な効果も得られる。調査票を1票1票見ていくと、全体の傾向や変数の関連などがイメージされやすい。こうした直観的把握はかならずしも解析の結果と対応しないこともあるが、仮説を生み出すヒントになったり、分析の手掛かりとなることもある。また、場合によっては調査員によるデータの捏造（メイキング）というおそろしい事態を発見することもできるので、エディティングはどんな場合でもかならず行なう必要がある。

コード表とは何だろうか

　エディティングでデータの清書を終えたら、データをどのように入力するかについての計画を立てなくてはならない。質問紙調査の場合、原則的には最初に ID 番号（identification number：ケース番号ともいう。回収された

　1）回収率は通常は回収票÷標本数で求めるが、回収票のうち有効票のみを対象として有効票÷標本数で有効回収率を算出する。

調査票の識別番号）を入力し、以下調査票の項目順序にしたがってデータの入力を行なう。この項目順序を崩すと、データのクリーニングのさいに死ぬほど苦労する。

　さて、データを入力する場合、調査票上の回答カテゴリーが数値で示されている場合には、入力にさいしてもその数値を用いることが一般的であるが、数値で示されていない場合（特定の文字情報やアルファベットなどの記号、自由回答など）はどのような形式で入力するかを決めなければならない。一般にデータの入力は数値かアルファベットを用いて行なうが（プログラム上は数値で入力したほうがさまざまな演算が使えるので便利である）、特定の回答カテゴリーについて定められた入力値のことをコードとよぶ。たとえば、回答に①「非常にそう思う」、②「どちらかといえばそう思う」、③「あまりそう思わない」、④「まったくそう思わない」の４段階の選択肢が設けられている場合に、①②③④を順に１、２、３、４の数値で入力する。ここでは１、２、３、４がそれぞれの回答カテゴリーのコードということになる。そして項目ごとのコードを示した一覧表をコード表、冊子になっている場合にはこれをコードブックとよぶ。

　表８－１はコード表の一例である。このコード表は自記式調査から得られたデータにもとづくものであるため、比較的単純なコード表になっているが、大規模な面接調査などで得られたデータのコード表はかなり複雑なものとならざるをえない。「社会階層と社会移動全国調査」（SSM調査）はわが国の社会学者によるもっとも大規模かつすぐれた調査といえるが、SSM調査では職業コードなどが膨大なコードブックにまとめられている。

　ここで、コード表を作成することの意味について触れておこう。コード表を作成しなければ、複数のメンバーで入力作業を行なうことはできない。しかし、たとえ一人で入力を行なうとしてもコード表の作成は重要である。というのは、一定期間が経過すると、データをどのように入力したのか、データ中の値は何を意味するのかといった記憶が自分自身の頭のなかから消失することが多いからである（いつまでもこうしたことを覚えているのも不気味である）。さらに、今後は研究用データを公開する機会も増加すると思われるが、こうした場合にはコード表を提供することが不可欠である。上記のよ

表 8-1　コード表の例

質問項目	カラム（桁）位置	内容	DK・NA	非該当
ID番号	1—4		—	
問1　出生年	5—6	西暦下2ケタ	99	
問2　性別	7		9	
問3　通学時間	8—10	分で統一	999	
問4　父親の職業	11—12		99	98
問5　母親の職業	13—14		99	98
問6　結婚観				
(1)	15	あてはまらない　　＝1	9	
(2)	16	あまりあてはまらない＝2	9	
(3)	17	ややあてはまる　　＝3	9	
(4)	18	あてはまる　　　　＝4	9	
問7　同居世帯員				
(1)ひとりぐらし	19		9	
(2)父親	20	○あり＝1	9	
(3)母親	21	○なし＝0	9	
(4)兄弟姉妹	22	（全部○なしのとき	9	
(5)祖父・祖母	23	すべてNAと処理）	9	
(6)その他の方	24		9	

うな点から、いかなるデータの入力にさいしても厳密なコード表を作成しておくことは重要である。

コード表はこうしてつくる

　一般に、コード表には入力する項目順に回答カテゴリーと、それに対応したコードが示される必要がある[2]。すでに調査票上で回答に何らかのカテゴリー化がなされているときには、単純にそれに対応したコードが示されればよい。調査票上でカテゴリーにコードが与えられている場合（プリ・コードとよばれる）には、そのコードでデータを入力するのがふつうなので、コード表から省略されることも多い。しかし、カテゴリー化がなされていない場合には、すべての調査票を見てどのようにカテゴリーを設定するか（アフター・コードとよばれる）を決めなくてはならない。自由回答などのカテゴリーの設定はきわめてたいへんであるため、場合によっては「記入あり」「なし」のコードのみを用いて、当面のデータの入力にはこれ以上の情報を含め

ないという方法もとられる。ただし、重要な情報を伴うデータであればどこかでカテゴリーの設定は行なわざるをえない。

　こうしたカテゴリーの設定を完璧に行なうには、調査票の回答からデータベースを作成してカテゴリーを設定するよりほかにはない。具体的にはID番号順に文字情報をそのまま入力し、つぎに一次的なその要約項目を作成・入力し、この結果をもとにさらに二次的な要約項目を作成・入力する、といった作業を行ない、こうした結果からいくつかのカテゴリーを作成する[3]。当然のことながらこの作業は重労働であり、文字情報を入力するだけでもたいへんな時間とエネルギーを要するから、通常は複数の回答結果を見ながらいくつかの回答カテゴリーをその都度設定していく、という次善の方法がとられる。

　カテゴリーを設定するもうひとつの方法は、理論的な見地からあらかじめ分類カテゴリーを作成し、機械的に回答を区分するという方法である。こち

　2）データを固定長（決まった位置に決まったデータ値を入力する形式）で入力する場合にはカラム位置という、データ値を置く場所もあわせて表示する。通常は桁位置（先頭から半角で何桁目か）で表示を行なう。また、1行の桁の上限はデータの入力・訂正に用いるエディターの種類によって異なるが、従来は行番号のスペースを考慮した場合に72桁、そうでない場合に80桁が使用されることが多かった。最近では1行256桁で入力する場合も多いが、統計ソフト上でこれらの最終桁までを表示できない場合もあるので、注意が必要である。なお、1ケースのデータが複数行に渡るときには、行番号を各行の先頭に置いたり、同一のID番号を各行の先頭に置いたりする。これは、後述のクリーニングを容易に行なうための処置である。データを可変長で入力する場合（データとデータの間をカンマで区切ったり、ブランクで区切ったりする入力法。個々のデータごとに変数値の桁数が異なるので、データによって最終桁の位置が異なってくる。フリーフォーマット形式ともよばれる）にはこうした処置は必要ない。可変長の場合は一般にデータの読み込みのためのプログラム作成も容易で、便利であるが入力できる変数の個数や書式に制約があることが多いので注意が必要である。

　3）こうした作業はデータをカード化し、分類・カテゴリー化するというKJ法（川喜田、1967）と類似する。KJ法は得られたデータの内容をカードに直観的に1行程度で要約し、類似したカードを総合して概念化する方法であるが、データベース・ソフトを用いると調査票上の記述→第一次要約→第二次要約→類似内容の概念化、といった単純化・総合化の作業を効率的に行なうことができる。

らのほうが時間はかからないが、こうしたカテゴリーが設定できないからこそ自由回答項目にしている場合も多い。以上のようにカテゴリーの事後的な設定は標本数が多いほど苦労するから、少数標本にもとづく事例調査を除いてむやみに自由回答項目は作成しないほうがよい。

欠損値のコードに要注意

　コード表でもうひとつ重要な情報は、欠損値に関する情報である。欠損値とは無回答（NA：No Answer）や不明・わからない（DK：Don't Know）、非該当などを示すコードをいい、実際の分析のさいにはデータから除去される。当然のことながら、欠損値は回答カテゴリーには用意されていないコードを使用することが原則である。欠損値のコードは多くの項目で共通にしたほうがプログラムを作成するうえで便利であるから、回答カテゴリーのコードが1桁の数字（0〜9）の場合には9と8が、2桁（0〜99）の場合は99と98が使用されることが多い。この場合、9や99を「無回答」、8や98を「非該当」のコードとするのが通例である[4]。

　「無回答」と「非該当」の区分は枝わかれ質問（付問、sub-question ともいう）のコーディングのさいなどに重要である。枝わかれ質問とは特定の項目で一定の回答をした人のみを対象とするから、この対象にない人は「答える必要はない」、すなわち「非該当」になる。一方、対象者であるのに無回答である場合には「無回答」になる（ただし、最終的には集計上は両者を一括して欠損値と扱うことが多い）。

複数回答処理も油断なく

　コード表の作成はデータをどのように入力するかという計画と裏表の関係にあるが、このさいに注意すべきことがらとして複数回答（multi response、マルチアンサーともよばれる）の処理も指摘しておこう。複数回答項目とは、ひとつの設問に対して回答が複数存在するような形式の質問項目をいう。

　4）データを可変長（フリーフォーマット形式）で入力する場合には、回答カテゴリーが1桁であっても99や98を欠損値にすることが多い。これは、すべての変数の欠損値コードをまったく同一に扱えることを意味する。

非常によく使用される複数回答項目として世帯構成についての質問項目がある。たとえば、「つぎのうち、あなたと同居されている方すべてに○をつけてください」という教示に対して「あなたの父親」「あなたの母親」……という形でさまざまな続柄が選択肢として設定されるような形式をとる。回答者は同居している続柄すべてに○をつけるから、人によって○の数は異なってくる。このとき、1変数でデータを入力しようとすると不可能であることがたいていの人にはわかるはずである。では、こうした場合に、どのようなデータの入力形式を用意すればよいのだろうか。

結論からすれば、回答の選択肢（カテゴリー）をそれぞれひとつの設問と考え、○がついたら1、つかなかったら0、などの形式で2件法でデータを入力するのが普通である。つまり、回答の選択肢の数だけ変数が必要とされることになる。このとき、欠損値の定義は選択肢の置かれ方によって変化する。もし選択肢に「ひとりぐらし」というカテゴリーが用意されていれば、すべての選択肢にひとつも○がないときに全項目について無回答と判断し、すべての変数を欠損値にすることができる。しかし、こうした設問がなければ欠損値は定義できない。この意味で、複数回答項目には欠損値が定義できるカテゴリーを調査票作成時に選択肢に用意しておくことが望ましい。

なお、「二つまで○をつけてください」「三つまで選んでください」などの教示を用いている場合も同様に複数回答として処理を行なう。複数回答は概してその後の解析がむずかしいので、あまり頻繁に用いることは勧められない。

コーディング

コード表にもとづいて調査票上の回答をコード化することをコーディング（coding）とよぶ。コーディングは調査票中にコードを書き込む場合もあるし、コーディング用の用紙にコードを転記する場合もある。前者の場合はコーディングした結果であることがわかるように赤その他、異なった色を用いて数値を記入するのが普通である。コーディングが複雑化するほどコーディング上のまちがいを犯す確率も高まるが、どんな調査でも少なくともコーディングは再チェックをする必要がある。最近ではコーディングをとばして調

査票からじかにデータを入力する人も多いが、これは複雑なコーディングが必要ない場合にのみかぎられる。

データの入力と整備に激走せよ

　コード表の作成およびコーディングが終了したら、データの入力を行なう。最近は Excel や Lotus 1-2-3 などの表計算ソフト[5]を用いてパソコンでデータの入力を行なうのが便利である。これらのソフトを用いると SAS や SPSS などのさまざまな統計ソフト[6]で使用可能なデータの作成が簡単にできる。

　データの入力は、行（横の並び）に対象（者）が並び、列（縦の並び）に変数が並ぶフォーマットにするのが普通である。つまり、どの対象者も同じ列には同じ変数のデータ値が入力されることになる。このとき、先頭行に変数のラベルを入力する。第1列目にはID番号（ケース番号）を入力するのが普通である。

　入力にあたっては先頭行、第1列をそれぞれ固定しておく（ソフト上で指定する）と便利である。また、SPSSなどでは先頭行に入力されている変数名をそのまま読み込むことができるので、変数名は原則的に半角で、利用しやすい名前にしておいたほうがよい。筆者は慣習的に Q0100、Q0401といった形式で変数名の先頭に Q（「問」の意味）をつけ、4桁の数字で質問項目番号－小項目番号をつけることにしている。この場合、4桁の数字のうち上2桁は質問項目番号、下2桁は質問項目中の小項目番号（小項目がない場合は00とする）を意味する。たとえば問4の(13)は Q0413、問8に小項目がなければ Q0800と表記する。「だから何だ」といわれると困るが、変数名を見たときにどの項目かがたちどころに認識できるという意味では、便利な表記法である。

　さて、実際のデータの入力は、通常は複数の担当者によって行なわれるこ

　5）Excel は米国 Microsoft 社、Lotus 1-2-3は米国 Lotus 社のコンピュータソフトウェアである。

　6）SAS は米国 SAS Institute 社、SPSS は米国 SPSS 社のコンピュータソフトウェアである。

とが多い。この場合は最終的に複数のデータ・ファイルを結合することが必要になる。一人で入力を行なう場合でも同様だが、入力されたデータは最終的にはID番号順に並んでいたほうがクリーニングなどを行なうさいに都合がよい。こうした形式の入力をしていない場合には、入力およびファイルの結合が終了した時点でID番号をキーとしてデータ全体をソート（並び替え）すればよい。ソートはたいがいの表計算ソフトで使用することができる。

　ソートが終わったらデータの入力は終了であるが、先頭行の変数名を読み込むことができない統計ソフトを使用する場合には、先頭行を除外して新たなファイル名で保存する。このあたり、使用する統計ソフトで操作可能なデータの条件についてかならず確認しておく必要がある。ソフトによってはワークシート形式ではデータを読むことができず、テキストファイル形式でのみデータを読むことができるというものもあるから、この場合にはテキスト形式での保存も行なわなくてはならない。

　また、入力したデータはバックアップをとっておくのが鉄則である。タバコの煙、落雷、コーヒーをこぼした、フラッシュメモリの上に腰掛けた、などの出来事で一瞬にしてデータは消滅する。泣かないために、くれぐれも念には念を入れたほうがよい。

2　データをクリーニングしてきれいにしよう：清き一票を求めて

クリーニングとは掃除のことである

　広義のクリーニングとは、分析のための適切なデータを作成するために、入力されているデータに対してさまざまな処置を適用することをいう。基本的に、データの入力後にいきなり分析に入るのはど素人のやることである。まず、自分の入力したデータが本当に正しいものであるのかをチェックしなければならない。こうしたチェック過程をここではエラーチェックとよぶ。通常クリーニングといわれるのはこのことをさすことが多い。これとは別に、精度の高い分析を行なうために極端な外れ値（極外値）をもつデータを検出し、除去するというデータの整備も広義のクリーニングに含まれる。こうした作業はスクリーニングともよばれる（ただし、特定の条件によって分析の

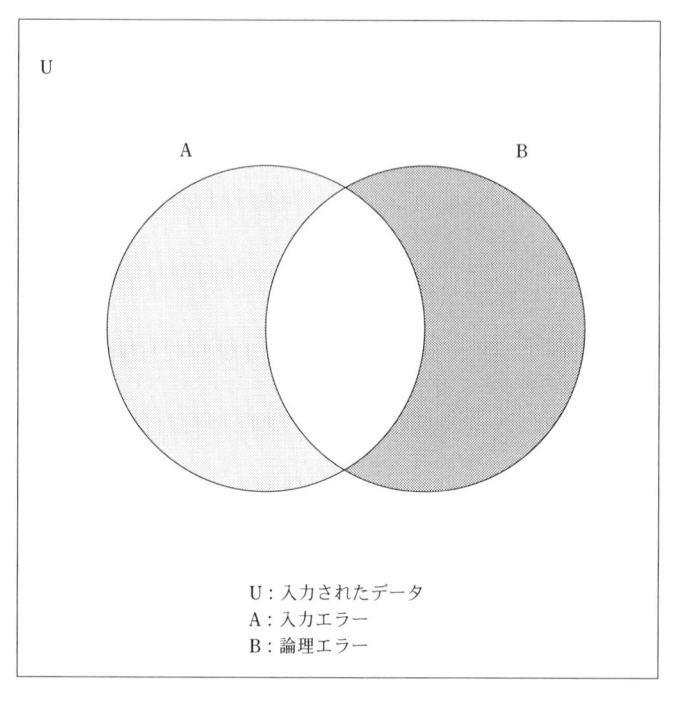

図8-1　入力エラーと論理エラー

U：入力されたデータ
A：入力エラー
B：論理エラー

ためのサブサンプルを抽出することを、スクリーニングとよぶこともある)。

　さて、エラーチェックの対象は主として入力エラーと論理エラーの二つに分かれ、それぞれチェックの方法を異にする。入力エラーとは、調査票上に2と表記されているのに3と入力してしまったといった、いわば入力する側のミスから生じたエラーである。論理エラーとは、論理的に矛盾している入力値のことで、コード上ありえない入力値や回答者自身が矛盾した回答をしている場合（たとえば配偶者がいないのに、配偶者の職業に答えているなど）をいう。両者の関連を図に示すと、図8-1のようなものとなる。

　集合論的な表記を用いれば、$A \cap B$（AかつB、図中の白ぬきの部分）は論理的にありえないコードをとった入力エラー（論理入力エラー）である。$A \cap \bar{B}$（AであるがBではない、図中の薄い網の部分）は論理的にありうるコードの範囲で生じた入力エラー（単純入力エラー）、$\bar{A} \cap B$（AではないがBである、図中の濃い網の部分）は入力エラーでない論理エラー（単純論

理エラー)、すなわち回答者自身による矛盾した回答である。狭義のクリーニングとは、A∪B（AまたはB、つまり論理エラー、単純入力エラー、単純論理エラーの三者）の集合を検出して、その要素を書き換え、この集合を空集合にする過程にほかならない。いってみれば灰色の一票を清き一票にする「掃除」なのである。

入力エラーチェックの内幕

　入力エラーには、変数値を入力し忘れた、異なった変数値を入力してしまった、という二つの場合がある。前者の場合にはデータがブランク（空白）になっているために、つぎのデータが読み込まれてしまっていわゆる「桁ずれ」が生じてしまうことが多い。桁ずれはデータ解析においてもっとも恐ろしい事態である。ただ、桁ずれ自体はデータの入力以外の要因、具体的にはソフト上のデータの読み込みの指定の誤りや、プログラム上のミスによって生じることもある。桁ずれの解明は、実は結構技術を要する（これができればほぼ一人前である）。基本的には以下の①②のような方法が用いられることが多い（ただし、これですべての桁ずれが解明できるわけではない）。

桁ずれ検出のためのテクニック

　①SAS、SPSSなどの統計ソフト上で、読み込まれたレコードの数（ファイルに入力されている行数）と、出力されたケース数（オブザベーションともいう、統計ソフトが認識した観察単位数）の数が対応しているかどうかを確認する。もちろん、1ケースが2行や3行にわたるデータであれば、その倍数をかけて対応を確認する。もしずれが生じている場合には桁ずれか、何らかのトラブルが生じていると判断することができる。最近筆者がよく遭遇するのは、1ケースの変数が膨大なデータをテキストファイルに変換したさいに、データが非連続に分割されてしまって正常に読み込まれていない、というケースである。こうした問題への対処はむずかしいので、その道の達人と日頃から親しくしておき、アドバイスを受けたほうがよい。

　②単純集計（ただし欠損値処理[7]を行なわない）を行なって、ID番号上におかしな数値がないかどうか検討する。また、各変数に欠損値がないかど

うか検討する（欠損値が生じていたらトラブルの可能性大）。同時に、いちばん最後の変数に注目し、ID番号がずれこんでいないかを調べる。これらの方法で、トラブルが発生したと思われるID番号を抽出して全変数値を出力し、原票と照合する。

入力エラー検出のためのテクニック

　異なった変数値を入力してしまった場合には以下のような処置をとる。まず、論理的に取りえないデータ値を入力した場合（論理入力エラー）には

　①単純集計から論理的におかしなコードを検出し、そのコードをとったID番号に相当するデータの全変数値を出力し、調査原票を検出・対照する（当該の変数値だけではなく、全変数値について出力することに注意。これは、桁ずれをおこしている可能性があるためである。なお、この方法を論理入力エラーチェックとよぶ）。

　しかし、論理的に取りうる範囲内で入力エラーを犯した場合（単純入力エラー）にはこの方法は使えない。この場合は

　②全ケースの全変数値を出力して、調査原票すべてとの読み合わせをする。

　何とも素朴かつ体力勝負の方法であるが、実は、唯一で完璧な入力エラーチェックはこの方法で行なうしかない（この方法を完全入力エラーチェックとよぶ）。

　③同一のデータを別々に入力し、できあがった2つのファイルの不一致箇所を検索する。ただし、同じ入力ミスをした場合には検出できないことにな

　7）欠損値処理とは特定の変数において欠損値コードをとったデータを、その変数を用いた集計から除外する処理をいう。99や9などの欠損値コードは、とくに何も指定しなければそのまま99や9という数値として処理される。欠損値処理をすると、欠損値記号（通常は、ピリオドやブランク）にこれらの数値が変換され、自動的に分析から除外される。たとえば変数Aについてデータが100、そのうち欠損値コード99が20個あったとする。単純集計を行なった場合、欠損値処理をしなければデータ数は100で、99というコードも回答のひとつとして度数（20）や比率（0.2）が算出される。欠損値処理をした場合にはこれらについての度数やパーセントは算出されず、データ数は欠損値を除いた80になる。欠損値処理は統計ソフト上で指定するが、クリーニングの段階ではこうした処理を行なわないのが普通である。

るので、この方法は完璧ではない。

　資金・時間などの事情で完全入力エラーチェックが行なえないときは（そういうことならデータをとるなといいたいが）、最低でも①の論理入力エラーチェックは行なっておかねばならない。また、①を行なっても、結果として膨大な入力エラーが検出されるようであれば、あらゆる犠牲を払っても②の完全入力エラーチェックを行なわなければならない。

論理エラーチェックのための必殺テクニック

　論理エラーチェックのうち、論理入力エラーについてはすでに触れた。残るは、単純論理エラーである。この論理エラーは、データの入力上のミスではなく、回答者自身の論理的に矛盾した回答をいう。こうしたエラーは発見できても修正がむずかしいので、本来は実査中・終了直後のエディティングにおいて検出・修正されていることが望ましい。しかし、そうはいっても実際にはこれらの作業ですべての論理エラーをチェックすることはむずかしく、以下の作業はかならず行なっておく必要がある。単純論理エラーの検出は以下のような手続きに従う。

　①論理的に重複・関連するカテゴリーをもつ変数の組み合わせをリストアップする。
　②①の変数をクロス集計し（配偶者の有無と、配偶者の職業など）、論理的に矛盾したカテゴリーの組み合わせをチェック（無配偶－配偶者管理職など）する。
　③②のデータに相当する調査票の原票全体を熟読のうえ、以下のいずれかを選択して論理エラーを解消する。
　　(a)調査票から総合的に判断していずれか一方の変数値を矛盾ない値に変更する
　　(b)いずれか一方の変数値を欠損値とする
　　(c)双方の変数を欠損値とする

　クロス集計とは2変数を組み合わせた度数分布表のことである。論理的に

ありえない組み合わせはこのクロス表上でチェックすることができる。概して職業と就業形態の間はこうした論理エラーが発生しやすい。とくに、就業形態がパートや内職の場合、職業上は無職と答える回答者が一定数存在する（職業－就業形態の順に項目が設定されているとこの傾向が助長される）。

　論理エラーチェックは入力エラーチェックと異なって、「正解」が存在するとはかぎらない。回答者本人に再調査が可能であればこれを行なうことが原則であり、この場合には論理エラーを正しく修正することも可能であるが、通常はこれはむずかしい。したがって、どのように修正するかはかなり名人芸的なものとならざるをえない。原則は得られた情報を極力生かし、まちがっている情報を極小化するということである。(a)は調査票のほかの項目を丹念に検討し、総合的に判断する方法であり、欠損値を使用しない。この方法が利用可能であれば情報量の損失は少なくて済むが、通常はこうした判断が不可能であることも多い。この場合には(b)(c)を選択するよりほかはない。(b)もどちらを欠損値にするかは判定できないことが多いが、理論的に誤答が予想される場合や先行研究が存在する場合にはこの方法を選択することもある。(c)は測定論上もっとも厳密な方法であるといえるが、「疑わしきものをすべて罰する」方法であるため、情報量の損失はもっとも大きく、標本数が少ない場合には採用がむずかしいことがある。こうした点で、どの方法が使用可能かは状況によって異なる。

　データを複数のメンバーで共有するときにはこうした処置を行なってデータを修正したうえでメンバーにデータを配付することが望ましい。万一、配付されたデータについてこうした修正箇所が発見されたら、すみやかに各メンバーに伝える必要がある。

3　変数を同定する：使えなかったら使えるようにするのだ

変数の同定とは

　エラーチェックが終了したらつぎに行なうのが変数の同定（identification）である。変数の同定とは、分析に使用する変数を確定することをいう。なぜこのような作業が必要なのだろうか？

一般に、統計的分析は解析対象となる個々の変数について一定の条件を必要とする。逆に一定の条件を満たしていなければ特定の統計的手法が適用できないことになる。変数の同定とは、使用する変数についてこうした条件を満たしているかどうかをチェックし、満たしていない場合にはデータに一定の操作を加えて条件を満たすように変容させることを意味している。このことは、変数の同定のさいには使用する統計的手法を念頭においておく必要があること、逆にいえば統計的手法にある程度習熟していないと変数の同定ができないということを意味している。

さて、変数の同定は、質的変数の場合はカテゴリーの再編、量的変数の場合は量的変数として使用可能かどうかの検討、などが具体的に必要とされる作業となる。この作業は、結果として外れ値(極外値)の発見・除去というクリーニングの作業の一部を含んでいる。また、広い意味では合成尺度を作成し、項目の取捨選択をへて最終的な尺度(スケール)を確定する作業も変数の同定のなかに含まれるから、変数の同定という作業はかなり広範囲に渡ることになる。

なお、質的変数・量的変数という区分はデータ解析において非常によく使用される変数の区分である(質的分析・量的分析という区分とは異なることに注意)。一般に、測定対象に一定の数値(厳密にはコード)を与えることを測定とよぶが、この数値の与え方(尺度)は4種類あるとされている。①名義尺度(nominal scale)、②順序尺度(ordinal scale)、③間隔尺度(interval scale)、④比例尺度(ratio scale)である。質的変数とは①②で測定されたデータを、量的変数とは③④で測定されたデータをいう。各尺度の特徴は以下のようなものである。

①名義尺度は、数値は対象を識別する以外の情報はもたない。たとえば、回答者の性別という変数に男性＝1、女性＝2などのコードが使用されるが、こうした数値の与え方が名義尺度に相当する(1とか2に量的な意味はまったくない)。テレビのチャンネル、背番号などもこれに相当する。

②順序尺度は、対象を識別することに加えて順序という情報が数値に含まれる。たとえばプロ野球の12球団について好みの順位を尋ねたとする。回答者はロッテ＝1、中日＝2、近鉄＝3、…、横浜＝11、巨人＝12、のように、

各球団に順位をつけることができるが、こうした数値の与え方が順序尺度である。この場合、ロッテと中日に見られる好意度の差と、横浜と巨人に見られる好意度の差はともに1順位分であるが、だからといって好意度の差が等しいわけではない。ロッテと中日はそれほど好意度に差がないのに、横浜と巨人の差はとてつもなく大きいかもしれない。このように、順序尺度では数値と数値の間隔に量的な意味を求めることができない。したがって、この数値から平均値などを算出することもできない。こうしたことが可能になるためには数値に量的な意味が必要なのであって、これはつぎの間隔尺度や比例尺度で可能になる。

③間隔尺度は、数値と数値の差に量的意味が含まれるが、絶対原点（ゼロ）がないような数値の与え方をいう。たとえば、気温（気温の0度は水が凍る温度であって、気温がないことを示す絶対原点ではない）がこうした間隔尺度の典型である。社会学ではさまざまな意見や考え方への賛否、満足度などを「そう思う」＝1、「どちらかといえばそう思う」＝2、「どちらかといえばそう思わない」＝3、「そう思わない」＝4、のような4段階で測定することが多いが、この方法も間隔尺度とみなされている。この場合には各数値の間隔に意味があるから、和や差、平均値を求めたりすることができる。たとえば気温の平均値（$(23+24+25)÷3=24$（℃）など）、1日の気温差（$26-19=7$（℃）など）、意見への賛否の平均値（$(2+2+1+1)÷4=1.5$）、満足度の合計点（$3+3+4+3=13$）など。ただし、各数値には絶対原点がないので、30℃が15℃の2倍暖かい温度であるとか、「そう思わない」（＝4）が「そう思う」（＝1）の4倍くらい否定度が強いといった意味はもたないことに注意が必要である。

④比例尺度は絶対原点（ゼロ）をもち、体重、身長、時間などがこの数値の与え方の典型的な例である。この尺度は四つの数値の与え方のなかでもっとも情報量が多く、数値に量的な意味があるために、数値に割り算や掛け算を適用することができる。たとえば、体重80kgは40kgの2倍の重さであり、1時間は2時間の2分の1の時間である。

このように、①②には数値に量的な意味が含まれず、③④には量的な意味が含まれている。このため、それぞれの尺度に対して使用できる統計解析法

は異なったものとなる。こうした観点から、①②で測定されたデータを質的変数またはカテゴリカル・データ、③④で測定されたデータを量的変数または量的データとよぶのである。概して、量的変数・量的データのほうが多くの統計解析法を統計できる。

粛々と質的変数の同定を行なおう

　質的変数とは名義尺度もしくは順序尺度で測定されている変数のことである。一般に質的変数に使用可能な統計的手法は限定されているが、変数の分布（単純集計結果にみられる各カテゴリーの度数）の影響を受けにくいという長所をもっている。しかし、いかなる解析法を用いるにせよ、度数の少ない回答カテゴリーがあるとそのままでは実際の分析には使えないことが多い。

　たとえば、自宅で飼っているペットについて調査を行なって回答をまとめたとする。このとき、「こばんざめ」と回答したものが1名だけいたとする。度数の少ないカテゴリーとはこうした少数しか該当者がいないカテゴリーのことで、通常は「その他」などのカテゴリーがこうした傾向を示すことが多い。この場合、「こばんざめ」というカテゴリーをわざわざ独立に設定してもあまり意味はない。とくにほかの変数との関連を検討するさいには事実上分析は不可能になるから、こうした場合にはほかのカテゴリーと統合して（魚類など）、一定の度数を確保してやる必要がある。こうした作業のことをカテゴリーの再編とよぶ（再割り当てともよぶ）。

　カテゴリーの再編にはまず単純集計が不可欠である。この結果から、とくに度数の少ないカテゴリーについては再編を考える。どのくらいの数値をもって度数を少ないとみなすかについては、分析（もしくは分析に用いるほかの変数との組み合わせ）によって異なるが、クロス集計のさいにひとつのセル（2変数の回答カテゴリーの組み合わせ）の期待値が5以上になるようにする、という一つの基準を指摘することはできる。また、極端に度数の少ないカテゴリーは誤答である可能性もあるから、場合によっては調査票に戻っての検討が必要とされることもある。

　カテゴリーの再編にあたっての必要条件は、再編されたカテゴリーが理論的な見地から有意味であることである。学歴のカテゴリーを再編するときに、

中卒と大学院卒を統合しても理論的には意味はない。常識的には教育年数に対応した区分として、大卒と大学院卒を統合する方法をとるだろう。学歴、職業や就業形態といった変数はカテゴリーの再編が必要とされることが多いが、これらの区分は SSM 調査などでかなり標準化された区分が存在するので、こうした先行研究を大いに参考にすべきである。

　また、量的に測定されている変数をいくつかのカテゴリーに区分し、質的変数として用いたい場合もある。たとえば年齢を20代、30代、40代、……といった区分にしたいという場合がこれに相当する。こうした場合にもカテゴリー区分に理論性があることは前提として必要であるが、個々の区分点は単純集計結果をもとに、各カテゴリーの度数が一定数以上になるように（できれば均等になるように）設定することが望ましい。

　このように、カテゴリーの再編は分析を実際に行なっていく経過のなかで必要性が認識されることが多い。この意味で、最初からすべてのカテゴリーを同定する必要はかならずしもないが、カテゴリーを再編した場合にはその手続きが明示されている必要がある。

　また、非常に度数の少ないカテゴリーがどうしてもほかのカテゴリーと統合できないときには、このカテゴリーを欠損値扱いにすることもある。データの情報を捨てるという意味では調査の原則に反するが、特定の解析法を適用することの重要性が大きければこうした措置もやむをえない。こうした点から統計的方法の限界を指摘する論者も多いが、統計的方法から得られるメリットが大きいからこそこうした措置が必要になると理解すべきである。

量的変数の同定は正規分布との闘いである

　量的変数とは間隔尺度・比例尺度で測定されている変数のことをさすが、間隔尺度や比例尺度で測定されていれば、ただちにその変数を量的変数として使用できるというわけではない。質的変数に比して量的変数は多くの統計手法を適用することができるが、こうした統計手法の多くは変数について一定の前提を置いている。

　もっとも多いのが「その変数が母集団において正規分布している（正規母集団）」という仮定である[8]。母集団において正規分布するということは、

標本データ上で変数が正規分布することをかならずしも意味しないが、この仮定から大幅に逸脱する場合には当然統計量のもつ推定精度は悪くなる[9]。こうした影響のうけやすさを正規性からのずれに対する「頑健性（robustness）」という。積率相関係数およびこれを前提とした方法の多くは正規分布からのずれに対して頑健性が低い。

　また、統計量によっては外れ値から大きな影響を受けるものがある。外れ値は極外値ともいい、極端に大きい、あるいは小さい値を示すデータのことをいう。外れ値の影響を受けやすい統計量を「外れ値に対して抵抗性（registancy）が低い」という（平均、標準偏差などは抵抗性が低い）。たとえば、100人の対象者のうち、年収100万が99名、年収10億円が1名いたとする。このまま平均値を計算すると、全体の平均値は1099万になる。平均値は本来分布の位置の指標（代表値）であるが、外れ値を含めるとこのように分布の位置を示す指標として適切でないものとなる。この場合には中央値や最頻値を用いるか、外れ値を除去して平均値を算出したほうがよい（こうした平均値として、上位・下位何パーセントかを除外して算出されるトリム平均がある）。一般にこの外れ値への抵抗性の問題と、正規性からのずれに対す

---

8) 正規分布とは統計学でもっともよく使用される確率分布である。正規分布はつぎの式で示されるが、この式自体を暗記する必要はない。

$$P(X) = \frac{1}{\sqrt{2\pi\sigma_x^2}} e^{-(x-\mu_x)^2/2\sigma_x^2}$$

　正規分布は2項分布（1回の試行で2値しか結果が生じない事象をn回試行したときの、ある一方の出現度数についての確率分布）の試行数を無限にしたときに近付く理論確率分布として発見されたものである。左右対象でなだらかな裾をもった山型の分布で、自然現象や社会現象にはこの正規分布に近い分布をとるものが多い。一般に、母集団のさまざまな統計量をパラメータ（母数）とよび、パラメータについて一定の仮定をおいて成立する統計解析法をパラメトリック統計法、仮定をおかない統計解析法をノンパラメトリック統計法とよぶ。パラメトリック統計法の多くは母集団でその変数が正規分布する（正規母集団）という仮定をおいている。

9) 統計学的方法は、データの記述・要約を行なう記述統計学と、パラメータを推測する推測統計学の二つに区分できる。統計的推測とは、標本データの一定の統計量からパラメータについて推測する方法であるが、母集団において正規分布を仮定することが多く、この仮定が成立しない場合にはパラメータの推定精度が悪くなる。

る頑健性の問題は重なることが多いので、両者をほぼ同一の問題として扱うことができる。

　さて、特定の変数が正規性からの歪みが大きかったり、極端な外れ値をもつときには一定の方法でこれに対処するか、量的変数として使用することを断念して質的変数として使用することを選ばなくてはならない。こうした検討は、とくに主要な従属変数として想定している変数についてはかならず行なう必要がある。まず、正規性からの歪みをチェックする方法から述べよう。

正規性のチェックのためのマル秘テクニック

　変数の分布を検討する場合にはまず単純集計を行ない、グラフを用いて分布を把握することが基本である。回答結果が特定の数値やカテゴリーに過度に集中する場合には量的変数としての使用はむずかしいが、グラフはこうした傾向の直観的把握を可能にする。

　さて、データが正規母集団からの標本であるかどうかを検討する方法としてよく知られているのがシャピロ・ウィルク（Shapiro-Wilk）の検定、コルモゴロフ・スミルノフ（Kolmogorov-Smirnov）の検定である。一般に、サンプル数が2000以下の場合は前者を、2001以上の場合は後者を用いるべきとされている。これらの方法を用いることもひとつの方法であるが、この検定を行なうとたいがいの場合（標本数がよほど少ない場合でないかぎり）、母集団分布の正規性という仮説が棄却されてしまう。つまり、この方法を厳密に適用すると、たいがいのデータは量的変数として使用することができなくなってしまうのである。

　では、正規性の仮定からのずれがどの程度までであれば特定の解析法が使用可能であるのか？　これも画一的な回答は存在しないが、ある程度はずれが存在していても、一定の頑健性が存在するために使用可能であると考える立場が圧倒的である。こうした立場に立って正規性からのずれをチェックする次善の方法がいくつか提案されている。

　市川・大橋（1987）の方法は、歪度（skewness）と尖度（kurtosis）を用いる[10]。歪度・尖度はデータが正規分布からどの程度ずれているのかを測定する指標であり、母集団についての分布を推定するものではない。歪度

は左右のずれ、尖度は上下のずれを示す指標である。歪度・尖度とも、正規分布に一致すれば0になり、ずれが大きくなるほど正・負それぞれの方向に大きな絶対値をとる。市川らの方法は以下の手順である。

①歪度、尖度の絶対値が10を越えるときには大きな外れ値が含まれている可能性があり、データの再吟味（外れ値の検出）を行なう。

②歪度・尖度の絶対値が1を越えるときには、質的な変数としての分析も平行して行なう。

この方法でも明らかなように、正規分布からのずれが大きいときには、ずれを生み出している外れ値を検出しなくてはならない。では、どうやって検出すればよいのだろうか。

外れ値の検出：極端なのはだれだ？

外れ値があるかどうかは歪度や尖度からチェックすることもできるが、最近の統計パッケージではこうした外れ値を得点の高いもの・低いものから順に5～10ほど、そのID番号とともに表示してくれることが多い。分布が低得点のほうに偏っているのであれば高得点の外れ値を、逆に高得点のほうに偏っているのであれば低得点の外れ値を除去すべきである。こうした得点の偏りについての情報を提供してくれる代表的な方法が、Tukey（1977）の考案した箱ヒゲ図（box and wisker plot；図8－2）であり、多くの統計パッケージで利用可能である[11]。

---

10) 歪度と尖度にはいくつかの計算式があるが、代表的なものとして以下を提示しておく。

歪度：$\frac{1}{n}\sum\left\{\frac{(X_i-\bar{X})}{s_X}\right\}^3$

尖度：$\frac{1}{n}\sum\left\{\frac{(X_i-\bar{X})}{s_X}\right\}^4 - 3$

ただし、n：サンプル数、X_i：i番目のデータの変数Xの得点、$\bar{x}$：変数Xの平均値、s_X：変数Xの標準偏差

図8-2　箱ヒゲ図の例

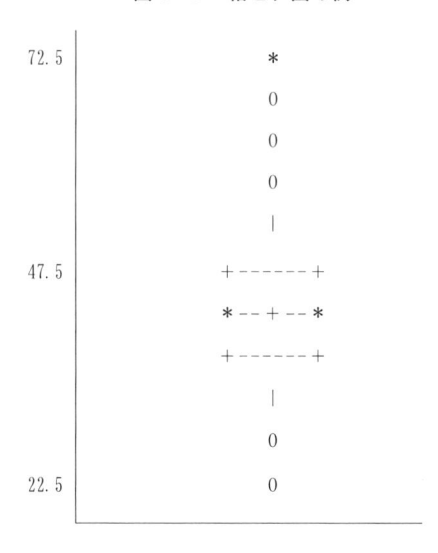

```
72.5           *
               0
               0
               0
               |
47.5       +------+
         *---+---*
           +------+
               |
               0
22.5           0
```

外れ値への対応は誠実に

　ここで、検出した外れ値への対応の方法について触れたい。外れ値は、回答者の回答の誤りである場合も多く（たとえば年収と月収をまちがえた、0を1桁多く回答したなど）、調査原票を参照しながら慎重に対応を決める必要がある。この意味で、外れ値の検出・修正は論理エラーチェックとよく似たクリーニングのひとつである（図8-1のベン図中では$\overline{A \cup B}$［AでもBでもないがクリーニングの対象となる］の要素）。

　もし、外れ値が誤答である可能性が高い場合には、その値を欠損値にしな

---

11) 箱ヒゲ図では図8-2のように、第1四分位（25パーセンタイル）、第3四分位（75パーセンタイル）に相当する値を箱の上端・下端とした箱が描かれ、箱の中央にメジアンが引かれる。平均は＋で表示される。箱の上端・下端から1.5四分位偏差（四分位偏差は第1四分位と第3四分位の差の絶対値）内の範囲で存在する測定値までヒゲが引かれる。図8-2では1.5四分位偏差よりも遠く、3四分位偏差内の測定値は0で、それ以上遠い測定値は＊で示されている。箱ヒゲ図は外れ値が正・負どちらの方向に多いか、外れ値間の距離はどの程度か、といった情報を視覚的に与えてくれる。これをもとに、外れ値を検出するのがごく常識的な方法である。

くてはならない。誤答とは考えられない場合でも、統計的手法の適用可能性を重視する場合には欠損値にするという方法を採用せざるをえない。都道府県別データを用いる場合、データから東京をはずすという方法がよくとられるが、この方法はこれに相当する。こうした作業を行なうことは、統計的手法の適用によって得られる情報が重大であるときには必須であるが、このときに一方で外れ値がなぜ生じたのかを同時に検討しておく必要がある。もし、外れ値の発生が理論的に説明できるものであれば、こうした作業の意味がより明確になる。外れ値が特定の属性をもつものに共通して生じる場合には、こうした属性をもつものをデータから除去したうえで分析を行なうこともある。たとえば、80歳以上の回答を除去するとか、有配偶者のみに回答を限定するなどといった作業である。

こうした、外れ値を除去したり、外れ値を生み出す可能性をもったサンプルを除去することをスクリーニング（screening）といい、広義のクリーニングのひとつとして位置付けることができる。スクリーニングとは、別のいい方をすれば分析に適したサンプルを選び出すことをさす。

一方、実際に得られたデータを重視して、外れ値を除去せずに変数を質的変数として使用する（つまり量的変数をいくつかのカテゴリーに区分する）という禁欲的な立場も存在する。たしかに、分析手法が適用できるようにデータを整えてしまうことは、ある意味ではデータを恣意的に利用しているともいえる。ただし、あまりにもこうした禁欲的な方法を貫くと、結果としてデータの情報を十分生かせないことが多い。最善の方法は、質的変数としての禁欲的な分析と、一部の外れ値を除去した量的分析の結果を総合し、なおかつ外れ値に対する理論的・経験的双方の分析を行なって全体の構造を明らかにする、ということに尽きるように思われる。

4　合成尺度の構成：信頼性と妥当性がなければ尺度はおいしくない

合成尺度とは何ぞや

ある理論的な概念を測定する場合に、1項目の得点から多数の対象（者）を類別することはむずかしい。たとえば「孤独感」という概念を「あなたは

自分が孤独な人間だと思いますか」という1項目で査定することを考えてみよう。この場合、回答者はたとえば「そう思う」「どちらかといえばそう思う」「どちらかといえばそう思わない」「そう思わない」の4件法で答えることとする。この1項目で測定するかぎり、回答者は孤独感に関して4段階でしか類別されえない。

　もしこの項目が複数であれば、得点の分布はより広がり、より多数の対象者を得点上に類別することができる。たとえばこれに「一人でいるのが好きですか」という問いを加えてみよう。二つの項目の合計点を算出すると、理論上は2点から8点までの7段階で回答者の類別ができることになる。さらに項目を増やしていけば、もっと細かく対象者を類別することが可能になり、対象者の差異がより細かく把握できることになる。このように、複数の項目から一つの概念を測定する変数を作成することができるが、こうして算出される変数のことを一般に合成尺度という。

　合成尺度が作成できれば便利であるし、実際に合成尺度をつくろうとする人も多い。しかし、合成尺度の作成は簡単ではない。概して社会心理学系の研究者が合成尺度の作成とチェックに心血を注ぐのに対して、社会学系の研究者はこうした作業に関心が低い傾向がある。まず、合成尺度は、基本的には直接測定できない理論的な概念（構成概念）を測定するために作成されるのであって、それぞれの項目はこの概念を間接的に測定しているということが前提としてあることを認識しておかねばならない。こうした概念－項目間の関係が想定できないときには合成尺度を作成することはできない。この意味で、合成尺度の作成も変数の同定のひとつである。

　当然のことながら、尺度であることを想定して項目を作成したら、尺度として使えるというわけではない。尺度が尺度たりうるかどうかについて、信頼性と妥当性という二つの側面からチェックを行ない、項目を取捨選択しなくてはならない。なお、これらの問題は合成尺度のみに限定されるものではなく、およそ測定に関してはかならず考慮しなくてはならない問題であるが、とくに合成尺度についてはこうしたチェックの必要が大きいことを付け加えておく。

　原則からすれば尺度の信頼性と妥当性のチェック、項目の取捨選択は予備

調査の段階で検討しておくべき事項である。しかしながら、予備調査でこうした検討をへたとしても、本調査のデータについて同じ結果が示されるとはかぎらない。この意味で、本調査のデータについても同様なチェックを行なっておくことが望ましい。

以上のような合成尺度の構成法については心理学の古典的テスト理論をはじめとして膨大な蓄積があり、そのすべてをここで紹介するのは不可能である。以下では、尺度の信頼性と妥当性のチェックの方法、項目分析などの点にかぎって概説したい（くわしい数式の展開・意味は、池田（1980；1993；1994）、渡部（1993）、吉田（1994）などを参照されたい）。

尺度の条件：信頼性

信頼性とは、その尺度によって特定の対象（者）から同じ結果が一貫して得られることをいう。たとえば、体重計を用いて何度か体重測定を行なったさいに、一貫して同じ体重が表示されれば、体重計には信頼性があるといえる。体重計にのるたびに体重が違うのは、よほどの異常体質でないかぎり体重計に信頼性がないと判断される。これと同じで、ある項目の回答結果が一貫していない場合にはその項目に信頼性がないという。

信頼性をチェックする方法

信頼性をチェックするもっとも代表的な方法は、再検査法とよばれる方法である。これは、一定期間後に同一の対象者から同一の測定を行ない、相関係数などの統計量を算出して両者の関連（時間的安定性）を調べる方法である。両者の関連が大きければ、一貫してほぼ同じ結果が得られるという意味で信頼性が高いということになる。質問紙調査による再検査の時間幅は、基本的には調査対象者の周囲の状況に変化が生じない範囲で行なうべきで、通常は1〜2週間の幅をおいて行なわれる。

しかし、同一対象者に2度同じ測定を行なうことは、被調査者に調査への慣れを生み出してしまうという問題をもつ。このため、1時点で同様な項目を複数設定し、全体を2分して同一対象者が同様な事項に一貫して同様な反応をするかどうかをチェックし、そこから項目の一貫性を把握するという発

想が生まれる。これを折半法という。折半法ではスピアマン・ブラウンの公式とよばれる信頼性係数（α）を算出し、その一貫性を把握する指標とする[12]。

しかしながら、複数の項目があった場合にその項目を2分する方法は無数に存在し、スピアマン・ブラウンの公式による信頼性係数はこの数だけ存在することになる。そこで、可能なすべての組み合わせについて信頼性係数を算出し、その平均値をとることが考えられる。こうして示される信頼性係数をクロンバックのα係数（Cronbach coefficient alpha）とよぶ[13]。

クロンバックのα係数は、項目間の相関が高いほど1に近い値をとる。この意味で、各項目が同様な方向に同様な事項を測定している場合にα係数は1に近くなるから、加算尺度のようなすべての項目の合計点を指標とする場合に、項目の内的一貫性（項目が同様な事項を同一方向に同程度測定しているという傾向。内的整合性ともいう）を示す指標として使用することができる。こうした意味で、クロンバックのα係数は信頼性係数ともよばれ、加算尺度を作成するときにはその算出が慣例的に義務付けられている。α係数がどのくらいの数値をとれば内的一貫性があると判断されるかについては、かならずしも一義的に定められるものではないが、慣例的には0.8以上あれば十分に、0.7以上でもおおよそ許容域にあるとみなされる。許容値に達しないときには、後述の方法で項目分析を行ない、許容値を示す尺度を構成する必要がある[14]。

---

12) スピアマン・ブラウンの信頼性係数は以下の公式から算出する。

$$\alpha = \frac{2r}{1+r}$$

ただし、r：2群の相関係数

13) クロンバックのα係数は以下の式で算出される。なお、通常はクロンバックのα係数のことをα係数とよぶ。

$$\alpha = \frac{K}{K-1} \cdot \left(1 - \frac{\sum s_i^2}{s_t^2}\right)$$

ただし、s_i^2：下位項目の分散、s_t^2：合計得点の分散、K：質問項目数

尺度の条件：妥当性

妥当性とは、測定したいことがらを正しく測定できているかどうかをさす概念である。妥当性はいくつかの次元をもっているが、そのうちのいくつかは実験法についてのみあてはまる。尺度構成に関連のある妥当性の概念について、主要なものを以下のように列挙することができる。

内容的妥当性（content validity）

概念が指示する内容は通常いくかの下位次元に区分しうる。これらの下位次元を尺度がすべて包摂しているときに、内容的妥当性が高いという。たとえば、結婚満足度は結婚に関するいくつかの次元についての満足度である。この満足度を測定するにあたって、家事分担についての満足度のみをとりあげたら、内容的妥当性は低いということになる。ほかにも、配偶者の自分に対する理解、性関係、配偶者の仕事への姿勢などについての満足度をとりあげる必要があるだろう。内容的妥当性を高めるには、理論的に下位次元を確定すること、その下位次元に対応する項目を用意することが必要とされる。

基準関連妥当性（criterion validity）

構成概念または理論的に関連する概念を測定しているほかの尺度（できれば信頼性と妥当性が確立されたもの）を基準とし、作成した尺度との関連が実際に示された場合に基準関連妥当性が高い、という。基準関連妥当性は、同一時点でのほかの基準との関連を意味する併存的妥当性（concurrent validity）と、一定時間後のほかの基準との関連を意味する予測的妥当性（predictive validity）に区分することができる。結婚満足度を例にとれば、併存的妥当性は家族生活満足度の尺度や、配偶者への信頼感、コミュニケーション量などの指標との対応からチェックすることができる。通常は、特殊な尺度を作成するさいに一般的な尺度を基準として利用することが多い。

---

14) 一般的には測定項目が2件法（1、0）のときにキューダー・リチャードソンの公式20による α 係数を使用することがいくつかのテキストで指摘されているが、キューダー・リチャードソンの公式20はクロンバックの α 係数の特殊ケースであり、クロンバックの α 係数の計算式に包含される。

また、予測的妥当性はたとえば一定期間後に対象者の結婚継続状況（離婚しているか、別居しているか、結婚を継続しているか）を測定し、結婚満足度との関連が大きければ予測的妥当性が高いと判断できる。一般に、併存的妥当性は基準となる指標を同一の調査票に設けることでかならずチェックすることができるが、予測的妥当性の検討はほかの変数との時間的な関連が予想できる場合にのみかぎられる。

いちばんむずかしい構成概念妥当性（construct validity）

　構成概念妥当性とは、設定した構成概念（construct）を本当に測りえているかどうかについての妥当性であり、妥当性全体のなかでもっとも根本的なものであるといえる。

　たとえば、「不公平感」という概念についての尺度を考えよう。具体的には「つぎのような不公平が世の中にはあると思いますか？」という教示のもとに、「性別による不公平」「民族による不公平」……という形で10項目ほどを設定し、回答者にはそう思うかどうかを２件法できく（とする）。研究者はこれらの項目が回答者自身が日常的に社会に対して抱いている不公平感を測定していると考えている。しかし、回答者はたんにそうした不公平についての知識をマスメディアや読書を通じてもっている場合にのみ「そう思う」と答えているのかもしれない。そうであれば、この尺度は回答者自身が抱いている不公平感ではなく、不公平についての知識や関心の程度を測定していることになる。こうした場合に、尺度の構成概念妥当性が低いという。

　とはいえ、この場合でも結局は「不公平感」という構成概念がどう定義されるかが重要であることがわかる。構成概念妥当性を考えるうえでは、まず構成概念の理論的定義が明確にされる必要がある。そして、そうした定義と測定されている内容が異なっているときに一般に「構成概念妥当性が低い」という。

　しかし、構成概念妥当性が高いか低いかを簡単にチェックする方法は存在しない。しばしば、理論的に設定した概念の次元が因子分析の結果と対応したことをもって「構成概念妥当性が高い」と結論する研究をみうけるが、これは「設定した下位次元に経験的弁別性がみられた」と考えるべきであって、

弁別された下位次元が理論的に設定した下位次元を本当に測定しているかどうかはこの分析からはけっしてわからない。

では、構成概念妥当性はどのようにチェックすればよいのか？　より効果的なのは、同一対象者に面接調査を併用し、構成概念にかかわる事象について多面的な聴き取りを行ない、チェックを行なう方法である。これに加えて、理論的・経験的に関連する／関連しないことが予測されるほかの変数との関連が検討されねばならない。結婚満足度を例にすれば、同一対象者に結婚生活に関する事例調査を行なって結果を照合したり、個人の心理状態である心理的ディストレスや孤独感、パーソナリティ要因である外向性などとの関連をチェックしたり、結婚年数や社会的属性によるパターンの差異などを明らかにすることによって、測定によってとらえているものがどのような実体であるのかを明らかにしていく必要がある。これらの検討は、それ自体が尺度を用いた本来の研究の目的になっていることも多い。つまり、構成概念妥当性とはこうしたいくつもの研究の積み重ねのなかで疑義や評価が示されたりするものであって、ひとつの研究から「構成概念妥当性が高い」という結論を出すことはむずかしい。

さまざまな合成尺度

　心理学の分野では早くから合成尺度をつくる必要に迫られ、さまざまな尺度構成法が開発されている。もっとも単純な尺度は加算尺度といわれる（リッカート法ともよばれる）もので、すべての合計得点を加算して合計点をその指標とするものである。下位項目は比例尺度、間隔尺度もしくは「ある」「ない」のような2件法で、点数を合計する場合には得点の方向はすべて同一方向にそろっていなくてはならない（逆方向に測定している項目を逆転項目とよび、集計のさいには得点を逆転する）。この方法では構成概念に対してすべての項目がもつ重みは等しいことになり、また合計得点中には測定誤差が排除されていない。こうした限界はもつけれども、いったん尺度を構成すれば適用が容易であること、何を測定しているかが明確であること、異なった研究どうしでの結果の比較が容易であることなどの点で、社会心理学ではもっとも一般的に使用されている尺度といえる。

このほか、しばしば使用される合成尺度として因子分析の結果から算出される因子得点（factor score）がある。因子分析では、各項目は特定の因子と、どの因子にも含まれない誤差の双方を測定しているという前提に立つ。因子得点は、因子分析の結果算出された因子負荷量を各項目に対する因子の重みと考え、この重みを用いてすべての項目得点からその人の因子得点（因子スコアともいう）を算出する。因子得点からは測定誤差が排除されているという長所がある。しかし、因子の安定性（因子負荷量のパターンの安定性）がないと異なった研究どうしの比較が困難になり、また因子負荷量自体が使用する因子分析の方法や標本の設定の仕方によって変化してしまうことや、因子数自体が確定しにくいことも多く、因子得点を使うことには批判もある。

このほかの尺度については紙数の都合上割愛せざるをえないが、塩見ほか（1982）などを参照されたい。

項目の取捨選択：項目をいいとこどり

尺度を作成する場合に、用意したすべての項目をそのまま尺度として使用できるとはかぎらない。尺度とは同一の概念を複数の項目が間接的に測定しているものなのであるから、場合によっては異質な項目が尺度中に紛れ込んでいることがある。こうした項目を検出し、除去することが尺度構成には不可欠である。最後に、この方法について示す。

因子分析を利用する

因子分析の利用は、もっとも一般的な項目の取捨選択法の一つである。因子分析は、各項目の相関行列から複数の因子を想定し、各項目が因子をどのくらい反映しているかを明らかにする方法である。まず、各項目のうち分布

---

15) 分散の大きい項目を選定する基準として、各項目について平均値±標準偏差の値を算出し、この範囲が各項目の理論上の最大値と最小値のなかにあるかどうかをチェックする方法がある。最大値を上回っている場合には天井効果、最小値を下回っている場合にはフロア効果と判断し、これらが示された場合に項目を除外する。ただし、この方法はひとつの目安に過ぎない。

が非常に偏った（分散が大きすぎる／小さすぎる）項目については分析から除外したほうがよい[15]。つぎに、通常は理論値＋1の因子指定からはじめて、1因子までのすべての因子分析を行ない、出力された結果からどの因子パターンを採用するかを判断する。自分が3因子を想定して作成した質問項目であれば、4因子から1因子までの指定を行なう[16]。分析結果は、各項目を第1因子から順に、因子負荷量の高い順に並べ変える。どの因子数の結果を採択するかは、適合度指標を参照しつつ、因子負荷行列を比較したうえで、因子の解釈のしやすさという観点から決定するのが一般的である。通常、因子負荷量が0.40以上の値をとれば、その項目はその因子を大きく測定しているとみなされる。因子得点を算出すれば、自動的にその因子の尺度が構成される。

一方、同じ因子を大きく測定している項目どうしは、同様な概念を測定していると考えることができるから、これらの項目から加算尺度を作成することもできる（ただしクロンバックの α 係数が許容値に達することが条件である）。項目が予想に反して小さな因子負荷量しか示さなかったり、理論上想定した因子とは別の因子を大きく測定している場合には、その項目を尺度から除外する。また、複数の項目に同じくらいの高さの因子負荷量を示す項目があるときには、場合によってはその項目を除去してもう一度因子分析を行なう。因子分析の具体的な使用法については田中（1996）などを参照されたい。

項目分析（item analysis）

加算尺度を作成するさいに行なわれる項目の取捨選択の方法を一般にこのようにいう。まず、もっとも基本的な方法は、前述した α 係数を低めている項目を検出し、除去する方法である。具体的には、尺度を構成するすべての下位項目について、その項目を除いたほかの項目の合計点についての α 係数を算出する。この α 係数群から、どの項目を除外したら尺度全体の α

---

[16] 近年の因子分析では、因子数が妥当かどうかをさまざまな適合度指標によって判断することが一般的である。ただしこれらの指標も絶体的なものとはいえないので、あくまでも目安と考えるべきである。

係数が高くなるかが判定できるから、その項目を尺度から除外すればよい。この方法は、合計得点の α 係数が低いときに、これを高める方法として有効である。

　また、同様な方法として、すべての項目について、その項目を除いたほかの項目の合計点とその項目との相関係数を算出する方法もある。この場合は、相関が低い場合にその項目を除去すればよい。この方法は、上記の α 係数の方法ととともに、SAS、SPSSなどの統計ソフトに用意されているので、簡単に利用することができる。

　ほかによく使用される方法として、上位－下位分析（Good-Poor analysis、GP分析と略される）とよばれる方法がある。この方法は、合計得点の上位4分の1、下位4分の1の標本を抽出し（標本数が少ないときには3分の1でも2分の1でもよい）、それぞれを上位群、下位群のようにグループ化することで独立変数とし、各項目を従属変数として平均値の差の検定を行なう。上位群と下位群の間に有意差が示されない項目は、合計得点の傾向に対して敏感でないことになるから、尺度から除外する。

第9章

データ分析の基礎知識

　社会調査においては、「質のよいデータ」の収集がとても重要である。データの質が調査それ自体の価値の大半を決めてしまうといってもよいくらいだろう。「質のよいデータ」とは、調査の対象とされた母集団（たとえば「都内の4年制大学に通う学生」）を適切に代表するサンプルから得られた、十分に信頼できる（すなわちいい加減でない）回答の集合である。

　このようなデータを集めるためには、なんといっても事前に調査項目を十分に練り上げたうえで、統計調査の場合には、サンプリング理論にもとづき十分な数のサンプルを厳密に抽出して、できるだけまんべんなく集めなければならないし、事例調査の場合には、典型的な例として選び出された事例についてできるかぎり精密な調査を実施して、あとで一般的な命題を演繹できるところまで目ざすべきである。

　しかし、いかに「よいデータ」であっても、それを生のまま出すだけですませたら、その価値はほとんど見出されずに終わるだろう。収集したデータをいかに加工し、分析して、人にわかりやすく提示するか。社会調査の後半（現地調査などを終えた後）の課題は、そんなところにあると思われる。以下、統計調査の場合を念頭におきつつ、後半の課題であるデータの分析およ

び結果の提示について、基本的な手順と必要な知識について述べることにしよう。

　なお、ここ12、13年のパーソナル・コンピュータの普及はまことにめざましく、オフィスや大学はもちろん、一家に１台とまではいかなくてもかなり多くの人が自宅で日常的に触れられる環境を整えてきている。しかも最近のパソコンは、買ったはじめから実用的なソフトウェアがいろいろインストールされていて、そのなかには調査データの集計に有用な表計算ソフトが含まれていることも少なくない。また、ワープロ、表計算、データベースなどをセットにした、いわゆるオフィス・ソフトも手頃な価格で購入できる。これらを利用することでだれでも効率的に集計ができるようになり、またとても美しいグラフを描けるようになった。ここではそうした環境をふまえて話を進めていきたい。

1　分析にあたっての注意

どんな観点から分析をするか、視点を明確にすること

　データというのは、ただむやみにいじり回し、「分析してみたらこうなりました」という形で出したら台なしである。どのような問題があり、その問題を検討する客観的資料としてどんなデータが適切であるか、説得的に示されなければならない。

作業仮説を明示して検討すること

　作業仮説というのは、データによって真（または偽）であることが具体的に証明できるように構成された仮説をいう。調査をするからには、「○○という社会現象と△△という社会現象（例：人びとの階層化の実態と、生活意識のちがい）のあいだには、何らかの関係がある」というような仮説が存在するはずである。しかしその仮説は、ただちにデータで検証できるものとはかぎらない。そこで、それぞれの社会現象の指標と考えられるデータ間の関係について（複数の）作業仮説をつくり、それらの検証を積み重ねることによって、はじめて仮説の真偽を考察するのである。

整理・分析されたデータの解釈は、可能なかぎり客観的であるよう心がけること

　多くのデータを眺めていると、自分の意に沿ったものもあれば沿わぬものもあるというのが普通のところだろう。そんなときに、われわれはしばしばこんな思いに駆られる。「仮説を否定するデータは、それほど多くないし重大でもないようだ。それよりも、仮説を肯定するこの結果が光り輝いているじゃないか。よし、この結果で押し通そう」。しかし、気持ちはわかるのだが、ちょっと待ってほしい。この誘惑に負けてしまうと、それまでせっかく客観性を確保するために重ねてきた努力がすべてむだになってしまう。社会調査は、社会現象に関する命題の真偽を、データによって客観的に検討するために行なわれるものである。そこでは、「その全過程が客観的方法によって貫かれている」（原・海野、1984、3頁）ことがぜひとも必要なのだ。

　以上のようなことに気をつけながら、われわれはいよいよ集めたデータの分析にとりかかることになる。ここでは、統計調査データの分析に絞って、その手順を説明しよう。

2　データ分析の基本的心構え

結果の「イメージ」を明確にする

　分析をするさいには、多かれ少なかれ「こんな結果を出したい」というような結果の「イメージ」が頭のなかにあるものだ。それは、実際に手続きを進めるなかでしばしば大きな修正を迫られるものなのだが、この「イメージ」が具体的であればあるほど、シャープな分析および結果の解釈を得られる場合が多い。シンプルな表、あるいはわかりやすいグラフなど。まずはできるだけ具体的な結果のイメージを描いてみよう。

結果を得るためにどのような操作が必要か

　抽象的な議論に迷い込まないために、ここからは一つのデータとそれを使った分析を例にして話を進めることにしたい。

　利用するのは、1995年の秋に実施された「仕事と暮らしに関する全国調

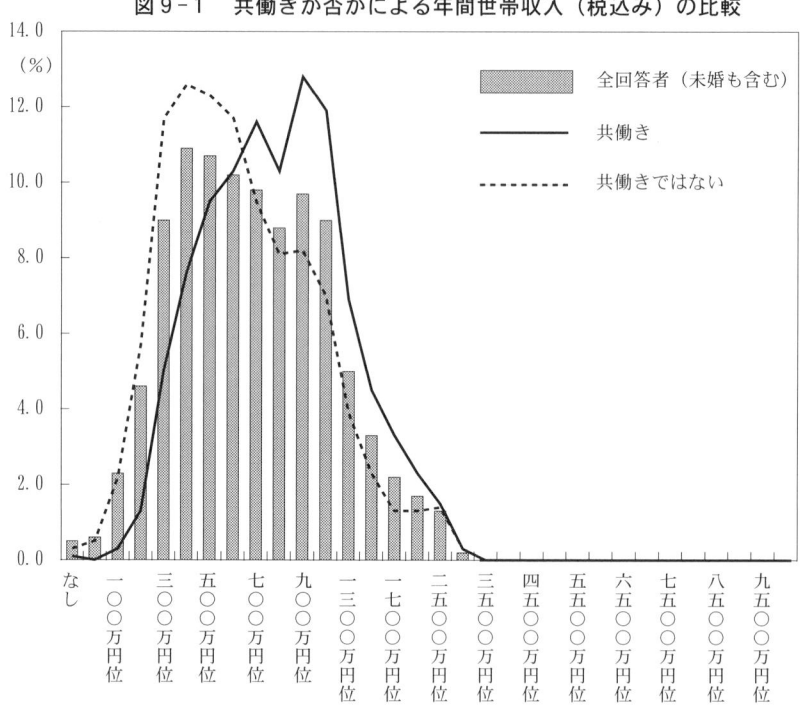

図9-1 共働きか否かによる年間世帯収入（税込み）の比較

凡例：
- 全回答者（未婚も含む）
- 共働き
- 共働きではない

横軸：なし、一〇〇万円位、三〇〇万円位、五〇〇万円位、七〇〇万円位、九〇〇万円位、一三〇〇万円位、一七〇〇万円位、二五〇〇万円位、三五〇〇万円位、四五〇〇万円位、五五〇〇万円位、六五〇〇万円位、七五〇〇万円位、八五〇〇万円位、九五〇〇万円位

査」（1995年社会階層と社会移動調査研究会）のデータである。この調査（通称SSM調査）は1955年以来10年ごとに実施されて日本人の職業を中心とする生活や意識の変遷を継続的かつ体系的に追求しており、この分野ではもっとも大規模で基本的なデータのひとつである。

くわしい説明は後に回すことにして、まずは図9－1の分布を見るとしよう。たった1枚の図からも多くの情報を読みとることができる。たとえば、共働きの世帯と共働きでない世帯では、かなり分布の形がちがう。共働きでない世帯の年収のピークが400万円前後であるのに対して、共働き世帯のピークは900万円前後に位置しており、「ダブル・インカム」の相対的な有利性を視覚的に確認することができる（ちなみに、パートやアルバイトも働いているものとして分類している）。

また、分布の形を知ることも重要である。われわれは分布というと、左右

対称の富士山のような「正規分布」を思い浮かべがちだが、図に現われた分布は全回答者の世帯であれ共働きの世帯、共働きでない世帯であれ、いずれも山の頂上が左側（低所得側）に大きく偏った形になっている。しかも、低所得側の所得区分の幅（50〜100万円）が高所得側の所得幅（500万円）よりもずっと狭いことを考えると、区分の幅をそろえた場合の山形はさらにずっと左側に寄ることになるし、形も左右対称とは大きく異なり左側がいっそう急な崖になるはずである。

目で見てわかりやすいデータは、加工によって得られる

　このような特徴を視覚的に確認できるようにするには、ある程度のデータの操作・加工が必要になる。社会調査におけるデータ分析の基本は、こうした必要な操作・加工にあるといえる。そのために、まずは2点ばかり注意しておきたい。

　(1)データの種類を判別すること。

　調査によって収集されるデータには、表9−1のように大きく分けて、①カテゴリカル・データ、②数値データ、③言語データの3種類がある。コンピュータで集計するのはカテゴリカル・データと数値データだが、おのおの考え方や手順が異なるので、別々のアプローチが必要になる。これについては後でくわしく説明する。

　(2)実数でみるか、比率でみるか。

　調査をまとめる基本は集計にあるが、単純に実数をカウントすることと、比率（パーセント）でみることには、かなり質的な意味のちがいがある。

　ここでは、調査の母集団が何だったかを考えなければならない。回答を集めた全体がすなわち調査対象であれば（たとえば、ある大学の全学生など）、何名中の何人が賛成したというような実数を知る必要性は高いだろう。しかし多くの調査は、対象とする母集団から一部を抽出したサンプルから回答を集めたものである。この場合には実数そのものよりも、全体に対する比率のほうが重要な意味を持つ。

　上の「仕事と暮らしに関する全国調査」（1995年SSM調査）のグラフも、比率に換算したデータをもとに描いている。データの詳細は、表9−2のと

表9-1　データの種類

①	カテゴリカル・データ……………………性別、「賛成―反対」、「はい―いいえ」など
②	数値データ……………………………………年齢、身長、体重など
③	言語データ……………………………………回答者が自由に記入した文章など

表9-2　図9-1のデータの出所

「仕事と暮らしに関する全国調査」(1995年SSM調査)
　母集団：全国の20〜69歳（1994年12月31日現在）の男女
　サンプル数：9,739名
　有効回答数：6,571名（回収率67.5%）
このうち、
　世帯収入の金額を答えてくれた人：5,191名 A
このうち、
　既婚で共働きの人：2,301名 B
　既婚で共働きではない人：1,974名 C
　その他（結婚していない、結婚について未回答など）：916名

おりである。

　図9-1にグラフ化したのは、表9-2のとおり有効なサンプルのうち、A世帯収入の金額を答えてくれた人5,191名、そのうちの、B既婚で共働きの人2,301名、および、C既婚で共働きではない人1,974名、の3カテゴリーについて整理したものである。三つの回答者グループを実数のままグラフ化したならば山の高さがたいへん不揃いになり、各グループの特徴を比較するという意図はほとんど果たされないことになるだろう。

　ただし、表9-2のようなデータ源を明らかにすることはとても大切である。それはたんなる情報公開というだけでなく、加工したデータの源が信頼に足るということの表明なのだ。これは調査者としての義務である。

3　データの種類と整理：単純集計を行なう

　「結果のイメージ」を明らかにするということでグラフ作成まで一気に飛んでしまったが、実際にそこまで至るには一定の手順をふまなければならない。その手順はどの調査もほぼ同じで、だいたいつぎの3ステップで構成さ

れる。

> すべての調査項目（変数）について単純集計を行なう
> ↓
> 調査項目間の関連を分析する
> 　２変数間の関連の分析
> 　多変数間の関連の分析
> ↓
> 関連について説明する

　そこで、以下ではまず単純集計のために必要な話からはじめ、第４節および第５節で調査項目間の関連およびその説明について見ていくことにする。

カテゴリカル・データと数値データ
　ところで、データとして集められた質問項目には、表９－１のように、いくつかの種類がある。くわしくは第８章で説明されているが、データの種類に応じてその整理のしかた、分析のしかたも違ってくるので、最初にここから説明していこう。
　①カテゴリカル・データ……選択肢形式の質問によって得られるデータ。たとえば、「あなたの性別を教えてください。　１．男　２．女」というようなもの。「質的データ」あるいは「定性的データ」ともいう。ここで選択肢の番号は、たんにそれぞれを区別する記号であって、数値に何の意味もない。したがって、それぞれの回答選択肢ごとの度数分布を調べて棒グラフや円グラフをつくることなどはできるが、平均値などを計算することはできない。第８章の説明にある「名義尺度」「順序尺度」のデータがこれにあてはまる。
　②数値データ……「あなたの年齢をお答えください」という質問のように、データが数値として得られるもの。「量的データ」あるいは「定量的データ」ともいう。ここで数値の大小は、たんなる区別にとどまらない意味を持っている。若い人、年長の人というように。そして、平均値や分散などの統計量を計算することができる。しかも、あとで「１．30歳未満　２．30歳以上50歳

未満　3．50歳以上」というようにカテゴリーにまとめることもできる。すなわち、カテゴリカル・データよりも柔軟性が高く、上位に位置するといってよい。第8章の説明にある「間隔尺度」「比例尺度」のデータがこれにあてはまる。

　③言語データ……回答者が自由に記入した文章などのデータ。ふつう、そのままでは集計になじみにくい。内容をよく吟味して、分析する側でいくつかのカテゴリーに分類して集計する場合が多い。しかし、単純な選択肢などでは拾えない回答者の特徴や、当初の想定にない回答が見出される可能性もある。

　統計的手法を駆使した分析という点では数値データがもっとも望ましいのだが、物理実験などとちがい、社会調査で直接得られる数値データというのはあまり多くない。はじめの例の収入金額や、回答者の年齢など、ごくかぎられるといってよい。したがって、カテゴリカル・データを有効に分析する方法を考えなければならないし、他方では数値形式のデータをできるだけ多く集める（あるいは、カテゴリーを数値に変換する工夫をする）努力が必要になる。

　そこで、まずは単純集計である。「単純集計」とは、調査項目ごとに各選択肢の度数や比率を算出したり、平均値や分散を求めたりする作業をいう。回答の基本的な特質を把握するためにかならず行なわねばならない手順である。単純集計によって回答の分布の概要をつかむと同時に、コンピュータによるデータ処理で起こりがちな入力ミス、たとえば5番までしか選択肢がないのに6番が入力されているなどのミスをチェックすることができる（エラーチェックの詳細については、第8章を参照）。

カテゴリカル・データの単純集計

　カテゴリカル・データにおける単純集計とは、「度数分布表（frequency table）」の作成をさす。たとえば、図9－1に示した1995年SSM調査における全世帯収入の分布は、表9－3のとおりである。この度数分布表にもとづいて図のような棒グラフや、円グラフあるいは帯グラフなどを作成すると、全体の傾向を視覚的に把握することができる。

表 9-3　世帯全体の年収

		度　　数	パーセント	有効パーセント	累積パーセント
有効	なし	24	4	5	5
	70万円位	31	5	6	1.1
	100万円位	120	1.8	2.3	3.4
	200万円位	239	3.6	4.6	8.0
	300万円位	465	7.1	9.0	16.9
	400万円位	565	8.6	10.9	27.8
	500万円位	557	8.5	10.7	38.5
	600万円位	531	8.1	10.2	48.8
	700万円位	510	7.8	9.8	58.6
	800万円位	458	7.0	8.8	67.4
	900万円位	503	7.7	9.7	77.1
	1,100万円位	465	7.1	9.0	86.1
	1,300万円位	262	4.0	5.0	91.1
	1,500万円位	173	2.6	3.3	94.5
	1,700万円位	113	1.7	2.2	96.6
	2,000万円位	87	1.3	1.7	98.3
	2,500万円位	70	1.1	1.3	99.7
	3,000万円位	11	2	2	99.9
	3,500万円位	1	0	0	99.9
	5,000万円位	2	0	0	99.9
	6,000万円位	1	0	0	99.9
	7,000万円位	1	0	0	100.0
	8,000万円位	1	0	0	100.0
	1億円位	1	0	0	100.0
	合計	5,191	79.0	100.0	
	不明・無回答	1,380	21.0		
欠損値	合計	1,380	21.0		
合計		6,571	100.0		

　なお、度数分布表に表示するパーセントは、小数点以下第1位までとすることが多い。かりに端数を四捨五入して合計が100%にならない場合には、そのままの数字（99.9%あるいは100.1%）を表示するか、「その他」「不明」などの選択肢で調節して100.0%になるようにする。

数値データの単純集計

　数値データ（定量的データ）については、カテゴリカル・データとは異なった集計が可能になる。すなわち、「平均（average）」や「分散（variance)」である。あとで見るように、それらは大量のデータの特徴を一つの数値に要約して示すという点で便利だが、それにより失われる重要な情報も少なくない。図9－1のような分布の形などは、その最たるものである。しかしその話に入る前に、まずは数値データの単純集計について考え方を順に説明しよう。

(1) 数値ごとの単純集計

最初に、数値ごとに集計してみたらどうなるか。同じSSM調査のなかから、回答者の年齢を例にしてみよう。調査では1歳きざみでデータをとっているので、厳密にいうとこれもカテゴリカル・データなのだが、そのまま集計すると表9－4Aのようになる。カテゴリー数が多くなりすぎて全体の状況が把握しにくくなることがわかるだろう。

(2) 適当なカテゴリーに区切っての集計

全体の分布を見るという点では、数値をいくつかのカテゴリーに区切るのがよい。年齢の場合であれば、「20歳以上30歳未満」「30歳以上40歳未満」……というように。表9－4Bはこうして再集計したものである。この結果をグラフ化したのが図9－2である。

年齢の場合には5歳きざみ、10歳きざみというように区切りをつけやすいが、なぜそのように区切るのか説明をつけにくい数値データも少なくない。収入金額にしても、表9－3のようなカテゴリー分けがまちがいなく合理的かどうかはわからないのだ。ただ、収入金額というきわめて微妙な設問としては、SSM調査の分類は相当に細かいものだといってよい。

カテゴリーに区切って集計するのは数値データの細かい情報量を犠牲にすることでもあるが、図9－1のような分布の形を把握できるという大きなメリットもある。これは、つぎにみる平均値や分散の計算をする前にぜひ一度は試みておくべきものである。

(3) 分布の形をみる二つの代表値

数値データをいったんカテゴリーにまとめて分布の形を確認すると、よくイメージされる富士山型の「正規分布（normal distribution）」にかならずしもならないことがわかる。正規分布の場合には、山の頂点（そこに位置する回答者の数がもっとも多い）が分布の中央でもあり、かつそこが平均値に

表9-4A　回答者の年齢構成（1歳きざみ）

			度　数	パーセント	有効パーセント	累積パーセント
有	効	20	8	0.1	0.1	0.1
		21	92	1.4	1.4	1.5
		22	118	1.8	1.8	3.3
		23	100	1.5	1.5	4.8
		24	99	1.5	1.5	6.3
		25	104	1.6	1.6	7.9
		26	88	1.3	1.3	9.3
		27	108	1.6	1.6	10.9
		28	110	1.7	1.7	12.6
		29	64	1.0	1.0	13.6
		30	121	1.8	1.8	15.4
		〜				
		65	142	2.2	2.2	92.0
		66	133	2.0	2.0	94.0
		67	121	1.8	1.8	95.8
		68	117	1.8	1.8	97.6
		69	84	1.3	1.3	98.9
		70	73	1.1	1.1	100.0
		合　計	6,571	100.0	100.0	
合	計		6,571	100.0		

⇩

表9-4B　回答者の年齢構成（10歳きざみ）

			度　数	パーセント	有効パーセント	累積パーセント
有	効	20歳代	891	13.6	13.6	13.6
		30歳代	1,166	17.7	17.7	31.3
		40歳代	1,739	26.5	26.5	57.8
		50歳代	1,420	21.6	21.6	79.4
		60歳以上	1,355	20.6	20.6	100.0
		合　計	6,571	100.0	100.0	
合	計		6,571	100.0		

もなるという特徴がある。したがって、つぎにみる平均値や分散といった統計的数値によって分布全体を正当に表現することができる。しかし、実際の分布形の多くはそれほど理想的ではない。

図9-2　回答者の年齢構成（10歳きざみ）

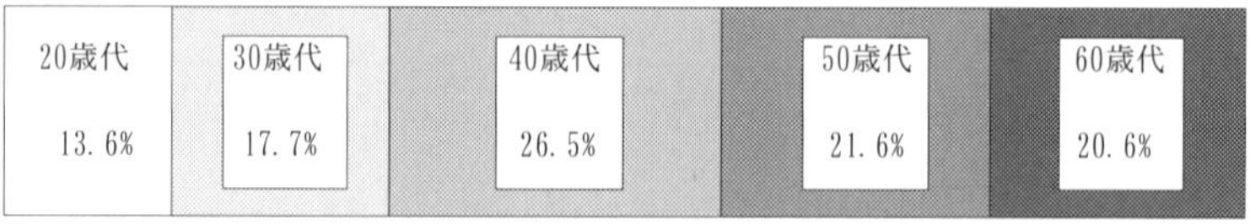

20歳代	30歳代	40歳代	50歳代	60歳代
13.6%	17.7%	26.5%	21.6%	20.6%

　そこで、分布の特徴を代表値として表わす二つの基本的な統計量を知っておいたほうがよいだろう。どちらも、考え方はきわめて単純である。
　①最頻値（mode：モード）
　読んで字のごとく、もっとも頻度の高い値のこと。データによってはたまたま最頻値が一つでない場合もある。考え方は単純なのだが、平均値とは異なり極端に大きい値や小さい値があっても影響されにくいというメリットがある。ちなみに、1995年SSM調査の回答者の年齢の最頻値は45歳で、211名だった。つぎが48歳（202名）、47歳（200名）とつづくことや、この年代が1995年では人口の多い「団塊の世代」にあたることを考えると、妥当な結果といえるだろう。
　最頻値は数値をまとめてカテゴリー化したデータにも適用できる。表9－4Bのデータの場合には、最頻値は40歳代（1739名）である。
　②中央値（median：メディアン）
　データを大きさの順に並べて、ちょうど中央にくる値のこと。有効なデータの総数が奇数であれば、メディアンは一意に定まる。しかし総数が偶数の場合には2で割り切れてしまうので、中央には二つのデータがくることになる。そこで、この二つのデータの平均値（足して2で割る）をメディアンとする。
　ちなみに、同点のデータが複数ある場合の中央値を厳密に求めようとすると、やや複雑になる。
　SSM調査の回答者の年齢を例にとると、総数が6571名なので、中央値は3286番目の人の年齢になる。これは47歳のグループに含まれる。したがって、年齢区分をカテゴリー（それより細かく区分できない）とした場合の中央値は47歳である。ちなみに47歳の回答者は200名であった。
　しかし、年齢はほんらい連続量なので、「47歳」というのは、厳密には

「46.5歳以上47.5歳未満」である。これを考慮した場合の中央値はつぎのようにして求める。まず「46歳」以下の回答者を数えたら、全部で3255名だった。中央は6571÷2＝3285.5なので、「47歳」の人のうち下から数えて30.5番目（＝3285.5－3255）になる。そこで、46.5歳から47.5歳までの1年の幅の間に200人が均等に並んでいると考えて、その30.5番目の位置を計算する。30.5÷200＝0.15（小数点第3位以下四捨五入）。これを「47歳」の下限である46.5に加えると、46.65になる。この46.65歳というのが中央値である。

このように、中央値は数値あるいはそれをカテゴリーに区分したデータにおいて計算できる統計量である。最頻値がもっとも同点の多いところに位置するケース以外のすべてのケースを無視してしまうのに対して、中央値は全体のなかの順位という形でデータのすべてを考慮に入れているというメリットがある。また、極端に大きな値や小さな値のケースがあっても影響されにくく、つねに分布の山形の頂点付近に中央値は位置するので、分布が大きく偏っている場合の代表値として有効である。

このメリットを確認するために、図9－1に表示した回答者の世帯収入について中央値を算出しておく。全回答者の世帯収入が662.5万円、共働き世帯が789.3万円、共働きでない世帯が591.3万円である。つぎの平均値との比較が興味深いところである。

(4)平均値と分散（標準偏差）

①平均値（average）

数値データについてかならず算出される統計量が平均値および分散（標準偏差）である。まず「平均値」は、最頻値や中央値と同じように、そのデータの特性の代表値とみなされる。そして、データに含まれるすべてのケースが平均値の算出に等しく関与している点で、代表値としてすぐれている。平均値はすべてのケースの数値の総和をケース数で割ることによって得られる。一般式はつぎの式のようになる。

$$\bar{x} = \frac{1}{n}\sum_{i=1}^{n} x_i \tag{1}$$

ここで x_i は各ケースの数値、n_i はケースの総数を表わす。$\sum$（ギリシャ文字で「シグマ」と読む）という記号は、それにつづく式にしたがって個々

の対象者の回答の数値（x_i）について1人目からn人目までをすべて計算し、その総和を求めるという意味である（$\sum_{i=1}^{n} x_i = x_1 + x_2 + \cdots + x_{n-1} + x_n$）。なお、数値をカテゴリーに区分しているデータでも、近似的な平均値を求めることができる。その平均$\bar{y}$を求める一般式はつぎのとおりである。

$$\bar{y} = \frac{1}{n} \sum_{i=1}^{m} n_i y_i \tag{2}$$

ここでy_iは各カテゴリーの中点の値、n_iは各カテゴリーに属するケースの数、mはカテゴリー数、そしてnはケースの総数である。考え方そのものは(1)式と変わらない。おのおののケースに対応するカテゴリーの中点を数値として与え、それで平均を計算するのである。

これにより1995年SSM調査の回答者の平均世帯収入を計算すると、全回答者が762.4万円、共働き世帯が896.7万円、共働きでない世帯が691.6万円になる。先ほどのメディアンに比べ全体に数値が高めに出ており、分布の中央よりも右に偏ったところに位置することがわかるだろう。数は少ないもののたいへんな高収入のケースがあり、それらが平均値を引き上げているのである。

すなわち、平均値が分布の代表値としてほんとうに意味をもつのは、正規分布のときだけなのだ。それ以外のときには、メディアンやモードのほうが代表値として適切な場合もある。たんに平均値をみればよしとするのでなく、ほかの指標にも目を配るという複眼的な視点をわれわれは保つべきである。

②分散・標準偏差

最頻値、中央値、平均値は、いずれも集団の分布を一つの統計量で代表させるというものである。これに対して分散あるいはその平方根である標準偏差は、回答の「散らばり具合」を示す代表的な指標である。

考え方の基本は、個々のケースと代表値との離れ具合を見ることにある。代表値との距離の長いケースが多いほどデータ全体の散らばりは大きく、距離の短いケースが多ければデータ全体の散らばりは小さいといえる。代表値としては平均値を使う。なぜなら、各ケースと平均値との差（「偏差」という）をとってすべて合計すると、正負が打ち消し合ってゼロになるなどの便利な特性があるためである。

もっとも、そのまま合計してゼロになったのでは散らばり具合を測定できないので、偏差を2乗して総計を求める。そして、それをケース数で割って平均を求めたものが「分散（variance）」である。分散 s^2 はつぎの一般式で求められる。

$$s^2 = \frac{1}{n}\sum_{i=1}^{n}(x_i - \bar{x})^2 \tag{3}$$

ここで x_i は各ケースの値、$\bar{x}$ は平均値、n はケース数を表わす。そして分散 s^2 の正の平方根 $\sqrt{s^2} = s$ が「標準偏差」であるが、この標準偏差 s にはつぎのような特徴がある。すなわち、平均値の周辺に多くの回答が集中し、そこから遠ざかるにつれまばらになるという分布型の正規分布の場合に、平均値からプラス方向とマイナス方向にそれぞれ標準偏差の幅だけとると、そのなかにデータの約68%が含まれることがわかっている。また、それぞれ標準偏差の2倍の幅だけとると、約95%が含まれ、3倍幅の間には99.7%までが含まれる。したがって、標準偏差の幅が狭い（s の値が小さい）データの分布は斜面の傾きが大きく険しい山形になり、標準偏差の幅が広い（s の値が大きい）データの分布はすそ野の広いなだらかな山形になる（図9-3）。

平均値と同様に、標準偏差も数値をカテゴリーに区分したデータであれば算出することができる。1995年SSM調査における回答者の世帯収入のデータでは、全回答者が520.9万円、共働き世帯が559.9万円、共働きでない世帯が454.2万円であった。

この数字をみると、共働き世帯は共働きでない世帯よりも標準偏差にして100万円ほど多く、収入のばらつきが大きいことがわかる。ただし共働き世帯の収入平均値は共働きでない世帯より200万円ほど高い。そして標準偏差というのは平均が大きいほど大きく、小さいほど小さくなる傾向があるので、「散らばり具合」を比較するためには平均値の大きさの影響を除去したほうがよい。そのために、標準偏差を平均値で割った値で比較する。これを「変動係数」という。この変動係数を共働き世帯と共働きでない世帯の収入について計算すると、前者が0.62、後者が0.67となった。つまり、共働きでない世帯の収入の散らばり具合のほうが相対的にはわずかながら大きい（なだらかな山形をなす）ことになる。

図9-3　正規分布の形と標準偏差の関係

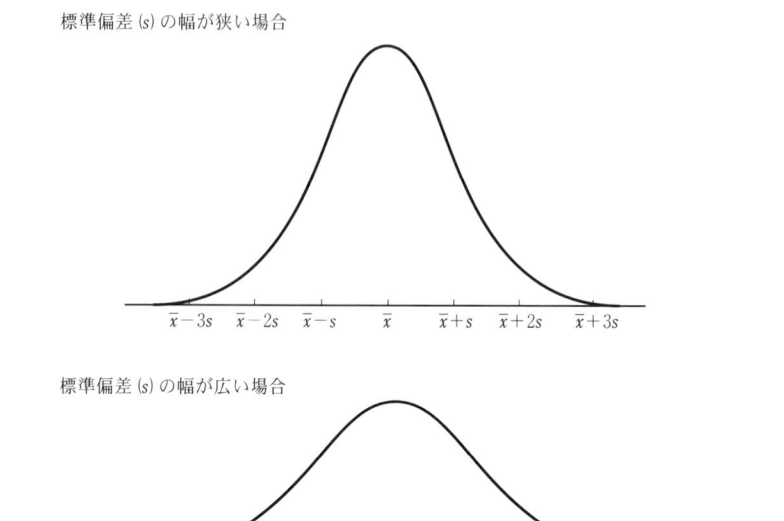

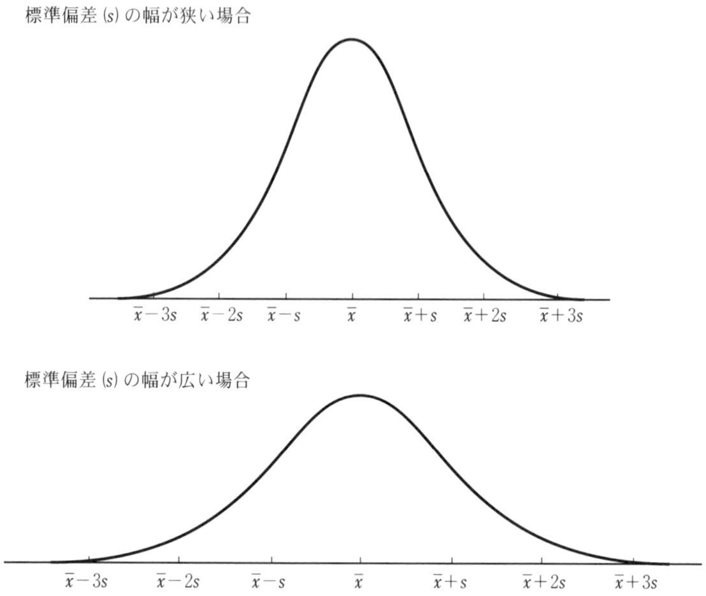

標準偏差(s)の幅が狭い場合

標準偏差(s)の幅が広い場合

4　データの関連をみる：クロス集計と相関係数

　さて、単純集計は一つ一つの設問に関する回答の分布を調べるものだが、それが終わったらつぎは、おのおのの設問によって明らかにされた回答者の意識や行動の違いが何によって説明されるかを考えることである。

　この課題は、その設問（データ）における回答の違いに関連があると思われる別の要因やデータを見つけ出すというようにいいかえることができる。もっとも基本的な形は、一つのデータと別の一つのデータとの関連を調べるという2変数の関連であろう。これについて、必要な考え方と手順を述べることにする。

　まず、関連について考えるときには、①一方が原因で他方がその結果だという因果関係を想定しない場合と、②そのような因果関係を想定する場合とを区別するとよい。具体的な分析としては、②は①をふまえたうえで進めら

表9-5 基本的な分析法

従属変数(被説明変数)	独立変数(説明変数)		分析法
カテゴリー	カテゴリー	1個	クロス表分析
		2個以上	多重クロス表分析
	数値		判別分析
数値	カテゴリー	1個	平均値の差の検定、t検定、分散分析
		2個以上	多重分類分析
	数値	1個	相関係数、回帰分析
		2個以上	重回帰分析

れることになる。

　さらに、分析の対象である二つの変数がそれぞれカテゴリカル・データか数値データかによって、選ぶべき分析手法がちがってくる。表9-5は基本的な分析法について整理したものである。表中の従属変数（被説明変数）とは、当面の分析対象とする変数（説明される変数）を意味する。独立変数（説明変数）とは、従属変数（被説明変数）に関連すると思われる変数ないし従属変数（被説明変数）を規定していると思われる変数（説明する変数）を意味する。回答者の属性に関する変数（性、年齢、婚姻の有無、学歴など）は、普通は独立変数（説明変数）として使われ、回答者の意識に関する変数は従属変数（被説明変数）として使われることが多い。ただし、分析者の意図に応じて従属変数（被説明変数）、独立変数（説明変数）どちらにも使いうる変数も多数存在する。いずれにせよ、分析をはじめるにあたって、どの変数を従属変数（被説明変数）とし、また独立変数（説明変数）とするのか、明確にさせておくことが重要である。変数をどちらに位置づけるかという選択自体、「説明」の入り口に立つことにほかならないからである。

　この表のなかから、もっとも基本的と思われる「カテゴリカル・データ - カテゴリカル・データ」という2変数の関連を検討するクロス表分析、および「数値データ - 数値データ」の関連をみる相関係数について、おのおの簡単に紹介しよう。

クロス表分析

「クロス集計」は、二つのカテゴリカル・データの関連を検討するときに行なわれるもので、社会調査のもっとも基本的な分析作業である。クロス表 (cross table) は、2変数間の関連のしかたについての基本的な情報を直截に示してくれる。

例として、やはりSSM調査の質問項目から1枚の表を作成してみた。表9－6Aでは、10歳きざみに分類した既婚の回答者の年齢と共働きか否かの関連をみている。

表をみると、実数では40歳代で共働きの回答者の多いことがわかるが、ここで問題なのはそのような実数ではないだろう。なぜなら、「既婚の回答者の年齢と共働き率の間にはどのような関連があるか」という問いを発したときには、「年齢によって共働き率には違いがある」、すなわち「年齢→共働き率」という因果関係が想定されており、しかもこの関心はSSM調査のサンプルを超えた母集団そのものに向けられているからである。

したがって、ここでは実数よりも比率（パーセント）で検討すべきである。しかし、比率をみるときには、「何を基準にするか」を決めなければならない。表9－6Aのようなクロス表の場合、3通りの基準が可能である。

①各列（縦）の合計を基準として、その列のデータを割る。
②各行（横）の合計を基準として、その行のデータを割る。
③全体の合計を基準として、各データを割る。

表9－6Aを「年齢→共働き率」という問題意識で分析するためには、年齢段階ごとの共働き率をみる必要がある。したがって②の基準、つまり各年齢層（行）の合計を基数にする。表9－6Bはそうして計算した結果である。

これを見ると既婚者世帯の共働き率（パートも含む）は、子育てが一段落する一方、教育費などとかく費用のかかる40歳代において最高になり、退職期に入る60歳以上では大きく減少するという傾向のあることが明らかになる。

以上のような解釈を、年齢によって共働き率の動向を「説明」するという。一方の質問項目でもう一方の質問項目を説明したい場合には、個々のセル（ます目）の実数を縦（列）または横（行）の合計で割ればよい。表9－6Bの例では年齢が独立変数（説明変数）になるので、各セルの実数を行合計で

表9-6A　年齢と共働きか否かの関連

	共働きか否か		横計
	共働きでない	共働き	
20歳代	179	103	282
30歳代	464	500	964
40歳代	488	1,049	1,537
50歳代	512	770	1,282
60歳以上	783	349	1,132
縦　　計	2,426	2,771	5,197

表9-6B　年齢と共働きか否かの関連
（横計を基数とする比率）

	共働きか否か		横計
	共働きでない	共働き	
20歳代	63.5	36.5	100.0
30歳代	48.1	51.9	100.0
40歳代	31.8	68.2	100.0
50歳代	39.9	60.1	100.0
60歳以上	69.2	30.8	100.0
縦　　計	46.7	53.3	100.0

割って比率を求めるのである。もちろん、どの合計を基準にしたクロス表にも別個の意味がある。表9-6Cは縦計を基準に比率を求めた表だが、これを見ると、現在共働きであると答えた回答者の年齢構成、共働きでないと答えた回答者の年齢構成のちがいが明らかになる。共働きでは40・50歳代の構成比率が高いこと、そして共働きでないほうは当然のことながら60歳以上の世代の比率が高い。

　ただし、こうした分析の結果をそのまま鵜呑みにしてよいかとなると、そこには一定の留保が必要になる。なぜなら、5000人以上の有効データを集めたSSM調査といえども、全国数千万世帯のごく一部のサンプルにすぎず、標本誤差は免れないからである。こうした誤差を考慮して分析するためには、統計的検定の手続きが必要になる。2変数のクロス集計にもとづいて関連の有無を検定するためには、χ^2（カイ二乗）検定という手法が用いられる

表9-6C　年齢と共働きか否かの関連
（縦計を基数とする比率）

	共働きか否か		横計
	共働きでない	共働き	
20歳代	7.4	3.7	5.4
30歳代	19.1	18.0	18.5
40歳代	20.1	37.9	29.6
50歳代	21.1	27.8	24.7
60歳以上	32.3	12.6	21.8
縦　　計	100.0	100.0	100.0

（統計的検定の考え方は第11章で説明されるが、ここで概略を知っておきたいと思う読者は補注1を参照のこと）。

　なお、クロス表の作成にあたっては、二つの変数があまり細かくカテゴリー分けされていないほうが望ましい。なぜなら、細かいカテゴリーのデータ同士をクロスさせると、表中のセル（ます目）に入るケースが極端に減少する危険があるからである。おおよその目安だが、ケース数が5を下回るようなセルの数が全体の4分の1を越えないようにするとよい。そのためには、内容の近いカテゴリーを合併して極端に数の少ないセルを減らすようにする。たとえば、「1．賛成　2．やや賛成　3．やや反対　4．反対」という選択肢の変数であれば、1と2を「賛成」グループ、3と4を「反対」グループとして合併すればよい。

相関係数

　関連を調べる2変数が両方とも数値データの場合には、「関連の度合」を数値で測定することができる。これは、カテゴリカル・データのクロス集計にはないメリットである。

　さっそく、例を挙げてみよう。図9－4Aは、SSM調査を使い常勤で働いている回答者の年齢と本人の個人収入の関連をグラフ化している。ただし表示の都合上、とりわけ所得の高い上位0.1％のデータは除いてある（有効ケース数3152）。

　一方図9－4Bは、SSM調査中の既婚の回答者と配偶者の年齢の関連を

図9-4A　常勤の回答者の年齢と個人収入との関連

回答者の個人年収（万円）／回答者の年齢

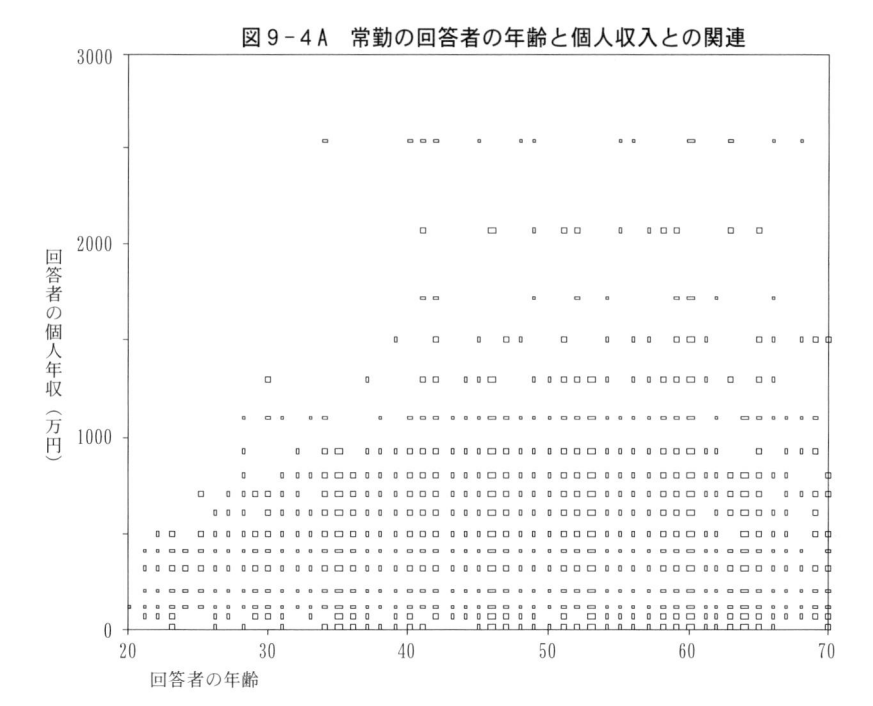

図示している（有効ケース数4383）。図9－4Aに比べて当然のことながら、二つのデータの関連がきわめて強いことが一目でわかるだろう。

　こうした関連の強さを測る指標が「相関係数（ピアソンの積率相関係数）」である。相関係数（r）は、つぎの式で計算される。

$$r_{xy} = \frac{s_{xy}}{s_x s_y} \quad \text{ただし} \quad s_{xy} = \frac{1}{n}\sum_{i=1}^{n}(x_i - \bar{x})(y_i - \bar{y})$$

分母は変数xと変数yの標準偏差であり、それぞれ213ページの(3)式にしたがって求めた値の正の平方根をとって算出される。一方、分子のs_{xy}は「共分散」とよばれ、二つの変数（設問）に関しi番目の回答者がそれぞれどのような回答（x_i, y_i）をしたかを同時にみようとしている。

　こうして算出された相関係数rは、+1から－1の範囲の間で変動する。そして、rが0より小さいときには「負の相関」があるといい、0より大きければ「正の相関」があるという。また有効なケースのすべてが右上がりの直

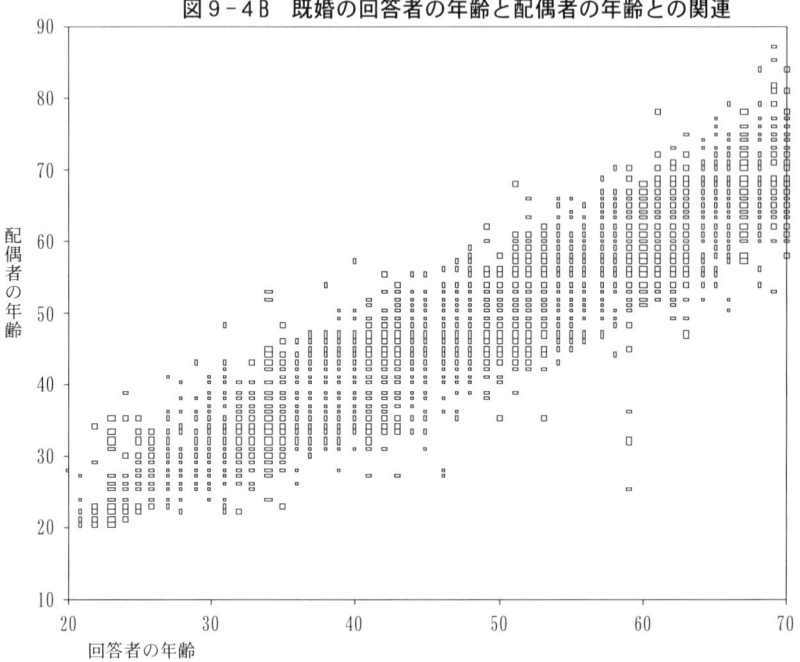

図9−4B　既婚の回答者の年齢と配偶者の年齢との関連

（縦軸：配偶者の年齢、横軸：回答者の年齢）

線に沿って完全に並ぶときに $r=1$、すべてが右下がりの直線に沿って完全に並ぶときに $r=-1$ になる。$r=0$（無相関）になるのは、すべてのケースが非常に拡散して関連が見出せなかったり、一方の変数がもう一方の変数の変動にかかわらずつねに一定の値をとるようなときである。

　ちなみに、図9−4Aのデータの係数値は0.160でかなり弱い正の相関、図9−4Bのそれは0.933とたいへんに強い正の相関がある。つまり、前者では年齢と所得の間の関連があまり強くないこと、後者では夫婦の年齢が概してとても近いことを示している。

　相関の強弱を一律に判定するのはむずかしいが、だいたいつぎのようなところを目安にするとよい。

　　$-0.2 \leqq r \leqq 0.2$　　　　　　　　　ほとんど相関がない
　　$-0.4 < r \leqq -0.2$ または $0.2 \leqq r < 0.4$　　低い（弱い）正または負の相関

	がある
$-0.7 < r \leqq -0.4$ または $0.4 \leqq r < 0.7$	かなり高い（強い）正または負の相関がある
$1.0 \leqq r \leqq -0.7$ または $0.7 \leqq r \leqq 1.0$	高い（強い）正または負の相関がある

（ただし、$r < 0$ のときに負の相関があるという）

グループ間の平均値の比較

　二つのカテゴリー変数間の関連をみるにはクロス集計、数値変数間の関連をみるには相関係数を利用できるが、カテゴリー変数と数値変数の組み合わせで関連をみることもめずらしくない。カテゴリカル・データを説明要因として使える場合には、平均値のグループ間比較がよく試みられる。先にみた共働きでない世帯の収入（平均691.6万円）と共働きの世帯収入（平均896.7万円）の比較はまさにその一例であり、この比較によって共働きという就業形態の有利さが明らかになった。

　ただし、ここでもSSM調査のデータがあくまでも社会全体のごく一部を抽出したサンプルであることに注意しなければならない。この調査は社会全体の傾向をできるだけ忠実に再現できるように注意深くサンプリングされているが、それでも誤差の混入は免れられないのだ。それゆえ別のサンプルをとったら、共働き世帯の収入のほうが共働きでない世帯の収入よりも低かった、という逆転も生じないとはかぎらないのである。

　したがって、サンプルのなかで見出されたグループ間の平均値の差を根拠に、母集団でも同じグループの平均値の間に差があると推定して大丈夫か否かを統計的に検定しなければならない。二つのグループ間で平均値を比較する場合には「t 検定」が用いられる。また二つのグループの分散の差を検定するには「F 検定」が用いられる。t 検定も F 検定も平均値や標準偏差を求めて意味のあるデータ、つまり間隔尺度や比率（比例）尺度で示される数値データにおいて用いられる。一方、名義尺度で示されるカテゴリカル・データの場合はカイ二乗検定が用いられる。これらの手法の考え方は第11章で説明されるが補注2や巻末に掲げた文献なども参照されるとよいだろう。

単純集計に表われた人々の意識や判断がどのような要因によってもたらされているか、その構造を明らかにしていくのは社会学的分析の大きな課題であるが、クロス集計をはじめここに紹介した手法は、そのためのもっとも基本的な手法である。どの変数とどの変数をかけ合わせていくかが、腕のみせどころになる。分析者として、人間存在に対する理解のほどが問われることになるだろう。

5　第3変数の導入、そして理論へ

エラボレーション

さて、単純集計を終え、さらに思いつくかぎりのクロス集計や平均値の比較、相関係数などを試みたとすると、手元にはかなり膨大な図表が残ることだろう。それらのなかからわれわれは一定の洞察を引き出すことになるのだが、そのためには、たんに2変数の関連を調べるだけでは不十分な場合も多い。表面に現われた関連の有無の奥に、それに大きな影響を及ぼすような別の要因が潜んでいる場合もあるのだ。

一例としてしばしば紹介される表9－7のような架空のデータがある。これはあるキャンディ会社の調査で、未婚女性と既婚女性のキャンディの嗜好に差があり、未婚女性のほうがより好む傾向がみられたというものである（直井編、1983、250頁）。ところが、これに年齢という第3の変数を導入してみると下の表のようになり、未婚－既婚の間には嗜好にほとんど差のないことが明らかになる（79.2％と80.6％、60.6％と57.9％）。この場合、未婚・既婚とキャンディの嗜好の間に見られた関係はみせかけの関係（疑似相関）であったという。みせかけの関係は、年齢と未婚・既婚の間に生じる実際の強い関係、すなわち年齢の高い者に既婚者が多いという関係、および、年齢と嗜好の間に実際に生じる関係すなわち年齢の低い者にキャンディを好む者が多いという関係から引き起こされていたことがわかる（図9－5）。真の説明要因は第3変数の年齢だったというわけである。

上の例のように、「2変数の間の関連が、実際には別の第三の要因によって媒介されたものではないか」という疑問を3重クロス表によって解明する

表9-7　キャンディの嗜好状況（架空のデータ）

(単位：実数(%))

A 嗜好＼B 結婚	1. 未婚	2. 既婚
1．よく食べる	100(74.6)	200(62.3)
2．あまり食べない	34(25.4)	121(37.7)
計	134(100.0)	321(100.0)

⇩

A 嗜好＼B 結婚＼C 年齢	1. 25歳未満		2. 25歳以上	
	1. 未婚	2. 既婚	1. 未婚	2. 既婚
1．よく食べる	80(79.2)	50(80.6)	20(60.6)	150(57.9)
2．あまり食べない	21(20.8)	12(19.4)	13(39.4)	109(42.1)
計	101(100.0)	62(100.0)	33(100.0)	259(100.0)

出典：原(1983、250頁)

手続きを「エラボレーション（elaboration：精緻化）」という。

　エラボレーションの考え方は、調査データの分析においてきわめて重要である。なぜなら、因果関係について考えるという理論化への重要な一歩を踏み出すものだからである。

　社会調査それ自体は観測された記録であり、それ以上でも以下でもない。ある変数と別の変数をクロスさせて表を作成したり相関係数を算出したりしても、それら自体は因果的なメカニズムを表現するものではないのだ。しかし、クロス集計において比率を求めるさいに、何を基数とするかに3通りあると述べたことを思い出してもらいたい。そのなかから一つを取るのは因果関係を仮定してはじめて可能になる選択であり、われわれはこの段階で実際には説明の手続きの一歩を踏み出している。

説明、そして理論へ

　説明というのは、「何を知りたいのか」という問題意識があってはじめて

図9-5　真の説明要因

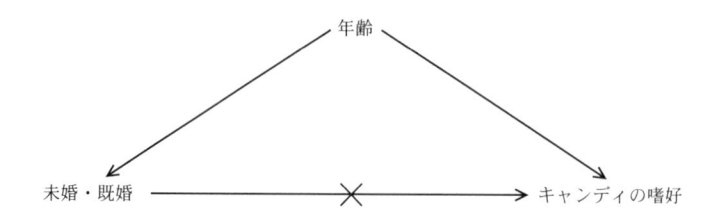

```
              年齢
             ／  ＼
            ↙    ↘
   未婚・既婚 ——×——→ キャンディの嗜好
```

思い浮かんでくるものである。われわれは、その問題意識にしたがい「知りたいこと」に結びつくと思われるデータ分析をいくつも試みて、そのなかから有意義なものを選び出していく。

　二つの変数をクロスさせるだけでも、数多くの組み合わせをとおして有意義な情報を引き出すことができる。しかし第3変数を導入することにより、はるかに深く複雑な考察が可能になる。それと同時に、因果関係についてさまざまなタイプを想定しテストもしなければならなくなる。ちなみにキャンディの好みの例では、2変数のクロス表を見て「結婚してライフスタイルが変わると女性はキャンディを食べなくなるらしい」などとあやうく早合点するところを、「彼女たちの年齢」というまったく別の要因に気づいたおかげで事なきを得たことになる。またこれとは反対に、当初の2変数の間には関連が見出されないにもかかわらず第3変数で同じように分割してみたら実は関連があった、というケースもありうる。

　一般的にいって、「$A \rightarrow B$」という2変数間の関連に対する第3変数Cのかかわり方には図9-6のようなものがある（すべてではない）。先のキャンディの例は図の(c)にあたるケースである。

　こうした関係の構造は、データそのもののレベルでなく、データの背後にあるメカニズムとして想定される。そして矢印によって示される因果関係は、変数の間に明らかな時間的前後関係がある場合を除き理論の筋道にしたがって仮定される。つまるところ「理論」とは、データを説明するためにつくられる枠組みといえるだろう。「この理論が正しければ、われわれがとりあげたデータ間の関係はこうなるはずだ」というように、理論はデータ間の関係

図9-6 「$A \rightarrow B$」の関連に対する第3変数Cのかかわり方の例

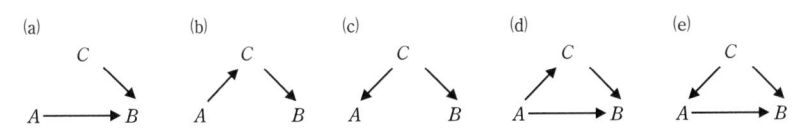

(a) C が A と B の両方に影響／(b) C が A に影響され B に影響する関係／(c) C が A・B 両方から影響を受ける／(d) A が C を経由して B に影響する、加えて直接影響もある／(e) C が A を経由せず B に影響する

の構造を指示するのである。

　もちろん、打ち立てた理論にもとづきデータの分析をしてみて、理論が指示したのとは異なる結果が出てきたとしても、それはなんらめずらしいことではない。実際のところ、最初から予想どおりの結果を得られることはほとんどないのだ。

　結果が理論にもとづく予想とちがっている場合には、二つのケースが考えられる。すなわち、そもそも理論がまちがっていたか、あるいは理論にもとづき予想されたデータの関係構造がまちがっていたか、である。どちらにせよ、予想とは異なる結果が現われたのだから、その場合には理論に立ちかえって再検討する必要がある。分析は、まさにこうした地道な努力の繰り返しにより深められていくのである。

補注1

　χ^2（カイ二乗）検定は、クロス表などにおいて、「母集団において2変数の間に何の関係もない」場合に期待される各セル（ます目）の値（期待値）と実際に調査などで得た値（観測値）がどの程度一致するかを測定して関連の有無を検定するものである。全部でk個のセルからなる表においてi番目のセルの観測値をf_i、期待値をe_iとすると、カイ二乗の値はつぎのように計算される。

$$\chi^2 = \sum_{i=1}^{k} \frac{(f_i - e_i)^2}{e_i}$$

　式をみればわかるように、χ^2の値は観測値と期待値が完全に一致したときにゼロになり、両者のずれがあるほどχ^2は大きくなる。サンプル調査なのだから少々のずれ（誤差）が生じてもめずらしくないが、それがほとんどありえないほどの値になると、「母集団において2変数の間に何の関係もない」という仮説（「帰無仮説」という）のもとで許容される誤差の範囲を越えたとみなされ、仮説そのも

のが棄却されることになる。つまり、「2変数の間には何らかの結びつきがある」と判断できるわけである。

期待値の求め方を本文の表9-6Aを例に説明しておこう。

帰無仮説が正しいとすれば、表の各セルに入る数値は、周辺合計値からの比例で推測できるはずである。つまり、ある集団が何の関係もない変数によって分割される場合には、その変数の分割の比率のままに分けられてしまうのである。ところが、何らかの関係がある場合には、このような比例配分にはならない。

たとえば、表9-6Aの全体の共働き率は、$2771 \div 5197 = 0.53$ である。これを20歳代の282人にあてはめると、$282 \times 0.53 = 150.4$ になる。つまり、母集団において年齢と共働きか否かの間に何の関連もなければ、このサンプルにおける20歳代の共働きは150人ほどだと期待されるのである。ところが実際の観測値は103人なので、そこには50人近い差が存在している。誤差とみなすにはちょっと大きすぎるようだ。それはそれとして、このような計算をすべてのセルについて行なえばよい。

表9-6Aに関し以上の手続きですべての期待値を求め、さらに公式にあてはめてカイ二乗値を算出すると、423.869になった。

このカイ二乗値をもとに2変数の関連の有無を検定するためには、求めた値がどの程度大きければ帰無仮説を棄却できるかがわからなければならない。このために、統計のテキストにはかならず巻末に「χ^2分布表」が用意されている（本書でも、本章末にカイ二乗分布のほかに、標準正規分布とt分布の表を掲載した）。この表からずれの生じる確率を知るためには、さらに「自由度（degrees of freedom: df）」という値を知る必要がある。自由度とは独立なセルの数のことである。どういうことかというと、表9-6Aの例では、20歳代の合計人数282人が固定しているなら「共働きでない」「共働き」のどちらか一方の人数が決まったとき、もう一方は機械的に決まってしまう（独立ではない）。つまり、2カテゴリーの場合の自由度は1ということになる。

クロス表の場合の自由度はこのようにセルの数によって決まる。計算はつぎのようにする。

$df = （表の縦軸のカテゴリー数 - 1）\times（表の横軸のカテゴリー数 - 1）$

本文の表9-6の場合には、$df = (5-1) \times (2-1)$ より、自由度は4である。χ^2分布表には自由度dfが縦に配列されている。χ^2分布の形は自由度に応じて変わるが、自由度が小さいうちは山の頂点が左に偏った形をとり、大きくなればなる

ほど左右対称の正規分布に近似してくる。そのなかで、求めた χ^2 値が分布のどのあたりに位置するかをみるのである。

表9-6Aの $\chi^2=423.869$ は、χ^2 分布表の自由度4の行のどの数値よりもずっと大きい。この行のもっとも右（$\alpha=.01$）の数値（$\chi^2=13.277$）は、帰無仮説が成立するという前提のもとでこのような値が算出される確率がわずか1％しかないことを意味している。表9-6Aの χ^2 値はこれよりはるかに大きいので、帰無仮説が成立する確率はさらに小さく、したがってこれを棄却しても判断を誤る危険はほとんどないといってよいだろう。こうして、年齢と共働きか否かの間には何らかの関連があると判断されるのである。

以上のような判断の手続きから、表の α を「危険率」（帰無仮説を棄却して判断を誤る危険の確率）という。

ちなみに、調査の現場では、危険率5％（$\alpha=.05$）が帰無仮説を棄却する（関連があると判断する）か否かの分かれ目とされることが多い。

補注2

2グループ間の平均値の差の検定について、基本的なものにのみ触れておく。

(1)母集団の分散がわかっている場合

量的変数 x_1、x_2 がそれぞれ独立に母集団平均 μ_1、μ_2、母集団標準偏差 σ_1、σ_2 の正規分布にしたがう母集団から抽出した標本のものであるとき、標本平均値の差 $\bar{x}_1-\bar{x}_2$ は、平均 $\mu_1-\mu_2$、標準偏差

$$\sigma_{\bar{x}_1-\bar{x}_2}=\sqrt{\frac{\sigma_1^2}{n_1}+\frac{\sigma_2^2}{n_2}}$$

の正規分布にしたがう。ただし n_1、n_2 は、それぞれ x_1、x_2 のケース数である。

もう少し補足しよう。われわれの手元にあるサンプルは一度の調査によって得られたものであり、実際にはそのなかで分析をしなければならない。だから $\bar{x}_1-\bar{x}_2$ という数値も一つしか存在しない。しかし、もしもこのようなデータ抽出を無限回繰り返すことができて、そのたびに $\bar{x}_1-\bar{x}_2$ を計算することができたとすると、その値の分布が正規分布になるのである。ばらつきは、母集団における平均値の差 $\mu_1-\mu_2$ からの誤差ということになる。

ここで、問題は平均値の差を検定することである。つまり帰無仮説は「二つのグループ間の平均値には差がない」となり、$\mu_1-\mu_2=0$ を検定することになる。標本平均値の差 $\bar{x}_1-\bar{x}_2$ が平均0、標準偏差 $\sigma_{\bar{x}_1-\bar{x}_2}$ の正規分布をするならば、この標

準偏差の2倍の幅よりも外側に $\bar{x}_1-\bar{x}_2$ が位置するような事態はめったに起こらないはずである。標準偏差の2倍幅の内側にデータの95％まで含まれるというのが正規分布の特性なのだから。したがって、5％の確率でしか起こらないことが起こったのなら、それは帰無仮説を棄却するほうがよいと考えられるだろう。

実際には、先の χ^2 分布表と同じように、正規分布についても表をみることで検定ができる。章末に掲げた標準正規分布表で、$\bar{x}_1-\bar{x}_2$ が $\sigma_{\bar{x}_1-\bar{x}_2}$ の何倍であるかをみればよい。すなわち、

$$t=\frac{\bar{x}_1-\bar{x}_2}{\sigma_{\bar{x}_1-\bar{x}_2}}$$

を算出して、危険率（α）が何パーセントのところで棄却するかを決めればよいのである。

ただし、検定には「両側検定」と「片側検定」の2種類がある。両側検定は、「2グループ間の平均値に差がない」という帰無仮説に対する「対立仮説」として、「（大小は問わないが）差がある」という仮説を立てた場合に使う。これに対して片側検定は、「AグループのほうがBグループよりも平均値が高い」というように、明確な方向性をもった対立仮説を立てて検定するときに使う。

なお、母集団における2変数の分散があらかじめわかっていることなど、ふつうあまりないことである。しかし、サンプルの数が十分に大きい（n_1, n_2 とも少なくとも25ケース以上）場合には、サンプルのなかで求めた分散で代用しても大丈夫だといわれている。

(2) サンプル数が小さいうえに母集団の分散そのものも未知だが、2変数がともに正規分布をして分散の値も等しいことがわかっている場合

これはきびしい条件である。サンプルの規模が小さいと、サンプルのなかで求めた標本分散で母集団の分散に代用させることは危険である。しかしとにかく2変数が上記の条件を満たす場合には、「t分布」を使って2変数の平均値に差があるか否かを検定することができる。これを「t検定」という。

この場合、「2変数の平均値の間に差はない」という帰無仮説が正しいときに、変数

$$t=\frac{\bar{x}_1-\bar{x}_2}{\sqrt{(n_1-1)s_1^2+(n_2-1)s_2^2}}\sqrt{\frac{n_1n_2(n_1+n_2-2)}{n_1+n_2}}$$

は自由度 $df=n_1+n_2-2$ の t 分布にしたがう。ここで n_1, n_2 は、それぞれ x_1, x_2 のケース数、s_1 および s_2 はそれぞれ x_1, x_2 の標準偏差である。

t 値を計算して、本章末の t 分布表を参照する。見方は先の χ^2 分布表と同じである。ただし正規分布と同様に片側検定と両側検定があるので、両側検定をする場合には、表の α の値を 2 倍にして読む。つまり、5％の危険率で両側検定をしたければ、表の $\alpha=.025$ の欄をみればよい。検定はこのようにして行なうのである。

　ちなみに、n_1 および n_2 が十分に大きくなる（自由度が増大する）と、t 分布はほぼ標準正規分布（平均値 0、標準偏差 1 の正規分布）に近くなる。

標準正規分布

A．片側検定用

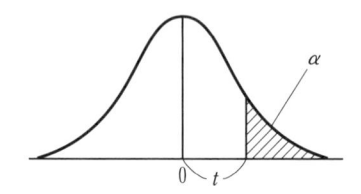

α	0.20	0.10	0.05	0.01
t	0.841	1.281	1.644	2.326

　棄却域がマイナス側（下側）に設定される場合もあるが、正規分布は左右対称であるので、この表をそのまま用いることができる。

B．両側検定用

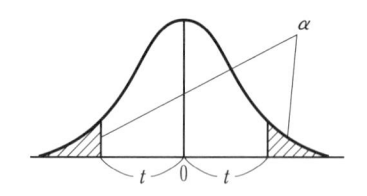

α	0.20	0.10	0.05	0.01
t	1.281	1.644	1.959	2.575

（注）　出現確率αは、

$$\alpha = \int_t^\infty \frac{1}{\sqrt{2\pi}} e^{-\frac{t^2}{2}} dt$$

によって求められる（片側検定の場合）。
（出典）　原・海野（1984、139頁）

カイ二乗分布（χ^2分布）

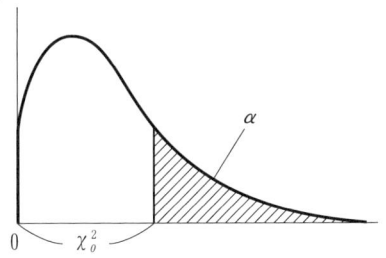

自由度 df	α			
	.20	.10	.05	.01
1	1.642	2.706	3.841	6.635
2	3.219	4.605	5.991	9.210
3	4.642	6.251	7.815	11.341
4	5.989	7.779	9.488	13.277
5	7.289	9.236	11.070	15.086
6	8.558	10.645	12.592	16.812
7	9.803	12.017	14.067	18.475
8	11.030	13.362	15.507	20.090
9	12.242	14.684	16.919	21.666
10	13.422	15.987	18.307	23.209
11	14.631	17.275	19.675	24.725
12	15.812	18.549	21.026	26.217
13	16.985	19.812	22.362	27.688
14	18.151	21.064	23.685	29.141
15	19.311	22.307	24.996	30.578
16	20.465	23.542	26.296	32.000
17	21.615	24.769	27.587	33.409
18	22.760	25.989	28.869	34.805
19	23.900	27.204	30.144	36.191
20	25.038	28.412	31.410	37.566
21	26.171	29.615	32.671	38.932
22	27.301	30.813	33.924	40.289
23	28.429	32.007	35.172	41.638
24	29.553	33.196	36.415	42.980
25	30.675	34.382	37.652	44.314
26	31.795	35.563	38.885	45.642
27	32.912	36.741	40.113	46.963
28	34.027	37.916	41.337	48.278
29	35.139	39.087	42.557	49.588
30	36.250	40.256	43.773	50.892

（注）　自由度 $df > 30$ の場合には、

$$K = \sqrt{2x_o^2} - \sqrt{2df - 1}$$

の標本分布が、平均 0、標準偏差 1 の正規分布に近似するので、正規分布表Aを用いて片側検定を行なう。

（出典）　原・海野（1984、140頁）

t分布

表側の数字は自由度(df)を表わす。表頭の数字はtが表のなかの数値を超える確率(α)を表わす。負のtの値に対しては分布の対称性を利用すればよい。

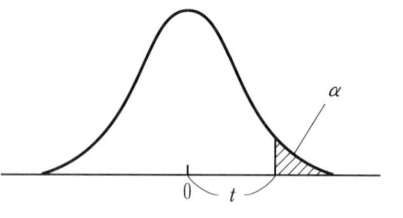

df \ α	.10	.05	.025	.01	.005
1	3.078	6.314	12.706	31.821	63.657
2	1.886	2.920	4.303	6.965	9.925
3	1.638	2.353	3.182	4.541	5.841
4	1.533	2.132	2.776	3.747	4.604
5	1.476	2.015	2.571	3.365	4.032
6	1.440	1.943	2.447	3.143	3.707
7	1.415	1.895	2.365	2.998	3.499
8	1.397	1.860	2.306	2.896	3.355
9	1.383	1.833	2.262	2.821	3.250
10	1.372	1.812	2.228	2.764	3.169
11	1.363	1.796	2.201	2.718	3.106
12	1.356	1.782	2.179	2.681	3.055
13	1.350	1.771	2.160	2.650	3.012
14	1.345	1.761	2.145	2.624	2.977
15	1.341	1.753	2.131	2.602	2.947
16	1.337	1.746	2.120	2.583	2.921
17	1.333	1.740	2.110	2.567	2.898
18	1.330	1.734	2.101	2.552	2.878
19	1.328	1.729	2.093	2.539	2.861
20	1.325	1.725	2.086	2.528	2.845
21	1.323	1.721	2.080	2.518	2.831
22	1.321	1.717	2.074	2.508	2.819
23	1.319	1.714	2.069	2.500	2.807
24	1.318	1.711	2.064	2.492	2.797
25	1.316	1.708	2.060	2.485	2.787
26	1.315	1.706	2.056	2.479	2.779
27	1.314	1.703	2.052	2.473	2.771
28	1.313	1.701	2.048	2.467	2.763
29	1.311	1.699	2.045	2.462	2.756
30	1.310	1.697	2.042	2.457	2.750
40	1.303	1.684	2.021	2.423	2.704
60	1.296	1.671	2.000	2.390	2.660
120	1.289	1.658	1.980	2.358	2.617
∞	1.282	1.645	1.960	2.326	2.576

(出典)　ホーエル(1976、296頁)

第10章

データを分析してみよう

1　はじめに

　「統計は苦手だ」という人も少なくないだろう。しかし、統計的手法を使ってデータを分析することには、いろいろな利点がある。まず大量の調査データをまとめて処理し、標本を簡潔にかつ客観的に記述することができる。また、調査者の問題関心や理論にもとづいて立てられた仮説を検証することもできる。そして近年、パソコンの統計ソフトの普及によって分析自体に費やす労力も少なくなってきた。しかし、統計分析手法は使い方を誤ると、まったく間違った結論を導いてしまう危険を伴うものでもあるため、注意しなければいけないことがいくつかある。まず、データの種類、尺度、仮説などに則った適切な統計手法を選ぶ必要がある。また、求めた統計値が何を表しているのかを正しく理解したうえで結果を解釈することも大切なことだ。
　本章では、実際の社会調査データを用いて、一般的によく用いられる分析の例を提示する。まず分析の初段階として、記述統計の手法を用いて標本を記述することからはじめ、つぎに簡単な例を用いながら、推定統計や仮説検

定の過程を説明する。初歩的な統計の基礎概念に関して不安な読者は、第9章と第11章の解説を参考にしてほしい。

2　使用データの説明

　本章で分析するデータは、平成7年10月に実施された社会調査のデータである。都市間比較を目的とした研究の一環として実施されたこの調査は、都市度の異なる5つの都市に住む20歳から75歳までの男女を対象として行なわれた。5都市7地区の選挙管理事務所の協力のもとに選挙人名簿から2100人が無作為に抽出され、その人びとが調査対象者となる。調査票は調査対象者に郵送され、1036票が回収された（うち有効回収調査票数は1004、回収率は47.8％）。この調査では、個人の基本的属性のほかに、性別役割意識などの社会意識、個人のパーソナルネットワークに関する質問項目が含まれている。個人の属性、意識、そして人間関係に関する貴重な資料を提供する（くわしくは森岡、2000を参照のこと）。

3　標本を記述する

　分析をはじめる前に、まず分析の対象となる標本がどのような人びとから成り立っているのかを把握してみよう。調査対象者の基本的属性としては、性別・年齢・教育程度・職業などが挙げられる。これらの変数の分布を記述する手法は、大きく分けてつぎの3種類である：(1)表を使って分布を表す手法、(2)グラフで分布を記述する方法、そして、(3)統計値を用いて分布の特性を表す方法である。
　(1)表を使って分布を表す──度数分布表
　まずもっとも基本的な回答者の属性として、性別の分布をみてみよう。
　表10－1は性別の度数分布表である。まず表10－1(a)には、分析に使われた有効回答が1004あり、欠損値がゼロと示されている。これは、回答者全員に関して性別の情報がそろっているということを示している。表10－1(b)は、変数値のそれぞれのカテゴリーに対して、その頻度を示した度数分布表

第10章　データを分析してみよう　235

表10-1　性別の度数分布表

表10-1 (a)

性別		
度数	有効	1004
	欠損値	0

表10-1 (b)

	度数	パーセント	有効パーセント
男性	454	45.2	45.2
女性	550	54.8	54.8
合計	1004	100.0	100.0

である。これによると、標本全体の1004人中、男性は454人、女性は550人で、女性回答者の数が男性より多いことがわかる。これらの度数を百分率（パーセント）に直した値がつぎの列に示されているが、男性45.2％（454/1004）、女性54.8％（550/1004）からなる標本であることがわかる。有効パーセントとは、欠損値を除外して百分率を計算したものであるが、ここでは欠損値がないため、値は変わらない。パーセントは絶対値よりも各度数の全体に対する割合を把握しやすいだけでなく、サイズの異なる標本、あるいは母集団の分布との比較もできるという利点がある。本調査の場合、国勢調査をもとにして推定される母集団の性別構成が、男性48.6％、女性51.4％であることから、この標本においては女性の割合が母集団の比率よりも多少高いことがわかる。しかし、郵送調査では一般的に女性の調査票返送率が高いことを考慮すると、この程度のずれは郵送調査の標本としては許容範囲内と判断できる。無作為に抽出された標本でも、母集団の構成をそのまま反映しているとはかぎらない。したがって、分析をはじめる前に、このような記述統計を用いて標本の偏り具合を確認しておく必要がある。

(2) グラフで分布を表す──ヒストグラム

　回答者の年齢を10歳ごとのカテゴリーに分けた変数を度数分布表に表したのが、表10-2である。

　これによると、20歳代の回答者は12.5％、30歳代が少し多くなり14.4％と

表10-2　10歳ごとの年齢の度数分布表

	度数	パーセント	有効パーセント	累積パーセント
20歳代	125	12.5	12.5	12.5
30歳代	145	14.4	14.4	26.9
40歳代	238	23.7	23.7	50.6
50歳代	248	24.7	24.7	75.3
60歳代	198	19.7	19.7	95.0
70歳代	50	5.0	5.0	100.0
合計	1004	100.0	100.0	

なっている。40歳代、50歳代はそれぞれ23.7％、24.7％となっており、50歳代の回答者がもっとも多い。高年齢の回答者は、60歳代は19.7％であるが、70歳代は5.0％と少なくなっている。この調査は20歳から75歳までの男女が対象だったため、70歳代といっても75歳までの回答者であることを注意しなければならない。累積パーセントをみると、40歳代までの回答者が半数（50.6％）を占めることがわかる。このような年齢に関する分布の形をグラフにして表してみよう。

　図10-1は、10歳ごとの年齢の度数分布を表したヒストグラムである。分布の形が山型であり、中間の年齢層が多いのが明らかである。また、左右対称の分布ではなく、70歳以上（ここでは75歳まで）がとくに少ないのがわかる。

　グラフは視覚にアピールして、分布の全体の印象を把握しやすくなることが利点である。その反面、グラフの表し方によっては、誤った印象を与えてしまうという危険性があるのも事実だ。たとえばカテゴリー間の差だけ過度に強調されたグラフなどは、その例である。また、正確な度数はグラフでは読み取りにくいという弱点もある。したがって、度数分布表と併用して分布を正確に把握することが望ましい。

　(3) 統計値で分布の特徴をとらえる——平均・分散

　度数分布表とグラフを用いて、変数の値がだいたいどのように分布しているかを把握することはできる。しかし、変数が間隔尺度の場合は、変数のとる値が多数であるためにカテゴリーの数が多くなり、表が煩雑になるばかり

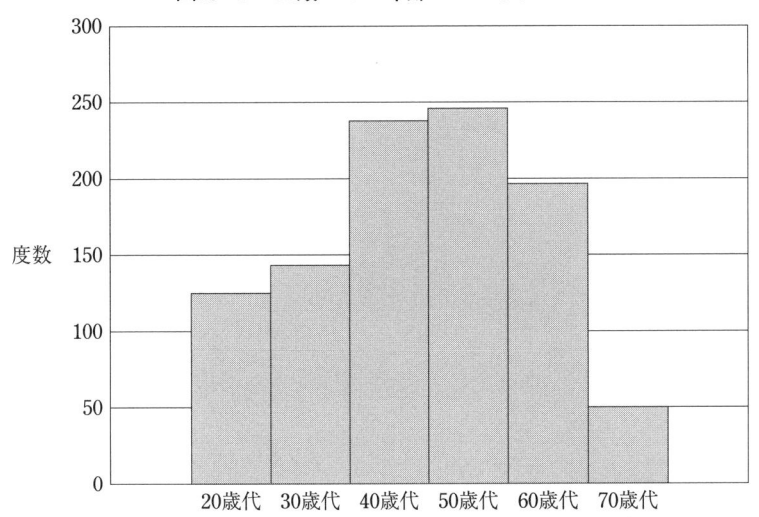

図10-1　10歳ごとの年齢のヒストグラム

でなく、全体の分布が把握しにくくなる。その対処法として、カテゴリーを合併させて記述することがよく行なわれる（たとえば上記の分析のように、年齢を10歳代、20歳代、のようなカテゴリーに分けて記述すること）。個々の観測値を大きなカテゴリーに振り分けることによって、おおまかな分布はとらえやすくなるが、その反面カテゴリー内の細かい分布に関する情報は失われることになる。さらに、度数分布から統計値を計算する場合には、合併による誤差（grouping error）が生じることもある。そこで、間隔尺度の変数、たとえば年齢・教育年数・職業威信などは、度数分布表を用いないで、その分布の特徴（中心となる値と分布の広がり）を統計値で表すことが多い。これらの統計値は、後に多変量解析などの統計分析に用いることができるという利点もある。分布の特徴をとらえるのに、代表値と散布度を表す統計値がよく用いられる。代表値とは、分布の典型的な値、つまり分布の中心となる値であり、散布度は、代表値を中心として分布がどの程度散らばっているかを示す統計値である。分布の中心がどこであるか、そしてその分布にはどの程度の広がりがあるかがわかると、だいたい変数の分布の様相がわかってくる。このような統計値を分布の記述に用いるとき、これらを記述統計量とよぶ。分布の代表値としてよく用いられるのが平均値、そして散布度の

表10-3　年齢の記述統計量

	度数	最小値	最大値	平均値	標準偏差
年齢	1004	20	75	48.47	13.97
有効なケースの数	1004				

指標としては標準偏差が一般的である。しかし、それ以外に最小値と最大値なども、記述統計量としては有効な情報を与えてくれる。

　表10-3には、まず変数名、ケース数（度数）、最小値、最大値が示されている。1004人の回答者を対象として、最年少は20歳、最年長は75歳である。そのつぎの列に示されているのが平均値、48.47歳である。この値が回答者の典型的な年齢、つまり代表値である。

　この値を解釈するさいは、平均値がはずれ値に影響されやすいという性質を持つ統計値だということを覚えておく必要がある。平均値の計算では、分析単位（この例では回答者）のすべてに等しい重みがつけられているため、ひとつ極端なはずれ値があった場合にはその値の方向にひきずられることになる。たとえば、試験で皆あまりできがよくなかったのにひとり満点をとった人がいると平均値があがるのと同じである[1]。さらに、分布が二極に分かれているような場合、平均値は両極の中間点となるが、実際にその値をとる回答者は誰もいないということもある。したがって、平均値を解釈するときには標本全体の分布も考慮しなければならない。

　表10-3の最後の列に示されているのが散布度を表す標準偏差である。標準偏差はその値が大きいほど分布に広がりがあることを示し、すべての回答者が同じ値を持つとき、つまりまったく分散がない場合はゼロとなる。表10-3によると、標準偏差の値は13.97と示されている。この値がゼロでないことから、回答者の年齢に広がりがあることはわかる。しかしながら、どの程度の広がりかということは、この値だけの解釈では把握しにくい。記述統計における標準偏差は、ほかの標本と比べて相対的に標本の広がりを比較

---

[1] 分布がかなり歪んだ変数の場合（たとえば高収入者が分布の端に点在する「収入」など）は、平均値よりも中央値を用いるほうが妥当と考えられる。

するさいに役立つ。たとえば、別の調査では年齢の平均値が本調査と同じ48.47歳、しかし標準偏差10歳であったと仮定しよう。その場合、本調査の標本と比べると、平均的は等しいが、分布の広がりは本調査の標本より小さいと解釈する。つまり、本調査の標本より回答者同士の年齢の差が少ないということである。

また標準偏差は、個々の観測値を平均値と標準偏差に関して標準化したZ得点という統計値の形で用いられる。Z得点は個々の変数値に対して求められ、平均値からの距離を、標準偏差を単位として示す。つまり、変数値がその分布のなかで占める相対的な位置を表す統計値である。また、よく試験の点の解釈などに使われる偏差値という統計値は、このZ得点を利用して求められる[2]。

4　夫婦別姓に対する意識の分析

ここまでは、個々の変数に関してその分布を記述する方法を学んできた。これは、分析の第1段階として標本データの特性を把握する意味で重要なステップである。しかし、社会学者の研究関心は複数の変数間の関係にあることが多く、そのためにはもっと複雑な分析法が必要となる。そればかりでなく、理論的な仮説から導かれた母集団に関する操作仮説を検定するためには、推定統計も利用することになる。ここでは、夫婦別姓に関する意識を例にとり、そのような意識とそのほかの変数がどのように関連しているかを明らかにしていこう。

> 問題関心：どのような人びとが夫婦別姓に賛成、あるいは反対なのだろうか？

2）Z得点と偏差値はつぎのような公式で求められる。

　　Z得点　$z_i = \dfrac{x_i - \bar{x}}{s_x}$　　$\bar{x}$：xの平均値　　s_x：xの標準偏差

　　偏差値　$h_i = 10 z_i + 50$

表10-4　夫婦別姓に関する意識の度数分布表

夫婦別姓に関して	度数	パーセント	有効パーセント	累積パーセント
まったく賛成	107	10.7	10.8	10.8
どちらかといえば賛成	241	24.0	24.4	35.3
どちらかといえば反対	396	39.4	40.1	75.4
まったく反対	243	24.2	24.6	100.0
合計	987	98.3	100.0	
欠損値	17	1.7		
合計	1004	100.0		

クロス表を用いた分析

　近年、夫婦が別姓を名乗ることを法律上認めるように民法改正をうながす動向がみられ、賛否両論さまざまな議論が行なわれている。そこで、一般の人たちが夫婦別姓に関してどのような意識を持っているのか、そしてその規定要因とは何かをさぐるため、つぎのような分析を行なってみる。

　本調査では回答者が夫婦別姓に対してどのような意識を持っているかを聞いている。具体的には、「妻も夫もそれぞれ別の姓を名乗ってもよい」ということに対して、

　1、まったく賛成
　2、どちらかといえば賛成
　3、どちらかといえば反対
　4、まったく反対

という4段階に分け、どれかひとつを選択してもらった。まず、この質問に対して回答者がどのように回答しているかその分布をみておこう。

　表10-4は夫婦別姓に対する意識の変数の度数分布表である。これによると、欠損値の度数が17、つまり17人がこの質問に対して無回答であることがわかる。「妻も夫もそれぞれ別の姓を名乗ってもよい」という意見に対して、有効回答987のうち10.8％（107人）がまったく賛成だとしている。一方、まったく反対と答えた回答者は24.6％（243人）と倍以上であった。あまり強い意見を持たない中間の選択肢を答えた回答者も含めると、賛成傾向の回答者は35.2％（10.84％＋24.42％）であるのに対し、64.7％（40.12％＋24.62

表10-5　性別と夫婦別姓に対する意識変数のクロス表

		性別		合計
		男性	女性	
まったく賛成	度数	39	68	107
	性別の%	8.7	12.6	10.8
どちらかといえば賛成	度数	101	140	241
	性別の%	22.6	25.9	24.4
どちらかといえば反対	度数	175	221	396
	性別の%	39.2	40.9	40.1
まったく反対	度数	131	112	243
	性別の%	29.4	20.7	24.6
合計	度数	446	541	987
	性別の%	100.0	100.0	100.0

%）が反対の意向を示していることがわかる。

　さて、その意識の規定要因であるが、どのような人が賛成あるいは反対と答えているのか、まず回答者の性別を検討してみよう。通常、結婚を機に姓を変えるのは女性のほうである。そのため、男性よりもとくに女性に、夫婦同姓を強いられることに関して不合理性を感じる人が多いと推測してもおかしくないだろう。

　夫婦別姓に対する意識と性別は双方とも間隔尺度変数ではない。したがって、意識変数に関して男女差があるかをみるためには、表10－5に示したように、両変数のクロス集計表を用いる。さらに、個人の性別が夫婦別姓に関する意識に影響を与える、つまり性別が独立変数としてみなされるため、独立変数の各カテゴリー（男性・女性）ごとにパーセントを計算することによって、解釈が容易になる。たとえば、男性のうちまったく賛成と答えているのは8.7%であるのに対し、女性では12.6%である。同様に、男性の29.4%がまったく反対なのに対し、女性では20.7%しか強い反対意見を表していない。予想したとおり、女性のほうが男性に比べて、夫婦別姓に賛成である傾向が示された。

　夫婦別姓に関する意識と個人の性別には関連があるということが、この標

表10-6 性別と夫婦別姓の関連についてのカイ二乗検定

カイ二乗検定	値	自由度	漸近有意確率（両側）
Pearsonのカイ二乗	11.97	3	0.007
尤度比	11.98	3	0.007
線型と線型による連関	10.63	1	0.001
有効なケースの数	987		

本に表れていることはわかったが、さらに母集団においても同じことがいえるかどうか、仮説を立てて検討してみよう。2つの名義尺度変数間の関連が有意であるかをみるためには、カイ二乗検定でつぎのような仮説を検証することになる。

　　帰無仮説：個人の性別と夫婦別姓に関する意識に関連はない。
　　対立仮説：個人の性別と夫婦別姓に関する意識に関連がある。

もっとも一般的に使われるPearsonのカイ二乗値は、表10-6によると自由度3で11.97であり、これは1％水準で有意であることがわかる。よって、個人の性別と夫婦別姓に関する意識に関連があるということ、つまり意識が男女で異なるということは母集団においてもいえることになる。性別という個人の属性が、夫婦別姓に関する意識の規定要因のひとつと考えられることを示唆している。

ほかの要因も考えてみよう

社会事象は一般にその要因が複雑で、ひとつの変数で説明されることはおそらく皆無といってよいであろう。二変数間に見られる関連も、ほかの変数を考慮することによって変わってくることが多い。夫婦別姓に関する意識に影響を与える個人属性として、性別のほかにもう1つの個人属性要因である、婚姻上の地位を考えてみよう。既婚の人、あるいは現在配偶者がいなくても、以前結婚を経験したことのある人にとって、とくに女性の場合、別の姓を名乗るということは、結婚未経験者と比べてより身近の現実としてとらえられると推測される。抽象的な倫理としてしか意識していない人と、実際

に経験したことのある人では異なる考え方を持ち合わせていたとしても不思議はない。うえの分析で見られた男性と女性の意識の差は、結婚経験の有無にかかわらず、表れるのであろうか。そこで、結婚経験者と未婚の回答者に分けて、それぞれ先の分析と同様にクロス表を作成してみよう。

表10－7(a)によると、未婚の回答者には、夫婦別姓に関する意識にほとんど男女差は見られない。まったく賛成と答えた人の割合は、男性16.7％、女性16.3％とほぼ同じであるし、強い反対志向を表す回答者の割合も、男性13.9％、女性12.5％と大きな差はみられない。表10－7(b)に示されるカイ二乗検定でも、自由度3のPearsonカイ二乗値が0.24で、有意性は見られなかった。一方、結婚経験者（現在既婚・死別・離別を含む）においては、男女差が顕著に表れている。11.9％の女性がまったく賛成、23.2％の女性が賛成傾向にあるのに対し、まったく賛成の男性は7.0％、賛成傾向は19.8％である。この男女差はカイ二乗検定で有意であることがわかった（カイ二乗値14.70、有意確率0.2％）。ただし、回答者の数を確認すると、結婚未経験者と比べると既婚者の回答者数がかなり多い。一般には、分析対象者の数が多い場合は帰無仮説が棄却されやすい傾向にあるということを考慮して解釈する必要がある。

これまでの分析をまとめてみよう。夫婦別姓に対する意識の規定要因として、性別、結婚経験という個人属性を検討してみた。まず、夫婦別姓に対する意識の男女差を調べたところ、女性のほうが男性より賛成志向であり、その差は有意であることがわかった。しかし、さらに結婚経験を考慮して分析すると、結婚経験者においては同じような男女差が見られたものの、未婚者には有意な男女差は見られなかった。これらの結果が示唆することはつぎのとおりである。性別と既婚歴、双方とも夫婦別姓に対する意識を規定する個人属性と考えてよいであろう。しかし、それぞれ独立した要因ではなく、性別は結婚経験のあるものにのみ、規定要因となる。これは個人が持つ抽象的な理念や価値観に加えて、結婚してみずから姓が変わることを経験した女性が、おそらく夫婦同姓を余儀なくさせられることに対して不都合や不合理を感じたために、反対志向をうながしたのだと考えられる。このように、変数間の関連は、二変数の間に表れる関連だけでは明確にわからないことが多

表10-7　既婚・未婚ごとの性別と夫婦別姓に対する意識変数の3重クロス表

表10-7 (a)

			性別		合計
			男性	女性	
結婚経験なし	まったく賛成	度数	12	13	25
		性別の%	16.7	16.3	16.4
	どちらかといえば賛成	度数	27	33	60
		性別の%	37.5	41.3	39.5
	どちらかといえば反対	度数	23	24	47
		性別の%	31.9	30.0	30.9
	まったく反対	度数	10	10	20
		性別の%	13.9	12.5	13.2
	合計	度数	72	80	152
		性別の%	100.0	100.0	100.0
結婚経験あり	まったく賛成	度数	26	55	81
		性別の%	7.0	11.9	9.7
	どちらかといえば賛成	度数	74	107	181
		性別の%	19.8	23.2	21.7
	どちらかといえば反対	度数	152	197	349
		性別の%	40.8	42.7	41.8
	まったく反対	度数	121	102	223
		性別の%	32.4	22.1	26.7
	合計	度数	373	461	834
		性別の%	100.0	100.0	100.0

表10-7 (b)

カイ二乗検定		値	自由度	漸近有意確率（両側）
結婚経験なし	Pearsonのカイ二乗	0.24	3	0.971
	尤度比	0.24	3	0.971
	線型と線型による連関	0.08	1	0.772
	有効なケースの数	152		
結婚経験あり	Pearsonのカイ二乗	14.70	3	0.002
	尤度比	14.80	3	0.002
	線型と線型による連関	13.46	1	0.000
	有効なケースの数	834		

い。とくに社会学では社会現象の説明要因が数多く、要因同士も複雑に関連しあっているからである。ゆえに、ここで行なったような、二変数間の関連をさらに追究する分析が必要となる。

5　個人の学歴と職業に関する分析

ではつぎに、もうひとつ別の例を挙げてみよう。学歴や社会的地位は個人の基本的な特性として社会学研究者によく用いられるが、以下ではそれらに関する簡単な例をとりあげ、実際に研究課題にとりくんでいく過程をおってみよう。

平均値の比較

教育機会が誰にとっても均等であることは理想ではあるが、実際にそれは実現されているのであろうか。かつて高等教育への進学率には男性と女性では顕著に違いがみられた時代もあった。しかし近年女性の進学率も確実に上昇してきた。では、現在では教育を受ける機会は男女平等に開放されているといってよいのだろうか。このような疑問については、官公庁が提供している進学率に関するデータを参照することもできる。しかしここでは、個人を対象とした社会調査から、男性回答者と女性回答者の達成した教育程度を比べて、個人データにもとづく現状を把握してみよう。

> 問題関心：男性と女性では教育程度が異なるのだろうか？

個人の教育程度を測定するさい、中卒、高卒、大卒といった「学歴」という変数で測られることが多い。しかしここでは、何年間学校教育を受けたか、という教育年数という指標で、その平均値を男性と女性の回答者の間で比べてみる。教育年数は間隔尺度変数であるため、表10-7のようなクロス表を用いることはせず、男女の平均値を比較する。

表10-8は、男女それぞれに関して教育年数の記述統計を示したものである。これによると、男性回答者は447人、女性は547人と示されている。この

表10-8　男女の教育年数の差

性別	N	平均値	標準偏差	平均値の標準誤差
男性	447	13.10	3.01	0.14
女性	547	12.09	2.31	0.10

標本は1004人の男女から構成されるが、ここでの総数は994人。10人については、学歴に関する情報が把握できていない、いわゆる欠損値をとるケースであるため、分析からは除外されている。男性の平均教育年数は13.10年。それに対して、女性の平均値は12.09年で、約1年男性より少ない。この標本においては、男性のほうが女性に比べてより多く教育を受けていることになるが、果たして母集団に関しても同じような結論を出すことができるであろうか。そこでつぎのような仮説を立て、推定統計を使って検定を行なうことにする。

　　　帰無仮説：平均教育年数は男性も女性も同じである。
　　　対立仮説：平均教育年数は男性と女性で異なる。

　平均値の差を検定する場合、平均値自体の差だけではなく、それぞれの分布がどのくらい分散しているかを考慮しなければならない。なぜなら、母集団において分散が大きい場合には、それだけ標本と標本の間にもばらつきが出てくるからである。標本の標準偏差は、男性が3.0、女性が2.3であるから、男性の分布のほうが散らばりが大きいことがわかる。この差を検定したのが表10-9に示されている「等分散性のためのLeveneの検定」である。これによると男性と女性の分散には有意な差がみられ、母集団においても男性と女性の分散は異なる確率が高いことがわかる。
　表10-9は、平均値の差を分散が等しい場合とそうでない場合について、それぞれ検定したものである。この例は、うえで検定されたように、分散が等しくない場合であるため、表の下段に示された統計値を参照する。すると、標本にみられた平均値の差の t 値は5.83、有意水準1％未満の有意な差であることがわかった。すなわち、帰無仮説は棄却され、母集団においての

表10-9 男女の教育年数に関する等分散性の検定と t 検定

等分散性のための Leveneの検定		2つの母平均の差の検定					差の95% 信頼区間	
F値	有意確率	t値	自由度	有意確率(両側)	平均値の差	差の標準誤差	下限	上限
97.44	0.00	5.99	992.00	0.00	1.01	0.17	0.68	1.34
		5.83	821.86	0.00	1.01	0.17	0.67	1.35

(行ラベル: 等分散を仮定する / 等分散を仮定しない)

平均教育年数は、男性と女性で異なる可能性が高いと結論づけられる。

さて、この統計分析の結果、すなわち男性の平均教育年数が女性よりも多いということは、どのようなことを示唆するのであろうか。教育機会が男女均等でないと結論づけてしまってよいだろうか。ここで行なった分析では、男女の教育年数に差があるという現象は実証されたものの、その説明はされていない。教育機会の不平等も、もちろん妥当な解釈である。しかし、そのほかにも解釈のしかたがあるかもしれない。たとえば、とくに高等教育において、教育年数を重ねることの意味が男性と女性とでは違っているとも考えられる。女性の短期大学進学率が高いことはそのことを反映しているともいえよう。また、子供がどの程度の教育を受けるかに関しては親からの影響あるいは家庭の状況にもかかわってくる。そこで、親の教育程度が、子供の教育程度とどの程度関連しているのかみてみよう。

二変数間の相関をみる

> 問題関心：個人の教育程度は親の教育程度と関連しているのだろうか？

このような場合は、変数間の関連をみることになる。うえの分析のように、個人の達成した教育程度を教育年数で測定するとすれば、回答者本人の教育程度と親の教育程度との関連をみればよい。ここではとりあえず父親の

表10-10　本人の教育年数と父親の教育年数

表10-10(a)

記述統計量

	平均値	標準偏差	N
本人：教育年数	12.54	2.69	994
父親：教育年数	9.84	3.42	975

表10-10(b)

Pearsonの相関係数

		本人	父親
本人：教育年数	相関係数	1	0.47
	有意確率（両側）		0.00
	N	994	974
父親：教育年数	相関係数	0.47	1
	有意確率（両側）	0.00	
	N	974	975

教育程度との関連をみることにする。これらの変数は間隔尺度の変数なので、その関連をみるには相関係数を用いるのが適当だろう（表10−10）。

　まず、回答者本人の平均教育年数は12.54年。回答者の父親に関しては平均値が9.84年となっている。本人と比べて親の世代の教育年数が少ないのは、戦後高度経済成長期の日本社会における高学歴化の現象を反映しているといえよう。そして、父親の教育年数の標準偏差が、本人の教育年数の標準偏差よりも大きいことも、その影響と考えられ、多くの人びとが中等および高等教育を受けるようになったことを示しているようだ。

　そして、本人と両親の教育年数の関連は、0.47という相関係数によって表されている。この相関係数値からは、つぎのようなことがわかる。まず、本人と父親の教育程度は正の相関を示している。父親の学歴が高いほど、子供も高い学歴を有するという、一般的に予想される結果である。相関係数の最小値は0、最大絶対値は1であることからすると、そのちょうど中間にあたり、とくに強い相関とはいえないかもしれない。しかし、有意確率をみると

1％未満であり、父親と子どもの教育年数の関連は、この標本についてだけでなく、この標本が抽出された母集団についても存在するということが明らかになった。

　相関係数は、間隔尺度変数の間の関連を測定する指標として、よく用いられる。その値を解釈するにあたって、注意すべき点をひとつ指摘しておこう。相関係数が線形関係を測定する尺度であるということだ。つまり、2つの間隔尺度変数の間に線形な関連が存在することが前提となっているわけである。逆にいえば、二変数の関連が線形でない場合には、相関係数の値は関連の指標としては意味をもたない。二変数の関連を散布図にしてみると、線形関係を確認することができる。二変数の観測値が一直線上に並ぶ場合を完全な相関関係といい、相関係数値1（正の関係）、あるいは－1（負の関係）で表される。二変数の観測値がその直線からかけ離れているだけ相関係数値の絶対値は下がり、まったくランダムに散らばっている状態ならばゼロとなる。ただし、二次曲線や対数曲線のように、二変数が線形でなくても強い関連を示す場合がある。このような場合の相関係数値は小さくなり、関連性の低さを思わせる。しかし、これはたんに線形関係が弱いということであり、線形ではない形で強く関連している可能性もある。よって、散布図などを用いて事前に線形関係を確認することを薦める。

　それでは、ここでもうひとつ例を挙げて、変数間の関連を検討してみよう。うえの分析で、個人の教育程度は、父親の教育程度と関連していること、つまり父親の学歴にある程度規定されていることがわかった。では、学校を卒業した後に個人が就く職業の地位は、個人の学歴によってどのように異なるのだろうか。

> 問題関心：個人の達成した教育程度は、その後就く職業の地位と関連しているのだろうか？

　職業の社会的地位は職業威信スコアという指標で表されることが多い。職業威信スコアとは、それぞれの職業の社会における位置づけについて、人びとが主観的に判断した評価から構築された指標である。通常は、さまざまな

表10-11　職業威信と教育年数の相関係数

表10-11(a)

記述統計量

	平均値	標準偏差	N
教育年数	12.54	2.69	994
現職：職業威信	48.36	12.49	702

表10-11(b)

相関係数

		教育年数	現職：職業威信
教育年数	相関係数	1	0.51
	有意確率（片側）		0.00
	N	994	694
現職：職業威信	相関係数	0.51	1
	有意確率（片側）	0.00	
	N	694	702

職業の地位を測定する目的で別途調査が実施され、その調査において多くの人びとに高い地位と評価された職業には高い威信スコアが割り当てられ、低いと評価した人びとが多かった職業の威信スコアは低い値をとる。威信スコアは0から100の値をとることが可能なように構築された指標であり、連続変数あるいは間隔尺度として分析に用いられることが多い。

　では、個人の教育年数と職業の地位とにはどのような関連があるのだろうか。一般的には、教育程度が高いほど、高い地位の職業に就くことができると考えられている。これを操作仮説にすると、職業の地位と教育程度の間には正の関連がみられるという仮説が立てられる。

　　帰無仮説：個人の職業的地位と教育程度には関連がない。
　　対立仮説：個人の職業的地位と教育程度には正の関連がある。

　表10－11は有職回答者の職業威信と教育年数の記述統計量と相関係数を示

したものである。教育年数の有効ケース数が994、現在の職業についての威信は有効ケース数が702である。これらの二変数間の相関係数を計算するのに用いられた回答者の数は694人であるが、これは、現在職業に従事している人にかぎったことで対象となる回答者数が減少したこと、それに加えて教育年数と職業に関する情報に欠損値があったことによるものである。つまり、両変数に回答した者の数が694人であったということである。そして、0.51という相関係数値からはつぎのようなことがわかる。まず、職業威信と教育年数は予想どおり正の相関を示している。高学歴者ほど現在高い地位の職業に就いているという結果である。記述統計としての0.51という値は強い関連を表すといってよいのだろうか。一般に社会学研究の対象となる社会事象や人間行動などの変数は、測定の困難なことから生じる誤差や、多くの変数同士の複雑な関連性で、それほど高い相関係数値は期待できないものである。職業威信と教育年数の相関係数はこれまでの実証研究では0.4から0.6くらいの値をとることが多いことから、この標本から得られた結果は先行研究から期待される範囲内の値といってよいであろう。学歴と職業の関連のように、これまでの実証研究で触れられている場合は、それらと大きく異ならないか、確認してみるのは大切なことだ。

　さて、うえで設定した教育年数と職業的地位の関連に関する仮説を検証するために、標本統計値0.51の有意性の検定をみてみよう。この場合は、二変数の間に「正の関連がある」という対立仮説を立てた。したがって、有意性の検定は片側検定となり、その有意確率は1％に満たないことから、帰無仮説は棄却され、母集団においても個人の教育年数が多いほど職業的地位は高い可能性が強いという結論になる。ただし、ここでの帰無仮説は「相関がない」という仮説であるため、それを棄却するということは、相関があるということを受け入れることを意味し、母集団においての相関係数が0.51であることを検証したのではないことを指摘しておきたい。

　ここで、相関係数の解釈について、もう一点注意事項を述べておこう。相関関係と因果関係は異なるということである。二変数の間に相関関係があるということは、かならずしも因果関係があるというわけではない。疑似相関といわれる関係のように、二変数がほかの変数と関連しているためにあらわ

れる相関もあるからである。疑似相関は、第3の変数をコントロールすることで消えてしまう関係である。因果関係は、たんに変数同士に関連が見られるという事実だけで結論づけられるものではない。

ほかの要因も考えてみよう

> 問題関心：個人の職業の地位はほかにどのような要因に影響されるのだろうか？

先の分析では、教育程度が個人の職業的地位の達成に寄与していることが明らかになったが、さらにほかの達成要因も検討してみよう。教育程度のほかに考えられる個人属性としては、年齢が挙げられる。とくに日本のような年功序列が根強い社会では、年齢を増すごとに、それだけ職業経験も豊富になり、職業上の地位も高くなると予想される。

仮説：個人の職業的地位は教育程度と年齢に影響される。

この仮説に含まれる変数はすべて間隔尺度であるため、重回帰分析を用いて検証するのが適当だと思われる。従属変数を職業威信とし、2つの独立変数をくみこんだ、つぎのような線形モデルである。

$$Y = a + b_1 X_1 + b_2 X_2 + e$$

Y：職業威信スコア（従属変数）
X_1：教育年数（独立変数）
X_2：年齢（独立変数）
e：誤差項

表10-12にうえのモデルを使った重回帰分析の結果を示してある。まず、それぞれの変数の記述統計を把握しておこう。表10-12(a)によると、すべての変数に欠損値のない回答者694人の平均値は、職業威信スコアが48.36、平均教育年数12.84年、そして平均年齢が46.31歳である。先行研究、および国

表10-12 重回帰分析（従属変数：職業威信スコア　独立変数：教育年数、年齢）

表10-12(a)

記述統計量

	平均値	標準偏差	N
職業威信スコア	48.36	12.47	694
教育年数	12.84	2.62	694
年齢	46.31	12.66	694

表10-12(b)

相関係数

		職業威信	教育年数	年齢
相関係数	職業威信スコア	1	0.51	0.03
	教育年数	0.51	1	−0.33
	年齢	0.03	−0.33	1
有意確率（片側）	職業威信スコア		0.00	0.19
	教育年数	0.00		0.00
	年齢	0.19	0.00	
N	職業威信スコア	694	694	694
	教育年数	694	694	694
	年齢	694	694	694

表10-12(c)

モデル集計

R	R二乗	調整済みR二乗	推定値の標準誤差
0.56	0.31	0.31	10.36

表10-12(d)

分散分析

	平方和	自由度	平均平方	F値	有意確率
回帰	33534.81	2	16767.40	156.21	0.00
残差	74172.45	691	107.34		
全体	107707.25	693			

表10-12のつづき

表10-12(e)

係数

	非標準化係数 B	標準誤差	標準化係数 ベータ	t	有意確率
(定数)	1.72	2.96		0.58	0.56
教育年数	2.81	0.16	0.59	17.64	0.00
年齢	0.23	0.03	0.23	6.89	0.00

勢調査の統計値などと比べてみると、標準的な標本であることが確認できる。さらにつぎの表10-12(b)に示された相関係数からは、それぞれの変数がほかの変数とどれくらい関連しているかがうかがえる。職業威信と教育年数の0.51という相関係数は先の分析ですでに把握したが、新しく追加した変数である年齢と職業威信スコアの相関を見てみると、0.03とあまり直接の関連はないようである。しかし、独立変数同士、教育年数と年齢が−0.33で相関しているのがわかる。強くはないが、負の関係、つまり若年層のほうが教育程度が高いことが確認された。

　表10-12(c)に示されるように、教育年数と年齢を独立変数として投入した重回帰分析では、重相関係数（R）が0.56、決定係数（R二乗）が0.31という結果が得られた。職業威信スコアの分散の31％が、教育年数と年齢という2つの独立変数で説明されるということである。そして、その決定係数が母集団においてもゼロより大きいかどうかを検定したのが、つぎに示される分散分析（表10-12(d)）である。これは、モデルに含まれる独立変数が従属変数の分散をどの程度説明しているかを、分散の指標である平方和を用いて示したものである。これによると、回帰平方和（独立変数によって説明される分散）が誤差平方和に比べてきわめて大きく（F値=156.21）、有意であることがわかる。つまり母集団においても、この回帰モデルに含まれる教育年数と年齢という2つの独立変数は、職業威信を説明する要因であるといえる。しかし、ここでの帰無仮説は母集団においての決定係数がゼロということであって、それが棄却されたということはあくまでゼロより大きい確率が高いということである。母集団での決定係数が標本統計値の0.31と同じであ

ることを意味しているのではないことは注意してほしい。

　それでは、表10-12(e)に示されている統計値を解釈してみよう。まず、定数（先の式ではa）の1.72は、すべての独立変数の値がゼロである場合に予測される従属変数の値である。つまり、教育年数が0、そして年齢が0の人がもし職業に就いていた場合、その職業的地位は威信スコアの1.72と推測されるということである。しかし、そのような対象者は存在しないため、たんに理論推定値として解釈しておく。つぎに、それぞれの独立変数の効果を調べてみよう。まず、教育年数の効果を解釈してみる。独立変数の効果を示す回帰係数（B）は2.81で、正の値であるため、職業威信への効果は正であることがまずわかる。このことはうえで求めた相関係数からも予測できる。年齢が同じでも学校に通った年数が一年多い人の就いている職業は威信スコアにして2.81高いと推定される。同様に、同じ教育程度の個人を比べた場合、年齢が一歳上であると職業威信は0.23高いことが推測される。解釈にあたって、ここで注意したいポイントは、重回帰分析ではそれぞれの変数の効果は独立した効果として表現してあるということだ。回帰係数は、回帰モデルに含まれるほかの独立変数をコントロールしたうえで計算されている。ゆえに、この例では、回帰係数に表れる教育の効果は、年齢の効果を考慮したうえで（年齢が同じと仮定した場合）の効果である。同様に年齢も、教育年数を一定とした場合の効果として解釈されるべきものである。

　つぎに、ベータ係数をみてみよう。これは、標準化回帰係数とよばれるもので、独立変数の分布を平均値がゼロ、標準偏差が1となるように標準化した場合の回帰係数である。このように標準化することによって、独立変数の効果を比較することが可能になる。この例では、教育年数と年齢という二変数を比べると、それぞれのベータ係数が0.59と0.23で、教育年数のほうが年齢よりも、職業威信に与える効果は大きいと解釈できる。

　それぞれの独立変数が従属変数に与える効果の有意性を検討しよう。教育年数に関しては、回帰係数とその標準誤差から求められる統計量t値は17.64を示し、1％の水準で有意であることがわかる。同様に、年齢も有意な正の効果を示している。回帰係数の有意性を検定する場合、帰無仮説は回帰係数がゼロである（効果がない）ということなので、母集団において、教

育年数と年齢は個人の現在の職業にそれぞれ独立な効果がある可能性が強いという結論になる。ここで、先に示された相関係数を思い出してほしい。従属変数（職業威信スコア）と2つの独立変数の関連を二変数間の相関係数でみたときは、年齢と職業威信スコアの関連は小さい値（有意でない）を示していた。しかし、重回帰分析においては、年齢の効果は有意である。このような結果の違いは、2つの独立変数同士に関連があったために生じたと考えてよいだろう。年齢と教育年数には負の相関があった。つまり年齢の高い人ほど教育年数は少ない傾向にある。しかし、教育年数の多いほうが高い地位の職業に就いている。したがって、年齢と職業威信の二変数だけで関連をみた場合には、年齢と教育年数の関連で帳消しになり、相関係数が低く表れたと考えられるのである。しかし、2つの独立変数を同時に考慮した多変量モデル（この場合は重回帰分析モデル）では、独立変数の効果はほかの独立変数の効果を「統制」しながら求められるため、それぞれ独自の効果を把握することができる。これが多変量モデルの大きな利点であり、単純にひとつの要因だけでは説明できない社会現象を研究対象とする社会学の研究にとっては、どうしても必要になる統計分析手法といえよう。

ダミー変数を使った重回帰分析

> 問題関心：教育程度と年齢が同じでも、男性と女性では、職業的地位に違いがあるのだろうか？

日本において1970年代から徐々に女性の職場への進出が増えはじめて以来、すでに30年近く経つ。以前と比べると女性の社会的地位は向上したといわれる一方、いまだに就職機会・昇進機会においては男性に比べて不利であるともいわれている。ここでは、実際に男性と女性の職業的地位が異なるかを調べてみたい。先の分析では、教育年数には男女差があることがわかった。そして前節の分析では、教育年数と年齢が職業威信に対してそれぞれ独立に正の効果があることがわかった。そこで、教育年数と年齢を統制（コントロール）すると、職業的地位の男女差がみられるのかどうかみてみよう。

つまり、教育程度も年齢も同じである男女の間で職業的地位に差があるかを明らかにすることによって、より純粋な性別の効果をみようというものである。

ここで用いられる分析手法は、性別をダミー変数とした重回帰分析である。まず、性別をダミー変数化してみよう。調査票では、男性が1、女性が2とコードがつけられており、そのままデータとして入力されている。それを、0と1の値をとるダミー変数に再コード化する[3]。そのうえで、つぎのような重回帰モデルで分析を行なった。

$$Y = a + b_1 X_1 + b_2 X_2 + b_3 X_3 + e$$

Y：職業威信スコア
X_1：教育年数
X_2：年齢
X_3：性別（ダミー変数：男性＝0、女性＝1）
e：誤差項

表10-13に分析結果が示されている。表10-13(a)には記述統計量、性別以外の変数については、これまでの分析結果と同じである。性別の平均値が0.46ということは、ダミー変数のとる値（0と1）の平均値だから、46％が女性ということを意味する。表10-13(b)から性別とほかの変数の相関係数を見てみると、負の相関がみられ、女性のほうが職業的地位が低く、教育程度も低いことがわかった。年齢との負の相関は、この標本においては女性のほうが年齢は低いということである。また、表10-13(c)に示されるように、このモデルによる重相関係数は0.56、決定係数は0.32で、職業威信スコアの32％がモデルに投入された3つの独立変数によって説明されていることがわかる。さらに表10-13(d)の分散分析表が示すように、この決定係数の値は母集団においても1％水準で有意である。

---

[3] とり得る値が1と2の二値変数のままで重回帰分析を行なっても、決定係数、係数の有意確率に変わりはない。ただし、0と1の二値変数のほうが、回帰係数の解釈が理解しやすいという利点がある。

表10-13　重回帰分析（従属変数：職業威信スコア　独立変数：教育年数、年齢、性別）

表10-13(a)

記述統計量

	平均値	標準偏差	N
職業威信スコア	48.36	12.47	694
教育年数	12.84	2.62	694
年齢	46.31	12.66	694
性別（男性＝0　女性＝1）	0.46	0.50	694

表10-13(b)

相関係数

		職業威信	教育年数	年齢	性別
相関係数	職業威信スコア	1	0.51	0.03	−0.21
	教育年数	0.51	1	−0.33	−0.20
	年齢	0.03	−0.33	1	−0.11
	性別（男性＝0　女性＝1）	−0.21	−0.20	−0.11	1
有意確率	職業威信スコア		0.00	0.19	0.00
	教育年数	0.00		0.00	0.00
	年齢	0.19	0.00		0.00
	性別（男性＝0　女性＝1）	0.00	0.00	0.00	
N	職業威信スコア	694	694	694	694
	教育年数	694	694	694	694
	年齢	694	694	694	694
	性別（男性＝0　女性＝1）	694	694	694	694

表10-13(c)

モデル集計

R	R2乗	調査済みR2乗	推定値の標準誤差
0.56	0.32	0.31	10.34

表10-13のつづき

表10-13(d)

分散分析

	平方和	自由度	平均平方	F 値	有意確率
回帰	33978.18	3	11326.06	106.00	0.00
残差	73729.07	690	106.85		
全体	107707.25	693			

表10-13(e)

係数

	非標準化係数 B	標準誤差	標準化係数 ベータ	t	有意確率
(定数)	4.19	3.19		1.31	0.19
教育年数	2.73	0.16	0.57	16.59	0.00
年齢	0.21	0.03	0.22	6.37	0.00
性別（男性＝0　女性＝1）	−1.67	0.82	−0.07	−2.04	0.04

　回帰係数を検討してみよう。まず男女差をコントロールしたうえでも、前の分析結果と同様、教育年数と年齢の回帰係数はともに1％水準で有意であった。この標本からは、1年の教育年数の違いで2.73の職業威信スコアの差があることが推測され、1年の年齢差からは、0.21の威信スコアの差が予測される。これらの効果は、回答者の性別をコントロールしたうえでの独立の効果である。

　つぎに性別であるが、回帰係数は−1.67、有意確率は0.04であり、1％ではないが5％の水準では有意という結果が得られた。これは、男性が0、女性が1とコード化されたダミー変数であるため、係数がマイナスということは、女性の威信スコアのほうが男性より低いことを意味する。つまり、同年齢で同じ教育程度の男性と女性とでは、男性の職業威信スコアのほうが、1.67高いと推測される。よって、教育程度・年齢を考慮したうえでも、女性の従事する職業の地位は男性の職業より低いことがわかった。

　表10−13(e)によると、このデータから推定される回帰式は、つぎのようになる。

$$Y = 4.19 + 2.73X_1 + 0.21X_2 - 1.67X_3 + e$$

ここで $X_3=0$ の場合は男性、$X_3=1$ の場合は女性であるから、それぞれ当てはめてみると、

男性の場合：$Y = 4.19 + 2.73X_1 + 0.21X_2 + e$
女性の場合：$Y = 4.19 + 2.73X_1 + 0.21X_2 - 1.67 + e$
$= (4.19 - 1.67) + 2.73X_1 + 0.21X_2 + e$
$= 2.52 + 2.73X_1 + 0.21X_2 + e$

というように、それぞれ別の回帰式を作成することができる。これらの回帰式では、定数が異なるものの、教育年数の効果と年齢の効果は同じであることに注意したい。先にも述べたように、重回帰分析における回帰係数は、ほかの独立変数をすべて統制したうえでの効果として推定されているからだ。男性と女性では、教育年数の効果が異なることが予想されるのであれば、男女別々に回帰分析をする必要がある。

これまでの結果が何を示唆するか、まとめてみよう。うえの分析では、男女の職業的地位を比較するうえで、教育程度と年齢をコントロールした。そして、個人の職業的地位には教育年数、年齢そして性別がそれぞれ影響を与えることが確認された。しかし、職業的地位の規定要因として考えられるすべての要因を考慮したわけではない（事実これら3つの独立変数で説明できる職業威信スコアの分散は32%である。残りの68%は、そのほかの変数および誤差ということになる）。ある変数が独立した効果を持つのかを明らかにするためには、規定要因となるほかの説明変数をすべてコントロールする必要がある。そのような変数をすべて測定してモデルに投入するのは、現実としては不可能であるが、背景となる理論や先行研究をもとにして、重要となる説明要因はできるだけ考慮するように心がけたい。また、職業的地位の男女差を解釈するさい、男女それぞれの分布も見てみる必要があるだろう。男性の場合、比較的地位が低いとされるブルーカラーの職業に従事している者の数は、女性に比べて多い。一方、女性はサービス業従事者が多いが、パートタイムとして従事している数が多く、その反面、地位の高い管理職や専門

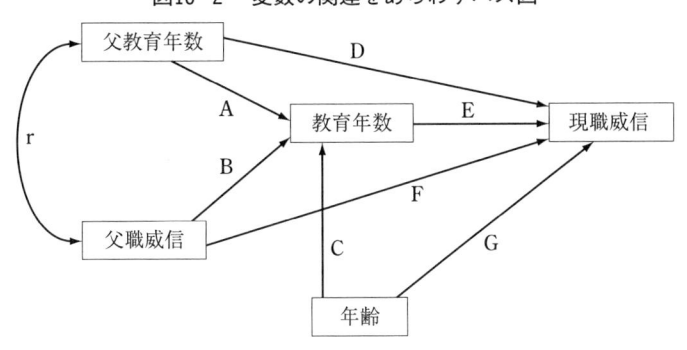

図10-2　変数の関連をあらわすパス図

```
父教育年数 ─────D──────┐
   │  ╲A              │
   r   ╲              ↓
   │    教育年数 ──E──→ 現職威信
   │  ╱B      ↑       ↑
父職威信 ─────F─┤   ╱G
              │ ╱
              年齢
              ↑C
```

職に従事する女性は少ない。職業的地位の差を就業機会の不平等として解釈するさいには、そのようなことも考慮しながら検討する必要があるだろう。

パス解析

　それでは最後に、これまでの分析をすべてまとめた分析モデルを提示しよう。まず、先の相関係数による分析から、個人の学歴は父親の教育年数と関連があることがわかった。父親の学歴は子どもが育った家庭環境を示すひとつの指標である。たとえば父親と同じ程度の学歴を子どもにも期待するといった環境の一部を測っているのかもしれない。一方、親が子どもの教育に与える影響は、経済的な側面も存在する。それは子どもが学校に通っていたときの世帯収入で測定することはできるが、すでに成人になっている回答者にその頃の親の収入を聞くのはむずかしい。したがって、その代わりに父親の職業を聞いてその地位を変数として用いることが多い。このように子どもの育った環境のいろいろな面を含めて、出身階層という概念で子どもの学歴達成および職業的地位達成に与える影響を検討してみよう。

　図10-2を参照してもらいたい。ここではこれまでにみてきた変数を個人のライフコースの流れに沿って、時系列的に左から右へ並べた。父親教育年数と父親職業威信が本人の出身階層を示す指標として用いられる。本人が達成した教育程度（教育年数）は、出身階層の両変数から影響を受けると考えられる。したがって、図10-2では、その影響と方向を矢印Aと矢印Bで示してある。先にみたように、高学歴化に伴い、高年齢の回答者より若年層の

学歴が高いことを考慮すると、年齢から本人の教育年数へも矢印Cが引かれる。

図10-2では、個人が学歴を達成したその後のことも分析枠組みに追加されている。現在就いている職業的地位が、本人の教育年数と年齢によって異なることは、先の分析で確認した。そこで、教育年数から現職威信への影響を矢印Eで示し、年齢による効果を矢印Gで表した。さらに、本人の教育年数は出身階層の変数に規定されていることが予想されるため、現在の職業的地位はある程度出身階層によって規定されていると考えてもよい。したがって、それぞれの独立の効果をみるために、出身階層の二変数が現職威信に直接与える影響（矢印Dと矢印F）を想定し、本人の学歴の独自の効果をとらえようとしている。

このような分析モデルは、以下の2つの重回帰式をくみあわせて分析できる。このような分析をパス解析とよぶ。

(1) $Y = a_1 + b_1 X_1 + b_2 X_2 + b_3 X_3 + b_4 X_4 + e_1$
(2) $X_1 = a_2 + b_5 X_2 + b_6 X_3 + b_7 X_4 + e_2$

Y：本人現職　職業威信スコア
X_1：本人　教育年数
X_2：父親　教育年数
X_3：父親　職業威信スコア
X_4：年齢
e_1、e_2：誤差項

このモデルを応用して、男性と女性別々に分析をしてみよう。先の分析では男女差が見出されたわけだが、それぞれの変数の効果が男性と女性とでは異なるかどうか確かめるためである。ただし、この分析では個人の現在の職業的地位を従属変数としているため、現在仕事についていない人びとは、分析から除外されている。また、モデルに含まれるすべての変数について欠損値がない対象者だけを分析に用いているため、対象として人数は男性349人、女性293人である。表10-14では、2種類の重回帰分析の結果をまとめて提

表10-14 パス解析の分析結果

表10-14(a)
従属変数：現職威信

	男性（n=349）					女性（n=293）				
	非標準化係数		標準化係数			非標準化係数		標準化係数		
	B	標準誤差	ベータ	t	有意確率	B	標準誤差	ベータ	t	有意確率
(定数)	−6.44	4.50		−1.43	0.153	10.38	5.01		2.07	0.039
年齢	0.31	0.05	0.28	5.81	0.000	0.10	0.05	0.12	1.94	0.053
本人教育年数	2.58	0.24	0.55	10.89	0.000	1.96	0.33	0.40	5.96	0.000
父親教育年数	0.08	0.24	0.02	0.35	0.724	0.43	0.21	0.14	2.08	0.038
父職威信	0.15	0.06	0.14	2.41	0.016	0.06	0.06	0.06	1.01	0.316
R^2	0.37					0.23				

表10-14(b)
従属変数：本人教育年数

	男性（n=349）					女性（n=293）				
	非標準化係数		標準化係数			非標準化係数		標準化係数		
	B	標準誤差	ベータ	t	有意確率	B	標準誤差	ベータ	t	有意確率
(定数)	10.89	0.84		13.04	0.000	11.56	0.59		19.73	0.000
年齢	−0.05	0.01	−0.20	−3.95	0.000	−0.06	0.01	−0.37	−7.55	0.000
父親教育年数	0.17	0.05	0.20	3.14	0.002	0.15	0.04	0.25	4.25	0.000
父職威信	0.07	0.01	0.29	4.88	0.000	0.04	0.01	0.25	4.66	0.000
R^2	0.27					0.40				

示した。表10−14(a)には(1)の式にもとづく結果、表10−14(b)には(2)の式に対応する結果を示してある。

表10−14(a)、表10−14(b)に示された結果をもとに、図10−3（男性）と図10−4（女性）を作成した。図に示されている矢印は、重回帰分析で有意な効果（5％水準）として表れたものだけである。矢印に付随している数字は、標準化回帰係数であり、その影響の大きさを表す。標準化された係数のため、それぞれの効果の大きさを比較することができる。

図10-3　パス解析（男性）

男性：n=349

図10-4　パス解析（女性）

女性：n=293

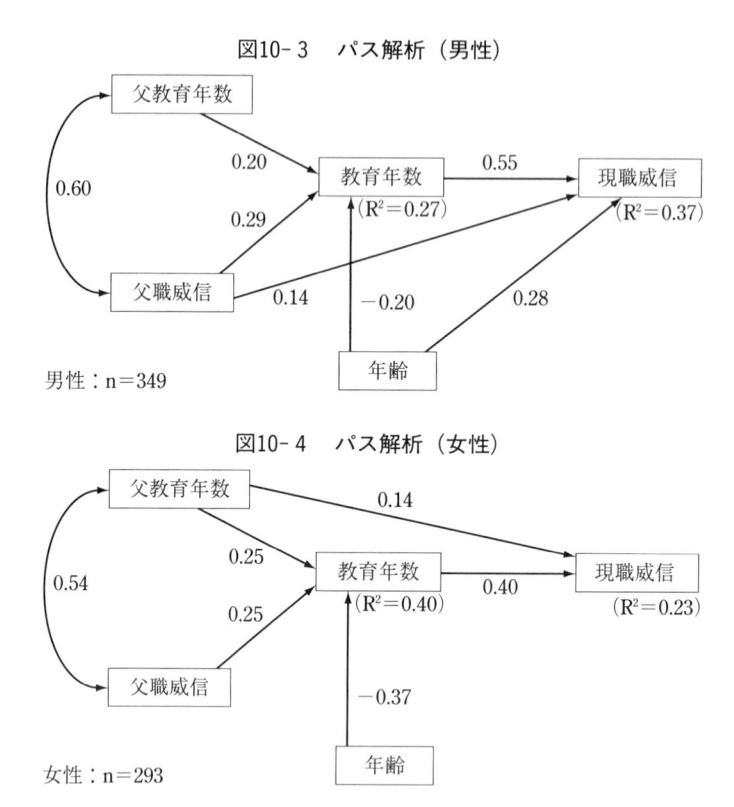

　では、男性を対象とした分析結果を解釈していこう。出身階層の効果を検討してみる。図10-3によると、出身階層を示す2つの変数（父親の学歴と父親職業の地位）は、双方とも子ども（本人）の教育達成に影響を与えている。父親の学歴と職業的地位を比べると、職業的地位の影響のほうが強いようだ（0.20と0.29）。そして達成した学歴は、現在就いている職業の地位に大きく影響を与えていることがわかる（係数の値は0.55）。現在の職業的地位は、父親の職業威信からの影響はあるものの、父親の学歴から直接の効果はない。したがって、父親の学歴は、子どもの達成した学歴を通じて子どもの職業的地位に間接的に関与しているものの、直接的効果はみられないということである。

　年齢は教育年数にマイナスの効果を与えており、現在の職業的地位にはプ

ラスの効果を示している。本人の教育年数への効果は、日本社会の高学歴化という時代的背景によるものであり、年齢効果というよりも時代効果としてとらえる必要があるだろう。一方、職業的地位への効果は、日本社会の年功序列にもとづく昇進構造を反映していると考えられる。したがって、同じ「年齢」という変数でモデルに取り入れてあるが、その効果の意味は異なることに注意してもらいたい。

　ではつぎに、女性の分析結果を見てみよう。女性の場合も男性と同様、出身階層が本人の教育程度に影響を与えていることがわかる。そして女性本人の達成した学歴が現在の職業的地位に影響を与えていることも、男性と同様である。しかし、男性よりもその直接効果は小さい（男性の係数0.55に比べて、女性は0.40）。出身階層の影響は、女性の場合父親の職業ではなく、父親の学歴が現在の職業に影響を与えていることも、男性とは異なる点であろう。しかし、男女ともに、出身階層が現在の職業に与える直接効果は小さいといってよい。むしろ出身階層は学歴達成を通じて、間接効果として本人の職業に関与していると考えるほうが適切だと思われる。年齢の効果が男女で異なることに注目したい。年齢が本人の教育年数に与えるマイナスの効果は、女性にも表れている。それも男性よりも大きい絶対値である。これは、高等教育あるいは四年制大学への進学といった高学歴化の現象が女性により顕著に表れていることを示唆する。また女性の場合、年齢は現職威信には有意な効果を示さなかった。これは、男性と違い、女性の就業が連続的でないことの表れであろう。同じ職場にずっと勤めていれば、年齢があがるとある程度の昇進は期待できる。しかし、結婚および子育てのために退職することが多い女性は、その後職場に復帰したとしても、男性とは異なる昇進過程を経験するだろうし、復帰後の職業はフルタイムではなくパートタイムの職業であることが多い。したがって、女性の職業的地位を規定する要因はさらに複雑だと考えられる。また、従属変数である現職職業威信の決定係数にも表れている。男性の場合は37％の分散がこのモデルによって説明されているのに対して、女性の場合は23％と低い。就業形態に関しての男女の違いが、以上のような複数の分析結果に表れていることがわかる。

　このようなパス解析という統計手法を用いて、個人のライフコースを追う

ような形でさまざまな要因の与える影響を検討することができた。ここで示したモデルはもっとも単純なモデルのひとつである。個人の学歴や社会的地位を規定する要因は当然ここで考慮された変数だけではない。理論的な仮説にもとづいて、さらに妥当性の高いモデルを展開してみてはどうだろうか。

6 おわりに

　統計手法を用いて社会調査データを分析するさい、気をつけてほしい点をここでいくつか挙げておこう。まず分析をはじめる前に、分析の対象となる標本がどのような特性を持っているのかを把握しておくことは大切だ。設定した母集団との乖離が大きい場合は、どの変数においてどのように母集団と異なるかなどについて理解しておかないと、分析結果から誤った結論を導くことになりかねない。そして分析者の関心にもとづいて分析に進んでいくわけだが、まず単純集計からはじめてみよう。分析しようとする変数がどのような分布をしているかを確認することは、その先どのような多変量解析の手法を用いるかの選択にかかわってくるからである。そして、変数間の関連については、まず二変数間の関連から見ていこう。クロス集計表あるいは散布図などで把握できる情報はきわめて貴重である。たとえはじめから複雑なモデルを検証しようと思っていたとしても、基礎的な分析は省略したくないものである。地道ではあるが、そのような過程をへることによって、分析しようとしているデータがどのようなデータであるかについて感触を得ることができ、分析過程および結果を解釈する過程において重要な感覚を養うことができる。そのうえではじめて多変量分析を試みることを薦めたい。

　そして、推定統計一般にあてはまることとして、統計的有意性の解釈において考慮すべきことを指摘しておこう。統計的検定を行なって、有意な結果が得られたとしよう。そこで再度確認したいのは、棄却した帰無仮説は何であるかということ、そしてその結果によって何が裏付けられるかということである。検定結果が示唆する範囲の限界を把握していないと誤った結論を導くことになるからである。また、仮説検定に伴なう過誤（第1の過誤と第2の過誤）に関する理解も必要である。仮説を有意水準5％で棄却するという

ことは、5％の確率で検定結果に誤りがあるということを理解したうえで解釈しなければならない。

　さらに、統計的有意性と実質的な意義を一致させて考えるには、尺度そのものに関する理解が必要であるということも指摘したい。たとえば今回の重回帰分析の例では、個人の教育年数が職業威信に与える効果がみられた。教育年数の回帰係数2.73を解釈すると、一年長く学校に通った人の職業的地位は威信スコアで2.73上だということである。果たして、職業威信スコアの2.73の違いは、職業的地位の差としてどのような実質的な意味を持つものであろうか。つまり職業威信スコアの2.73の違いは、職業としてどの程度の違いを表すのだろうか。これを追究するためには、威信スコアがどのように測定されたものか把握していなければならないし、さらに、職業的地位を威信スコアで測定することの妥当性に関しても検討が必要となってくる。統計分析結果を実際の社会にあてはめて解釈し、社会現象に関する結論に結びつけるさいは、このようなことも考慮しながら行なうように心がける必要がある。

第11章

統計の基礎：
統計で調査をあきらめないために

1　確率論に泣かされてきた人へ

社会調査に統計学が必要なわけ

　社会調査法の本を読んでいて、あるいは、社会調査に関する授業を受けていて、途中で投げ出したくなるときがある。本でいえば「統計」という文字が現れはじめた頃。授業では、電卓やパソコンを使うようになり、課題が出されることが多くなる頃である。そこを乗り切ることができた人にとって、社会調査は興味深くて楽しい試みとなる。一方、そこで放り出した人にとっては、調査は嫌なものになり、無駄な本に時間とお金を費やしてしまったと後悔することになり、授業をサボりたくなる。

　調査法の本に、当然知っておくべきであるという調子で登場してくることが多い「統計」であるが、社会調査になぜ「統計」の知識が必要なのであろうか。仮想例にもとづいて考えてみよう。

　前章でもとりあげられていた「男性と女性では教育程度が異なるのだろうか？」という問題関心から調査を企画し、500名の調査対象者に対して配票

調査を行ない、350名の方から回答記入済の調査票を回収したとしよう。集計した結果、男性回答者160人の平均教育年数は13.10年、女性回答者190人の平均教育年数は12.09年であったとする。この場合、男性のほうが女性に比べて長く教育を受けていると結論してよいであろうか。

たしかに、350名の回答者（有効標本とよぶ）という集団においては、教育年数は男性のほうが約1年程度長い。だからといって、調査しようとした全対象（調査母集団とよぶ）においても、男性の平均教育年数が13.10年であり、女性が12.09年であると断定することはできない。調査母集団のなかから等しい確率で調査対象者を選ぶサンプリングという手続きをへて選ばれた人びと（計画標本とよぶ）ではあるけれども、「たまたま」「偶然に」教育年数が長い男性が多く、教育年数が短い女性が多く含まれている、という状態が起こり得るからである。つまり、有効標本から得られた情報は、調査母集団の情報とはかならずしも一致しないのである。では、調査母集団の情報を知るためにはどうすればよいか。ここで有効標本から得られた情報を用いて、調査母集団の情報を推測する（統計的推定とよぶ）というプロセスが登場することとなる[1]。このプロセスが「統計」学を基礎として成り立っているために、社会調査に統計学が必要となるのである[2]。

そこで本章は、10章であつかったさまざまな検定の統計学的意味について、基本から説明することとしたい。

1）標本統計量から母集団統計量を推測するための統計学理論（推定統計）とは、計画標本と調査母集団の関係を述べたものである。ということは、厳密には、回収率が100％であるとき（計画標本と有効標本が一致する場合）のみ有効標本から母集団統計量の推測が「統計学的に」可能となる。したがって、社会調査を行なう場合には、回収率を高くする努力をしなければならない。また、推定統計は調査母集団の状態（統計量）を推定するのみであるため、調査企画時に目標としていた母集団（目標母集団とよぶ）の状態について言及する場合には、一般化という手続きが必要となることを忘れてはならない。これらの点については、原・浅川（2009）を参照されたい。

2）では、悉皆調査（全数調査）であれば統計学は不要となるのか。有効標本から得られた統計量が目標母集団の統計量に一致するので、推定統計は不要となる。ただし、だからといって悉皆調査のほうが標本調査より精度が高いと考えるのは早計である。この点についても、原・浅川（2009）を参照されたい。

第11章　統計の基礎：統計で調査をあきらめないために　271

統計学は確率論に基礎をおいている。社会調査に必要な統計学の知識を身につけるために、確率論を少しだけ学んでおこう。

当たるも当たらぬも運任せ、を超えるために
(1)確率の本質的な性格とは。
サッカーの試合開始前。コイン・トスによって、ボールと陣地が決まる。なぜコイン・トスをするのか。表（または裏）が出る確率が2分の1であることがわかっているからである。ここでいう「確率が2分の1である」とはどのような意味なのか。
コインを10回投げたときのことを考えてみよう。表は何回出るであろうか。表が出る確率は2分の1であるのだから、10回の50％に相当する5回は表が出ると予想できる。ところが、実際にやってみたら、つぎのような結果となった。

　　表、表、表、裏、表、表、裏、表、表、表

裏が出たのは2回だけで、残りの8回は表が出た。つまり、表の出る割合は80％にもなったのだ。表の出る割合は50％である「はず」なのに、10回、20回といった試行回数ではかならずしもそうはならないのである。
ただし、500回、1000回と繰り返すならば、表の出る割合は50％前後になってくる。このような性質は「大数の法則」とよばれ、確率の本質的な性格を表している。すなわち、確率とは無限回試行することによって得られることが期待される相対頻度、なのである。ある事象が起こる「確率が2分の1である」ということは、幾度となく繰り返すならば50％の割合でその事象が起こると予想されるということを意味するのである。
(2)確率の計算に挑戦。
「大数の法則」を理解したなら、つぎは確率の計算に挑戦しよう。説明の小道具は、1から6の目を持つサイコロである。サイコロを1回振ったとき、「1」が出る確率は6分の1である。では「1」が出ない確率は？　そう、6分の5である。ということはつまり、

Aが起こる確率＋Aが起こらない確率＝1……①

という関係が成り立つことがわかる。これは相補定理とよばれる重要な定理なのである。これを書き直すと、

　　　Aが起こる確率＝１－Aが起こらない確率……②

となる。これだけだと、あまりに簡単でありがたみがないと感じるかもしれない。が、そうでもない。式②は、Aが起こる確率を調べることが困難なときに、Aが起こらない確率を調べればよいという重要な方向を指し示しているのである。

　式①より、確率は足し算ができるということを学んだ。では「サイコロで、2または奇数が出る確率は？」という問題に答えてみよう。2が出る確率は6分の1、奇数が出る確率は2分の1なので、

　　　2または奇数が出る確率＝6分の1＋2分の1＝3分の2……③

として求めることができる。これは加法定理とよばれる。

　足し算ができるなら、掛け算もできるかもしれないと素朴に考えてみよう。そのとおりである。サイコロを振ったとき、「1回目が1であり、2回目が4である確率は？」という問題に答えてみよう。1が出る確率も、4が出る確率も、ともに6分の1なので、

　　　1回目が1であり、2回目が4である確率
　　　　　＝6分の1×6分の1＝36分の1……④

となる。これは乗法定理とよばれている。では、なぜ式③では足し算を、式④では掛け算を用いるのか。

　もう一度、式①に話を戻そう。「Aが起きる」という事象と、「Aが起こらない」という事象は、まったく重ならない。このようにまったく重ならない

事象のことを「排反事象」とよぶ。排反事象の確率を計算する場合には、重ならないからこそ、足し算が成り立つのである[3]。式③の場合も「2が出る」という事象と「奇数が出る」という事象が排反事象であるため、加法定理が成り立つのである。

一方、式④の場合は、「1回目が1である」という事象と、「2回目が4である」という事象は互いに独立[4]している、すなわち関連がない。相互に独立した事象のことを独立事象とよぶ。独立事象の確率を計算する場合には、乗法定理が成り立つのである。

(3)事象の組み合わせが問題だ。

独立事象があるのなら、相互に独立でない（どちらかが従属している）事象の組み合わせもあるのでは、と疑問をもった方はすばらしい。そのとおりである。抽選会を思い起こそう。箱のなかにはクジが10枚入っている。そのうち3枚は当たりクジで、7枚ははずれクジである。では、「1人目が当たりクジを引き、なおかつ2人目も当たりクジを引く確率は？」という問題を考えてみよう。1人目が当たりクジを引く確率は10分の3であるが、2人目が当たりクジを引く確率は1人目の行為の影響を受けるため、9分の2となる。したがって、

$$1人目が当たりクジを引き、なおかつ2人目も当たりクジを引く確率$$
$$= 10分の3 \times 9分の2 \cdots\cdots ⑤$$

となる。事象BがAに従属していて、Aが起こったという条件下でBが起こる確率を求める場合（条件付確率とよぶ）でも、乗法定理が成り立つのである。

このように、確率の計算方法は、事象の組み合わせによって決定される。

---

[3] 水10ccに水10ccを加えると20ccになるが、水10ccに砂10ccを加えても20ccとならない、すなわち足し算が成り立たないことを考えてみればわかりやすいだろう。

[4] AとBという2つの事象がともに関連していない場合、両事象は「独立である」と表現する。Aという事象が生起するか否かにかかわらず（関連なく）、Bという事象の生起が決まるために、独立という概念が使用されるのである。

逆にいえば、複雑に絡み合っている事象であっても、その組み合わせを上手に読み解くことができれば確率を計算することができるようになることがわかる。複雑な事象を目の前にしたとき、当たるも当たらぬも運任せと賭けに出るのではなく、事象の組み合わせを解読することからスタートしよう。

(4)複雑な組み合わせには、図で挑む。

互いに独立であるA、B、CにDが従属している場合にDが起こる確率を求めよ。このような問題は、文字で見ていると複雑怪奇に見えてくる。そういう場合は、図に表して見るとよい。

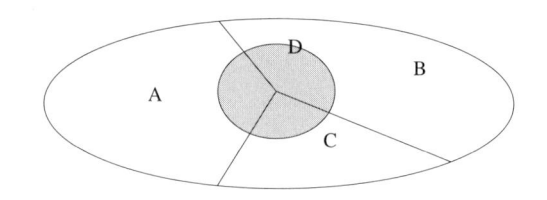

このように図にしてしまえば、求めるべきことがらが明らかとなる。この場合は、

　　Aが起こってDが起こる確率……⑥
　　Bが起こってDが起こる確率……⑦
　　Cが起こってDが起こる確率……⑧

のそれぞれをまずは考えればよい。Aが起こってDが起こる確率は、条件付確率であるから乗法定理が成り立つ。つぎに、⑥⑦⑧はそれぞれ排反事象であるので、加法定理が成り立つ。したがって、

　　Dが起こる確率＝Aが起こる確率×Dが起こる確率＋Bが起こる確率×
　　　　　　　　　　Dが起こる確率＋Cが起こる確率×Dが起こる確率…⑨

となる。このように、一見複雑に見えることも、図にしてしまえば事象の組み合わせが明らかとなり、確率の計算は可能となるのである。これでもう、

「確率なんてちんぷんかんぷんだ。当たるも当たらぬも運任せ、えい！」とばかりに運を天に任せて判断する必要はなくなるだろう。

確率的な事象の分布には、型がある

(1) n 回の試行において、確率 p で生じる事象が r 回起こる確率を求めよ。

確率論でもうひとつ、乗り越えなければならない課題は「組み合わせ」である。先ほど乗り越えたはずなのに、と思われるかもしれない。図にすることによって理解できる事象の組み合わせは、「集合」という見方で理解できる組み合わせのあり方だった。もうひとつ乗り越えなければならない「組み合わせ」とは、n 個のなかから r 個を取り出すときの、取り出し方のパターンである。

A～Eの5名のグループのなかから2名の代表者を選ぶときに、どのような組み合わせがあるか。すべての組み合わせを書いてみるとつぎの10通りとなる。

A・B、A・C、A・D、A・E、
B・C、B・D、B・E、
C・D、C・E、
D・E

何通りあるかを計算するためには、つぎの公式を利用するとよい[5]。

$$_nC_r = \frac{n!}{r!(n-r)!} \cdots\cdots ⑩$$

先ほどの例に適用すると、

$$_5C_2 = \frac{5!}{2!(5-2)!} = \frac{5\times4\times3\times2\times1}{2\times1\times(3\times2\times1)} = 10$$

となる。

ここまでわかってくると、n 回の独立した試行において、ちょうど r 回だ

---

5)！とは階乗と読む記号で、1からその数までの整数をすべて掛け合わせることを表す。

け確率pの事象が起る確率$P(r)$を求めることもできるようになる。全部でn回の試行のうち、pがr回起ったということは、pが起らなかったのは$(n-r)$回である。式②で説明したとおりpが起らない確率は$1-p$であるから、換言すると、pがr回起こり、$1-p$が$(n-r)$回起こる確率を求めればよいことになる。乗法定理にもとづいて、両者を掛け合わせればよい($p^r \times (1-p)^{n-r}$)。ところで、全部でn回の試行のうち、pがr回生じる組み合わせは何通りあるかというと、式⑩で表されていた。それぞれの組み合わせ（パターン）は排反事象であるのだから、加法定理が成り立ち、($p^r \times (1-p)^{n-r}$)を式⑩回加算すればよいことになる。ということで、$P(r)$は式⑪で表される。

$$P(r) = {}_nC_r p^r (1-p)^{n-r} \cdots\cdots ⑪$$

したがって、コインを10回投げたときに表が8枚となるという珍しい事象（本章はじめに遭遇した）が起こる確率を、コインを10回投げるという試行を1000回繰り返して得られたデータにしたがって調べる、という必要はないのだ。式⑪に数値を代入して計算すると、

$${}_{10}C_8 \times 0.5^8 \times 0.5^2 = 0.044$$

であり、すなわちそのような事象は4.4%の確率で起こると予想することができるのである。

(2)確率を目で見えるようにするために。

社会調査を行なうためには統計学が必要である。統計学を理解するためには、確率論を少しだけ知っておく必要がある。その確率論の基礎も、いよいよ終盤である。これまで、文字と数式に頼って説明を行なってきたが、確率とは事象の起こり方について考えることなのだから、具体的な事象として目に見えるようにすることだって、可能なはずである。確率を目に見えるようにしたもの。それが分布である。

8枚のコインを同時に投げたとき、表の枚数rと、表がr枚出る確率を例に挙げてみよう。表が1枚出る確率は、式⑪においてnに8を、rに1を、pに0.5を代入して計算すればよい。同様にして表が8枚出る確率までを計算し、結果を棒グラフにしてみた[6]。

このグラフは、事象Aが起こる確率pが既知である場合、n回の試行のな

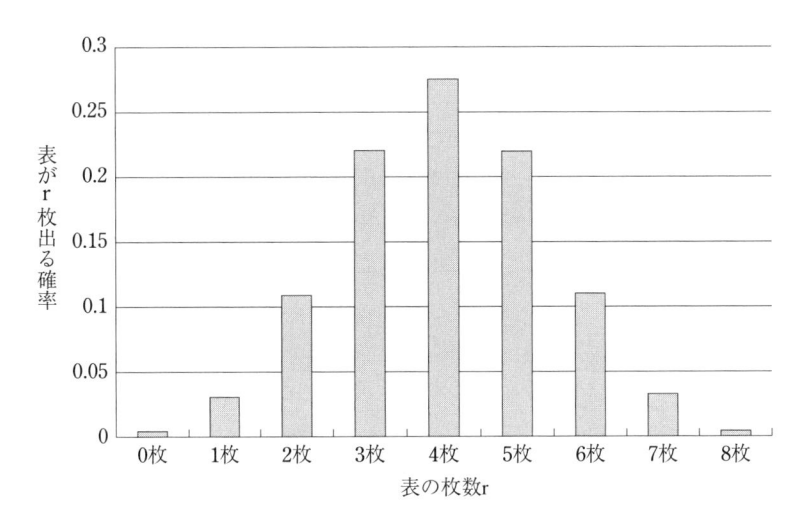

第11章　統計の基礎：統計で調査をあきらめないために　277

かで事象Aが r 回起こる確率 $P(r)$ を示している。ということは、確率 p の事象Aを n 回試行した場合、その事象が r 回起こる確率は、既知である（すでにわかっているという）ことになる。このように、表と裏、良品と不良品のように、ONかOFFか（1か0か）で表される事象については、このグラフのような分布（この分布を二項分布とよぶ）で生じることが知られている[7]。

　われわれの身の回りで起こっている確率的な事象、すなわち不規則に生起するのではなくある一定のパターンで生起する事象、については、二項分布以外にもその分布の型が、いくつか知られている。したがって、それらを利用すれば、さまざまな事象がどのような確率で起こるか予想することができる。ある事象がめったに起こらないような珍しい事象なのか、そうではない

---

6) 8枚のコインを投げるときは、表が4枚となる確率がもっとも高く0.274である。このことは、大数の法則で説明したとおり、8枚のコインを同時に投げるという試行を幾度となく繰り返すならば、27.4％の割合で表が4枚となると予想されるということを意味する。実際に計算し、なるほど！とうなづけたならば、確率論は怖くなくなるだろう。

7) 二項分布のグラフが左右対称となるのは、事象Aが起こる確率が0.5のときのみである。

のか。そのような判断も可能となる。そのような判断をフルに活用するのが統計学であり、推定統計なのだ。

(3)正規分布の特徴。

推定統計のなかで、もっとも頻繁に活用されるのが正規分布である。パン屋さんを考えてみよう。1斤という重さで食パンを焼くが、焼きあがった食パンはかならずしも正確に1斤ではない。少しだけ大きかったり小さかったりする。これを誤差とよぶ。すると実際に焼きあがったパンの重さは、ちょうど1斤であることがもっとも多いが、それよりやや小さいパンができたり、やや大きいパンができたりする。だが並外れて小さいパンやとても大きなパンというのは、めったに焼きあがらない。焼きあがったパンの重さを測ると、下図のように、左右対称のきれいな山形をしたグラフができ上がる。これが正規分布である。山の頂（ピーク）は平均値であり、なおかつ中央値と最頻値でもある。

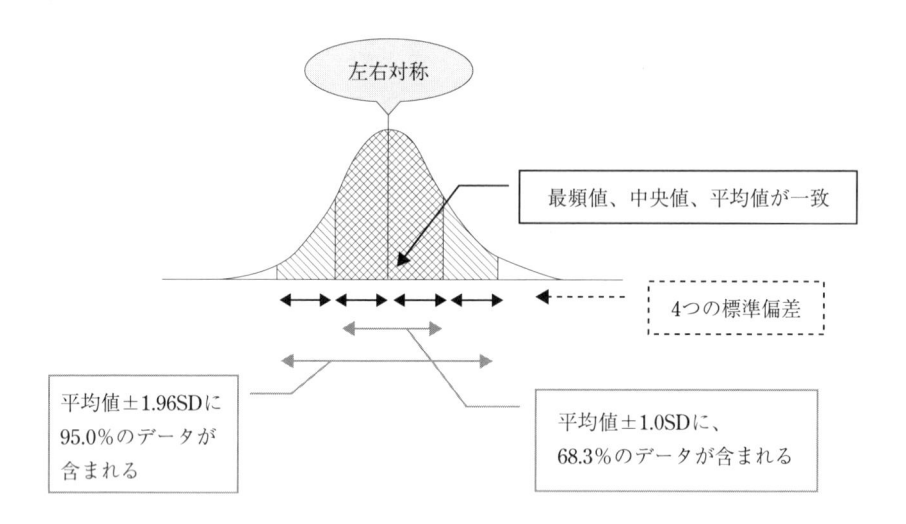

左右対称

最頻値、中央値、平均値が一致

4つの標準偏差

平均値±1.96SDに95.0%のデータが含まれる

平均値±1.0SDに、68.3%のデータが含まれる

正規分布の特徴はそれだけではない。平均値±1標準偏差という範囲をとると、全データの68.3%が含まれることがわかっている、という重要な特徴を持つ。パンの例で述べると、パンの重さが正規分布するのであれば、焼きあがったパンの重さは、68.3%の確率で平均値±1標準偏差という範囲に収

まるということを意味する。このことが、推定統計に重要な役割を果たしているが、その点については後述しよう。ここではもう1つ。平均値±1.96標準偏差という範囲をとると、全データの95.0％が含まれることを記憶していただいて、話しをつぎに進めたい。

2　推定統計の考え方

母集団の平均値を推定してみよう

　確率論から統計学へと話を移そう。本章のはじめに述べた、社会調査に統計学が必要なわけを、いまいちど思い起こしていただきたい。社会調査において、統計学は有効標本から得られた情報を用いて、調査母集団の情報を推測する、すなわち統計的推定を行なうために必要であった。統計的推定とはどのようなプロセスなのか。

　本章のはじめにとりあげた仮想例、「男性と女性では教育程度が異なるのだろうか？」という問題関心から行なわれた調査を例に挙げよう。有効標本である男性回答者160名の教育年数を用いて、調査母集団である○○市の男性の教育年数の平均値を推定してみよう。説明をわかりやすくするために、調査母集団である○○市の男性の教育年数の標準偏差は3.64年であるとわかっている（既知である）ことにする。また、有効標本の教育年数は正規分布しているという前提に立つことにする。

　(1) 点推定。

　まずは、160名の男性回答者のなかから任意の1人のデータを用いて、調査母集団の教育年数の平均値を推定してみよう。任意に選んだAさんの教育年数は、12年であったとする。

　さて、標本を任意に1人だけ選び出すとき、その標本が平均値よりも大きい確率と小さい確率は何％であろうか。平均値よりも大きい標本を選ぶ傾向があるとか、小さい標本のほうが選ばれやすいということはないのだから、どちらの確率も50％であることになる。ということは、たった1つの標本で調査母集団の平均値を推定するとするならば、任意に選ばれたAさんの教育年数＝12年を調査母集団の平均値として推定するのがもっとも適当であると

考えられる。大きいほうに偏っているわけでも、小さいほうに偏っているわけでもないと推測できるこの値を、不偏推定値とよぶ。そして、「平均値の不偏推定値は12年である」というように推定の結果をただ1つの値で表す推定の方法を、点推定とよぶ。

(2) 区間推定。

点推定では、推定結果をどの程度信頼することができるかの目安が得られない。そこでつぎに、確率を使って推定をしてみることにする。有効標本の教育年数は、どこかに平均値があって、その値を中心にして標準偏差3.64の正規分布をしていた。ということは、そこから任意に1つだけ標本を取り出したとき、その標本が

  平均値±3.64の範囲から選ばれている確率は68.3%
  平均値±7.13の範囲から選ばれている確率は95.0%

となる。なぜか。前節で説明したとおり、正規分布しているのであれば平均値±1標準偏差の範囲に全標本のうち68.3%が含まれていた。つまり、全標本から任意に1つの標本を選び出したとき、その標本が平均値±1標準偏差の範囲から選ばれる確率もまた、68.3%なのである。ということは、逆に考えると、任意に選んだ1つの標本の値±1標準偏差の範囲に平均値がある確率も、68.3%であることになる。したがって、「平均値は68.3%の確率で8.36〜15.64（12±3.64）年の間にある」と推定することができる。このように推定結果をある区間で示す推定の方法を、区間推定とよぶ。またこの区間を信頼区間とよび、68.3%という値を信頼水準とよぶ。

では、信頼水準が95%となるように推定するとどうなるか。信頼区間に平均値がある確率を95%になるように範囲を設定すればよいので、任意に選んだ1つの標本の値±1.96標準偏差の範囲を信頼区間とすればよいことになる。したがって、「信頼水準を95%として区間推定を行なうと、平均値は4.87〜19.13（12±1.96×3.64）年の間にある」と推定することができる。

(3) 標本平均を使って区間推定をする。

説明を簡単にするために、これまで160名の有効標本のなかから選んだた

った1人の値から推定するという前提に立ってきた。せっかく160名分の教育年数のデータがそろっているのだから、それを使わないのはもったいない。160名という集団を代表する値を使えばよさそうだ。ならば中心傾向の測度である平均値を推定に用いたらどうか。有効標本である160名の男性回答者の教育年数の平均値（これを標本平均とよぶ）は13.10年であった。この値が調査母集団の平均値（これを母平均とよぶ）よりも大きい確率と小さい確率は、いずれも50％とみなすべきである。つまり、標本平均は、母平均の不偏推定値に相当する。

つぎに信頼区間について考えてみる。1つの標本の値から信頼区間を設定する場合は、信頼水準を考慮しながらその値に標準偏差の何倍かを加える（または引く）ことで設定できた。しかしながら今度は有効標本のすべての値を使っているので、同じようにはできない。が、考え方は同じだ。n 個の標本から求めた標本平均は母平均を中心として正規分布している。すなわち「n 個の標本の平均」の標準偏差を信頼区間として設定すればよいことになる。「n 個の標本の平均」の標準偏差は

$$\frac{調査母集団の標準偏差}{\sqrt{n}} \cdots\cdots ⑫$$

である[8]。調査母集団の標準偏差は3.64であり n は160であったので、

$$\frac{3.64}{\sqrt{160}} = 0.29$$

---

[8] 式⑫より得られた値を標準誤差とよぶ。説明もなく式が登場することに違和感をおぼえる方のために少しだけ説明しておこう。本文では説明を省略したが、正規分布には加法性という特徴がある。2つの正規分布があるとき、両方の正規分布から1つずつ値を取り出して足し合わせると、その結果得られた値もまた正規分布を示す。この演算結果の値の平均値と分散は、演算前の2つの正規分布の平均値の和と、分散の和に等しい、というのが正規分布の加法性である。この特徴を利用すると、「取り出された標本の平均値」の平均値と標準偏差は相加平均によって求められるので、

「取り出された標本の平均値」の平均値　$\dfrac{n \times 平均値}{n} = 平均値$

「取り出された標本の平均値」の標準偏差　$\dfrac{\sqrt{n} \times 標準偏差}{n} = \dfrac{標準偏差}{\sqrt{n}}$

となる。このようにして式⑫が得られたのである。

となる。このようにして、「信頼水準を95%として区間推定を行なうと、平均値は12.53〜13.67（13.10±1.96×0.29）年の間にある」と推定することができる。任意の1つの標本から区間推定をしていたときよりも、ぐっと範囲が狭くなったことがわかる。

母集団の平均値と標準偏差を推定してみよう

ここまでは説明をわかりやすくするために、「母集団の標準偏差は既知である」という前提に立っていた。ところが、母集団の標準偏差がわかっていることがらを、時間と労力をかけて調査をする必要はあまりない。そのため、母集団の標準偏差が既知であるという前提は、実際の調査場面ではほとんど想定できない。したがって、実際の調査においては、母集団の標準偏差も推定する必要が出てくるのが一般的である。

これまでできるかぎり特殊な記号を使わないで説明してきた。しかしながら、いろいろな用語が登場してきたので、記号を使わないとかえって混乱を招く。まずは、用語と記号を整理しておこう。

用語	記号	読み方	用語	記号	読み方
母平均	μ	ミュー	標本平均	$\bar{x}$	エックスバー
母分散	σ^2	シグマ2乗	標本分散	s^2	エス2乗
母標準偏差	σ	シグマ	標本標準偏差	s	エス

調査母集団の統計量はギリシャ文字の小文字で表し、標本の統計量はローマ字の小文字で表すのが一般的である。以後、これらの記号を使って説明する。もう一度仮想例、「男性と女性では教育程度が異なるのだろうか？」という問題関心から行なわれた調査を例に挙げよう。有効標本である男性回答者160名の教育年数を用いて、調査母集団である○○市の男性の教育年数の平均値を区間推定してみよう。ここでも、有効標本の教育年数は正規分布しているという前提に立つことにするが、母標準偏差は未知である。なお、標本平均 $\bar{x} = 13.10$、標本標準偏差 $s = 3.01$ であったとする。

まずは、母平均を偏りなく推定する、つまり母平均の不偏推定値を求めてみよう。それは標本平均と一致していたので、標本平均

$$\bar{x} = \frac{\sum x_i}{n} = \frac{x_1 + x_2 + \cdots + x_n}{n} = 13.10$$

が母平均の不偏推定値である[9]。ここで母標準偏差がわかっていれば、式⑫を用いて区間推定することができたが、残念ながら母標準偏差はわかっていない。そこで標本の統計量を用いてなんとか母標準偏差を推定することが、ここでの課題となる。

まずは、標本分散を用いて母分散を推定する。母分散の不偏推定値（Vで表す）は

$$V = \frac{n}{n-1}s^2 = \frac{\sum(x_i - \bar{x})^2}{n-1}$$

であることが知られている。標準偏差は分散の正の平方根だから、母標準偏差の不偏推定値は、

$$\sqrt{V}$$

となってくれれば、話は簡単である。が、残念ながら、そうはならない。

もう一度、母標準偏差が既知の場合の区間推定の方法を思い出そう。n個の標本平均$\bar{x}$が、母平均μのまわりに、式⑫で求めた値を標準偏差として正規分布するという性質を利用して、「信頼水準を95%とするならば、母平均の不偏推定値である標本平均$\pm 1.96 \times$（式⑫で求めた値）」として母平均の区間推定をしていた。これはつまり、$\bar{x}$とμの距離（$\bar{x} - \mu$）を式⑫で求めた値で除した値、すなわち

$$\frac{\bar{x} - \mu}{\frac{\sigma}{\sqrt{n}}} \cdots\cdots ⑬$$

が、平均0、分散1の正規分布にしたがうという性質を利用していたことと同じである。今、母標準偏差σが未知なので、既知である標本標準偏差sで代用することを考える。母分散の不偏推定値Vは、標本分散のようにnで除すのではなく$n-1$で除していたことをヒントに偏りの補正をする。する

---

[9] $\sum$とはローマ字のSに相当するギリシャ文字の大文字でシグマと読む。Sum upすなわち合計するという意味の記号である。

と

$$\frac{\bar{x}-\mu}{\frac{s}{\sqrt{n-1}}} = t \cdots\cdots ⑭$$

式⑭で表される t という値がどのような分布にしたがっているのかがわかれば、区間推定ができることになる。この分布はすでに調べられていて、t 分布とよばれている。前節後半で述べたように、確率を目に見えるようにしたものが分布であり、分布には型があって、特徴が調べられている。t 分布の特徴もすでに調べられていて、t 分布表により t の値を調べることができるようになっている。

いよいよ大詰めである。式⑭を変形すると、

$$\mu = \bar{x} - t\frac{s}{\sqrt{n-1}}$$

となるので、ここに数値を代入すれば区間推定は完了する。t 分布表により t の値を調べ、代入すべき値を整理すると、$\bar{x}=13.10$、$t=1.96$、$s=3.01$、$n=160$ となるので、

$$\mu = 13.10 \pm 1.96 \frac{3.01}{\sqrt{160-1}}$$

区間推定結果は、「信頼水準を95％として区間推定を行なうと、平均値は12.63〜13.57（13.10±1.96×0.24）年の間にある」となる。

このようにして、t 分布の性質を利用すると、標本平均と標本標準偏差という標本統計量から母平均の区間推定をすることができる。ということは、ある調査母集団から取り出された2つの標本集団（たとえば、男性回答者と女性回答者）の平均値と標準偏差がわかれば、それぞれの母平均が区間推定できるのだから、比較することができるようになりそうである。つまり、「男性と女性では教育程度が異なるのだろうか？」という当初の問題関心にいよいよ迫ってきたことになる。次節はいよいよその説明となる。

3 統計的検定の考え方

統計的検定は3つのステップで行なう
(1)検定用の仮説：帰無仮説を立てる。

統計的検定は、検定用の仮説（帰無仮説とよばれる）を立てる、有意確率を計算する、帰無仮説の採否を判断する、という3つのステップにもとづいて行なわれる。帰無仮説には、「○○がない」という表現が用いられる。「男性と女性では教育程度が異なるだろうか？」という問題関心から統計的検定を行なう場合には、「性別によって教育年数に差がない（すなわち、教育年数は男女とも同じである。）」が帰無仮説となる。性別によって教育年数に差があるだろうという見込み、すなわち仮説（対立仮説）にもとづいて調査が行なわれたにもかかわらず、「差がない」という仮説を帰無仮説として統計的検定を行なうのはなぜか。

コップに水が入っている状態を考えてみよう。少し入っているだけでも、コップには水が「ある」と表現できるし、もちろん溢れんばかりに入っていても、「ある」と表現できる。つまり、コップに水が「ある」という状態は、無限に多様でありうるのである。それに対して、コップには水が「ない」という状態は、コップに入っている水の量＝0のとき、ただ1つの状態でしかありえない。ということは、「ない」という状態を基準点として、目の前の状態が基準点からどれほど食い違っているかを、これまで学習してきた確率論にもとづいて検討してあげればよいことがわかる。性別によって教育年数に差があるだろうという見込み（これを対立仮説とよぶ）が正しいといえるかどうかを検討するために、「性別によって教育年数に差がない」という帰無仮説を立てて、集めたデータ（標本統計量）が帰無仮説という基準点からどれほど食い違っているのかを検討するのが、統計的検定というプロセスである。

(2)有意確率を計算する。

「コイン・トスしたとき、表が出るか裏が出るかいい当てることができる」という人がいたとしよう（かりにAさんとしておく）。本当かどうか、統計

的に検定してみよう。

　まずは、帰無仮説を立てる。「Aさんには判断能力がない」が帰無仮説となる。数回の試行を行ない標本を集めたところ、Aさんはなんと5回連続して正解をいい当てた。Aさんには判断能力があると判断すべきか。それとも、でたらめに答えても2分の1の確率で当たるのだから、まぐれが連続しただけだと判断すべきか。確率論に戻って考えてみよう。

　5回連続して正解をいい当てることができる確率は、

$$\left(\frac{1}{2}\right)^5 = \frac{1}{32} = 0.03 \quad つまり約3％$$

である。すなわち、Aさんには判断能力がないにもかかわらず、まぐれが5回連続する確率も約3％である。ということは、帰無仮説（Aさんには判断能力がない）を捨てて、「Aさんには判断能力がある」と判断した場合、その判断が誤りである（まぐれ当たりに過ぎなかった）確率は約3％である。この3％という数値を大きな値とみるか、小さな値とみなすかで判断が分かれることになる。

　この確率を危険率または有意確率とよぶ。誤った判断をする危険が何％の確率であるかを示す値なので、危険率[10]という用語が用いられる。と同時に、判断の危険性を確率で表すことができるような、統計的に意味を持つ確率を示すので、有意確率ともよばれる。

　(3) 帰無仮説の採否を判断する。

　社会調査の場合、誤った判断をしてしまう確率（危険率とよぶ）が5％以上ある場合には「大きい」確率として、5％未満の場合には「小さい」確率として判断するのが通例である。すなわち、Aさんの試行結果について判断すると、危険率3％は「小さい」確率とみなせる。誤った判断をする確率が

---

10) このように、帰無仮説が正しいにもかかわらず棄却する確率を α（第1種の過誤）とよび、逆に帰無仮説が誤りであるにもかかわらず採択する確率を β（第2種の過誤）と呼ぶ。これら2種類の過誤（誤り）をともに小さくしたいが、それは簡単なことではない。ただし、統計的検定の目的が判定を下すに足る確証をつかむことにあるので、α をどの水準に設定するかを検討することがまず重要となる。くわしくは、原・浅川(2009)を参照のこと。

「小さい」のだから、その判断を妥当な判断と考えればよいから、帰無仮説（Aさんには判断能力がない）を棄却して、「Aさんには判断能力がある」と判断すればよいことになる。

　Aさんにはさらに続けて試行を繰り返してもらった。その結果、10回試行するとそのうち少なくとも8回はいい当てることができることがわかった。10回中8回いい当てることができる確率は、式⑪より、

$$_{10}C_8 \left(\frac{1}{2}\right)^8 \left(\frac{1}{2}\right)^{10-8} = 0.044$$

となる。ところで、10回中少なくとも8回はいい当てることができるということは、10回全部いい当てる場合も含むし、9回いい当てた場合も含むので、10回中少なくとも8回はいい当てることができる確率は、

$$_{10}C_8 \left(\frac{1}{2}\right)^8 \left(\frac{1}{2}\right)^{10-8} + _{10}C_9 \left(\frac{1}{2}\right)^9 \left(\frac{1}{2}\right)^{10-9} + _{10}C_{10} \left(\frac{1}{2}\right)^{10} \left(\frac{1}{2}\right)^{10-10} = 0.055$$

となる。こうなると、帰無仮説（Aさんには判断能力がない）を捨てて「Aさんには判断能力がある」と判断した場合、誤りである確率が「大きな」確率であるとみなされる。そのため、危険率5％（有意水準5％）で「Aさんには判断能力がない」という帰無仮説は棄却できない（採択する）と判断すべきであることになる。

2つの母平均の差の検定：t検定

　いよいよ「男性と女性では教育程度が異なるのだろうか？」という当初の問題関心にせまろう。まずは、第1ステップである、帰無仮説を立てる。

　　帰無仮説：「性別によって教育年数の平均値に差がない」

　つぎに、有意確率の計算となる。男性回答者の教育年数の平均値と女性回答者の教育年数の平均値の差、すなわち2つの標本平均の差という標本統計量を用いて、母平均の差（母集団における男性の教育年数の平均値と女性の教育年数の平均値の差）を推定する。式⑭で説明したように、この差はt分布にしたがうことが知られているので、前章で説明したようにt検定を行な

うことになる。

　計算はSPSSなどの統計解析ソフトに任せるとして、計算結果の読み方を説明しよう。前章表10-9の「2つの母平均の差の検定」という欄を見てほしい。t値、自由度、有意確率、平均値の差が計算されている。先に説明したように、この有意確率にもとづいて、帰無仮説の採否を判断することになる。表に示されている有意確率は「0.00」であり、0.05よりも小さな値であった。すなわち、誤った判断をする確率が「小さい」のだから、その判断を妥当な判断と考えればよいから、帰無仮説を棄却するという判断を下せばよいことになる。したがって、母集団においての平均教育年数は、男性と女性で異なる可能性が高いと結論づけられることになる。

　ところで「2つの母平均の差の検定」という欄には上下に分かれて2つの数値が並んでいる。上段は「等分散を仮定する」場合、下段は「等分散を仮定しない」場合の値である。未知の値である母分散は等しいとみなせる場合の計算結果と、みなせない場合の計算結果は異なるのである。どちらを見ればよいのか。「母分散は等しい」を帰無仮説として検定を行なう「等分散性のためのLeveneの検定」の結果の欄を見てほしい。F値と有意確率が計算されている。F値については後ほど説明するが、有意確率が5％未満となっているので、「母分散は等しい」という帰無仮説が棄却されることがわかる。したがって、この場合は、「等分散を仮定しない」という下段の値を見ればよいことになる。

ばらつきの大きさの検定：F検定

　前章（データを分析してみよう）で説明したように、ある集団の特徴を示すには、中心となる値と分布の広がりの2種類の統計値を用いればよかった。分布の中心となる値である平均値については、2つの集団の標本平均の差が、母集団においても有意な差であるといえるか否かは、2つの母平均の差の検定（t検定）を用いて検討すればよい。では、分布の広がり、すなわち散布度についてはどうであろうか。2つの集団の標本分散の差が、母集団においても有意な差であるといえるか否かは、どうやって検定すればよいだろうか。

AとBという2つの集団について考えてみよう。おのおのの集団の分布の広がり大きさを、偏りなく推定したい。母平均の推定について説明したときに触れたように、母分散の不偏推定値Vは、

$$V = \frac{\sum(x_i - \bar{x})^2}{n-1}$$

であった。ということは、両集団の母分散の不偏推定値（V_A、V_B）を求めて、その差がどのような分布にしたがうのかを調べればよいように感じる。そのセンスはすばらしい。が、もう少しよく考えてみよう。

たとえば、100点満点のテストにおける98点から96点までのばらつきと、10点満点のテストにおける8点から6点までのばらつきでは、ばらつきの意味が異なる。つまり両集団の母分散の不偏推定値の差を求めてもダメなのである。ではどうやって比較するか。こういう場合は、比を求めればよい。すなわちV_Aを分母に、V_Bを分子にとって、その比は一般的にFで表されるので、

$$F = \frac{V_B}{V_A}$$

となる。このFがどのような分布にしたがうかがわかれば、検定はできることになる。この分布、F分布の特徴も、もちろんすでに十分に調べられている。

食い違いの大きさの検定：カイ二乗検定

t検定もF検定も、平均値や標準偏差を求めて意味があるデータ（間隔・比率尺度）で用いられる。では、名義尺度の場合どうすればよいか。前章で挙げられていた「性別と夫婦別姓に対する意識変数のクロス表」（表10-5）を用いて説明しよう。帰無仮説は「個人の性別と夫婦別姓に関する意識に関連はない」であった。この帰無仮説を基準点（期待値とよぶ）として、標本から得られた値（観測値とよぶ）がどれほど食い違っているかを検討するのがカイ二乗検定である。

性別を考慮せずに、夫婦別姓に関する意識について集計すると、「まったく賛成」が10.8％、「どちらかといえば賛成（賛成傾向）」が24.4％、「どち

らかといえば反対（反対傾向）」が40.1％、「まったく反対」が24.6％であった。ということは、「個人の性別と夫婦別姓に関する意識に関連はない」という前提に立つと、男性回答者の意見分布も女性回答者の意見分布も、ともにまったく同様に「まったく賛成」が10.8％、「賛成傾向」が24.4％、「反対傾向」が40.1％、「まったく反対」が24.6％と（理論的にはそう）なるはずである。ということは、446名の男性回答者についていえば、「まったく賛成」が446×0.108＝48.17名、「賛成傾向」が446×0.244＝108.82名、「反対傾向」が446×0.401＝178.85名、「まったく反対」が446×0.246＝109.72名となるはずである。これが期待値となる。

　ところが観測値は、「まったく賛成」が39名、「賛成傾向」が101名、「反対傾向」が175名、「まったく反対」が131名であった。すなわち、「まったく賛成」についていえば、48.17－39＝9.17食い違いがあることになる。ということは、このような食い違いがどの程度の確率で生じるかがわかれば、食い違いの大きさについて検定することができることになる。

　期待値と観測値の差は、カイ二乗分布（χ^2分布）にしたがうことが知られているので、カイ二乗検定を行なうことになる[11]。前章の表10－6を見ると、有意確率は「0.007」で5％よりも小さな値を示している。そこで帰無仮説を棄却し、「（母集団においても）個人の性別と夫婦別姓に関する意識には関連がある可能性が高い」と結論づけることになる[12]。

忘れてもよいこと、忘れないほうがよいこと

　社会調査を行なうために、これまで説明してきたことのすべてを覚えていなければならない、わけではない。統計で調査をあきらめないために、多少乱暴ではあるが、忘れてもよいことと、忘れないほうがよいことを、最後に

---

[11] 正確には $\sum \frac{(観測値－期待値)^2}{期待値}$ がカイ二乗分布にしたがう。

[12] カイ二乗検定はこのように、期待値と観測値の差を問題としているのみである。すなわち、関連の有無についての情報は与えてくれるものの、女性において「まったく賛成」の割合が高いのか、逆なのかといった情報は与えてくれない。この点については、クロス集計表から読み取らなければならない。

記しておきたい。

　説明の都合上、さまざまな数式を紹介してきた。しかしながら、たとえば式⑪を暗記する必要はない。意味がわからないままにも、数式を何度か紙に書き写してみて、写真的に記憶するという努力は、社会調査を行なうためには不要である。そうではなくて、式⑪で表される事象がどのような事象であるかをしっかり頭に入れておくとよい。そうすれば、確率的な事象は数式で書き表すことができる、つまりグラフにできるのであり、型があるということが理解できるだろう。

　そのように、分布という型にあてはめて判断するのが推定統計であり、統計的検定である。このことは是非理解しよう。それがわかれば、式⑭を暗記しなくても t 検定はできるのである[13]。数式は忘れてもよい。でも数式が何を意味していたかは、忘れないほうがよい。

---

13) ただし、式⑭の前提条件、すなわち区間推定の前提条件は記憶にとどめておこう。すなわち、有効標本が正規分布しているという前提であった。つまり、正規分布していない場合には、正規分布するように変換するか、別の方法を用いる必要があるのだ。

第12章

公表の方法と報告書作成の要領

1　作品としての公表：「オープンにする」という行為

　19世紀後半から20世紀前半にかけて、イギリスの労働問題・社会政策について多くの調査研究を行なったウェッブ夫妻に、『社会研究の方法』（邦題『社会調査の方法』）という書物があり、そのなかに「公表」という章が設けられている（ウェッブ＝ウェッブ、1982）。一般に、調査論や科学論の書物において、公表という点についてまで細かくは説明がなされないことが多いなかで、それは珍しいことである。そのことは、公表ということがそれほど重視されていない現象ともいえるし、「誰がやっても公表のしかたなんて同じようにできる」と位置づけられ、それ以前の分析こそが大事だと考えられているからかもしれない。

　しかし、たとえ同じ曲であっても、演奏家が異なれば演奏の様相が違い、優劣がつくように、調査結果に変わりはないとしても、公表をめぐる媒体・方法・表現において自ずと差はでてくるものであり、公表においても最低限共通に守るべきことや、みずからの調査結果を的確に伝えるための工夫があ

るのである。公表とは作品を他者に向けてオープンに提示することなのでもあり、そこでの提示技法により他者に理解・納得してもらえるかもらえないか、差異がついてくるものなのでもある。誇大な表現やレトリック過剰、数値の操作でウソをホントのようにみせる必要はないにしても、自分たちの調査結果を過大にも過少にも評価されず、等身大で評価されるための公表技法を身につける必要はあるだろう。技法を身につけ、公表を果たしていくことは、書きながら考えるというみずからへの効果とともに、他者の異なるまなざしに作品を提示するという働きをもっている。また、そのような公表技法を身につけることは、翻って他者や他機関が調査を実施・発表した結果や報告書を読み解くリサーチ・リテラシーを体得していくことにもつながるのである（谷岡、2000）。

書くことは考えること

　公表するためには結果を整理し記述する必要があり、当然文章を書くことが要求される。しかし、私たちにとって、論文体の文章を書くことは一般につらさをともなうものである。なぜなら、書くためには考えなければならず、考えることは頭をおおいに使わざるをえないからでもある。書くことと考えることの両者には相互作用がある。美術の分野で「見たように描きなさい」といわれることがある。しかし、うまく描けない。なぜなら、それは「しっかり見ていないからだ」と指摘される。文章執筆も同じである。考えたように書けばよいのだが、十分に考えぬいていないから書けないのである。

　この問題が、アメリカの社会学者C.W.ミルズの「知的職人論」という小論のなかではつぎのようにふれられている。「思考をより客観的なものにするには提示という文脈のなかで作業しなければならない。まず自分の思考内容を自分自身に対して『提示する』。すなわち、『明瞭に考えること』である。それがはっきりしたと思ったならば、他人に提示するのである――が、そこで君はしばしばはっきりさせていなかったことに気づくであろう」（ミルズ、1965、290頁）。自分自身に明瞭に考えを提示し、問題点を修正し、そしてつぎに他者に提示する。その過程では、自分の文章を、心の中で養った

他者の目で吟味・確認し、意味が伝わりにくいところをわかりやすく手直ししていくことが必要になる。それは自省的に考えていくということでもある。

コンピューターの集計ソフトを使ってクロス集計などのアウトプット用紙がたくさん出てくると、ひと仕事終わったような錯覚におちいる。しかし、そこまでは、確かに体は使い、時間は使ったかもしれないが、まだ頭は半分も使っていないのである。分析を加え、さらに書きながら考えることによって、まだわかっていなかった内容に気づいたり、あるいはわかっていなかったこと自身が明確になってくることがある。

現在は、鉛筆やシャープ・ペンシルでペンダコをつくりながら原稿用紙に向かって執筆するというよりは、パソコンの普及により、ディスプレイに向かってキーボードをたたくという光景が執筆状況を示すようになってきた。ワープロ・ソフトを使うことで、いくらでも手軽に修正・再編集機能ができ、書くことへのハードルを多少なりとも低くしつつある。その結果、人間と機械の対話＝マン・マシン・インターフェイスという形式により、ディスプレイと自己の間の共同作業として、文章がつくられていく状況が一般化してきた。頭に浮かんだ語句をキーボードからインプットし、即座に活字としてディスプレイに表示される。私たちがそれを見て修正するというインタラクション、いわば人間と機械の「間」のなかに文章は存在し、もはや機械なくして思考ができなくなりつつさえある（新井、1995；安川、1994）[1]。パソコンのディスプレイによって、自分自身の目の前に「提示する」ということが、物理的な様相としても現実化してきている。「書きながら考える」時代から、正確には「打ちながら考える」時代へ、公表準備の形式は大きく変化してきた。

---

[1] ノート型パソコンや、機能を特化させたモバイル・コンピュータの登場など、私たちが鉛筆感覚でコンピュータを持ち歩くような物的環境がいっそう進展してきている。そこでは、書くためのハードルがさらに低くなるという側面と、カット機能と移動・貼り付け機能を使って類似文章が幾度となく使われ、考える機会が減少するという側面も起こりえよう。

他者に提示する

「公表する」ということは当然他人の目にオープンにすることになるので、整理・執筆の段階でインチキにならないように正確な記述と提示が求められることになる。そのことが一定レベル以上のものを目指すプレッシャーとなり、頑張りを要請することにもなる。人間にまちがいや失敗はつきものなのだから、公表を準備する過程では、完璧な調査であったかのように操作をするのではなく、調査の限定や限界を示しつつ、結果を的確に提示する姿勢こそ求められるといえよう。人間が行なうその過程そのものに作為性はつきものであり、それを通じて調査結果の意味が明確になる場合もあるのだから、作為そのものが問題ということにはならない。公表にあたり、技法的に一貫した態度をとり、それを相手が確認できるような形でフェアに提示するかどうかのほうが問題になるのである。データでいえる範囲のことをいえばよいのであって、それ以上でも、それ以下でもない。

本章の最後でもふれるが、各自が実施した調査の生データが「データ・アーカイブ」、いわばデータの図書館に保存される試みがはじまりつつあり、データの社会的共有や自分が直接に企画・実施したのではない生データを2次分析として利用することも作業課題となる時代がやってきている。そのような時代においても、調査を企画・立案したものが第1段階としてデータを分析・公表することの重要性はなくならない。調査票の作成当事者として調査項目・設問・選択肢のなかに関連づけている関係を、いったん分析の俎上にのせて検証してみる意味は大きいし、同時に分析をし公表するところまでが調査対象者となった方々への責務という位置づけも求められる。

見知らぬ誰かが確実に2次分析してくれる保証もない以上、データにもっとも接近でき、問題関心を有するものが一定レベルまで調査結果をまとめる必要があることは変わらない。そして、2次分析にも携わらない一般市民まで想定すれば、紙媒体での公刊やホームページでの情報提示など報告書や報告レポートという形で執筆・公表されなければ、調査も分析もされなかったのと同じことなのである。したがって、公表の段階では、データにふれることができない人たちまで想定し、「面倒くさいなァ」と思っても、丹念にデータを記述し、数表を整理し提示することが必要になってくるわけである

（森、1995）。

　自分たちがしたことを、自分にわかるように、また他者にわかるように物理的な形にすること、公表の持つ働きはそこに意味があるのである。この章では、公表のうち、報告書の作成を中心に、その構成のしかたと執筆のしかたを検討するとともに、公表としてのほかの形式・媒体や社会的機能のゆくえなどについて考えていこう。

2　報告書の構成のしかた：「ゴミの山」になるか、「宝の山」になるか

　社会調査をするということがそれほどめずらしいことではなくなり、新聞や雑誌、テレビなどでの結果の公表にも慣れてしまった現代は、人びとの「全体のなかでの自分の位置を数値的に知りたい」という欲望を目覚めさせてしまった時代でもある。いろいろな機関や場所で調査が行なわれるため、調査対象となる人びとからみれば、「調査公害」と評したくなるような事態にさえなってきている[2]。研究者が実施する調査が特別えらいわけでもない時代に、関心がないのに冗長な記述がつづく報告書は、むだなクロス表がたくさんのっているたんなる「ゴミの山」にすぎないであろうし、逆に、そのデータを知りたい・読みたいと思っている人に、簡にして要の報告書が提供されれば、それは「宝の山」ということになろう。報告書が「ゴミの山」となるか「宝の山」となるかの境目は、読者と想定される相手のニーズとの関連によっても決まる。

　この節では、まず報告書として全体構成に盛り込むべき基本的な事項をおさえたうえで、つぎに、報告書がターゲットとして想定している読者層との関連で考慮すべき諸点について述べていこう。

報告書構成に必要なこと

　細かい事項は追ってふれるとして、報告書の全体の構成を考えた場合、盛

　2）調査者側からみたとき、調査対象者の拒否や非協力・不在などが「調査環境の悪化」ともいわれるが、それは調査対象者からみた場合の「調査公害」という印象との関係において、謙虚に理解されなおされるべきものであろう。

り込んでおくことが基本となるような事項は以下のようなものであろう。a.調査の目的と方法、実施体制、b.調査結果（b1.結果概要、b2.主要な傾向の分析、b3.要約や結論）、c.調査票・単純集計などの資料提示。以下、おのおのの簡潔にみておこう。

　ａ．調査の目的と方法、実施体制
　調査の目的と方法、実施体制は、調査全体の骨格を知ると同時に、読者に、一般的な意味での調査の長所や短所を前もって知らせる効果がある。そこで記述すべき主なものは、つぎのようなものである。①調査の目的や調査内容・設問の柱立て、②調査主体・実施主体、③調査時期、④調査方法、⑤母集団と調査対象者、対象者の選定方法、⑥調査対象者数、回収数、回収率、⑦調査協力関係者の明示や報告書執筆にかかわる分担や執筆者名、問い合わせ連絡先。これらは簡潔に示すことができるものなので、文章として書き込んでも、表のような形式にまとめてもよいだろう。表形式にまとめた場合の1実例をあげておく（資料12-1）。
　①調査の目的や調査内容・設問の柱立てでは、どのような趣旨で、何を明らかにすることを目的に調査が企画され、大きな設問項目としてはどのようなことが調べられたのかを示す。調査が企画され実施されるまでに検討されたことが記述されればよかろう。
　②調査主体では、企画・立案主体、実査主体、調査費用の出資者などを基本的には記す。これらを明らかにすることによって、調査の責任主体がだれであるかが明確になるとともに、調査で得られた結果の功績がだれに帰属するのかを示すことにもなる。また、調査票に示されたり、回答者に口頭で説明されたりして、どの名前で、だれがかかわって調査が行なわれたかということは、それに対応した回答者の反応の一部を規定することもあるので、その限定を考えるために、報告書でそれらを提示することは重要な情報になる。たとえば、社会福祉施設に対して調査を行なうときに、彼らを予算や法律で拘束する政府が行なうのか、大学の研究者が行なうのか、彼らを支援しているボランティア団体が行なうのかで、調査に対する回答は微妙に異なってくると予想されるからである。

資料12-1　調査の目的と方法、実施体制などの掲載例（表形式の場合）

> 藤村正之編『現代日本における生活構想の展開に関する社会学的分析
> ―中高年の生活経験と社会意識―』（文部省科学研究費報告書／2001年）

①調査の目的と設問の柱立て
　［目的］戦後直後から21世紀を迎えるまでの日本社会の変動期を直接に体験してきた中高年の人々の歴史的経験と生活変容を明らかにするため、40歳以上の人々のライフスタイルの社会学的な検討、それと各種行動・社会意識との関連を検証すること。
　［調査内容・設問の柱立て］
　　1．属性要因、2．家族要因、3．生活構造、4．階層、5．ライフスタイル、
　　6．ネットワーク、7．ライフコース、8．社会保障、9．社会意識

②調査主体：ライフスタイル研究会（武蔵大学社会学部）
　実施主体：　　　同　上

③調査関連期間
　調査票の検討：2000年9月～2001年1月
　調査実施期間：2001年2月22日～3月5日
　回答者への基礎集計の送付：2001年4月～5月

④調査方法：郵送法（配布・回収とも）

⑤母集団と調査対象者、対象者のサンプリング方法
　［母集団］2001年1月1日時点で東京都足立区・世田谷区・練馬区に在住の1960年12月31日以前生まれの方々（年齢40歳以上の方々）
　［対象者］足立区・世田谷区・練馬区、各500名＝合計1500名
　［サンプリング方法］住民基本台帳からの2段無作為抽出法

⑥調査配票数・回収数・回収率
　［配票数］足立区・世田谷区・練馬区、各500票＝合計1500票
　　　　　　（住所不明・対象者不在での返送6票）
　［回収数］583票＝有効580票＋無効3票
　［有効回収率］38.8％（580票／1494票）

⑦調査実施メンバー：ライフスタイル研究会
　研究代表者：藤村正之
　研究協力者：橋本哲史・小坂啓史・武田美亜・小渕高志・二方龍紀

③調査時期では、調査の企画・実査・分析のおおまかな時間的流れを示し、そのなかで実査が行なわれた期間や調査基準日などを示す。調査基準日とは、調査期間中に変化しうる数値（たとえば、年齢など）について、何月何日を基準に答えてもらうことにするかを設定したものである。たとえば、5年に一度行なわれる国勢調査では、10月1日が調査基準日となる。

④調査方法では、個別面接法、留め置き法、郵送法、電話法、集合調査など、実施にあたって、どのような方法を採用したのかについて、配付・回収おのおのについてふれる。

⑤母集団と調査対象者、対象者の選定方法、ならびに⑥調査対象者数、回収数、回収率では、おのおのの該当事項について記す。とりわけ、回収率は、調査の偏りがどの程度あると見込むかについての一般的概況を伝える数値でもある。このなかで、不在や拒否での具体的対象者数の減少、回収しつつも全無答の調査票などをふまえ、それらを除いたうえで、有効回収数、有効回収率を実質的な数値として示しておこう。

⑦調査協力関係者では、調査対象者や表面に出てこない実施関係者への謝辞もあわせて書いておきたい。もちろん、両者とも、場合によっては明記することが相手に差し障りがあることもありうるので、明記の有無そのものや名称を抽象化してわかりにくくする程度などケース・バイ・ケースで考慮する必要がある[3]。また、報告書執筆にかかわる分担範囲や執筆者名なども、明確に記しておくべきである。論文には当然執筆者名を書くように、報告書の執筆もその文責と実績の帰属を確定するために、個々の担当者の名前を書くことが望まれる。データの作成ということがけっして簡単なことではなく、一連の流れと手間ひまを要する以上、その成果の帰属については一定以上の敬意が払われるべきである。それは調査にかかわった諸メンバーや影の調査協力者に配慮をするということでもあり、実査・分析・執筆にかかわったものには、各自の明確な成果として記録を残していくということでもある[4]。

3）外部の研究者に、部外者だからということで気を許して語った内幕や実情が報告書などに採録されて、組織内部の他者の目にふれ、当該の担当者が職場替えされることなどは現実にある話である。

b．調査結果

　調査結果の提示が、いうまでもなく、この報告書の中心部分ということになる。書き方も含めたくわしい内容については、次節でふれることになるが、b1.結果概要、b2.主要な傾向の分析、b3.要約や結論などを盛り込み、文章、表や図・グラフなどを読者層のニーズにあわせて使いわけながら説明していくことになる。なお、必要に応じて、各章の要約を載せるなどすれば、読者には親切であろうし、別版として要約だけを印刷したダイジェスト版などがつくられる場合もある。

　c．調査票・単純集計などの資料提示

　報告書の最後に、調査票と単純集計表、あるいは単純集計値を入れた調査票を資料として掲載する。ときには、調査がどのような印象や説明の下で行なわれたかを示すため、調査対象者へのあいさつ文を載せる場合もある。このうち少なくとも調査票はかならずつけなければならない。設問のワーディングは一般に長いので、報告書の本文のほうでは要約的ないい回しやキーワードを使って執筆することが多い。したがって、いい回しやキーワードの選択が執筆者の語感にもとづいて行なわれるため、それらの言葉と調査票の設問の意図との対応関係が妥当でない場合も起こりうる。調査票の具体的なワーディングはどんなものだったのかや、キャリー・オーバー効果が起こりやすい順番になっていないかなどを確認できるようにするために、調査票本体の掲載は必要である。

　また、いくつかの制約があり、一般的には行なわれないことが多いが、もし、予算や整理時間に余裕があるならば、基本的な属性変数と各設問とのクロス集計表をつけることも意味がある。調査データに直接接近できないほかの人びとには、そのようにクロス表まで提示してあることがデータとしても、データの解釈の吟味のためにも親切ということになるし、調査者本人に

4）これは調査結果の引用などにおいても留意すべきことであり、だれがあるいはどの組織が実施した調査かを確実に明記して、楽ではない調査実施の功績に報いるべきである。とくに、学会報告はなされたが、報告書や論文がまだ公刊されていないものなどを他者が引用などするさいには、礼儀としてそれらの点を配慮する必要がある。

とっても、時間が経過して元データが紛失してしまったり、いちいちデータの再分析を行なう時間がない場合などに、そのようなクロス表がすぐ見つけられるところにあることは重宝する[5]。

目的と利用対象による報告書の相違

　以上が、報告書構成にあたって基本的に考慮すべきことであるが、さらに報告書そのものがどのような目的でつくられ、どのような人たちに利用されることを想定しているかにより、その記述や構成の大きなタイプは4つくらいに分けて考える必要がある。その4つとは、A.調査結果を中心にシンプルに提示、B.調査結果とその説明・解釈、C.調査結果とその発展的利用（C1.命題分析を進展させた論文の形式、C2.調査結果にもとづく提言や批判・企画立案）のようなものである。

　Aのタイプは、調査結果の単純集計などを簡潔に提示し、その解釈や情報としての応用は読者・利用者の目的・関心にまかせるタイプであり、事実発見（fact-finding）に重きをおいた調査などにみられる。このタイプの多くは、新しい現象や対象となっている問題の概略の把握に焦点があり、ときに世論に訴えることを目的に、単純集計だけでもかなり意味がある形の設問を行なって、企業や行政体・運動体が情報として提示する場合が該当する。研究者が実務家との連携の下にそのような公表スタイルを取ることも多い。

　Bのタイプは、調査の結果について単純集計やクロス集計などを用いて説明するとともに、その数値のもつ意味やポイントを利用者に説明するため、文章化をかなり図るものである。ある意味でオーソドックスな報告書のタイプであるといえる。

　調査結果とそれを発展的に利用したCタイプのうち、C1のアカデミック・タイプは、過去の研究サーベイやみずからの新しい仮説にもとづき議論を展開し、かなり厳密な形で命題やそれにもとづく仮説を操作的に設定し、

　5）データの保管という問題は、データの再分析やプライバシーの保護などの観点から十分検討に値するテーマである。時代の新たな社会現象を追うことに力点をおきがちな社会学ではあるもののの、データの社会的な蓄積や共有が課題とされ、データベース構築などの試みが本格化してきている。

ときに多変量解析なども使いながら、その検証を行なう論文を集約した型のものであり、主に研究者のアカデミズムの世界に向けての情報提供ということになる。すでに命題設定がなされたり、尺度構成がなされるなど、研究蓄積のあるテーマの再検証として調査が実施される場合もある。C2のタイプは、調査の結果をふまえて、現在、社会や組織・集団がかかえている問題や課題の解決方法を模索したり、積極的に提案したりするものであり、企業のマーケティングや行政体の審議会や専門委員会、高度な専門知識を要する社会運動の運動体などでの応用的利用を意識したものということになる。

　それらの4タイプは、具体的にどのような対象の人びとに向けて公表を行なうかと関連しており、一般の人びと向けにはA、Bなど、専門家向けにはB、C1／C2などの報告書タイプが該当することになる。一般の人びと向けであるならば、説明は平易な言葉で執筆するのが基本であり、問題に関連するテクニカルな専門用語、多変量解析などの高度な分析手法、統計の検定や推定に関する用語の使用などは慎んだほうがよい。それらが持つ難解な印象が読者を遠ざける場合が多いからである。他方、専門家に向けた場合、既存資料や文献の参照、テーマに関する理論や仮説の提示などを綿密に行ないつつ、必要に応じて多変量解析などの詳細な分析、有意水準や検定数値をふくむ検定結果の確認などを載せ、専門的判断の妥当性を問えるものが求められるといえる（辻・有馬、1987、190頁）。行政体や運動体などは、その活動を支える基盤として市民の意見形成に依存するわけだから、当該テーマの社会的関心度や専門度に応じて、Aタイプで市民の関心を広くよび起こすほうがよい場合と、C2タイプで専門家同士の議論・交渉に耐えうるような内容にするほうがよい場合とのおのおののケースがありうる。

　4タイプのうちの3つについて代表的な掲載方法や目次の実際的な具体例を資料として挙げておこう。

　Aタイプの場合、事実発見的で、一般の多くの人々にも読んで関心をもってもらうためには、字がたくさん並ぶよりは、資料12－2のように、図表と説明を簡潔にまとめ、圧迫感がないよう十分にスペースをとったようなレイアウトのものが好まれるだろう。このタイプの場合、逆にいえば、クロス集計や多変量解析などの分析手法を駆使して明らかになることよりも、新しい

資料12-2 単純集計を図示・説明するレイアウトの例

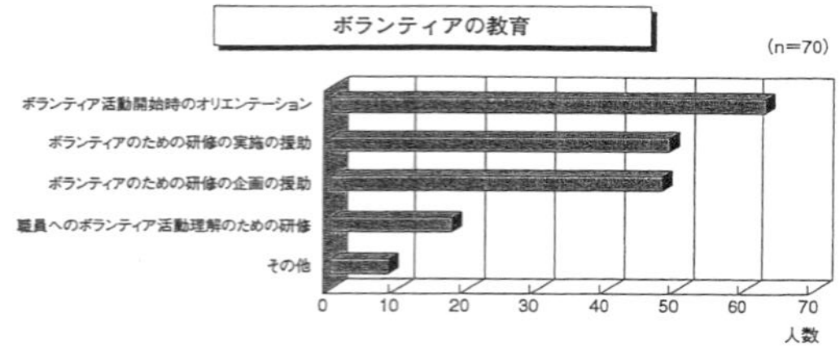

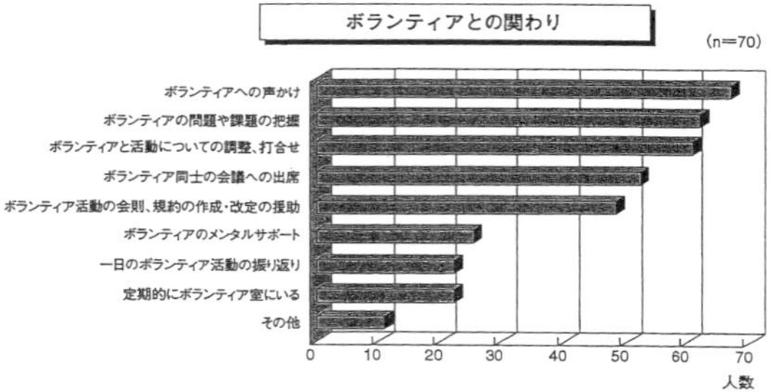

(5) 病院との調整について

病院との調整について見ていくと、最も多い活動は、「ボランティアの意見や要望を病院に伝える」(88.6%)であり、次いで「病院の要望をボランティアに伝える」(82.9%)、「病院の関連会議への出席」(67.1%)、「院内の打合せ、調整」(71.4%)、「院内の関連会議への出席」(52.9%)、「病院への新規活動の提案」(44.3%)であった。そして、「カンファレンスへの出席」は18.6%、「家族会などへの参加」は12.9%、「病院の申し送り等への出席」は11.4%であった。

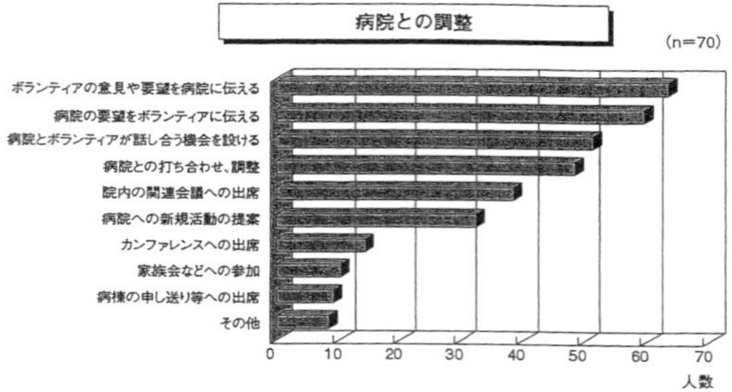

[病院との調整] (n=70)

(6) 活動の記録について

次に記録について概観しよう。「活動名簿と時間の記録と集計」(74.3%)、「ボランティア活動日誌の内容を共有」(71.4%)、「活動予定表の作成と調整」(67.1%)であった。

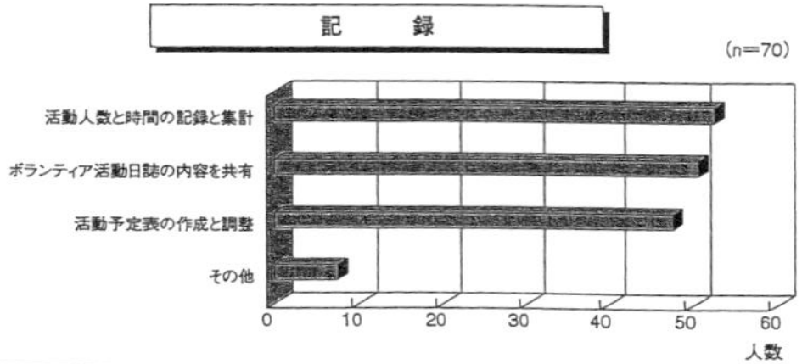

[記録] (n=70)

ボランティアの教育 (n=70)

(4) ボランティアとの関わりについて

病院ボランティア・コーディネーターは、どのようにボランティアと関わっているのだろうか。「ボランティアへの声かけ」(94.3%)が最も多く、次いで「ボランティアの問題や課題の把握」(87.1%)、「ボランティアと活動についての調整、打合せ」(85.7%)、「ボランティア同士の会議への出席」(72.9%)、「ボランティア活動の会則、規約の作成、改定の援助」(67.1%)であった。また、「ボランティアのメンタルサポート」は34.3%、「一日のボランティア活動の振り返り」は30.0%、「定期的にボランティア室にいる」は30.0%であった。

[ボランティアの関わり] (n=70)

信友浩一・安立清史・藤田摩理子・平野 優・中尾達馬『病院ボランティア・コーディネーターに関する全国調査』九州大学大学院人間環境学研究院、(2004) pp.22-23

資料12-3　目次構成の例（学術論文報告書型）

```
武川正吾編『福祉社会の価値意識―社会政策と社会意識の計量分析』
東京大学出版会　2006年

序章　調査の目的と概要（武川正吾・小渕高志・上村泰裕）

第Ⅰ部　社会政策と社会意識
 1章　医療格差への反対理由（田村　誠）
 2章　高齢者介護と介護サービスに関する意識（高野和良）
 3章　住宅の所有形態と生活意識（祐成保志）
 4章　地域格差と社会政策（平岡公一）

第Ⅱ部　福祉社会における価値意識の諸相
 5章　ジェンダーからみた福祉国家（白波瀬佐和子）
 6章　高齢者扶養と家族責任（田渕六郎）
 7章　家族形態と福祉意識（山田昌弘）
 8章　リスク認知と不安の増幅（藤村正之）
 9章　階層化社会における平等・格差意識（三重野卓）

第Ⅲ部　福祉国家の価値意識
 10章　福祉国家を支える価値意識（武川正吾）
 11章　「高福祉民営化」志向の分析（神山英紀）
 12章　ポスト・マテリアリズムによる社会政策意識の変化（小渕高志）
 13章　日本のなかの「3つの世界」（上村泰裕）

終章　要約と結論（武川正吾）

付録　調査票／単純集計表
索引
あとがき
```

現象に接近するために、単純集計でも人びとに強く印象づけられるような設問設定を最初から行なっておくことが必要になってくる。

　C1のアカデミックな研究論文タイプの報告書の目次構成例は、資料12-3のようになる。まず、調査票の設計・設問の概要、調査概要と対象者の特

資料12-4　目次構成の例（行政報告書型）

> 横浜市福祉局地域ケア推進部地域支援課
> 『市民参加型地域福祉活動のあり方調査・報告書』1995

序言
序章　調査実施の概要
第1部　　提言編　市民参加型地域福祉活動の展望と支援のあり方
　第1章　横浜市における市民参加型地域福祉活動の現状と課題
　　1　横浜市における市民参加型地域福祉活動の動向
　　2　横浜の地域福祉推進の方向と市民参加型地域福祉活動の位置づけ
　　3　市民参加型地域福祉活動が継続発展するための課題
　　4　現行の支援のあり方の課題
　第2章　市民参加型地域福祉活動への支援のあり方〈提言〉
　　1　支援のあり方に関する基本的な考え方
　　2　地域福祉推進における公民分担・協働の方向についての考え方
　　3　公民の協働を実現させていくための提案
　　4　活動の類型別にみた支援についての提案
　　5　地域福祉活動全般への支援の提案
第2部　　調査分析編
　第1章　横浜市の地域福祉を取り巻く環境条件
　　1　高齢化社会に向けての全国的なトレンド
　　2　市民による地域福祉活動の全国的動向
　　3　横浜市における市民参加型地域福祉の動向
　第2章　横浜市における市民参加型地域福祉活動の実態
　　1　団体分布の状況　　2　活動の開始　　　　3　利用の仕組み
　　4　担い手の状況　　　5　家事援助・介護の活動
　　6　会食・配食の活動　7　デイサービス、地域リハビリ教室の活動
　　8　送迎・移送の活動　9　財政　　　　　　10　組織の運営
　　11　活動の現状認識　12　運営上の課題　　13　今後の活動意向
　　14　現在受けている支援　15　今後必要な支援
　　16　社会福祉協議会や行政の支援
　第3章　市民参加型地域福祉活動の利用実態
　　1　利用者調査実施の方法
　　2　調査対象者のプロフィールおよびサービス・活動の利用の概要
　　3　市民参加型地域福祉活動の利用実態と評価
　　4　利用者からみた問題点、課題と今後の要望
第3部　　資料編
　　1　市民参加型地域福祉活動団体調査票および単純集計
　　2　聞き取り取材対象団体一覧
　　3　市民参加型地域福祉活動ケーススタディ
　　4　利用者聞き取り調査対象者のプロフィール

性などを紹介する序章がおかれた後、第Ⅰ部〜第Ⅲ部として各研究者の執筆論文が並ぶ。この場合、共有財産である調査データが執筆者各自の関心にて解析される、個別論文の集約という感じが強くなることがわかろう。最後に、調査票と単純集計結果が載せられ、資料提示が行なわれている。

C2のタイプの構成例としては、行政体の報告書目次を資料12－4に挙げておこう。ここでは、まず、第1部に調査結果にもとづいて委員会で検討された「提言編」が最初にきており、その裏づけとして第2部に「調査分析編」がおかれ、最後にバック・データ的な「資料編」として第3部に、調査票・単純集計、調査対象一覧などがきている。市民やその組織に問題を訴えかける必要があり、関係者が報告書のすべてを読むかどうかわからないため、重要な提言が最初の第1部におかれ、関心を持つ人はその提言の根拠を第2部以降のデータで探れるような形になっている。さらに、この調査では、全138ページの報告書のほかに、市民への普及をめざして、19ページの報告書ダイジェスト版がつくられており、関心の程度や必要性に応じた報告書のタイプ分けが意図されている。

3　報告書の原稿執筆：「自分だけにわかる」のではなく

内容や利用者とのかね合いで、報告書の全体の構成が決まったならば、つぎは調査結果の記述部分の章構成を確定するということになる。先に述べた4タイプのうち、C1は各自の論文という要素が強いので、各執筆者の執筆意図の調整を行なって、章立ての構成が決まることになる。他の3タイプの章構成については、ひとつの方法として、調査票の設問ごとの大きなブロック単位で、章をつくっていくというやり方がある。回答者のことを考え、設問のブロック自身がすでにまとまったものになっているはずだから（「問15から問20までは、あなたの社会活動へのかかわりについてうかがいます」などというまとまり）、内容に応じて多少の設問の入れ替えを行なう程度で、［設問ブロック＝章］として成立するといえよう。もちろん、報告書の目的に応じて、ほかの構成のしかたも工夫すべきである。そのさい、各執筆者での設問の分担の確認が必要になる。先のC1の論文集タイプでない場合、報

告書というある程度の体系が求められる文書であるわけだから、まったく同じクロス表が2カ所以上で載るのは好ましいことではない。したがって、おのおのの設問はだれが主に担当するのか、また、2問以上を関連させるクロス分析は2カ所以上で執筆可能になるので、どちらの執筆者が分担して書いてよいのかを決めておく必要がある。ひとつの手としては、その章の担当者はその章の前までに使われた設問とのクロス表を使って書いてよいという分担方法がある。そうすれば、当該の章では、その章ではじめて出てきた設問とその章の前までに登場した設問とのクロス分析を執筆してよいということですべての分担が自動的に決まる。そのような場合は、後半になるほど、各執筆者の担当するクロス分析が多くなることにもなる[6]。

　章構成が決まれば、いよいよ原稿の執筆である。報告書の原稿は、文章、表、図によって構成される。ここでは、記述や作表において留意すべきことについて、クロス分析の記述までを目安にしてふれていこう。

単純集計の記述

　自分が執筆担当する章において、全体のなかの位置づけとここで記述されることを明らかにするために、まずはその章の概略について1～2パラグラフで記しておきたい。たとえば、「この章の課題は、……」などとして、その章の主題を明記し、ついで、この章の内部の各節で検討される設問について題目程度をあげることで、導入の役割を十分に果たすことができる。それをふまえ、以下、実際に各節の執筆にはいっていくことになる。

　各節の冒頭でも簡単に節内の概略をふれた後、その節での組み立てにしたがって、記述を進めていく。まずは、設問ごとに、単純集計の記述を行ない、簡潔にコメントするのがよいだろう。単純集計など設問の結果を記述するときに気をつけるべきこととしては、選択肢の構成にもよるのだが、全体の大きな枝別れについて説明し、全体の数値的印象を与えておいたうえで、

---

6) 調査結果のすべてに重要な意味があるということはまれであるから、どのクロス表を自分が使って執筆できるかは担当者間に葛藤をもたらす要因でもある。該当設問の発案者、研究実査に功績のあった者、研究発表の実績の必要な若手などの理由も勘案しながら、担当分担を決定することが望まれよう。

その後、細かい枝別れの選択肢にはいっていくほうが読み手には理解しやすいということである。

　たとえば、1-a.13%、2-b.25%、3-c.18%、4-「ない」33%、5-N.A.11%という回答分布になったときも、a〜cの数値を最初にふれるよりも、a〜cを足し算しておいて、「回答全体で『ある』ものは56%、『ない』ものは33%、N.A.11%である。『ある』もののうち、a.13%、b.25%、c.18%であり……」などと記述し、全体での有無の数値をおさえたうえで、個別選択肢の記述にはいっていくのである。

　また、比率への着目は、選択肢が一次元的に並んでいるものであれば、その選択肢の順にそのまま記述するのがわかりやすく、選択肢が多次元的な要素を含んでいるときには、比率の高い順（あるいは低い順）から記述していくとわかりやすい。先のa.13%、b.25%、c.18%においても、それがボーナスでの購入希望品で、a「液晶テレビ」、b「携帯電話」、c「パソコン」というなら、「『携帯電話』を希望するものがもっとも多く25%、以下、『パソコン』18%、『液晶テレビ』13%がつづく」などと、比率順に記述したほうがわかりよく、たんに、意見の強さで、a「とてもそう思う」、b「そう思う」、c「多少そう思う」なら、「『とてもそう思う』が13%、『そう思う』が25%、『多少そう思う』が18%となる」などと、選択肢の順に記述したほうがわかりやすい。

　可能ならば、他の類似調査や全国調査などの数値比較を、この単純集計の説明のところですることによって、この調査結果の妥当性やサンプル対象の相違などについて考察するためのヒントを得ることができる（厳密に考えれば、それ自身が時系列や地域比較などのクロス分析になっているのだが）（森、1989）。

クロス集計の記述

　1問についての単純集計の説明が終わったならば、つぎに、その設問のクロス集計の記述にはいっていく。仮説や検定結果、明確な傾向性や意外な発見などの点をふまえて選択された、主要なクロス集計の記述を行ない、コメントを簡潔に付す。可能なクロス集計の数は論理的には「(設問数)×(設問

数−1）」だけ存在することになるが、報告書に掲載できるのは1問につき、ほんの2〜3のクロスであり、たくさんのクロス表のアウトプットのなかからの選択が必要になる。2変数になんらかの妥当な関連が想定できるもののうち、比率の変化が傾向的に指摘できるもの、あるいは逆に変化がないことがある種の仮説をくつがえすことになるもの、検定結果で有意差が明瞭なものなどが選択の候補といえよう。紙面の関係もあり、多くのクロス集計を掲載できないということから、それらの情報集約化のために、多変量解析の技法が使われることもある。多少多くなってもクロス集計のほうが読者にわかりやすい場合、むしろ多変量解析によって情報を精選したほうがよい場合などの判断は、報告書の目的や読者のニーズに応じて考慮すべきことになってくる。

　クロス分析を表として載せる場合の独立変数（説明変数）と従属変数（被説明変数）の位置関係では、一般的には、表側（ひょうそく）に独立変数を、表頭（ひょうとう）に従属変数をもってくると見やすい。また、単数回答（SA：Single Answer）の設問のクロス表においては、各選択肢ごとの回答比率とともに「合計」（または「全体」など）として、「100.0％」を記入しておくと、どこの列や行を基準にして100.0％を読み取ればよいかはっきりし、全体分布のイメージがつかみやすい。また、回答実数については、すべての欄に比率と実数を記入する方法もあるが、多少繁雑になるので、合計の100.0％の横にのみ、その全体実数値を記入し、個別の選択肢欄には比率のみ記入する方法もある。全体実数値がわかれば、個別に確認したい人は、実数値に比率をかけあわせることで、選択肢ごとの人数を計算できる。選択肢によっては極端に回答者の数値が少なく、1〜2名の回答の変化で大きく比率が動く場合もあるので、少なくとも、どこかに確認できる実数値を記入する必要はある（資料12−5①）。

　「いくつでも可」あるいは「回答数制限付き」の複数回答（MA:Multiple Answer、LA:Limited Answer）の設問では、設問の性格上、回答比率の合計が100.0％を上回ることになる。そのさい、回答者の人数を100％の基準として比率計算する方法と、回答個数全体のほうを100％の基準として比率計算する方法があり、結果表示の目的に応じて使いわけることになる。

資料12-5　クロス表の一般的な形式（単数回答/複数回答）

①単数回答のクロス表

表番号(table number)　表題(title/heading)
↓　　　　　　　　　　↓
「表5-2-1　　　医療への満足度　×　末期医療の話し合い」

	合計（実数）	おおいに満足	どちらかといえば満足	どちらかといえば不満	おおいに不満
合計	100.0(1,079)	13.0	49.3	26.0	11.7
話しあった	100.0(645)	17.8	58.4	17.5	6.2
話しあわなかった	100.0(356)	6.2	32.9	39.9	21.1

表頭(boxhead)／表側(stub)／表体(field/body)

カイ二乗検定　1％水準で有意

(cf. 浅井、1987)

②複数回答のクロス表

「表2-3-2　夫婦での話題（三つまでのMA）×町内会・趣味団体加入パターン」

	実数	教育	会社	近隣	新聞	老後
合計	(302)	18.0	35.0	32.8	21.9	18.2
両方加入	(52)	―	11.5	28.8	30.8	28.8
町内会のみ	(103)	15.0	21.4	34.0	21.4	21.4
趣味団体のみ	(60)	30.0	23.3	33.3	25.0	16.7
両方非加入	(87)	―	42.5	33.3	14.9	9.2

↑実数値のみ記し、％合計は記していない。

　たとえば、回答者100人が、「3つまでのMA」の設問において、合計240個の回答を挙げてきて、そのうち選択肢aに対して回答したものは60人だったとする。前者の考え方でいけば、回答者100人のうち、aに対して60人の回答だから、「60％」という比率になるが、後者の考え方の場合は、回答数240個に対して60個の回答になるから、比率は「25％」となり、表示目的に応じてどちらかを採用することになる。当然ながら、前者の場合は、各回答比率をたしあげていけば、「合計」の比率が155.0％とか、267.5％となり、それらの数値を提示する意味があるかどうかが問題になる。100％を越えてしまった回答比率の合計値にとくに意味があると考えられない場合は、「合計」の比率の欄をやめて、「実数」などとして、実数値のみを記入して、100

資料12-6　クロス表での比率変化の図形的パターン

表3-4-4　幸福感　×　年齢……架空モデル例

	合計(実数)	とても そう思う	まあそ う思う	どちらとも いえない	あまり 思わない	まったく 思わない
合計	100.0(700)	25.6(179)	20.0(140)	18.4(129)	20.4(143)	15.3(107)
20代	100.0(120)	35.8(43)	20.8(25)	13.3(16)	11.7(14)	18.3(22)
30代	100.0(150)	28.0(42)	18.7(29)	18.0(27)	17.3(26)	17.3(26)
40代	100.0(140)	25.7(36)	20.0(28)	23.6(33)	20.7(29)	10.0(14)
50代	100.0(130)	22.3(29)	20.8(27)	20.0(26)	23.1(30)	12.3(16)
60代～	100.0(160)	18.1(29)	19.4(31)	16.9(27)	27.5(44)	18.1(29)

カイ二乗検定　5％水準で有意

図形パターン　　下降型　　一定型　　山型　　上昇型　　谷型

％を越える数値を記入しないようにする方法がとられることもある（資料12-5②）。

　クロス表内の数値の記述においては、選択肢ごとの数値の動きにはある種の図形的パターンがある場合があり、ある程度それが読み取れるならば、そのような図形を示す形容を使った文章で説明したほうが理解しやすい。そのような数値の動きを読み取るための主な図形パターンとしては、比率が変わらない「一定型」、区分ごとに比率の上がる「上昇型」、区分ごとに比率の下がる「下降型」、中間が高い「山型」、中間が低い「谷型」の５つが主にあがろう。資料12-6に架空のモデル例として、そのような図形的パターンを描く表をあげておく。これでみれば、「とてもそう思う」の意見は年齢があがるほど比率が低くなる「下降型」、「まあそう思う」は年齢があがっても比率が変わらない「一定型」、「どちらともいえない」は真ん中の40代で比率の高い「山型」、「あまりそう思わない」は年齢があがるほど比率が高くなる「上昇型」、「まったくそう思わない」は中間の40代で比率の低い「谷型」となっているのがわかろう。

　ただし、このようなクロス表では、従属変数などの数値の差異に目がいき

がちであり、それは悪いことではないが、あまりにわずかな数値の差異にこだわって、「木を見て森を見ない」式の記述にならないように気をつけたい。たとえば、年齢別にみたところ、ある選択肢 a の比率が、20代で5.0％、30代で6.5％、40代で8.2％、50代で9.0％と選ばれており、きれいな「上昇型」になるところから、そのような図形的なパターンの説明ばかりに目がいき、この変化を強調して書きすぎてしまうことがある。ところが、別な選択肢 b の比率の推移が、20代で83.0％、30代で83.5％、40代で82.2％、50代で85.0％となっているとすると、実はこの設問への回答者はほとんど b を選んでいるという事実こそ、まず先におさえておくべきことになるわけである。a の変化も確認する必要のあることだが、重要度の比重を見まちがえないようにしたい。

　また、第9章でも考察したように、これらのクロス表には、原則として有意差の検定に関する結果を、その有意水準とともに示しておくことが望ましい。報告書の文章で「これらの比率の動きから、変数Aと変数Bには関係がある」とだけ書けば、読者にとって、そこには強い関連があるかのような印象が残る。しかし、社会現象においては、100％確実に起こるとか、100％強い連関があるとかいうことはありえず、ある可能性のもとで起こりうるとしかいえないことが多い。仮説検証型のアカデミック・タイプの報告書では、仮説の成立する統計的な可能性を有意水準によって厳密に示し、データからいえる命題の範囲を過少にも過大にも評価されないために、検定結果を掲載したほうがよい。場合によっては、検定結果を掲載しないことが仮説の信憑性を低めることさえありうる。資料12－5①や12－6の例では、カイ二乗検定の検定結果を数値を含めて掲載しているが、＊＝5％水準で有意、＊＊＝1％水準で有意などと、簡便な記号設定で検定結果のみ示すような形式でもかまわない。また、複数回答の場合、基本的には、カイ二乗検定での有意水準を示すことはできないので、資料12－5②では記載していない。

　一方で、企業のマーケティングや運動体などの問題発見型の調査の場合は、仮説検証型の調査とは目的が異なり、変数の選択肢の交点に該当するケースがあることが、問題の存在や意外な事実の発見、新規の傾向を示す重要な意味がある場合などもある。そのような場合には、逆に検定結果にのみこ

だわって、クロス表の当否を問うてしまうと、新たな問題発見の芽をつみとることにもなりうる。検定結果をひとつの判断基準としつつ、調査や報告書の目的に応じて、その意味づけも適切に判断していく必要がある。

以上のようなクロス表の掲載にあたっては表番号をふり、原稿本文でも、「……といえるだろう（表7－2－3）」のように、クロス表の説明のあった文章の末尾に番号を記しておくことが読者に対して注意を喚起することになる。そのさいの表番号のふり方は、「表7－2－3」などとして、「各自担当の章番号（この場合7章）－節番号（この場合2節）－節内での表の順番（3番目）」などにすると便利である。章ごとに番号をふれば、異なる執筆者同士の番号調整の必要がなくなるし、番号を節ごとにふることにしておけば、執筆の途中で表の増減や入れ替えが必要になっても、番号の振り替えをその節内の最小範囲の変更にとどめることができるからである。

選択肢の合成や変更

記述や表の提示においては、調査票のおのおのの設問で使った選択肢をそのまま使用する方法もあれば、比率の推移する傾向や仮説検討のための検定結果を明確に出すために、あるいは選択肢が多すぎる繁雑さを圧縮するために、いくつかの選択肢を合成するという方法もある。選択肢の合成とは、「かなりそうだ」と「だいたいそうだ」という回答をいっしょにして、「そうだ」という回答にまとめたり、「10万円以上～15万円未満」と「15万円以上～20万円未満」という回答をいっしょにして、「10万円以上～20万円未満」という回答にまとめたりするなどのことである。

多くの場合自分たちでつくったはずの設問なのに、いったん調査で使って数値が出てきてしまうと、それらの選択肢はもともと意味の固定していたものとしての物象的感覚を私たちに与えるため、その区分を動かしがたく感じてしまう。しかし、もともとの選択肢の区分が人為的な恣意性を含んでいるのだから、わかりやすく明確な結果が出るように区分変更することはかまわないのである。

そのような選択肢の合成や区分変更にあたって条件をつけるならば、クロス表や設問のひとつごとに自分の解釈に都合のよいように合成の方法を使い

わけるのではなく、1つの報告書あるいは少なくとも自分の分担執筆する部分についてだけは、その合成法を変えずに一定したものとして用いることである。さまざまな数値の動きを比較するためには、やはりどこかに定点が必要なのであり、選択肢の設定とはものさしを設定することである以上、ものさしをその都度変えてしまうことは動きの比較を見えなくさせることになるからである。クロス表の掲載においては、合成した後の「そうだ」だけを載せる方法もあるし、合成した「そうだ」とともに、その下位区分として「かなりそうだ」と「だいたいそうだ」の比率を並べて再度載せて、読者に変更前データを示すことも可能である。

　選択肢の合成に関連して、クロス表の掲載などの段階でもプライバシーへの配慮が要求されることを確認しておこう。地域調査などにおいて、ある区分カテゴリーに分類されるものが1名とか2名というごく少数の場合、そのカテゴリーから回答者が類推、場合によっては特定できることもあり、その回答者の意見が匿名性を剥奪されることになってしまう。ひとつのカテゴリーに該当するかどうかはたんに分類上のことだが、ほかの設問とクロスされることによって、そこに分類される唯一の人がどういう生活をしたり意見をもっているかが公にされてしまうならば、それは「頭隠して尻隠さず」のような状態になってしまう。分類カテゴリーに特徴があり、頻度数が少なく、それをクロス表化することが匿名性を奪いかねない場合は、カテゴリーをいくつかまとめて統合したうえで表化するなどの配慮が必要である（原・海野、2004、45頁）。

4　さまざまな公表に向けて：媒体の多様化する時代

　冒頭でふれたウェッブ夫妻の研究領域は、労働問題・社会政策という当時社会的関心の高い事象であり、彼らは政府の審議委員などの社会的地位に就いて活躍した人たちでもあった。彼らがみずからの書物のなかで「公表」という章を設けて議論したのには、彼らが実施する調査がたんなる調査に終わらず、社会的機能を帯びていることに自覚的であったからではないかと想像される。公表された調査はある種の社会的機能を果たしていく。この章の最

後に、そのような側面のいくつかについて検討しておこう。

報告書や調査結果の配布

　ウェッブ夫妻は理想的な公表の形式の条件のひとつに、ほかの研究者による検証あるいは反証を率直に求めること（ウェッブ＝ウェッブ、1982、223頁）をあげている。作成された報告書を自分たちの本棚にしまっておいてもしょうがないわけだから、調査関係者や調査対象者などに配布し、彼らの反応などを求めることが必要になってくる。

　しかし、いろいろな調査が行なわれ、各種の報告書が出回るなかで、その報告書を確実に読んでもらうのは至難の技である。多くの場合、資料として掲載した調査の単純集計が関心をもってもらえればよいほうであり、細かい内容は学会報告で聞いてもらったり、報告書にもとづいて執筆した論文などを読んでもらうなど、コンパクトに再度まとめなおしていくことも必要になってくる。報告書の利用の実態を正直にいえば、紙媒体がもっている一覧性の働きなどで、いつかなんらかの役割を果たすことにわずかに期待するばかりであり、そのためには、配布した報告書を古本屋に売られない程度には関心をもってもらう内容である必要がある[7]。

　一般に、アカデミックな研究者・研究機関が作成する報告書は印刷経費を別枠で確保していることが多く、だいたいの場合、報告書は無料である。しかし、無料であることが、執筆者側に安易な作成態度を生むことがあったり、報告書を配布された側のニーズとずれたりすることで、さきにふれたような事態を引き起こしてしまうことになる。そこで、むしろ報告書に実費程度の頒布価格を設定することにより、作成側と受領側の需給関係に緊張感を持ち込むことも考えられる。他方で、マーケティングなど企業が行なう調査では、その報告書に高価格の設定がなされ、図書館などで購入してもらうしかなく、個人では高くて手に入れられない場合も多い。

　配布の問題をめぐっては、調査対象者への対応も忘れてはいけない。対象

　7）さまざまな報告書が掲載された古本屋の在庫目録は、その意味で研究の社会的意味を自戒させる機能をもっていよう。もちろん、古本屋に買ってもらえる報告書はそれなりの価値が認められているともいえる。

者が調査結果について知るのは情報提供者として当然の権利であり、情報略奪型調査にならないために、対象者への配布は必要なことでもある。報告書の性格によっては対象者にとって難解で読みにくい場合もあろうし、対象人数によっては、報告書の部数などの問題で配布が困難という場合もあるだろう。その場合でも、ダイジェスト版あるいは単純集計の結果をまとめた調査概要を配布すべきであり、調査実施段階からその配布を意図した構成・予算措置・配布体制の準備を行なうべきであろう。その場合も、郵送調査などで調査結果入手希望者に住所を書いてもらうさい、匿名性遵守の観点からは、調査票とは異なる用紙に記入してもらったり、さらには別便で返送してもらうなどの配慮が望まれる。

学会発表とマスコミ対応：データ価値をめぐる葛藤

　調査が社会的に公表されるにあたっては、報告書の形式だけではなく、学会での発表やマスコミでの報道などもある。両者で考慮すべき点の一端についてふれておこう。

　学会報告は、自分たちが実施した調査研究をアカデミックな世界で認知してもらう有効な機会である。しかし、学会は発表会場に座って報告を聞くよりも、ほかの箇所で自由にしゃべりながら情報交流するほうが有意義だともいわれる（シンダーマン、1987）。したがって、表題のつけ方、冊子にまとめられる報告要旨の書き方なども含め、興味をもってもらえるようなプレゼンテーションが求められることになる。

　その一方で、数多くの発表がなされるため、1報告当たりの発表時間はかなり短い。社会科学系の学会でも15～30分、理科系の要素の含まれる学会だと5～10分というのが多い。発表の構成をうまく練り上げ、ある程度の練習をしておかないと、序論にあたる部分だけを話して発表時間が終わってしまうということさえままある。

　近年は、発表をレジュメからOHPでする時代へ、さらには、プロジェクターを用いてパワー・ポイントなどスライドショー形式でおこなう時代へと変化してきている。論点構成やグラフ・表などを画面に映写しながら報告することになるのだが、暗幕引き・電灯の消灯で報告の流れが途切れてしまっ

たり、グラフや表が細かくてわかりにくい場合もある。複数のスライドを印刷した紙媒体でのレジュメも使い、内容を確認できるように報告を進める必要が高まっている。スライド形式の場合、画面に盛り込める文章・字数・図表などに物理的限界もあるため、方法によって内容面やアイデア面で制約を受けてしまうこともあるし、他方、データの厳選や論理的展開を迫られる利点もある。

調査の内容によっては、世論の喚起や注目を求めて、マスコミ関係者を集めての記者発表を行なうような場合もある（「プレス発表」などという）。そのような記者発表の場合、調査の要約版をつくる必要がある。テレビや新聞などの報道機関を相手とした場合、入稿時間の制限があったりして、記者たちは報告書の全文を通読する時間などないので、「どこが発見なのか」という点をかいつまんで伝えるべく、要約が求められることになる。さらにいえば、記者たちは忙しく要約を読む暇さえないせいか（？）、要約の要約、要点だけを求めてくる場合もある[8]。要点だけにもとづいて、記事を書けるような「新たな発見」である。昔から、マス・コミュニケーション論的には「犬が人間を嚙んでもニュースにならないが、人間が犬を嚙めばニュースになる」と皮肉られるように、ニュース・バリューは現象の新奇性・意外性に求められがちな場合もあるし、人びとが持つ現象のイメージにフィットしたステレオ・タイプ的なものが求められる場合もある。

そのような記者発表が終われば、後は当日、ほかに大きな事件が起こらないように祈るという運任せのところがある。テレビなら時間、新聞ならスペースという制限のなかで、世界中で起こっていることがニュース・バリューの闘いをしているのである。調査そのものに大いなる価値があるというなら別だが、社会科学的な調査の場合そのようなことは少なく、ほかの事象との相対的な価値の争いのもとで、マスコミ媒体の各種レベルのゲートキーパーによって調査結果が取り扱われていくことになるのである。

8）プレス発表でも、特定分野を長年専門に担当している記者がやってくる場合や、「遊軍記者」と呼ばれるフリー領域を担当する記者がやってくる場合により、結果伝達に要求されるスタイルは異なる。どのような記者が派遣されてくるかは、当該テーマの相対的重要性や調査結果へのメディア側の事前の価値づけを示してもいよう。

公表媒体の社会的変容：データベース時代のゆくえ

　報告書の印刷配布、学会発表、マスコミ報道などの諸点についてふれてきた。しかし、これらは公表媒体として考えれば、オールド・メディア群ともいえるものである。1990年代半ば以降のコンピュータとネットワークの日進月歩の進展を受けて、もはや情報提供は電子空間において行われることが一般化しつつあり、それを前提とした方法論や思考法、社会的態度が求められつつある（武田、2004）（野村、2003）。そのような時代に、調査の公表はどのようなものとなっていくのだろうか。提供媒体、提供形式などの近年の動きについてまとめておこう。

　提供媒体として考えれば、報告書をつくるさいに、それを紙媒体として印刷することもあれば、ホームページにおいてPDF化されたファイルとして提供するようなことも増えてきている。両者の要因の混在したものとしては、かぎられた一定部数の紙媒体の報告書を用意・配布しつつ、紙の報告書の在庫管理の問題や未来に向けた報告書文書の電子化という観点から、一定部数がはけた後の普及はPDFをメインにするという形式も増えている。インターネットにおける検索サイト群の発達により、適切なキーワード入力と検索結果を丹念に確認していく根気があれば、電子空間に提供されている世界中の報告書や情報をいながらにして入手することも可能になっている。印刷経費がかかっても紙媒体に印刷して確実に配付可能な形にするか、だれが見てくれるかわからないもののPDF化してあらゆる可能性に備えるか。しばらくは、両者の中間形態の模索が続くであろうが、電子化時代のゆくえは予断を許さない。

　提供形式として考えれば、各種の社会調査データベースの構築が進められ、調査結果をまとめた文書の形にとどまらず、生データそのものの形で提供される場合も出てきている[9]。政府機関のデータなども加工可能なエクセル形式で、パソコンの前にいながらにして入手することが可能になってい

　9）代表例としては、東京大学社会科学研究所の社会調査・データアーカイブ研究センターのSSJデータ・アーカイブ（Social Science Japan Data Archive）が各種調査の個票データと調査方法などに関するデータを収集・保管し、その散逸を防ぐとともに、学術目的の2次分析に対するデータの提供をおこなっている。

る。各自がアクセスできる生データの形で提供されることで、同じデータによって再検証や2次分析が行なわれることも可能になっており、類似調査の氾濫を最小限にするための共通調査の実施も試みられている[10]。そのような段階に入りつつある現在、調査実施の費用負担とデータ提供の価格のつりあい問題や、著作権がデータ作成に発生するのか、分析に発生するのかの問題など、高度情報化時代にふさわしい検討課題も浮上してきている。社会調査が研究者個人やまとまったチームのある種の職人芸的作業として行なわれる傾向が強かった時代から、報告書だけでなく、データ提供までが公共化される時代が模索されつつある。

　これらの課題群は、調査研究の成果はだれに帰属するのかという大きな問題を提起している。インターネットでは、情報は多くの人びとが参加することで、ある種、相互作用的にあるいは相乗的に構築されていく。その意味で、オリジナリティは個人にではなく、ネットワークに、さらには時代に帰属するといえる。そんななか、各自の個人名で仕事をすることに慣れてきた研究者の成果というものがどのように扱われていくのかについては今後の経験に開かれている。オリジナリティ帰属へのこだわり、そのものの変容が求められるのかもしれない。とりあえず、その変容はコンピューター文化になじんだ世代が社会の表舞台に登場するとともに着々と進んでいくことだけは確かであろう。

　本稿の終わりにひとこと付記しておく。筆者も、以上で述べてきたようなことを完璧に満たした報告書をいつでもかならず作成できているわけではない。その意味では、ここでの諸点は目指すべき理想的なものとしての提示にすぎない。現実の社会の諸相をありのままに提示することを目的のひとつとする社会学のなかにおいても、社会調査論は「あるべき論」を論ずるという

---

[10] 日本人の行動や意識の包括的把握ならびに国際比較可能で多くの人々が利用可能な共通データの作成を意図して、日本版 General Social Servey（JGSS）が行なわれており、上記・東京大学社会科学研究所・日本社会研究情報センター SSJ データアーカイブで公表されている。これらにかかわって、2次分析の可能性と分析の実例として（佐藤・石田・池田編、2000）、また JGSS の調査結果にもとづく分析として（岩井・佐藤編、2002）がある。

性格を持ちがちである。理想を声高に語ることはときに仕事をしづらくする。100％完全なものはありえないという人間の限界を頭のすみにおきつつ、それでもなお100％にどれだけ近づけるかを目指していくことが私たちのすべきことだろう。

補論

日本における社会調査の歴史

　ここでは、社会調査を学ぶうえでの補足的な知識として、日本における社会調査の歴史について紹介してみたい。それは社会調査のノウハウを知ることとは異なるが、そのような技法がなぜ開発されてきて、何のために活用されるべきかを知るうえでは、必要なことである。

1　社会学と社会調査の成立

労働者の登場と社会学の成立

　それでは、まず社会学と社会調査の成立について、確認しておきたい。いうまでもなく、社会調査は社会学の方法として発展してきた。それでは社会学という学問は、どのような歴史的背景のもとに、どのような時代の要請を受けて生まれてきたのだろう。

　社会学の成立ないし社会学的な発想が現れたのは、市民革命や産業革命の時代、いわゆる啓蒙思想以降のことといわれる。オーギュスト・コントが「社会学」という言葉をつくったのは、フランス革命の後の時代で、コントの師であったサン・シモンはまさにフランス革命直後の混乱のなかで社会学

的な思考の必要性を痛感したのである。つまり、労働者大衆が歴史の表舞台に躍り出て、彼ら彼女らがいったい何を望み、どう行動するかについての探究が必要になったとき、「神」学でも「法」学でもない、「社会」学が成立したのである。

したがって、社会調査もこの労働者たちの生活を明らかにする方法として成立する。その先駆的なものとして、F. エンゲルスの『イギリスにおける労働者階級の状態』を挙げておきたい。エンゲルスはこの本の最初で、「私は諸君を諸君の住宅にたずね、諸君の日常生活を観察し、諸君の生活条件や苦悩について諸君と語りあい、諸君の圧政者の社会的・政治的権力にたいする諸君の闘争をこの目で見たいと思った。そして、私はそのようにしたのである」と、述べている。ついで、社会調査の本格的な成立として一般に理解されているのが、C. ブースのいわゆる「ロンドン調査」である（Booth, 1902-4）。ロンドンの労働者の生活状況を徹底した事例研究によって検討した結果、設定した「貧乏線」にもとづき、ロンドン市民の実に3割が貧困とよぶべき状況にあるとした調査結果は、広く世論を喚起することで、イギリスの労働政策や公衆衛生の水準を高めることになったといわれる（長島、1989）。ブースの知見は、さらに B.S. ラウントリーのヨークでの同様の調査によっても確かめられることで（ラウントリー、1975）、不特定多数の人々の動向をとらえるという社会調査の威力が広く認められる最初の事例となったのである。

アメリカにおける社会調査の確立

その後、社会調査は海を越えてアメリカのシカゴという都市で発展を遂げていく。アル・カポネが暗躍した直後の都市・シカゴはロンドン同様、労働者の町として急激に拡大しつつあったと同時に、労働者の貧困に加えて移民労働者たちの文化的な不適応なども大きな社会問題となっていた。そこにシカゴ大学が設立され、社会学科を中心としたシカゴという都市を実験室とした調査研究が推進されていく。彼らはシカゴ学派とよばれ、この時期のアメリカの社会学と社会調査をリードしていくことになる。シカゴ学派が得意とした社会調査は、インタビューによる事例の収集や、日記や手紙などのライ

フ・ドキュメントにもとづく生活史データの活用であった。ほかに社会地図などの手法によって都市全体を把握しようとする努力も進められていたが、個別の生きいきしたデータを全体的に位置づけることのできる「科学としての社会調査」を確立するまでには至らなかった。

このような課題に応える社会調査の新しい方法は、シカゴではなくコロンビア大学において確立されることになる。それが、本書において主に扱った統計調査（Statistical Survey、サーベイ調査）の方法である。こうして戦中から戦後にかけてコロンビアの社会学はアメリカの社会学をリードするようになり、シカゴ学派はその地位を追われることになる。いや正確にはシカゴ大学もコロンビアの方法を受け入れ、ここに「科学としての社会調査」が確立するわけである（鈴木、2003）。

さて、それではこの統計調査の方法は何を画期に成立したかというと、実は日本との戦争を勝ち抜くために、アメリカ国防省が組織した調査研究プロジェクトにおいて確立していくのである。これを率いたのが、S.A. ストッファーであり、その有力な協力者がコロンビアの社会学を確立する P. ラザースフェルドと R. マートンであった。その成果は戦後『第二次世界大戦下における社会心理学的研究』という一連の著作として刊行されることになる (Stouffer et al, 1949)。そこでは、兵士の士気を上げるためにはどのような変数を政策的に操作していけばよいかが、統計調査の方法を駆使して追求されているのである。

こうしてアメリカの社会学は、社会調査の結果にもとづいて政策的に社会を制御しようとする科学として確立することになる。

2　日本における社会調査の先駆

以上のような欧米における社会調査の成立を念頭におきながら、日本における社会調査の変遷をたどっていくことにしよう。

社会調査の先駆

日本においても、近代の社会調査は労働者大衆の台頭とともにはじまる。

しかし、島国という条件もあってか、国家権力が強大であった日本では、権力者が統治のために主要な人民を把握するという営みはかなり早くから行なわれていた。太閤検地などがそれである。明治維新直後に行なわれた壬申戸籍の作成などは、エンゲルスと同じ時代に、すでに日本の国家がブースやラウントリーと同等の調査能力を持っていたことを示すものである。しかしながら、それは地域の名士たるブルジョワジーではなく、国家行政機構によって担われていたという点が異なっており、この点が長く日本の社会調査を考えるうえでひとつの特徴になっていく。

したがって、労働者に関する社会調査も、その嚆矢となったのは農商務省商工局が行なった『職工事情』であった。しかし日本の場合、労働者ではなく農民を対象とした組織的な社会調査を前提に政策決定を行なうという、非常に先駆的な試みがすでに明治政府によって行なわれていたことに注目すべきである。戦前の地方自治制度の基礎を築いた市制・町村制と制限選挙法が土地所有状況に関する内務省県治局による調査結果をもとにきわめて精巧につくられているという歴史学者の指摘がある（安良城、1972）。したがって、この時点ではむしろ日本の社会調査は世界のトップレベルにあったといってよいだろう。

ところで、国家が組織的に行なったものではなく、個人の作品として先駆となったのは、先の『職工事情』にもかかわった横山源之助の『日本の下層社会』である。ほかにも松原岩五郎の『最暗黒の東京』など、当時形成されつつあった都市のスラムに関する探訪記というかたちで、先駆的な社会調査が行なわれたのである。

日本農村社会学と村落調査の確立

このように、ブースのロンドン調査が行なわれ、やがてこれがアメリカの新興都市シカゴの都市研究へと展開していくちょうど同じ時期に、日本でも社会調査の先駆というべき動きが見られたが、しかし当時の日本社会はまだ圧倒的に村落を中心とした社会であった。そのため労働者生活研究としての社会調査はまだ先駆としての形態に留まり、戦前において社会調査は主として村落調査としてみずからを確立していくことになる。

日本の村落調査では、歴史学や農政学、民俗学などの系譜とも絡み合いながら、社会学の村落調査としての方法が確立していく。その代表的なものが、鈴木栄太郎と喜多野清一による『日本農村社会調査法』である。そこではジンメルの形式社会学やアメリカ農村社会学をベースとした実践的な調査方法論が、きわめて明快に解説されている。

日本における社会学と社会調査の導入

　さて、村落調査の伝統とは異なるところの、ロンドンやシカゴに発する労働者生活研究としての社会学や社会調査の系譜が、戦前の日本にはなかったかといえば、そうでもない。社会学は東京大学の建部遯吾と京都大学の米田庄太郎によって、本格的に大学で講じられるようになった（小笠原、2000）。とりわけ米田は大正デモクラシーの時代に労働運動や労働者生活に関する論考を数多く残しただけでなく、大原社会問題研究所の設立にもかかわっている（中、2002）。大原社会問題研究所は1919年（大正8年）に倉敷紡績社長の大原孫三郎が私財を投じて設立したもので、米騒動勃発に見られる社会問題の深刻化のなかで、社会を科学的に調査研究するために民間の機関として設けられたものである。初代所長が高野岩三郎、櫛田民蔵や大内兵衛らが所員として活躍した。建部遯吾のもとで東大の助手をしていた戸田貞三をこの大原社研の研究員に迎えたのも米田であり、東大から転じた鈴木栄太郎を受け入れ、鈴木を英国ル・プレー派社会学のモノグラフィ法へと導いたのも、おそらくこの米田庄太郎であったと考えられる。その後、建部によびもどされた戸田貞三が東大赴任前に留学したのが、まさに社会調査が科学としての確立を目指していた時期のシカゴ大学だったのである（小笠原、2000）。東大にもどった戸田は、東大セツルメントにかかわるようになり、ここから磯村英一のような人材が輩出する（中筋、1998）。磯村は学部卒業後に東京市役所に就職し、社会局に配属されるが、ここで社会事業関係の知識を交流させるのが、大阪市の社会部に属する役人たちであり、後に社会部長をつとめる山口正に代表されるように、彼らはいずれも京都大学で米田庄太郎の薫陶を受けた学部の卒業生たちだった（中、2002）。こうして東京大学の戸田のもとで学んだ東京市社会局と米田のもとに学んだ大阪市社会部の吏員によっ

て、この時期の労働者生活に関する社会調査がさかんに行なわれるようになる。つまり、ここでも日本の場合、社会調査は大学ではなく、国家や地方自治体の行政によって担われる技術として展開するのである。

しかしながら、その背後に米田庄太郎と戸田貞三という2人の社会学者が存在し、その学問的な背景にはヨーロッパやアメリカの労働者生活研究としての社会学と社会調査の系譜が息づいていたことは、特筆すべきことであろう。ちなみに戸田貞三はその頃にはじまった国勢調査においても重要な役割を果たしたと考えられるし、戦前の段階ですでに統計調査の方法についても言及した『社会調査』というテキストを出版している。

占領期における統計調査の導入

このように一部先駆的な導入が見られるとはいえ、日本において統計調査の方法が本格的に導入されるのは、戦後のアメリカ軍による占領期のことである。アメリカにおいて統計調査の方法が確立していくのが、戦中から戦後にかけてのことであるから、この点でも日本における社会調査の導入は比較的早かったといえる。このことはたんなる移入が早かったというだけではなく、少なくとも統計学の分野ではこれに対応できるだけの蓄積が戦前からすでに存在していたということでもあった（高橋、2004）。占領軍が統計調査を導入した理由は、日本の占領政策を円滑に進めるために、日本社会の特質を知る必要があったからである。つまりアメリカ軍は、日本との戦争のために統計調査を開発し、日本の占領のためにそれを日本に導入したというわけである。その直接の窓口になったのが、CIE（Civil Information and Education Section、民間情報教育局）であり、ここに調査のできる社会学者が集められ、ここから戦後の社会調査に大きな足跡を残す人物が輩出するのである。

しかしながら、CIEに集められた社会学者の多くは、当然のこととして主に村落調査の経験を持つ者ばかりであった。私の知るかぎりここで統計調査の方法を身につけ、その後の研究生活に生かしていくのは、小山隆ただひとりである。その後、統計調査の技術を活用していくのは、むしろ統計数理研究所に結集した統計学者であり、世論調査を多用するようになる新聞社で

あった（高橋、2004）。少なくとも大学の研究者の間に定着していくのは、また別の過程を経るのであって、この意味では長く、戦前からの村落調査の伝統と戦後導入された統計調査の方法が、互いに交わることなく展開するのである。

3 戦前における村落調査の確立

有賀喜左衛門、鈴木栄太郎、喜多野清一

　それでは、まず戦前からの村落調査の確立と展開について紹介しておこう。戦前の日本農村社会学は、有賀喜左衛門、鈴木栄太郎、喜多野清一の3人の業績によって確立したといわれる。すでに紹介した代表的なテキストは後の2人によって書かれているし、有賀の研究は農村研究の範例として高く評価されてきた（有賀、2000）。有賀の同族理論と鈴木の『日本農村社会学原理』における達成は、戦前農村社会学の到達点とみなされている。当時の村落調査の方法は、主として村落のなかで有力な農家を中心とした聴き取り調査と文書資料の発掘や分析にもとづくものであった。村落の場合、戸数がそれほど多くないので、対象となる農家をすべて調べる悉皆調査（全数調査）の方法が一般的で、とくにサンプリングをする必要はなかった。鈴木＝喜多野のテキストでは、集落のすべての世帯をプロットし、それぞれの関係をネットワーク図のように結んでいき、それらの関係の分布と濃淡に応じて集団や組織の存在が確かめられていく調査の具体的過程がよくわかる叙述がなされている。

戦後における村落調査の継承

　戦前における村落調査の達成は、戦後きわめて重要な性質を付加しながら継承され、非常に高いレベルで方法的な確立をみる。それが福武直に先導される日本農村の構造分析とよばれるものである。

　福武は東京帝国大学の教官として戦争末期に中国の農村調査に従事する。そこで目の当たりにするのが、日本の占領など外部的な事情によって大きく規定されている中国農村の姿であった（福武、1976）。ここに有賀や鈴木に

はなかった経済体制や国家権力の作動をも視野に入れた戦後の村落調査の方法が確立していくことになる。福武は戦後、農林省からの要請もあって、農地改革の結果、農村がどのように変化したのかを社会学的に検証していくことになる。その過程で、村落の一戸一戸の農家を単位とし、その土地所有状況と農地経営の実際、ほかの農家との本家分家関係や縁戚関係、さらには議員などの役職者の有無という、経済構造、社会構造、政治構造のすべてにわたって農家を単位とした村落の全体的な構造を描いていく、日本農村の構造分析の手法を確立していく。それは有賀や鈴木が綿密に描いた一戸一戸の農家の社会的関係のネットワークを、農地の保有貸借関係などを土台として説明し、村落内の政治的関係を介して外部の政策や権力と連動していく側面をも視野に収めるというきわめて完成度の高い社会調査の方法であった。福武の打ち出した方向はその後、島崎稔や布施鉄治らによっても批判的に展開され、村落調査における構造分析の方法として確立することになる。ここにいわば明治以降いちはやく展開してきた日本における村落調査の手法が発展的に継承され、学問的にも精緻化されることになったわけである。

　しかしながら、この村落調査は全体として1つの構造をなすと想定された農家の数が、悉皆調査に耐えうるほどの数に留まっているという前提のもとで可能な方法であった。農村社会学者は村落内のすべての農家を回って、一軒一軒そのデータをそれぞれ一枚のカードに整理していくのである。そのカードを机上にならべて一覧したときに構造が読み取られていくわけで（蓮見、1987）、自ずとその数には限界があった。それゆえやがて福武ら構造分析の各グループが都市部を含めた地域調査に乗り出していくにつれて、どうしても統計的な集票調査の手法が必要となり、統計調査の方法の理解と活用が不可欠となっていくのである。

4　戦後における統計調査の導入

CIEと社会調査

　日本との戦争のために統計調査の方法を活用し、その確立に大きな機会を提供したアメリカ軍は、当然その占領政策のためにも社会調査の方法を活用

しようとした。アメリカ軍の要請を受けた人類学者ルース・ベネディクトが一度も日本に来ることなく日本文化の真髄に迫った『菊と刀』のもとになるレポートを仕上げたように（ベネディクト、1967）、敗戦後このような社会調査に従事できる人類学者や社会学者が占領軍によって集められることになる。それが民間情報教育局、すなわちCIEであった。ここに集められた社会学者や民俗学者の名前を少し挙げてみよう。関敬吾、鈴木栄太郎、喜多野清一、小山隆、桜田勝徳、大藤時彦、竹内利美。いずれも戦後の日本の社会調査の礎を築くような仕事を残していく面々である。ただし、彼らはいずれもどちらといえば、村落調査の伝統に連なる研究者であり、ここでサーベイ調査の方法が導入され、彼らがその普及の中心になったとはいえないようである。

実際、統計調査の方法は同じくCIEの管轄下とはいえ、社会学者たちとは少し違った研究者たちによって受けとめられていったようである。後に統計数理研究所に集うことになった統計学者や数学者がそれである。その代表的な人物が林知己夫であった。その嚆矢となり、統計調査の威力が存分に発揮されたのが、いわゆる「『日本人の読み書き能力』調査」の実施である。アメリカ占領軍は日本国民があのようなばかげた戦争に突入することを許した背景には、日本人の政治的知識の遅れがあり、それは日本語の表記が漢字にひらがなの混ざったきわめて難解なものであるために、書き言葉の修得を困難にしている点に原因があると考えたのである。そのため日本語の表記をすべてローマ字にすることを本気で検討していたらしい。今から考えると、ずいぶん乱暴な話ではあるが、それでもそれをやみくもに実施する前に、日本人の読み書き能力が実際にどれほどのものであるかを確かめてみることになった。ここで統計調査が活用されたのである。その結果、日本においてはアメリカ本国以上に文盲率は低く、難解と思われた日本語表記もしっかりと使いこなされていることが明らかになった。ここに、もし実現していたとしたら、人類史上未曾有の文化破壊を招いたであろう事態が、統計調査の力によって回避されたのである（坂元、2001）。CIEによる統計調査の導入は、民主主義の重要な手段として強調され、林ら統計学者はそれを学ぶことが戦後日本の民主主義の確立にとって必要不可欠なことと教えられていた（高

橋、2004)。この「日本人の読み書き能力」調査の経験は、統計調査によって実際に一般大衆の動向が測定され、その結果として占領政策が変更されるというアメリカ的な民主主義を実地に体験する象徴的な出来事となったのである。CIEによる統計調査の導入は、こうして統計数理研究所に代表される政府の機関とその後、さかんに世論調査の方法を活用していくことになるマスコミ各社＝新聞社によって受けとめられ、定着していくことになる（高橋、2004)。ここで注意すべきは、またしても大学の研究者＝社会学者には、この時点では受けとめられることはなかったということである。CIEに集められた社会学者たちはその後、つぎつぎと大学の研究者となっていくが、いずれも村落調査の系譜に連なる優れた業績を残していくだけで、統計調査の技法を身につけ、これを活用していくのは、後で述べるように、小山隆という偉大な例外があるのみであった。

SSM調査による分析手法の発達

　さて、戦後、大学の研究者のなかに統計調査の方法が本格的に導入されていくうえでは、尾高邦雄によって国際的な比較研究としてはじめられた、いわゆる「SSM調査」の果たした役割が大きい。「社会階層と社会的移動に関する調査 (Social Stratification and Mobility)」とよばれるのがそれである。1955年からはじまり、10年おきに2005年まで、6次にわたって継続的なデータが蓄積されており、日本における社会学的な調査研究のデータとしては唯一のものといってよいだろう。これに比肩されるものとしては、統計数理研究所の「日本人の国民性調査」が挙げられるだけである。尾高邦雄が中心となった55年調査では城戸浩太郎などがかかわったと推測されるが、技法的にはまだあまり洗練されたものではなかった。統計的な分析手法という点で飛躍的な発展をとげるのは、つぎの65年調査のときであり、このときに調査を一手に取り仕切ったのが、安田三郎である。65年調査の成果をまとめた安田三郎『社会移動の研究』を見るならば、獅子奮迅ともいえるこの時期の安田の活躍がよくわかる（安田、1971)。安田三郎の名を国際的に知らしめた「Y係数」の発表や (Yasuda, 1964)、同じくその後出版された『社会統計学』は、いまだもって日本の計量社会学者にとってはバイブルといって

よいものである（安田・海野、1977）。実際、その後の75年と85年のSSM調査において実質的な指揮をとる研究者は、いずれもこの安田三郎の直接の指導を受けた者ばかりだといっても過言ではない。いずれにせよ、大学の社会学研究者の間での統計調査の方法と統計的な分析手法の普及は、安田三郎においてはじめて実質的な定着をみたといってよいだろう。

福武直と安田三郎

　ところが、この安田三郎がどのような系譜のもとで統計調査の方法や統計的な技法を学んでいったのかが、よくわからないのである。安田の前の世代で統計調査の方法に長じていたのは、戸田貞三とともに『社会調査の方法』を書いた甲田和衛であった。さらに城戸浩太郎もある程度くわしかったと思われる。ところが、このような人々と安田三郎の間に接点があったという形跡はあまり見られない。安田三郎をよく知る人から聞くかぎりでは、誰かに教えを受けたとか、師事したというよりも、ほとんど独学で外国の文献から学んだのではないかということである。それ自体驚くべきことではあるが、それもまた安田三郎らしいということのようである。同様に、安田三郎と統計数理研究所や林知己夫などとの関連もそれほど明確なものではない。もちろん、安田が西田春彦や統数研の西平重喜とも親しかったことは確かなのだろうが。

　他方、すでに述べたように戦前以来の村落調査の系譜を継承・発展させることになる福武直は、安田三郎と、ちょうど戸田貞三と甲田和衛がそうであったように、やはり『社会調査』というテキストを共同執筆している（福武、1975）。統計調査に関するところを安田が分担執筆しているわけである。主として村落調査に従事していた福武が、『社会調査』というテキストのなかで、「事例的研究法」と「統計的研究法」の2つを正当にも明確に区分して（後の時代に優勢となる「質的調査」と「量的調査」という不明確な言葉づかいとの違いに注意してほしい）、安田に執筆を依頼してまで、その両方についての記述を盛り込んだ意図は、おそらく戸田貞三を意識してのことであろう。ちなみに米田庄太郎にも戦前「『モノグラフィ』法論」と「科学的『アンケート』法論」の両方について論じた論考があり（小笠原、2000）、戸

田や米田の時代には、この２つの方法が社会調査の方法として並置されていたことがよくわかる。

さて、このようなどうでもよいことを長々と述べたのは、戦後アメリカ占領軍からもたらされた統計調査の方法を受け入れた統計数理研究所においても、ほとんど独学でそれを身につけたと思われる安田三郎においても、戦前の村落調査の系譜と交わることはついぞなかったということを示したかったからである。20世紀初頭のアメリカ社会学における２つの方法の相克による社会調査の確立過程を直接体験した米田庄太郎と戸田貞三においてはみられた、この社会調査の２つの方法を素朴に並置するという発想が、かろうじて福武直においては意識されていたとしても、それ以降、日本においてこの２つの社会調査の系譜が交わることは、人脈的にもまれであったと考えられる。事実、この点ではつぎに紹介する小山隆だけが唯一の例外だったのである。

5　日本における社会調査の現状と課題

小山隆という例外

　小山隆は一般に戸田貞三の継承者として位置づけられることが多いが、直接指導を受けたわけではない。小山は戦前、高岡高等商業高校に赴任し、ここで白川村の大家族制度の調査研究に従事する。つまり戦前からの村落調査を経験するわけである。その後、文部省に転じ、敗戦を迎えるが、ここで例のCIEに招聘されるわけである。CIEで小山がどのような体験をしたかは詳らかではないが、国勢調査の調査単位をめぐって「アメリカ方式に準ぜよ」という強い要請に対して、何度も日本の事情を説明しなければならなかったという証言のあることは（竹内、1985）、少なくともここで小山が統計調査の方法にふれる機会があったことを示すものである。そして、注目すべきは、戦前からの村落調査を代表する象徴的な人物である有賀喜左衛門の同族理論が一世を風靡していた戦後のある時期に、小山が、有賀のモノグラフ研究は統計的な代表性を持たない、自分に都合のよい事例ばかりを引き合いに出す点で、とても科学的な研究とはいえないと手厳しく批判をしていたと

いう証言があることである(大橋、1985)。ここからは小山がCIEでアメリカ流の統計調査の方法にふれることで、そのもっとも本質的な部分を学びとっていたことが推察できる。戦前からの村落調査の経験を持ち、CIEにかかわった社会学者は多いが、そこから統計調査の意義を新たに学んだと思われる研究者は少ない。すでに述べたように、CIEにおける統計調査の導入は主として統計数理研究所の統計学者やマスコミ各社の世論調査担当者に受容されていくのである。小山隆のみが、アメリカ占領軍による統計調査の導入が持っている「事例的研究法」と「統計的研究法」の関係という、シカゴ学派からコロンビア学派へと引き継がれた「科学としての社会調査」確立の過程を正しく洞察していたといえるのである。

小山自身のその後の研究業績がそれを雄弁に物語っている。CIEから大阪大学をへて、都立大学に赴任した小山隆は、ここで家庭裁判所の調査官をしていた湯沢雍彦を事務局として引き入れ、家族問題研究会を組織する。この研究会が母体となって小山のいわゆる三部作といわれる調査研究とその成果がつぎつぎと公刊されていく。『現代家族の研究』、『現代家族の役割構造』、『現代家族の親子関係』という作品によって戦後日本の家族社会学の方法が、いちはやく確立されるのである(小山、1960、1967、1973)。これらの作品はいずれも統計調査とケーススタディがごくあたり前に併用されている。『現代家族の研究』のなかで小山自身が述べているつぎの言葉がすべてを語っているといえよう。

「巨視的な立場からは、理念型的構成や統計的方法によって偶然的要素を無視し又は相殺させながら一般的傾向を把握する。然しながらそれの実際のあり方や、因果的な説明については、常に入念に分析された個々のケースによる実証を必要とする。このような二つの見方の相互依存の関係を正確にとらえることによって、始めて問題解決に当たっても判断の適正を期待することができるのである。」

質的調査と量的調査の対立

残念ながら、アメリカにおけるシカゴ学派からコロンビア学派への展開に

象徴される社会調査の確立を、戦後占領軍によってもたらされた統計調査の導入から正しく理解したのは、この小山隆という例外が唯一の存在であった。小山の家族社会学も、その社会調査の方法としての継承も、十分に行なわれているとはいえない。戦後日本の社会調査の方法をめぐる議論は、その主流においてはむしろ戦前からの村落調査の継承と、戦後導入された統計調査が結び付けられることなく、それぞれに展開していったといったほうがよいだろう。それは方法論的な論争としては、いわゆる「見田・安田論争」とよばれる、見田宗介と安田三郎による質的調査と量的調査をめぐる議論に象徴される。この論争は、見田が密かに意図していた質的なデータにしか示せない何かを社会学は重要な問題と考えるべきだという問題提起に対して、安田はそのような問題は社会学の射程には入らないという前提のうえで、量的な方法が質的な方法と同じくらいインテンシブな情報を扱うことができるようになれば、自ずと両者の区別は不必要になるという意味で「統計的インテンシブ・メソッド」を提唱するという方向に展開し、いささか不毛な論争となってしまった（見田、1965、安田、1970）。しかし、それ以上に不毛であったのは、これ以降質的調査と量的調査を対立的にとらえ、それぞれの優越を論ずるという議論の立て方が確立してしまい、そのことが村落調査の伝統と統計調査の導入というそれまで交わることのなかった系譜の分立を決定的にしてしまったことである。それまではその両者を併用するという福武直に連なる人々の立場がかろうじて存在していたのが、安田により折衷と批判されることで、あたかも本格的な統合が必要であるかのように考えられるようになってしまったのである。

　ここに本来ならば、事例的研究法によって具体的に記述され、仮説的に明らかにされた要因の連関を、統計的研究法によって確率論的に全体のなかに位置づけ、検証していくという意味での「科学としての社会調査」の確立が目指されるのではなく、質的調査によって明らかにできることが量的調査によって明らかにできることよりも社会学的に意義があるとか、量的調査によって一般的に証明されないかぎり質的調査による知見に価値はないとかいう不毛な論争が行なわれたり、質的調査と量的調査の統合はむずかしいという原理的・方法論的な言明で満足するような傾向をもたらすことになったので

ある。

人文学としての社会学と政策科学としての社会学
　以上、見てきたように、日本において事例的研究法と統計的研究法が適切に組み合わされることがなかったのは、かならずしも両者の研究系譜が人脈的に重なることがなかったからだけではない。そこには日本における学問研究の位置づけという問題が隠れているのである。すでに見たように、近代になって農民や労働者という大衆の動向が無視できなくなったときに、社会調査の方法はすぐれて実践的な意味をもって求められるようになった。イギリス経験論のもとで生まれ、プラグマティズムのアメリカで確立したのは、決して偶然ではない。初期の担い手が労働運動や社会事業の実践家であり、大学での研究もそのような社会改良事業との関連で展開し、なにより戦争という究極の政策目的との関連で統計調査の方法は確立するのである。したがって、日本においても国勢調査はもとより村落調査や労働調査も、何よりまず国家の手ではじめられたのである。
　ところが、日本の場合、これが大学において実践的な学問として位置づけられる機会に恵まれることは、ついぞなかったように思う。米田庄太郎と戸田貞三という先駆者においても、その指導を受けて実際に社会調査に従事していったのは、学部を卒業して大阪市や東京市に勤めた役人たちであった。戦後、アメリカ占領軍が導入した統計調査の技法も、統計数理研究所や新聞社に主に受け入れられていったのである。大学のなかで実用的な目的のために活用できる科学として確立させることが、どの程度真剣に試みられたかというと、疑問なしとはいえないのである。
　それはどういうことかといえば、見田・安田論争においてその最初の段階で看過された論点が関連している。見田の最初の問題提起の密かなねらいは、実は質的なデータにしか示せない何かが社会学にとって重要な問題であると主張することだった。たとえ個性的で特殊な経験であっても、それだけで人間存在の本質について雄弁に何かを語りうるようなデータ、そのようなデータはそれ自体で哲学的・文学的な価値があるのであって、その統計的な代表性など検証する必要はないのだ、社会学はそのような人文学的な問題を

も射程におさめるべき学問であるのだ、と見田は主張したかったのである。これに対して、安田はそんなものは社会学の問題ではないと一顧だにしなかったわけである。つまり、そこには社会学を哲学や文学と連なる人文学的な伝統のもとで位置づけるか、それとも実用的な科学として位置づけるかの学問観の違いが伏在していたのである。実用的な科学として、実践的な政策決定のためのデータとして吟味されるためには、どうしても最終的にはその全体としての位置づけ＝統計的な意味での量的な確認が不可欠なのである。シカゴ学派が追求して果たせなかったことが、コロンビア学派の統計調査の方法によって確立したというのは、そういうことである。統計的研究法による確認が必要なのは、その結果を政策的に活用するという目的があってはじめて説得的に理解できる手続きなのである。なぜなら、それが多くの人々を納得させるという意味で「客観性」を持たなければならないからである。まさに統計調査は、政策的な決定を多くの人々が納得できるかたちで進めていくという意味での民主主義に不可欠な知識なのである。たんに作品として世に問い、漠然と人々の認識に影響を与える「知」にとどまるというのなら、無味乾燥な数字による確認など不要であり、むしろ生きいきとした事例的研究法によるデータの提示のほうがどれだけ説得的であろうか。その後の見田宗介の作品が、それを雄弁に語っている（見田、1979）。

　このように、日本において統計調査の意義が十分に理解されることなく、質的調査と量的調査の優劣が争われてきたことの背景には、社会学という学問に人文学としての伝統と政策科学たらんとする傾向が併存してきたという事情がある。そして、どちらかというと日本のアカデミズムにおいては、実用的な用に供する社会調査の技法は、学問的に低く見られてきたのである。それゆえ積極的に政策決定にかかわっていこうという大学の側からの働きかけも弱ければ、行政の側でも本当に必要な調査は自分たちや調査会社で行ない、その結果導き出された政策決定を学問的に権威づけることにだけ、大学人の力を借りるという共犯関係が長い間成り立ってきた。その結果、厳密な意味での科学としての社会調査が独立に行なわれ、そのデータにもとづいてオープンに民主的な政策決定がなされるという、本当の意味で大学や学問の自由が生かされるということはついぞなかったのである。政策や政治にかか

わることなく、すぐに役には立たないことを尊しとすることだけが、大学や学問の自由を守るということではないはずである。

　社会調査士資格をまったくの民間団体である認定機構が認定し、これを実質的に広めていこうという日本社会学会を中心に着手された動きは、確かにこのような意味での科学としての社会調査の公認と活用をめざすものである。それがいかなる意味でも国家資格ではないことは、かえって事の本質を示すものである。かといって、日本の社会学が人文学としての側面をすべて払拭すべきだということではないし、そうはならないだろう。ただ、社会調査を学び、これを活用していこうとする者は、以上のような日本における社会調査の展開の歴史をふまえたうえで、未来に向けてのその使命と課題をも一緒に学んでいってもらいたいと思うのである。

あとがき

　初版本の「あとがき」（1997年12月）に次のような一文がある。「あまり売れないかもしれないが、よい本であればじっくり待って出してゆきましょうという金田（功）さんの姿勢に、これまでいつも甘えてきた編者であるけれども、今回ばかりは、売れる本でもありたいと切に願う気持ちになっている」。この願いが天に届いたのかどうか、このようなタイプの本にしては、たぶん珍しく順調に売れて、10年を節目に第2版を刊行できるまでになった。誠に有難いことである。テキストとして、あるいは参考書として購入いただいた読者の皆様に、心からの御礼を申し上げる。

　第2版刊行のきっかけは、この10年のうちに修正を要する箇所がアチコチに出てきたということもあるが、それよりも社会調査をとりまく社会環境の大きな変化に対応する必要に迫られたこと、また、それとともに本書が持っていた弱点を修復しなければと前々から思い続けていたことにある。

　社会環境の大きな変化とは、一つには個人情報保護法施行に伴う住民基本台帳や選挙人名簿抄本の閲覧の大幅な制限であり、さらに、それがさまざまな名簿の閲覧禁止に拡大してゆくという事態であり、これによって標本調査の出発点となるランダムサンプリングの実施がきわめて困難になっているという状況である。いま一つは、プライヴァシーや人権の侵害に対する人びとの感度が高まるとともに、社会調査に対してもこれまでになくきびしい視線が向けられるようになり、調査を実施する側の倫理規準がきびしく問われるようになったという事態である。本書もこれらに対応する記述、とりわけ調査倫理に関する記述を盛り込む必要に迫られていた。第2版では、序文をはじめとする各章で調査倫理に言及し、また巻末には倫理綱領等を載せることとした。さらに、読者の理解を深めるために、戦後日本の社会調査の歴史をテーマとする補章もあらたに付け加えることとした。

　本書が初版本において有していた弱点とは、調査の心構えや、分析にいた

るまでの説明が少しくどく、他方、分析に相当する章が少なく簡潔にすぎるという点であった。第2版では、ほぼ2章分をあらたに分析編として加え、データ分析に必要な基礎的知識や考え方、応用のしかたなどを一層丁寧に説明することとした。

　このようなわけで、第2版は、初版本に比べて少し頁数の多いものとなっている。1冊の中に初版本の内容に加えて、調査倫理と社会調査小史とデータ分析の説明を入れ込むのであるから、当然のことながら本は多少とも厚く、重くならざるを得ない。1冊の本としての内容の豊かさと読みやすさを優先する編集方針を自覚的に選択した結果ではあるが、この点、読者諸氏のご理解をいただければ幸いである。

　第2版の刊行を強くすすめて下さったのは、初版本の刊行に尽力された日本評論社の金田功さんであるが、彼から仕事を引き継いだ同社編集部の杉本麻緒さんに第2版の刊行を担当していただき、たいへんお世話になった。両氏に厚く感謝申し上げる。

　　2007年8月

　　　　　　　　　　　　　　　　　　　　　　　　　　森岡　清志

社会調査倫理綱領

〔策定の趣旨と目的〕

　社会調査士資格認定機構は発足にあたって、企画から実施、結果の報告に至る社会調査の全過程において依拠すべき基本原則と理念を定め、これを「社会調査倫理綱領」として社会的に宣言する。

　本綱領は、当機構が資格を認定する社会調査士・専門社会調査士のみならず、ひろく社会調査に従事する者（以下、「調査者」と述べる。調査員を含む）が、また社会調査に関する研究・教育にあたる者が、社会調査の目的と手法のいかんを問わず、心がけるべき倫理綱領である。

　調査者は、調査対象者および社会の信頼に応えるために、本綱領を十分に認識・遵守し、社会調査を公正かつ客観的に実施しなければならない。社会調査は、調査対象者の協力があってはじめて成立することを自覚し、調査対象者の立場を尊重しなければならない。また社会調査について教育・指導する際には、本綱領にもとづいて、社会調査における倫理的な問題について十分配慮し、調査員や学習者に注意を促さなければならない。

　社会調査士資格認定機構は、機構内に社会調査倫理委員会を置き、本綱領の解釈及び社会調査を企画・実施するにあたって予測されうる特定の問題に対してどのように対処すべきかなどに関する質問・相談に対応するとともに、本綱領にもとづいて、社会調査に関するさまざまの相談や苦情の受けつけなどにあたる。

　学術的な研究は本来創造的な行為であるとして、学問研究・表現の自由という観点から、本綱領の諸規定を調査・研究上の過剰な制約や桎梏と受け止めるむきもあるやもしれない。本綱領は、学問研究・表現の自由を阻害することを意図するものではない。いかに高邁な研究目的であろうとも、研究者の社会的責任と倫理、調査対象者の人権やプライバシーの保護、被りうる不利益への十二分な配慮などの基本的原則を忘れては、調査対象者の信頼および社会的理解を得ることはできない。とくに通常とは異なる調査手法を導入する場合には、採用した調査手法の特質とその必然性、起こりうる社会的影響について調査者は自覚的でなければならない。

　本綱領の各規定それぞれは、調査者への自覚の要請でもある。社会調査の発展と質的向上、社会調査にもとづく創造的な研究の一層の進展のためにも、本綱領は社会的に要請され、必要とされている。

第1条　社会調査は、常に科学的な手続きにのっとり、客観的に実施されなければならない。調査者は、絶えず調査技術や作業の水準の向上に努めなければならない。

第2条　社会調査は、実施する国々の国内法規及び国際的諸法規を遵守して実施されなければならない。調査者は、故意、不注意にかかわらず社会調査に対する社会の信頼を損なうようないかなる行為もしてはならない。

第3条　調査対象者の協力は、自由意志によるものでなければならない。調査者は、調査対象者に協力を求める際、この点について誤解を招くようなことがあってはならない。

第4条　調査者は、調査対象者から求められた場合、調査データの提供先と使用目的を知らせなければならない。調査者は、当初の調査目的の趣旨に合致した2次分析や社会調査のアーカイブ・データとして利用される場合および教育研究機関で教育的な目的で利用される場合を除いて、調査データが当該社会調査以外の目的には使用されないことを保証しなければならない。

第5条　調査対象者が求めた場合には、調査員は調査員としての身元を明らかにしなければならない。

第6条　調査者は、調査対象者のプライバシーの保護を最大限尊重し、調査対象者との信頼関係の構築・維持に努めなければならない。社会調査に協力したことによって調査対象者が不利益を被ることがないよう、適切な予防策を講じなければならない。

第7条　調査者は、調査対象者をその性別・年齢・出自・人種・エスニシティ・障害の有無などによって差別的に取り扱ってはならない。調査票や報告書などに差別的な表現が含まれないよう注意しなければならない。調査者は、調査の過程において、調査対象者および調査員を不快にするような性的な言動や行動がなされないよう十分配慮しなければならない。

第8条　調査対象者が年少者である場合には、調査者は特にその人権について配慮しなければならない。調査対象者が満15歳以下である場合には、まず保護者もしくは学校長などの責任ある成人の承諾を得なければならない。

第9条　記録機材を用いる場合には、原則として調査対象者に調査の前または後に、調査の目的および記録機材を使用することを知らせなければならない。調査対象者から要請があった場合には、当該部分の記録を破棄または削除しなければならない。

第10条　調査者は、調査記録を安全に管理しなければならない。とくに調査票原票・標本リスト・記録媒体は厳重に管理しなければならない。

付則
(1)本綱領は2003年11月29日より施行する。
(2)本綱領の変更は、社会調査士資格認定機構理事会の議を経ることを要する。

社会調査士資格認定機構ホームページ（http://wwwsoc.nii.ac.jp/jcbsr/kikou/rinri.pdf）より

日本社会学会倫理綱領

〔策定の趣旨と目的〕

　日本社会学会は、社会学の研究・教育および学会運営にあたって依拠すべき基本原則と理念を定め、「日本社会学会倫理綱領」として発表する。

　本綱領は、日本社会学会会員が心がけるべき倫理綱領であり、会員は、社会学研究の進展および社会の信頼に応えるために、本綱領を十分に認識し、遵守しなければならない。社会学の研究は、人間や社会集団を対象にしており、対象者の人権を最大限尊重し、社会的影響について配慮すべきものである。また社会学の教育・指導をする際には、本綱領にもとづいて、社会学教育および社会学の研究における倫理的な問題について十分配慮し、学習者に注意を促さなければならない。

　プライバシーや権利の意識の変化などにともなって、近年、社会学的な研究・教育に対する社会の側の受け止め方には、大きな変化がある。研究者の社会的責任と倫理、対象者の人権の尊重やプライバシーの保護、被りうる不利益への十二分な配慮などの基本的原則を忘れては、対象者の信頼および社会的理解を得ることはできない。会員は、研究の目的や手法、その必要性、起こりうる社会的影響について何よりも自覚的でなければならない。

　社会学研究・教育の発展と質的向上、創造的な研究の一層の進展のためにも、本綱領は社会的に要請され、必要とされている。本綱領は、日本社会学会会員に対し、社会学の研究・教育における倫理的な問題への自覚を強く促すものである。

第1条〔公正と信頼の確保〕社会学の研究・教育を行うに際して、また学会運営にあたって、会員は、公正を維持し、社会の信頼を損なわないよう努めなければならない。

第2条〔目的と研究手法の倫理的妥当性〕会員は、社会的影響を配慮して、研究目的と研究手法の倫理的妥当性を考慮しなければならない。

第3条〔プライバシーの保護と人権の尊重〕社会調査を実施するにあたって、また社会調査に関する教育を行うにあたって、会員は、調査対象者のプライバシーの保護と人権の尊重に最大限留意しなければならない。

第4条〔差別の禁止〕会員は、思想信条・性別・性的指向・年齢・出自・宗教・

民族的背景・障害の有無・家族状況などに関して差別的な取り扱いをしてはならない。

第5条〔ハラスメントの禁止〕会員は、セクシャル・ハラスメントやアカデミック・ハラスメントなど、ハラスメントにあたる行為をしてはならない。

第6条〔研究資金の適正な取扱い〕会員は、研究資金を適正に取り扱わなければならない。

第7条〔著作権侵害の禁止〕会員は、研究のオリジナリティを尊重し、著作権などを侵害してはならない。剽窃・盗用や二重投稿をしてはならない。

第8条〔研究成果の公表〕会員は、研究の公益性と社会的責任を自覚し、研究成果の公表に努め、社会的還元に留意しなければならない。

第9条〔相互批判・相互検証の場の確保〕会員は、開かれた態度を保持し、相互批判・相互検証の場の確保に努めなければならない。

付則

(1) 日本社会学会は、社会学の研究・教育における倫理的な問題に関する質問・相談などに応じるため、「日本社会学会倫理委員会」をおく。

(2) 本綱領は2005年10月22日より施行する。

(3) 本綱領の変更は、日本社会学会理事会の議を経ることを要する。

日本社会学会ホームページ (http://wwwsoc.nii.ac.jp/jss/office/rinri.pdf) より

日本社会学会倫理綱領にもとづく研究指針

2006年10月28日

指針の目的

　日本社会学会は、2005年10月に「日本社会学会倫理綱領」を定めました。本指針は、同綱領にもとづいて、日本社会学会会員が普段の研究・教育・学会活動および社会活動に際して尊重すべき基本的姿勢、心がけるべきことを具体的に例示したものです。

　現在、科学研究全般において、社会との関係が厳しく問われるようになっています。とりわけ、対象がまさに社会や人間そのものである社会学という学問領域では、倫理的妥当性の高い研究を行うことが一層求められます。しかし同時に社会学研究は対象や方法がきわめて多岐にわたるだけに、一律の基準を課すことは困難です。また倫理綱領や指針に求められる内容も、時代と社会的要請によって変化し、研究目的や具体的な状況によっても解釈・適用が左右されます。

　したがってこの指針は、社会学研究の全体を統制しようとするものでも、社会学研究の自由と可能性を束縛しようとするものでもありません。むしろ教育・研究のレベルを高め、社会の信頼に応え、さまざまな圧力や誘惑から社会学研究を守っていくために、倫理綱領および本指針を策定しました。倫理綱領および本指針の規定と精神をふまえて、会員が主体的・自律的に研究・教育をすすめていくことを期待します。

　なお、この指針は、すべての会員の研究・教育等の活動の指針として作成されていますが、とりわけ、経験の乏しい会員が調査研究を行う場合、および会員が学生や大学院生の教育指導にあたる場面に重点をおいています。会員が本指針を熟読し、研究・教育などに活用されることを願ってやみません。

１．研究と調査における基本的配慮事項

　社会学の研究や調査は、さまざまな方法を用いて実施されています。特に調査は、通常、統計的量的調査と記述的質的調査にわけられます。どちらの方法を採用するにしても、社会学研究者として遵守すべき事柄や、遵守することが望ましい事柄があります。以下ではまず基本的に配慮すべき点を指摘し、さらに特に配慮することが望ましい点について述べます。

(1)研究・調査における社会正義と人権の尊重

　研究を企画する際には、その研究の目的・過程および結果が、社会正義に反す

ることがないか、もしくは個人の人権を侵害する恐れがないか、慎重に検討してください。とりわけ、個人や団体、組織等の名誉を毀損したり、無用に個人情報を開示したりすることがないか、などについて十分注意することが必要です。

(2)研究・調査に関する知識の確実な修得と正確な理解

　研究対象の特質、問題関心、テーマや人的物的資源に照らして、どの方法が適切か、的確に判断するためには、調査方法の基礎を十分理解しておかなければなりません。自分がどのような情報を求めているのかを自覚するとともに、調査の意図やねらいを対象者に明確に伝えるためにも、先行研究など社会学的研究の蓄積をふまえることが必要です。このような知識を確実に修得し、理解していることが、専門家としての、また調査者としての責任であることを認識しておきましょう。

(3)社会調査を実施する必要性についての自覚

　社会調査はどのような方法であれ、対象者に負担をかけるものです。多かれ少なかれ調査対象者の思想・心情や生活、社会関係等に影響を与え、また個人情報の漏洩の危険を含んでいます。そもそもその調査が必要なのか、調査設計の段階で先行研究を十分精査しておきましょう。また研究計画について指導教員や先輩・同輩、当該分野の専門家などから助言を求めるようにしましょう。

　知りたいことが、二次データ・資料の活用によってかなりの程度明らかにできることは少なくありません。調査を実施しなければ知ることのできない事柄であるかどうか、また明らかにすることにどの程度社会学的意義があるかどうか、慎重に検討してください。その上で調査にのぞむことが、対象者の理解を得るためにも、有意義な研究を導くためにも重要です。

(4)所属研究機関の手続き等の尊重

　最近では調査者が所属する機関や調査対象者の側の組織等に倫理委員会等が設けられる場合が増えてきました。こうした組織がある場合には、そこが定める手続きにしたがって調査を行うことが必要です。

(5)研究・調査対象者の保護

　対象者の保護に関しては次のことに留意してください。

ａ．研究・調査対象者への説明と得られた情報の管理

　対象者から直接データ・情報を得る場合、収集方法がいかなるものであろうと、対象者に対し、原則として事前の説明を書面または口頭で行い、承諾を得る必要があります。(a)研究・調査の目的、(b)助成や委託を受けている場合には助成

や委託している団体、(c)データ・情報のまとめ方や結果の利用方法、(d)公開の仕方、(e)得られた個人情報の管理の仕方や範囲などについてあらかじめ説明しましょう。とりわけ、なぜ対象者から話を聴くのか、対象者から得た情報をどのように利用し、またどのように個人情報を保護するのか、などの点について、わかりやすく丁寧な説明をこころがけましょう。特にデータ・情報の管理については、具体的に保護策を講じ、それを説明する必要があります。場合によっては、調査対象者から同意書に署名（および捺印）をもらうことなどを考慮しても良いでしょう。

ｂ．調査への協力を拒否する自由

　このように丁寧な説明を試みても、調査対象者から調査の協力を断られる場合があります。協力してもらえるよう誠意をもって説得することが重要ですが、同時に対象者には、原則としていつでも調査への協力を拒否する権利があることも伝えておかなくてはなりません。

　調査者は、対象者には調査を拒否する権利があることを明確に自覚していなければなりません。

ｃ．調査対象者への誠実な対応

　いかなる場合にも、対象者に対する真摯な関心と敬意を欠いた研究・調査をしてはならないということに留意してください。

　特に研究・調査対象者から当該研究・調査について疑問を出されたり、批判を受けた場合は、真摯にその声に耳を傾け、対象者の納得が得られるよう努力してください。行った研究・調査の成果を守ろうと防衛的になるあまり、不誠実な対応になることは許されません。

(6) 結果の公表

ａ．調査対象者への配慮

　研究・調査結果の公表の際には、それによって調査対象者が多大かつ回復不可能な損害を被ることがないか、十分検討しましょう。

　とりわけ社会調査は、調査の企画にはじまり、結果のまとめと公表に至る全過程から成り立つものであり、実査や集計・分析だけにとどまるものではありません。調査対象者には研究結果を知る権利があります。調査結果の公表は、調査者の社会的責任という点からも、適切になされる必要があります。

ｂ．事前了解・結果公表等の配慮

　公表予定の内容について骨子やデータ、原稿などをできる限り事前に示し、調

査対象者の了解を得ることも心がけましょう。また対象者から研究・調査結果を知りたいと要望があった場合には、少なくとも要点を知らせるよう最大限努力するとともに、調査対象者が公表された研究結果にアクセスできるよう誠実に対応しましょう。

(7)データの扱い方

ａ．偽造・捏造・改ざんの禁止

　研究・調査によって得られたデータは公正に取り扱わねばなりません。偽造・捏造・改ざんなどは固く禁じられています。データの偽造・捏造は、それを行った者の研究者生命にかかわる問題であり、調査対象者や共同研究者に対する背信行為です。

　データの修正や編集が必要な場合には、求められたら修正・編集のプロセスを開示できるように、記録し保管しておきましょう。また報告書などで、その旨明記し読者の注意を喚起しなければなりません。

ｂ．データの管理

　調査で得られたデータは、対象者リストも含め、調査中も調査後も厳正な管理が必要です。回収票や電子データの保存・管理には、十分に注意しなければなりません。

(8)教員による指導の徹底

ａ．研究・調査の基本的倫理の指導

　学生・院生が調査・研究を行う場合、指導にあたる教員は、事前に学生・院生が研究・調査の基本的倫理を学ぶことができるよう配慮し、調査の現場で研究倫理から逸脱することがないように指導監督しなければなりません。

ｂ．調査実習の水準の確保

　社会調査士の資格認定制度ができ、さまざまな大学で認定のための科目が開講されていますが、とくに「社会調査実習」の内容や水準のばらつきが問題となっています。現地に行って漫然と話を聴いてくる程度にとどまることのないよう、「実習」にふさわしい教育的達成水準の確保に努める必要があります。

(9)謝礼の扱い方

　研究・調査にあたって調査対象者から常識を越える金銭や物品の供与を受け取ったり、あるいは逆に調査対象者に過大な金銭・物品等を提供してはいけません。適切なデータを得るために妥当な経費について慎重に考慮してください。

2．統計的量的調査における配慮事項

統計的標本調査に関する倫理的問題の多くは，調査対象者のプライバシー保護も含め、基本的には、調査方法、遵守すべき事項、細部にわたる手順、統計的検定などの統計的調査に関する知識を十分修得しているかどうかに密接にかかわっています。統計的調査では、調査者の側に、確かな専門知識があるかどうか、それに裏打ちされたモラルと責任感が問われます。

(1)サンプリングの重要性

統計的標本調査では、母集団からの標本抽出が重要な作業となります。母集団と近似する標本を得ることは調査の出発点であり、時間的金銭的にいかに費用がかかろうとも、説明可能な的確な手続きによるサンプリングを実施しなければなりません。

(2)メーキングの防止

個別面接調査法をとる場合、最も警戒を要するのは、調査員によって調査票に虚偽の情報が記入されることです。調査員が対象者宅を確実に訪問したかどうかのチェックが必要ですが、基本的には調査員のモラルを高めるよう、事前の説明で留意するとともに、調査中もつねに調査員のモラルの維持を心がける必要があります。学生・院生が調査員である時には、学生・院生との信頼関係の構築がきわめて重要です。

(3)データの保護—対象者特定の防止

対象者から収集したデータは、調査中も、分析中も、報告書作成後も、他に漏れることがあってはなりません。厳重な管理が必要です。得た情報を外に漏らさないよう調査員にも指導を徹底することが求められます。また第三者によって、調査票の個番と対象者リストが照合され対象者が特定されることのないよう、調査票、個番、対象者リストを別々に保管するなどの対策を講じることが望まれます。

(4)エラーチェック、母集団と回収票の比較

近年、回収率の低下が大きな問題となっています。回収率を上げるための努力や工夫が必要であることは言うまでもありません。また回収票の分布と母集団の分布を比較し、回収票の分布にどのようなゆがみがあるのかを正確に捉えておくことも欠かすことのできない作業です。また集計・分析に入る前に、記入ミスやコーディングのエラー、論理エラーのチェックなど、データのエラーをチェックし、必要な訂正をしておかなくてはなりません。

(5) 興味深い知見・新しい考察を導くための努力

　情報機器の発達にともなって、データ入力後、集計結果が容易に算出できるようになり、図表類も短時間で作成できるようになりました。しかしその結果、学問的意義に乏しい調査や集計結果が累積されていくことにもなりがちです。

　また統計的量的調査の場合は、質的調査と異なり、入力したデータや集計から得られた知見のひとつひとつには、何のストーリーも含まれていません。研究者・対象者・分析者自身が、知見を整理するなかから、それらを学問的に意義づけるストーリーを考えてゆかなければなりません。この努力を軽視すると、単なる結果の羅列に終わってしまうことになりがちです。興味深い知見をもとに、新しい考察や仮説・理論を導くストーリーを見出すことができるように、不断に努力することが望まれます。

3．記述的質的調査における配慮事項

　事例調査などの質的研究法にも、量的調査について述べてきた原則が当てはまります。確かな専門知識、それに裏打ちされたモラルと責任感が問われるのは、質的研究法においても同様です。事例調査ではとりわけ、対象者の生活世界を詳細に記述しなければならないことがあるため、対象者のプライバシーの保護や記述の信頼性などに、一層配慮する必要が高まります。特に調査の目的と方法、公表のしかたについて対象者に事前に説明し、了解を得ておくことが不可欠です。

(1) 事例調査や参与観察における情報開示の仕方の工夫

　フィールドワークのなかには、調査者としてのアイデンティティをいったん措いて対象の世界にとけこむことをもっとも重視するという手法があります。このような手法をとる場合、「調査対象者に事前に調査の目的を説明し同意を得ておく」ことが、対象者との自然な関係の構築を妨げることにならないかという懸念が生じることがあります。このように事前に同意を得ることが困難な手法をとらざるをえない場合には、調査結果の公表前に、調査対象者に対して調査を行っていたことを説明し、了解を得ておくことが原則です。

(2) 匿名性への配慮

　プライバシー保護のために、個人名や地域名を匿名化する必要がある場合があります。ただし、匿名にしても容易に特定される場合もあります。他方、対象者の側が実名で記述されることを望む場合もあります。報告でどのような表記を用いるのか、対象者と十分話し合い、いかなる表記をすべきかについて了解を得て

おくことが大切です。

4．論文執筆など研究結果の公表にあたって
　研究成果を公表する際に下記のような配慮をすることは、研究の質の向上につながるだけでなく、自身の研究者としての評価をも左右します。
(1)他者のオリジナリティの尊重
　研究結果の公開にあたって、他の研究者や原著者のオリジナリティはもっとも尊重されるべきであり、他の研究者の著作者としての権利を侵害してはなりません。また盗作や剽窃は、学問上の自殺行為と言えるものです。
　今日では、インターネットなどを通じて、電子情報のコピーやペーストが容易にできるようになってきました。このようなメディア環境だからこそ、自分のオリジナルとそれ以外とを明確に区別し、他から得た情報は情報源を明記するという原則を厳守することが一層重要です。学生・院生に対しても、この原則を徹底するよう指導しなければなりません。
　研究会などディスカッションの場で表明された他者のアイデアを断りなく自分のものにすることも避けなければなりません。とくにアイデアの発展にとって有益なコメントを得た場合には、研究会への謝意や、相手方や日付を特定できる場合には「この点については、○○研究会(○○年○月○日)での××氏のコメントに示唆を得た」「この点については、○○研究会(○○年○月○日)での討論に示唆を得た」などのように注や付記などで明記すべきです。
(2)先行研究の尊重
　学術論文を執筆する際には、先行研究を適切にふまえ、しかもそのことを論文の中で明示する必要があります。先行研究やその問題点をどのように理解しているかを示すことは、自分の問題意識や問題提起のオリジナリティやその学問的意義を他者に明確に伝えるうえでも不可欠です。
　重要な先行研究に言及しないことは勉強不足を露呈することにもなりかねませんし、フェアな態度とは言えません。
　親しい研究仲間の論文に片寄った言及が散見されることがありますが、公正さを欠くものであり、慎しむべきことです。
(3)引用の基本原則
　他者の著作からの引用は、公表されたものからしかできません。研究会でのレジュメや私信など、公開されていないものから引用する場合には、引用される側

の許可が必要です。

　公表された著作から引用する場合は、著作権法第32条の引用に関する規定にもとづいて許可なく引用することができます。引用に際しては、(a)引用が必要不可欠である、(b)引用箇所は必要最小限の分量にとどめる、(c)引用文と地の文を明確に区別する、(d)原則として原文どおりに引用する、(e)著作者名と著作物の表題、引用頁数など出典を明示する、という基本原則を遵守しなければなりません。

(4)図表などの「使用」

　オリジナリティの高い図表や写真・絵画・歌詞などを使用する場合は、法律用語としては「引用」ではなく、他者の著作物の「使用」にあたります。その場合には、当該図表・写真・絵画・歌詞などの著作権者から使用の許諾を受けなければなりません。

(5)投稿規定・執筆要項の遵守

　論文を雑誌に投稿する際は、各雑誌ごとに、投稿規定・執筆要項を定めていますから、執筆に先立って熟読し、細部まで遵守しなければなりません。日本社会学会は『社会学評論スタイルガイド』を定めています。日頃から、このスタイルガイドに依拠して論文を執筆するよう心がけましょう。

　とくに大学院生など発表経験の乏しい会員の場合には、投稿に先立って、指導教員や先輩・同輩の院生などに目をとおしてもらい、批評を仰ぐことが重要です。誤字脱字が多い、日本語として意味が通りにくい、文献や注が不備であるなど、不注意な論文が散見されますが、そのような論文を投稿することは、投稿者自身にとって不利なばかりでなく、編集委員会や査読者に無用な負担をかけることになります。

(6)「二重投稿」の禁止

　同一あるいはほとんど同一内容の論文を、同時に別々の雑誌に投稿することは「二重投稿」として禁じられています。学術雑誌の場合には、投稿論文は未発表のものに限られます。どの範囲までを既発表とし、どこからを未発表とするのか、その具体的な線引きは、必ずしも容易ではありません。投稿しようとする雑誌ごとにどのようなガイドラインになっているか、確認しておきましょう。

　またアイデアを小出しにして、発表論文数を増やそうとするような態度は慎むべきです。

(7)査読内容の尊重

　査読者に訂正等の指示を受けた場合、その指摘に誠実に対処しましょう。査読

者が「誤解」したと考えられる場合もありえますが、なぜ誤解を招いたのか、誤解を防ぐにはどのように記述を改善すればよいのか、という点から、投稿者自身がまず改善・改稿を心がけるべきです。なお、納得のいかない評価に対しては、論拠を示して異議を申し立てることができます。

(8)著作者の権利

　著作者であることによって、大別して、経済的利益の保護を目的とした財産権である著作権と、人格的利益の保護を目的とした著作者人格権の二つの権利が派生します。著作者としての自分の権利を守り、また、他者の権利を侵害しないように留意しましょう。近年、著作権を発行元に譲渡する場合が増えていますが、著作者人格権は、あくまでも著者自身にあります。

　自らの著作を、別の書籍や雑誌に再録したり、あるいはホームページなどに転載する際は、著作権の帰属に気をつけ、発行元および著作権者から許可を得ることが必要です。

(9)共同研究のルール

　共同研究に先立って、あるいは研究の初期段階で、研究チーム内のルールをあらかじめ明確にしておきましょう。とくに役割分担や協力の内容について、成果の発表の仕方について、発表の時期や内容、媒体などについて、合意内容を研究チーム内で確認し、それを遵守しなくてはなりません。研究成果の公表にあたっては、共同研究者や研究協力者の権利を尊重し、共著者として列記する、あるいは協力ないし役割分担の内容について明記するといった配慮も必要です。また共同研究が終了したのちも、その研究で得られたオリジナルなデータの取扱いについては、共同研究者の合意を得るなど、慎重な取扱いが必要です。

5．研究資金の取扱いと委託研究への対応

　研究助成金などの外部資金を得て調査・研究する場合が増えていますが、資金の扱いには慎重さと透明性の確保が求められています。社会正義にもとるような資金や研究の公正な遂行を妨げる恐れのある資金を得ることは避けるべきです。調査対象者に出所を説明できないような調査資金は用いるべきではありません。

(1)研究資金の適切な支出

　研究資金は調査に必要な項目以外には支出すべきではありません。支出の適正さを証明するために、支出内容や支出先を明確に記録し、領収証等を保存しておくべきです。

研究助成金の使いにくさを理由とした、いわゆる「裏金」などの不正操作も許されません。研究費の使い方に関しては、科学研究費補助金の場合には文部科学省の『科学研究費補助金ハンドブック』を参考に、その他の助成金については各助成団体の規定等を遵守して、適切に運用してください。

(2)委託研究への対応

　委託研究の場合には、委託料、調査データの帰属、発表のしかたなどについて、事前に委託主との間で契約書などを取り交わし、双方の合意内容を明確にしておくべきです。その際、調査データや記録類の取扱い、報告書の内容などに関して、委託を受けた研究者の主体性が極力守られるように留意しましょう。

6．教育・研究におけるセクシュアル・ハラスメント、アカデミック・ハラスメント等の問題

　セクシュアル・ハラスメントやアカデミック・ハラスメントなどは、教育・研究の場における基本的な人権にかかわる重大な問題です。研究室や所属機関、学会などが、ハラスメントのない、風通しのいい教育・研究の場となるよう留意しましょう。

(1)ハラスメントをしないために

　ハラスメントのひとつの温床は権力関係にあります。「教える者」と「教えられる者」は権力的関係であることを、教える立場にある者は常に自覚しておくことが大切です。大学院生が先輩などとして「教える側」にまわる場合にも、自分で思う以上に相手に対して圧力を感じさせることがあることを認識しておきましょう。相手が初学者であっても、自分の考えを押し付けたりすることがあってはなりません。

　また指導に私的な感情を持ち込むことは慎むべきです。

　大学や研究を取りまく環境が変化する中で、性や世代、文化的背景、経験等の違いによって、指導方法や言葉遣いに関する「常識」にずれが生じることは珍しくありません。指導する者の何気ない発言や態度も、学生・院生の心を傷つけ、ハラスメントと受けとられることがあります。指導する側は、指導の仕方に十分配慮しなければなりません。

(2)ハラスメントを受けた場合

　ハラスメントを受けたと感じたときは、可能であれば、自分にとっては不快である、やめてほしい、などと、直接相手に伝えることで、効果的に問題解決でき

る場合もあります。そのような解決を図る可能性をまず考慮してみましょう。そうした解決が不可能な場合には、基本的に、所属機関等の取扱い規程にしたがって対処しましょう。

(3)相談窓口としての日本社会学会倫理委員会

　日本社会学会は、倫理問題に関する相談窓口として「日本社会学会倫理委員会」を設置しています。学会大会の場や学会誌への論文掲載に関してなど、学会活動に関連して会員からハラスメントを受けた場合には、日本社会学会倫理委員会に相談してください。

　倫理委員会は、受け付けた相談に関しては、関係者のプライバシーを尊重し、相談者の意思を尊重して問題を取り扱います。

7．学会活動

(1)会員としての積極的な活動

　会員は教員・研究者・院生の立場にかかわらず学会活動に積極的に参加してください。学会誌への投稿や大会での参加・報告、役員の選挙ほか、学会にかかわる事柄はニューズレターや学会ホームページで広報していますので、情報を確認してください。

(2)学会誌への投稿や学会報告に関する注意

　投稿や学会報告に際しては、事前に研究者仲間からのピアレビューや指導教員の指導を受けることで、研究の水準を高めることができます。
学会報告を直前にキャンセルすることは避けてください。無責任であるだけでなく、研究計画やその進行予測の不十分さを露呈することになります。

(3)査読やコメントをする際の留意点

　論文査読や学会報告にコメントをする際には、執筆者・報告者の研究内容を一段と高める観点から行うべきです。自説にこだわった排他的なコメントや執筆者・報告者の人格を傷つけるようなコメントは避けるべきです。

　論文査読にあたっては査読の締切を遵守するよう努めましょう。

8．社会での活動

　研究者の社会参加がますます求められ、行政機関や各種業界、マスメディア、市民運動・NPOなど多様な分野において、研究者・専門家として活動する機会が増えています。

社会学研究者として社会的に発言する場合には、それが学問的批判に耐えうるものであるのかを自省するだけでなく、事実や解釈の妥当性に関する批判に誠実に対応しようとする心構えが重要です。

付則
(1)本指針は2006年10月30日より施行する。
(2)本指針の変更・改訂は、日本社会学会理事会の議を経ることを要する。

日本社会学会ホームページ（http://wwwsoc.nii.ac.jp/jss/office/shishin.pdf）より

参考文献（あいうえお順）

Booth, C. 1902-1904. *Life and Labour of the People in London*, First Series : Poverty East, Central and South London, AMS PRESS.

Laumann, E. O. 1972. *Bonds of Pluralism*, John Wiley and Sons.

Stouffer, S. A., Suchman, E. A, Devinney, L. C, Star, S. A. and R. M. Williams, Jr. 1949. *Studies in Social Psychology in World War II, Volume I-IV*, Princeton University Press, Princeton.

Tukey, J. 1977. *Exploratory Data Analysis*, Addison-Wesley.

Yasuda, S. 1964 "A Methodological Inquiry into Social Mobility", *American Sociological Review*, 29-31.

飽戸弘　1987『社会調査ハンドブック』日本経済新聞社。

阿久悠　2003『日記力』講談社＋α新書。

浅井晃　1987『調査の技術』日科技連。

新井克弥　1995「電子メディアにおける『書くこと』の変容」、日本マス・コミュニケーション学会『マス・コミュニケーション研究』47。

安良城盛昭　1972「日本地主制の体制的成立とその展開（上）、（中の一）、（中の二）、（下）」『思想』五七四、五八二、五八四、五八五号, 23-36, 97-122, 102-119, 93-104。

有賀喜左衛門　2000『有賀喜左衛門著作集Ⅲ　大家族制度と名子制度──南部二戸郡石神村における』第2版、未来社。

アーレンス，S.　2021『TAKE NOTES!──メモで、あなただけのアウトプットが自然にできるようになる』二木夢子訳、日経BP（Ahrens, S., *How to Take Smart Notes*, 2017）。

アンダーソン，N.　1999『ホーボー──ホームレスの人たちの社会学（上）・（下）』広田康生訳、ハーベスト社。

安藤喜久雄編　1999『わかりやすい論文レポートの書き方』実業之日本社。

イーストホープ，G.　1982『社会調査方法史』川合隆男・霜野寿亮監訳、慶應通信（現・慶應義塾大学出版会）(Easthope, G., *A History of Social Research Methods*, 1974)。

池田祥子　1995『文科系学生のための文献調査ガイド』青弓社。
池田央　1980『調査と測定』新曜社。
池田央　1994『現代テスト理論』朝倉書店。
池田央編　1993『心理測定法』放送大学教育振興会。
市川伸一・大橋靖雄　1987『SASによるデータ解析入門』東京大学出版会。
井上輝子・江原由美子編　1995『女性のデータブック』有斐閣。
井上文夫・井上和子・小野能文　1991『よくわかる社会調査の実践』ミネルヴァ書房。
井上文夫・井上和子・小野能文・西垣悦代　1995『よりよい社会調査をめざして』創文社。
今田高俊編　2000『社会学研究法・リアリティの捉え方』有斐閣。
岩井紀子・稲葉太一　2006「住民基本台帳の閲覧制度と社会調査」大阪商業大学比較地域研究所・東京大学社会科学研究所編『日本版 General Social Surveys 研究論文集 5：JGSS で見た日本人の意識と行動』、161-177。
岩井紀子・佐藤博樹編　2002『日本人の姿 JGSS にみる意識と行動』有斐閣。
岩田正美ほか編　2006『社会福祉研究法』有斐閣。
ヴェーバー，M.　1989『プロテスタンティズムの倫理と資本主義の精神』大塚久雄訳、岩波文庫（Weber, M., *Die protestantische Ethik und der »Geist« des Kapitalismus*, 1920）。
ウェッブ，S.＝ウェッブ，B.　1982『社会調査の方法』川喜多喬訳、東京大学出版会（Webb, S. and B. Webb, *Methods of Social Study*, 1932）。
梅棹忠夫　1969『知的生産の技術』岩波新書。
エンゲルス，F.　1971『イギリスにおける労働者階級の状態　1・2』国民文庫。
大串夏身　1992『チャート式情報・文献アクセスガイド』青弓社。
大串夏身　1994『ある図書館相談係の日記』（発行）日外アソシエーツ、（発売）紀伊國屋書店。
大串夏身　2006『チャート式情報アクセスガイド』青弓社。
大橋薫　1985「小山先生の思い出」小山隆先生追悼集刊行会編『小山隆先生を偲んで』、非売品、46-48。
大牟羅良　1958『ものいわぬ農民』岩波新書。
小笠原真　2000『日本社会学史への誘い』世界思想社。
片岡義男　2003『文房具を買いに』東京書籍。
鎌田浩毅　2006『ラクして成果が上がる理系的仕事術』PHP 新書。

苅谷剛彦　1996『知的複眼思考法』講談社。
苅谷剛彦　2002『知的複眼思考法』講談社＋α文庫。
カルナン，J.＝バラバス，A.　1991『学会発表』諏訪邦夫訳、総合医学社（Calnan, J. and A. Barabas, *Speaking at Medical Meeting*, 1989）。
川喜田二郎　1967『発想法』中公新書。
川喜多喬　2006「調査屋の心構え」小池和男・洞口治夫編『経営学のフィールド・リサーチ』日本経済新聞社。
川崎賢一・藤村正之編　1992『社会学の宇宙』恒星社厚生閣。
木下是雄　1994『レポートの組み立て方』ちくま学芸文庫。
クーン，T.　1971『科学革命の構造』中山茂訳、みすず書房（Kuhn, T. S., *The Structure of Scientific Revolution*, The University of Chicago Press, 1962）。
倉沢進編　1986『東京の社会地図』東京大学出版会。
小浜裕久・木村福成　1996『経済論文の作法』日本評論社。
小林康夫・船曳建夫編　1994『知の技法』東京大学出版会。
小山隆編　1960『現代家族の研究』弘文堂。
小山隆編　1967『現代家族の役割構造——夫婦・親子の期待と現実』培風館。
小山隆編　1973『現代家族の親子関係——しつけの社会学的分析』培風館。
ザイゼル，H.　2005『数字で語る』佐藤郁哉訳、新曜社（Zaisel, H., Say It With Figures, 1985）。
酒井聡樹　2006『これから論文を書く若者のために 大改訂増補版』共立出版。
坂井素思ほか　1997『社会科学入門』放送大学教育振興会。
坂元慶行　2001「『日本人の国民性調査』——社会調査研究のある最前線」『理論と方法』29：75-88。
佐藤郁哉　1992『フィールドワーク』新曜社。
佐藤郁哉　2002『フィールドワークの技法』新曜社。
佐藤郁哉　2006a『定性データ分析入門』新曜社。
佐藤郁哉　2006b『フィールドワーク増訂版』新曜社。
佐藤博樹・石田浩・池田謙一編　2000『社会調査の公開データ』東京大学出版会。
讃岐美智義　2003『最新 EndNote 活用ガイド デジタル文献整理術 改訂第2版』克誠堂出版。
讃岐美智義　2005『研究者のための文献管理 PC ソリューション』秀潤社。
塩見邦雄・金光義弘・足立明久　1982『心理検査・測定ガイドブック』ナカニシヤ出版。

下田平裕身ほか　1989『労働調査論』日本労働協会。

ショウ，C. R.　1998『ジャック・ローラー——ある非行少年自身の物語』玉井眞理子・池田寛訳、東洋館出版社。

シンダーマン，C. J.　1987『サイエンティスト・ゲーム』山崎昶訳、学会出版センター（Sindermann, C. J., *Winning The Games Scientists Play*, 1982）。

新村秀一　1995『パソコンによるデータ解析　統計ソフトを使いこなす』講談社ブルーバックス。

鈴木栄太郎・喜多野清一　1977『日本農村社会調査法』（『鈴木栄太郎著作集VII　社会調査』未来社）。

鈴木健之　2003「アメリカ社会学における理論と調査」、社会科学基礎論研究会『年報　社会科学基礎論研究第2号　社会調査の知識社会学』、44-60、ハーベスト社。

鈴木広　1972「ミルズの理論」新明正道監修『現代社会学のエッセンス』ぺりかん社。

盛山和夫・近藤博之・岩永雅也　1992『社会調査法』日本放送出版協会。

関満博　2002『現場主義の知的生産法』ちくま新書。

ゾーボー，H. W.　1997『ゴールド・コーストとスラム』吉原直樹他訳、ハーベスト社。

高根正昭　1979『創造の方法学』講談社現代新書。

高橋正樹編　2004「科学史と科学者——林知己夫氏公開インタビュー」、『行動計量学』、31(2)、107-124。

竹内利美　1985「『現代家族』研究の『大先達』」、小山隆先生追悼集刊行会編『小山隆先生を偲んで』、非売品、22-24。

武田徹　1994『知の探偵術』パルコ出版。

武田徹　2004『調べる、伝える、魅せる！』中央新書ラクレ。

田代菊雄編　1994『新版　大学生のための研究の進め方・まとめ方』大学教育出版。

田中敏　1996『実践心理データ解析』新曜社。

谷岡一郎　2000『「社会調査」のウソ』文春新書。

千野信浩　2005『図書館を使い倒す！』新潮新書。

辻新六・有馬昌宏　1987『アンケート調査の方法』朝倉書店。

土田昭司　1994『社会調査のためのデータ分析入門　実証科学への招待』有斐閣。

坪田一男　1997『理系のための研究生活ガイド』講談社ブルーバックス。

デュルケーム，E.　1985『自殺論』宮島喬訳、中公文庫（Durkheim, É., *Le Sui-*

cide, 1897)。
東京大学教養学部統計学教室編　1994『統計学入門』東京大学出版会。
トーマス，W. I.＝ズナニエツキ，F.　1983『生活史の社会学——ヨーロッパとアメリカにおけるポーランド農民』(部分訳)桜井厚訳、御茶の水書房 (Thomas, W. I. and F. Znaniecki, *The Polish Peasant in Europe and America*, 1939)。
戸田貞三　1933『社会調査』(川合隆男監修『戸田貞三著作集 第一〇巻』大空社、1993年)。
戸田貞三・甲田和衛　1951『社会調査の方法』学生書林。
直井優編　1983『社会調査の基礎』サイエンス社。
長島伸一　1989『大英帝国——最盛期イギリスの社会史』講談社現代新書。
中筋直哉　1998「磯村都市社会学の揺籃——東京帝大セツルメントと戸田社会学」『日本都市社会学会年報16』29-47。
中久郎　2002『米田庄太郎』東信堂。
西平重喜　1957『統計調査法』培風館。
農商務省商工局　1998『職工事情　上・中・下』犬丸義一校訂、岩波文庫。
野口悠紀雄　1993『「超」整理法』中公新書。
野村一夫　1995『社会学の作法・初級編』文化書房博文社。
野村一夫　1999『社会学の作法・初級編【改訂版】』文化書房博文社。
野村一夫　2003『インフォアーツ論』洋泉社新書。
ハイナー，N. S.　1997『ホテル・ライフ』田嶋淳子訳、ハーベスト社 (Hayner, N. S., *Hotel Life*, The University of North Carolina Press, 1936)。
バーガー，P. L.　2017『社会学への招待』水野節夫・村山研一訳、筑摩書房 (Berger, P. L., *Invitation to Sociology*, 1963)。
蓮見音彦　1987「戦後農村社会学の射程」『社会学評論』38(2)、39-52。
花井等・若松篤　1997『論文の書き方マニュアル』有斐閣。
原純輔・浅川達人　2009『社会調査（改訂版）』放送大学教育振興会。
原純輔・海野道郎　1984『社会調査演習』東京大学出版会。
原純輔・海野道郎　2004『社会調査演習』第2版、東京大学出版会。
久田則夫　1995『ノリさんの楽々レポート作成術』(発行)大揚社、(発売)星雲書店。
フィッシャー，C. S.　1996『都市的体験——都市生活の社会心理学』松本康・前田尚子訳、未来社 (Fischer, C. S., *The Urban Experience*, 2nd ed., Harcourt

Brace & Jovanovich, 1984)．

ブードン，R. 1970『社会学の方法』宮島喬訳、文庫クセジュ（Boudon, R., *Les methodes en sociologie*, 1969)．

福岡安則 2000『聞き取りの技法』創土社．

福武直・松原治郎編 1967『社会調査法』有斐閣．

福武直 1975『福武直著作集第2巻 社会学／社会調査』東京大学出版会．

福武直 1976『福武直著作集第9巻 中国農村社会の構造』東京大学出版会．

藤田峯三 1995『新国勢調査論』大蔵省印刷局．

藤本隆宏ほか 2005『リサーチ・マインド 経営学研究法』有斐閣．

古郡廷治 1997『論文・レポートのまとめ方』ちくま新書．

ベッカー，H. S. 1996『論文の技法』佐野俊行訳、講談社学術文庫（Becker, H. S., *Writing for Social Scientists*, 1986)．

別冊宝島 EX 1993『図書館をしゃぶりつくせ』宝島社．

ベネディクト，R. 1967『菊と刀』長谷川松治訳、教養文庫．

ホーエル，P. G. 1981『初等統計学』浅井晃・村上正康訳、培風館（Hoel, P. G., *Elementary Statistics*, 4th ed., John Wiley & Sons, Inc., 1976)．

ボーンシュテット，G. W.＝ノーキ，D. 1990『社会統計学』海野道郎・中村隆監訳、ハーベスト社（Bohrnstedt, G. W. and D. Knoke, *Statistics for Social Data Analysis*, 2nd ed., Peacock Publisher, 1988)．

ポパー，K. 1961『歴史主義の貧困――社会科学の方法と実践』久野収・市井三郎訳、中央公論社（Popper, K. R., *The Poverty of Historicism*, Routledge & Kegan Paul, 1957)．

ホワイト，W. F. 1979『ストリート・コーナー・ソサイエティ』寺谷弘壬訳、垣内出版（Whyte, W. F., *Street Corner Society*, University of Chicago Press, 1943)．

マートン，R. K. 1961『社会理論と社会構造』森東吾ほか訳、みすず書房（Merton, R. K., *Social Theory and Social Structure*, 1957)．

松原岩五郎 1988『最暗黒の東京』岩波書店．

間々田孝夫 1991『行動理論の再構成』福村出版．

見田宗介 1965『現代日本の精神構造』弘文堂．

見田宗介 1979「まなざしの地獄」、『現代社会の社会意識』、弘文堂、1-57．

宮内泰介 2004『自分で調べる技術』岩波アクティブ新書．

ミルズ，C. W. 2017「知的職人論」、『社会学的想像力』伊奈正人・中村好孝訳、

筑摩書房（Mills, C. W., *The Sociological Imagination*, 1959)。
ミルズ，C. W.　1969『パワー・エリート　上・下』鵜飼信成・綿貫譲治訳、東京大学出版会（Mills, C. W., *The Power Elite*, 1956)。
森岡清志編　2000『都市社会のパーソナルネットワーク』東京大学出版会。
森靖雄　1989『やさしい調査のコツ』大月書店。
森靖雄　1995『大学生の学習テクニック』大月書店。
森靖雄　1996『地域調査入門』自治体研究社。
安川一　1994「コンピューターによる『書く／考える』」、『現代のエスプリ　コンピューター文化の現在』至文堂。
安田三郎　1970「質的データの分析と数量的分析——見田論文へのコメント」、『社会学評論』、21(1)、78-85。
安田三郎　1971『社会移動の研究』東京大学出版会。
安田三郎・海野道郎　1977『社会統計学　改訂2版』丸善。
安田三郎・原純輔　1960『社会調査ハンドブック』有斐閣。
山本勝美　1995『国勢調査を調査する』岩波ブックレット。
湯沢雍彦　1995『図説　家族問題の現在』NHKブックス。
横山源之助　1985『日本の下層社会』岩波文庫。
吉田富士雄　1994「心理尺度の信頼性と妥当性」、堀洋道・山本真理子・松井豊編『心理尺度ファイル』垣内出版。
ラウントリー，B. S.　1975『貧乏研究』長沼弘毅訳、千城。
ルイス，O.　1969『サンチェスの子供たち——メキシコの一家族の自伝　1・2』柴田稔彦・行方昭夫訳、みすず書房（Lewis, O., *The Children of Sáncez : Autobiography of a Mexican Family*, 1961)。
ルイス，O.　1970『貧困の文化——五つの文化』高山智博訳、新潮社（Lewis, O., *Five Families : Mexican Case Studies in the Culture of Poverty*, 1959)。
和田哲哉　2004『文房具を楽しく使う［ノート・手帳篇］』早川書房。
渡部洋編　1993『心理検査法入門』福村出版。
綿貫譲治・松原治郎編　1968『社会学研究入門』東京大学出版会。

索引

あ行

RDD（ランダム・ディジット・ダイアリング）法 128
あいさつまわり 101, 110
アフター・コード 147, 170
有賀喜左衛門 329, 334

一体比較 150
依頼状 93
依頼文 138
因子得点（factor score） 196
因子の安定性 196
因子分析 196
インストラクション 99, 101
インターネット 42
　——調査 129

ウェッブ夫妻 41, 47, 293
梅棹忠夫 48

SSM調査 332
枝分かれ質問 159, 172
エディティング 167, 168, 179
NA（No Answer） 172
F検定 288
F値 288
エラーチェック 175
エリア・サンプリング 128, 129
エンゲルス 78, 324

大原社会問題研究所 327
OPAC 42, 43

か行

カード 47, 48, 49
回帰係数 259
回収
　——サンプル 118
　——票の点検 105
　——率 30, 81, 91, 108, 168
回答選択肢 147
カイ二乗（χ^2） 217, 225
　——検定 118, 289
　——値 242
　——分布 290
科学としての社会調査 325, 335, 336, 339
確率 271
学歴 153
加算尺度 195
片側検定 228
学会発表 317
カテゴリーの再編 183, 184
カテゴリカル・データ 183, 205
可変長 171, 172
加法定理 272
川喜田二郎 48, 49
川喜多喬 37
間隔尺度 181, 182, 184, 289
頑健性（robustness） 185, 186
完全入力エラーチェック 178, 179
観測値 289

聴き取り調査 14, 17
棄却 287, 288
危険率 227, 286
疑似相関 137, 222
記述 53, 54

――的調査　6, 8, 10
――統計学　185
規準関連妥当性（criterion validity）　193
期待値　289
喜多野清一　327, 329, 331
帰無仮説　225, 242, 285
キャリーオーバー効果　159
極外値　175, 181, 185

区間推定　280
組み合わせ　275
クリーニング　175, 177, 189
クロス集計　216
クロス表（cross table）　216, 240
クロンバックのα係数（Cronbach coefficient alpha）　192, 197

計画標本　270
経験的説明　56, 57
KJ法　171
系統抽出法（等間隔抽出法）　120
桁ずれ　177
欠損値　172, 173, 179, 180, 184, 188, 234
――処理　177, 178
決定係数（R二乗）　254
研究日誌　39
言語データ　206
検証　60, 64
現地調査　102
現地本部　101
検定結果　313

構成概念（construct）　190, 194
――妥当性（construct validity）　194, 195
合成尺度　181, 189, 190
構造化された調査　140
構造分析　329, 330
項目の内的一貫性　192
項目分析　197
コーディング　173, 174
コード　169, 170, 172, 173, 181

――表　169, 170, 172, 173
国勢調査　i, ii
5件法　149
誤差　119
個性記述　51, 52, 53, 64
固定長　171
個別面接
――調査　17, 92, 95, 103
――法　vii, 17, 72
小山隆　328, 332, 334, 335, 336
コルモゴロフ・スミルノフ
　（Kolmogorov-Smirnov）の検定　186
コロンビア大学　325

さ行

再検査法　191
採択　286, 287
再調査　105
最頻値　210
再割り当て　183
作業仮説　60, 62, 200
佐藤郁哉　37, 49
サブクエスチョン（sub-question）　159, 172
参考文献　37
散布度　237
サンプリング　7, 82, 86
――・エラー　120
――台帳（抽出台帳）　116, 122
サンプル　118
――数　71
――の代表性　114
参与観察　15, 64

CIE　328, 331, 332, 334, 335
シカゴ学派　78, 324
自記式　140
時系列調査　142
自殺論　55, 61
実査　136
質的変数　181, 183, 186
社会学の成立　323

社会調査士資格認定機構　82
社会調査
　　——データベース　159
　　——における倫理　81
　　——のイデオロギー的な活用　74, 79
　　——の手順　86
シャピロ・ウィルク（Shapiro-Wilk）の検定　186
重回帰分析　256
自由回答　147
従業上の地位　157
集合　275
従属　273
　　——変数　53, 135, 215, 252
自由度（degree of freedom）　226, 243, 288
住民基本台帳　82, 86
　　——の一部の写し　124, 125
　　——の閲覧　126
　　——法　88
自由面接　14, 17
集落調査　6, 8, 9, 10, 16
順序尺度　181, 182
順序付け　148, 150
上位—下位分析（Good-Poor analysis, GP分析）　198
条件付確率　273
乗法定理　272
職業威信スコア　249
職種　157
職工事情　326
事例調査　6, 7, 8, 9, 10
事例的研究法　333, 335, 336, 337, 338
信頼水準　280
信頼性　191
信頼性係数（α）　192

推測統計学　185
推定統計　239, 279
スクリーニング（screening）　175, 176, 189
鈴木栄太郎　327, 329, 331
ストッファー　325

スピアマン・ブラウンの公式　192

正規性　185, 186
正規分布（normal distribution）　184, 187, 208, 278
正規母集団　184
関満博　48
世帯構成　154
世帯票　142
Z得点　239
折半法　192
説明　53, 54, 216
　　——変数　135, 215
選挙人名簿　86
　　——抄本　123, 126
　　——の閲覧　125
先行研究　35, 37
全数調査（悉皆調査）　7, 13, 113, 329
選択肢の合成　314
尖度（kurtosis）　186, 187

層化2段抽出　122
層化多段抽出法　120, 121
相関係数　249
操作概念　56, 57
操作仮説　239
操作主義　61
相補定理　272
属性項目　152
ソフトデータ　65

た行

第1種の過誤　286
第2種の過誤　286
第一次資料　2
第二次資料　2
対象者
　　——指定票　98
　　——との接し方　103
　　——の見つけ方　102
　　——向けの報告書　77
　　——名簿　98

――リスト　98
大数の法則　271
代表値　237
対立仮説　228, 242, 285
他計式　140
多段抽出法　120
妥当性　193
ダブルバーレル　145
ダミー変数　256
単純集計　206
単純入力エラー　176, 177, 178
単純ランダム・サンプリング　116
単純論理エラー　177, 179

知的生産の技術　46, 48, 49
千野信浩　43
抽出間隔　132
調査員　95, 96, 97, 98
　　　――証　98
　　　――の確保　95
　　　――の手引き　99
　　　――の不正　109
　　　――判定　165
調査期間　97
調査拒否　106
調査結果のフィードバック　83
調査公害　297
調査項目　137
調査主体　160
調査対象　71, 140
調査の枠組み　136
調査票調査　82
調査票の印刷　89
調査票の点検　105
調査不能　106
調査母集団　270
調査用具　98, 99
調査リスト　93
調査倫理　ix

DK (Don't Know)　172
t 検定　221, 228, 287
t 分布　284

抵抗性 (registancy) が低い　185
データ　65
　　　――・アーカイブ　65, 296, 319
　　　――の入力　169, 174
　　　――ベース　319
適合度指標　197
手帳　50
点推定　279
電話調査　94, 128
等間隔抽出　132
統計数理研究所　328, 331, 332
統計的
　　　――研究法　333, 335, 336, 337, 338
　　　――検定　118, 270, 279, 285
　　　――調査　6
統制変数　136
等分散　288
　　　――性　246
ドキュメント法　16, 17
読書ノート　39
督促状　92
匿名性　12
独立事象　273
独立変数　53, 135, 215, 252
図書館　41, 42, 43, 44
度数分布表 (frequency table)　206, 234
戸田貞三　327, 328, 334, 337
留め置き調査　92, 95, 104
留め置き法　18, 19, 73, 140
トリム平均　185

な行

内的整合性　192
内容的妥当性 (content validity)　193

二項分布　277
日程　70
入力エラー　176, 177, 178, 179
　　　――チェック　180

ノート　41, 42, 46, 47

ノンパラメトリック統計法 185

は行

ハードデータ 65
排反事象 273
箱ヒゲ図（box and wisker plot） 187, 188
パス解析 262
外れ値 175, 181, 185, 187, 188, 189
発見の手帳 49
パネル調査 142
林知己夫 331
パラダイム 63
　──革新 63
パラメータ 185
パラメトリック統計法 185
反証可能性 62
半標準化調査 14

ピアソンの積率相関係数 219
非回収誤差 119
非該当 151
ヒストグラム 235, 236
被説明変数 135, 215
人手 70, 72
非標本誤差 97, 119
標準化調査 14
　非── 14
標準誤差 281
標準正規分布 229
標準偏差 212, 278
表側 310
表頭 310
標本
　──（サンプル）調査 6, 7, 13, 82, 113, 114
　──＝サンプル 114
　──誤差（サンプリング・エラー） 7, 119
　──抽出＝サンプリング 114
　──標準偏差 282
　──分散 238, 282
　──平均 281, 282
比率尺度 289
比例尺度 181, 182, 184
貧乏線 324

フィードバック 110
ブース 78, 324
福岡安則 37
複数回答（multi response） 172, 173
複数選択 148, 150
福武直 329
不偏推定値 280
付問 172
プリ・コード 170
プリテスト 138
プレス発表 318
文献研究 37
文献リスト 45, 46
分散 238

平均値 237, 245, 278, 281
併存的妥当性（concurrent validity） 193, 194
ベッカー 47
偏差値 239
変数の同定 180, 181, 190

法則定立 51, 52, 53, 65
ホームページ 319
母集団 7, 30, 113, 118
母標準偏差 282
母分散 282
母平均 281, 282
ホワイト 64

ま行

マートン 325

見かけの相関 137
見田・安田論争 336, 337
ミルズ 47, 78, 79, 294

無回答　151

名義尺度　181，289
メイキング　109

物性性　12，13

や行

安田三郎　332，333，336

有意確率　285
有意差　71
有意抽出法　115
有効標本　270
郵送調査　99，140
郵送留め置き調査　92
郵送法　72

横山源之助　326
予算　70，72
予測的妥当性（predictive validity）
　193，194
米田庄太郎　327，328，333，334，337
世論調査　4，5

ら行

ラウントリー　78，324
ラザースフェルド　325
ランダム・サンプリング（無作為抽出法）
　115，116，118

両側検定　228
量的データ　183
量的変数　181，183，184，186
理論　224
　──概念　56，57
　──仮説　60，62，64
　──的説明　56，58
倫理規準　x
倫理条項　81，82

累積パーセント　236
Leveneの検定　288

労働者　324，326，337
濾過質問　144
論理エラー　176，177，179，180
　──チェック　168，179，180
論理入力エラー　176，179
　──チェック　178，179
ワーディング　138
歪度（skewness）　186，187

ガイドブック社会調査　第2版

1998年 2月10日　第 1 版第 1 刷発行
2007年 9月25日　第 2 版第 1 刷発行
2022年10月20日　第 2 版第 7 刷発行

編著者／森岡清志
発行所／株式会社日本評論社
　　　　〒170-8474　東京都豊島区南大塚 3 -12- 4
　　　　電話　販売 03(3987)8611　編集 03(3987)8595　振替 00100-3-16
印　刷／精文堂印刷株式会社
製　本／株式会社難波製本
装　幀／林　健造

Copyright © 2007 MORIOKA Kiyoshi, et al.
Printed in Japan
ISBN 978-4-535-58246-0

JCOPY　＜(社)出版者著作権管理機構　委託出版物＞
本書の無断複写は著作権法上での例外を除き禁じられています。複写される場合は、そのつど事前に、(社)出版者著作権管理機構(電話 03-5244-5088, FAX 03-5244-5089, e-mail : info@jcopy.or.jp)の許諾を得てください。また、本書を代行業者等の第三者に依頼してスキャニング等の行為によりデジタル化することは、個人の家庭内の利用であっても、一切認められておりません。

経済学の学習に最適な充実のラインナップ

入門 経済学［第4版］ 伊藤元重／著	(3色刷) 3300円
経済学を味わう 東大1,2年生に大人気の授業 市村英彦・岡崎哲二・佐藤泰裕・松井彰彦／編	1980円
マクロ経済学［第2版］ 伊藤元重／著	(3色刷) 3080円
マクロ経済学パーフェクトマスター［第2版］ 伊藤元重・下井直毅／著	(2色刷) 2090円
入門マクロ経済学［第6版］(4色刷) 中谷 巌・下井直毅・塚田裕昭／著	3080円
マクロ経済学入門［第3版］ 二神孝一／著［新エコノミクス・シリーズ］	(2色刷) 2420円
ミクロ経済学［第3版］ 伊藤元重／著	(4色刷) 3300円
ミクロ経済学の力 神取道宏／著	(2色刷) 3520円
ミクロ経済学の技 神取道宏／著	(2色刷) 1870円
ミクロ経済学入門 清野一治／著［新エコノミクス・シリーズ］	(2色刷) 2420円
ミクロ経済学 戦略的アプローチ 梶井厚志・松井彰彦／著	2530円
しっかり基礎からミクロ経済学 LQアプローチ 梶谷真也・鈴木史馬／著	2750円
［改訂版］**経済学で出る数学** 尾山大輔・安田洋祐／編著	2310円
経済学で出る数学 ワークブックでじっくり攻める 白石俊輔／著　尾山大輔・安田洋祐／監修	1650円
計量経済学のための数学 田中久稔／著	2860円
例題で学ぶ 初歩からの経済学 白砂堤津耶・森脇祥太／著	3080円
例題で学ぶ 初歩からの計量経済学［第2版］ 白砂堤津耶／著	3080円
例題で学ぶ 初歩からの統計学［第2版］ 白砂堤津耶／著	2750円
実証分析入門 森田 果／著	3300円
最新 日本経済入門［第6版］ 小峰隆夫・村田啓子／著	2750円
入門 公共経済学［第2版］ 土居丈朗／著	3190円
入門 財政学［第2版］ 土居丈朗／著	3080円
経済論文の作法［第3版］ 小浜裕久・木村福成／著	1980円
経済学入門 奥野正寛／著［日評ベーシック・シリーズ］	2200円
ミクロ経済学 上田 薫／著［日評ベーシック・シリーズ］	2090円
ゲーム理論 土橋俊寛／著［日評ベーシック・シリーズ］	2420円
財政学 小西砂千夫／著［日評ベーシック・シリーズ］	2200円
計量経済学 岩澤政宗／著［日評ベーシック・シリーズ］	2200円

※表示価格は税込価格です。

〒170-8474 東京都豊島区南大塚3-12-4　TEL：03-3987-8621　FAX：03-3987-8590　**日本評論社**
ご注文は日本評論社サービスセンターへ　TEL：049-274-1780　FAX：049-274-1788　https://www.nippyo.co.jp/